智慧旅游的国内外创新实践

Best Practices in Smart Tourism:
International Insights & Local Applications

乔向杰　马桂真　刘铮 等 / 编著

中国旅游出版社

前　言

智慧旅游的内涵是将先进技术融入旅游目的地的整体构建中，旨在提升其创新能力、创造新的价值机会、减轻旅游带来的负面影响，并致力于为游客提供卓越的体验。2011 年，我国率先提出“智慧旅游”的发展理念，并将其定位为旅游业的关键发展战略。这一举措标志着我国成为全球在旅游目的地战略中实施智慧旅游，以应对大众旅游新时期挑战的先行者之一。在我国确立智慧旅游为重要发展战略之后，韩国的旅游目的地也迅速跟进，开启了智慧旅游的建设，并利用其高度发达的技术基础设施来推动国际旅游业的发展。亚洲其他国家也紧随其后，越南国家旅游局自 2017 年以来便与国家电信集团合作，在全国多个地区推出了智慧旅游项目。还有泰国，其智慧旅游发展包括为机场配备先进技术、建立数据平台，以便对包括普吉岛在内的旅游目的地的游客进行监测等。

欧洲也在努力推动智慧旅游的发展。在西班牙，智慧旅游被纳入《2012—2015 年国家综合旅游计划》，以促进旅游业的创新，提高西班牙作为世界级旅游目的地的竞争力。早在 2013 年，西班牙工业、贸易与旅游部就推出了智慧旅游目的地项目，制定相关国家标准（UNE 178501:2018《智慧目的地管理系统的要求》和 UNE 178502:2018《智慧旅游目的地的指标和工具》），对满足条件的旅游目的地进行认证。2019 年，该部又推出了智慧旅游目的地网络，各地可以共享智慧旅游发展和创新经验，加强各旅游目的地间的协调；同时还建立了智慧旅游目的地平台，通过集合公私数据，将游客、旅游目的地和企业连接在一起。在整个欧洲，智慧旅游牢牢植根于欧洲 2014—2020 年智能、可持续和包容性增长战略。欧盟在 2019 年即开启欧洲智慧旅游之都（European Capitals of Smart Tourism）的倡议与评选，这一举措已促使众多城市纷纷采取具体行动，致力于智慧旅游的发展。智慧旅游的发展甚至已经触及欧洲最偏远的角落，亚速尔群岛制定了一系列智慧旅游举措，主要侧重于动员旅游利益相关者和实现知识转移。

智慧旅游也促进了世界其他地区的发展，如中东。特拉维夫是2014年世界最佳智慧城市称号的获得者，它发起智慧旅游以促进科技初创企业和目的地旅游提供商之间的合作。在非洲，摩洛哥旅游发展署于2016年11月在《联合国气候变化框架公约》第22次缔约方会议期间，举行了一次名为“非洲智慧旅游”（Smart Tourism Africa）的国际会议，主要讨论了该地区智慧旅游发展的障碍。毛里求斯将智慧旅游定位为推动城市可持续发展的关键支柱，同时这也是该国智慧城市建设战略的重要组成部分。在南美洲，尤其是巴西，也有智慧旅游倡议。例如，巴西巴拉那州制订了一项战略旅游计划，旨在于2026年在智慧旅游发展方面取得实质性进展。

因此，尽管方法、动机和发展水平可能不同，但很明显，智慧旅游的发展已然成为一种全球现象，它不仅是学术界对旅游目的地的乌托邦式愿景，事实上已经深深根植于世界各地许多旅游目的地的实践中。

正是基于这样的全球背景，我们更加深刻地认识到智慧旅游对于旅游业乃至整个社会发展的重要性。《智慧旅游的国内外创新实践》一书不仅是对这一全球现象的记录，更是对智慧旅游发展路径和实践经验的深入探讨。

本书不仅深入剖析了国际范围内各国家和地区的智慧旅游实践案例，同时也对我们国内的创新成果进行了较全面的梳理和总结。全书分为三篇：智慧旅游体验篇、智慧旅游公共管理与服务篇以及智慧旅游新业态篇，旨在探讨技术创新如何进一步推动旅游体验的升级、智慧旅游如何更好地服务于公共管理和服务，以及新兴业态如何为旅游业带来新的增长点。我们将对比国内外在智慧旅游发展中的不同做法，分析国内案例在推动旅游业创新发展的独特经验，并探讨它们在面对智慧旅游挑战时的应对策略。通过这种国内外案例的对比分享，我们旨在为全球旅游目的地，尤其是国内的智慧化转型，提供更丰富和实用的参考与启示。

本书是我们智慧旅游团队共同努力的成果，汇聚了团队成员的智慧与汗水。在书稿的编写过程中，团队充分发挥了集体协作的优势，每一位成员都以其专业知识和丰富经验，为本书的内容和质量贡献了自己的力量。其中，第1~2章由刘铮老师撰写，第 3~4 章由马桂真老师撰写，第 5 章由柳钦云老师撰写，第 6 章由冀冉老师撰写，第 7~8 章由乔向杰老师撰写，第 9 章、第 11 章由张公鹏和郝志成老师共同撰写，第 10 章由张金山老师撰写。全书由乔向杰老师负责统稿。

最后，我们希望《智慧旅游的国内外创新实践》一书能够成为连接学术界、产业界和政策制定者的桥梁，共同推动智慧旅游在全球范围内的深入发展。我们期待这本书能够激发更多关于智慧旅游的创新思维和实践探索，为构建更加美好、智能、可持续的旅游未来贡献力量。

在此，我们再次感谢所有为本书付出努力的团队成员，感谢中国旅游出版社张璐编辑和黄嘉玲编辑的辛勤付出和宝贵建议，使本书得以顺利出版并与读者见面。同时，我们也衷心感谢北京联合大学旅游学院王静书记和严旭阳院长对智慧旅游团队工作的大力支持，他们的鼓励和指导为团队的研究工作提供了坚实的后盾。最后，特此感谢智慧旅游团队的专家顾问张凌云教授，其深厚的专业知识与独到见解为本书增添了无价之宝。让我们携手共进，共同见证智慧旅游在全球范围内的蓬勃发展。

乔向杰

2024 年 11 月

目 录
CONTENTS

第一部分 智慧旅游·体验篇

第一部分

智慧旅游 · 体验篇

第 1 章　智慧导游导览

一、智慧导游导览的背景与发展历程

（一）背景

1. 国家政策层面

2009 年 12 月，国务院发布《关于加快发展旅游业的意见》，标志着旅游业开始寻求以信息技术为纽带的旅游产业体系与服务管理模式重构方式，以实现旅游业建设成为现代服务业的质的跨越。2011 年 6 月，原国家旅游局发布《中国旅游业“十二五”发展规划纲要》，鼓励信息技术在旅游各环节的应用服务创新，提出重点发展智能终端技术在数字化导览、电子地图、定位识别等移动支付、多点通信等领域的应用。

从 2014 年开始，国务院相继出台《国务院关于促进旅游业改革发展的若干意见》《国务院关于积极推进“互联网 +”行动的指导意见》《国务院关于印发促进大数据发展行动纲要的通知》《国家信息化发展战略纲要》。国务院办公厅印发了《国务院办公厅关于进一步促进旅游投资和消费的若干意见》《国务院办公厅关于进一步激发文化和旅游消费潜力的意见》等顶层设计文件，提出以信息化驱动现代化的主线，以建设网络强国为目标，着力增强国家信息化发展能力，针对旅游业提出加快智慧景区建设，着力推动智能导游、电子讲解等功能的建设。

在此政策背景下，原国家旅游局也相继出台《关于促进智慧旅游发展的指导意见》《“旅游 + 互联网”行动计划》等文件，特别是在《“十三五”全国旅游信息化规划》中提出，建立旅游公共信息服务平台，面向游客提供集旅游公共信息查询、导游导览、旅游产品预订、旅游投诉与处理等功能为一体的在线服务，实现旅游公共信息服务的在线化、一体化、集成化。具体目标是：到 2020 年，4A 级以上旅游景区实现免费 Wi-Fi、智能导游、电子讲解、在线预订、信息推送等全覆盖。其重点工作包括推进移动信息服务应用、推进移动位置服务应用、推进虚拟导游服务应用、推进移动电子商务应用。

2018 年 4 月，文化和旅游部与其他部委又先后出台了《关于深化“互联网 + 旅游”推动旅游业高质量发展的意见》《“十四五”文化和旅游科技创新规划》《智慧旅游场景应用指南（试行）》《关于加强 5G + 智慧旅游协同创新发展的通知》等一系列文件，强调以云计算、物联网、人工智能、大数据等为代表的新一代信息技术为文化和旅游科技创新提供了不竭动力，提出推进预约、错峰、限量常态化技术研究，研发自主预约、智能游览、线上互动、资讯共享、安全防控等一体化服务和用户智能管理的综合平台，开展基于大数据、人工智能的旅游“智慧大脑”应用示范，开展多语种适配的智能标识牌、自助导览机、智能语言翻译机研究，以科技支撑对外文化交流和旅游推广方式和方法创新。

2024 年 5 月，文化和旅游部办公厅、中央网信办秘书局、国家发展改革委办公厅、工业和信息化部办公厅、国家数据局综合司联合印发《智慧旅游创新发展行动计划》（以下简称《行动计划》），这是首个以智慧旅游为题、由几个部委联合印发的文件，回应了智慧旅游发展的时代需求，对智慧旅游发展的重点任务进行了部署，为智慧旅游的创新发展提供了指引。《行动计划》中提出改造升级信息基础设施，用好新一轮大规模设备更新政策，推动旅游应急指挥中心、智能闸机、景区智慧屏、票务系统、电子讲解等进行改造升级。

2. 旅游需求与供给层面

近年来，国内旅游产业发展迅速，产业规模持续扩大。旅游需求虽然受到三年疫情的影响有所减缓，但仍然稳步提升。

传统的导游方式游客体验感差，其中自助游通常存在错过景点、走马观花，不了解景点的人文和历史内涵，迷失方向、误入景点危险区等问题。参加旅游团或者临时雇用景区导游，通常旅游线路固定，无法实现旅游线路的个性化；且通常时间安排紧张，同时导游的讲解也会影响其他游客的参观，不利于营造良好的旅游和参观氛围；导游讲解收费按单结算、追求单量压缩讲解时间，讲得太快游客跟不上；行业内鱼龙混杂、兼职导游多、服务不到位、讲解质量低。

另外，随着旅游市场的不断扩大和游客数量的不断增加，景点拥堵现象越来越严重。现存的导游系统不具备拥挤度检测功能，无法在景点人流分布不均时采取合理的旅游路径规划，缓解景点拥堵。

从供给方面来看，在互联网迅速发展的时代，利用先进的互联网技术为旅游者提供智能化的导览服务，是有效降低旅游景区运营成本、提高用户体验的解决方案。在旅游市场竞争加剧的背景下，旅游景区更需要及时提供优质和便捷的旅游服务才能有效吸引和巩固旅游者，从而保障景区的持续发展。

3. 科技发展层面

根据性能和应用技术不同，电子导游系统的发展经历了大范围广播、无线发射接收式、预录制 / 存储式、无线感应式 4 个时期。

随着科学技术的不断进步，美国等一些国家提出智慧旅游概念。2005 年，斯丁波滑雪场推出游客定位装置反馈系统；2006 年，宾夕法尼亚波科诺山脉度假区引入无线射频手腕带系统，均开启了智慧旅游的尝试。为更好地实现游客的自助旅游，北美地区在提供体系完整的智能票务服务之余，还提供实时的公交线路运行状态查询功能，以满足客户的个性化需求。在韩国首尔，一些智慧导游设备致力于为游客提供丰富的旅游信息，包括周边的旅游景点介绍以及食、住、行、购等生活服务，并提供了地图导航服务，同时还具有语言选择功能以方便来自各个国家的游客。

2010 年前后，互联网和移动智能终端设备的快速发展为电子导游的发展带来了新的机遇，全国开始大力推广电子导游服务。随着物联网的兴起，第五代移动通信技术（5th Generation Wireless Systems, 5G）、人工智能等推动了线上旅游的发展，全域旅游应运而生。全域旅游强调产业相互融合提供全方位服务。智能手机的迅速普及为智能导游系统的发展提供了一个有利条件，即以智能手机作为智能导游系统的载体。

（二）发展历程

智能导游系统最早是作为展馆介绍的产品使用，早期智慧导游产品多采用语音播报的方式。游客进入景区后，采用租赁或者免费领取的方式获得讲解器，按说明上的操作使用讲解器就可以收听到相关景点的介绍。

自助语音导览源于英文 Audio Tour，20 世纪 50 年代，为解决人力匮乏与参观人数众多的矛盾，美国罗斯福总统故居创造性地把录音技术运用到展览宣教活动，自助语音讲解就此诞生。1957 年，美国爱可声公司制造了世界上第一代语音导览器，事实上它是一部循环播放讲解内容的录音机。1959 年，美国凤凰城历史博物馆率先使用具有录音播放功能的导览设备，它的出现在一定程度上解决了讲解人员精力有限的问题。随后，博物馆导览系统经历了多次设备更新换代和内容不断丰富的过程。

20 世纪 90 年代，智能导游系统的概念被提出，主要经历了以下三个发展阶段：

第一发展阶段主要是围绕部分黑白地图的定位服务做研究探索；第二发展阶段是将照相机拍摄的三维照片与二维地图结合，在以手机为载体的智能导游系统上运行；第三发展阶段是伴随着计算机技术、GIS 技术、地图可视化等技术的发展，出现了更加智能的导游系统。

1996 年，亚博德（Abowd）和阿特基森（Atkeson）等人研制出了世界上第 1 台电子自助导游机。2000 年，国内的电子导游在广西桂林漓江最先出现。2008 年北京奥运会期间，为应对中外游客的游览需求，我国二十多个景区推出了“电子导游机”。很多景区因为缺乏高额资金的投入，未能安装电子导游系统。且电子导游因存在体积大、建设成本大等缺点，只有部分热门景区投入量产、安装了供游客携带使用的数码按键式电子导游机。游客除了花钱买门票，还需花钱租电子讲解机，在一定程度上限制了电子导游的使用。

2006 年，美国在宾夕法尼亚州波科诺山脉度假区将智能导览系统与腕带结合，把带有无线射频的芯片置入旅游者的腕带，导览系统还囊括了票务查询、公交线路、周边环境等便民服务。欧洲的很多国家也已经将二维码技术和城市信息融入导览系统中为智慧景区服务。日本还在智慧景区智能导览系统中开发多种语言系统。众多亚太国家都在提升无线网络、互联网、物联网、蓝牙、远程控制、云计算等新媒体技术，加强智慧景区中导览信息系统的互动性和实用性。

二、智慧导游导览系统的概念和功能

（一）概念及特征

1. 概念

智慧导览信息系统是通过智能设备和云端数据库，借以物联网、GPS、云系统等信息化手段，以音视频、图片、文字、动画等多种媒体表现形式向游客展示游览信息，使游客以自助的形式增强互动、参与，提高自主游览体验的展示平台。它的核心功能主要是实现导游功能，包括定位功能、地图浏览、导航功能、景区推荐等，从而满足游客多样化和个性化的需求。

智慧导览信息系统可以应用在旅游景区、主题公园、博物馆、古建筑、会议展览等多个场景。

2. 特征

（1）用户需求的个性化强

用户在使用导览功能时会根据场景和需求进行选择，即在一定的动机、时间、情境下，用户自由筛选信息，选择对其最有用的信息进行旅游导览。

（2）实时性和互动性强

旅游活动是一项实时性的活动，因此导览系统的实时性是关键特征。实时性是指旅游智慧导览系统中的信息内容，可以根据导览进程和情境的变化而进行实时的更新。游客在进入新的旅游场景或旅游地点时，新的导览信息成为用户当下可及时获取的状态。例如，用户使用跟随式讲解功能进入新的景区，导览页面会实时定位用户位置，切断上一个景区讲解播放，播放新的内容。

另外，旅游智慧导览系统不只是信息展示的静态系统，而是一个具有互动性的可交互工具，用户通过触发行为得到相应的反馈和提示，从而获得更好的旅游体验。

（3）线上线下虚实的连接性

移动导览应用的线上信息是对线下景区信息的还原和再现，用户在使用导览系统的同时也身临其境地处在景区的实际环境中。线上还原的虚拟内容与线下景区的实际情况具有高度的连接性，在使用导览应用时这种虚实的结合构成了用户对景区的基本认知。

旅游作为一个动态的过程，用户在虚实环境中的转换成为影响旅游体验的重要因素，随着智能技术的发展，虚拟现实和增强现实技术被应用到景区智能化建设中，将导览信息原本线上线下虚实割裂的状态进行融合，实现了虚实连接。

（二）功能

1. 旅游信息咨询

参观前，游客可以通过智慧旅游导览系统查询景区简介、主要景点介绍、服务设施、导览预约、交通线路指引、活动资讯等内容。

2. 全景展示

很多景区都会将园区地图缩印在门票上，但是如果场景或地图过大，游客很难完整地浏览园区地图，也无法应用于实际定位。智慧旅游导览系统能够上传高清景区地图，直观、形象地展现景区的特色风情。

全景照片。通常是指可全方位沉浸观看的场景照片，这类景区智能导览应用具有开发周期短、场景逼真、数据量小等优点，在旅游领域得到越来越广泛的应用。

全景视频。用户在观看全景视频导览内容的时候，可以随意调节视频上下左右的观看视角，实现全方位沉浸式。

运用 VR 或 AR 技术对景点、景区无法复原遗址上的情景进行再现，丰富景点、景区旅游产品内涵。

3. 智能导游

（1）语音讲解

这个功能是指当客户到达计算出的景点位置时，系统会自动对景点进行语音解释，因此，需要大致计算出景点之间的距离。由于游客的位置信息是在上述过程中获得的，所以，景点和游客之间的距离可以通过简单方式获取。还有一些景区已经使用了人工智能导游机器人，不仅可以伴随游客随走随讲，还可以充当代步工具。

（2）定位及导航

这个功能是指根据移动终端内置的 GPS 定位系统，实时定位游客所处的地理位置，并根据算法进行线路修正。根据游客的目标景点，设置为目的地，智慧导览系统从而计算出最佳线路、方式到达指定景点。

①参观线路规划

智慧导览系统能够根据游客的需求，提供游览线路的设计方案，这些方案能够满足游客在游览的主题、时间、目的等方面的需求，帮助游客高效、便捷地游览景点。

②景点位置信息

在智慧导览系统中能够提供游览线路上的位置信息，通过图标标注出线路上的景点、公共服务设施以及餐饮、住宿等消费场所。游客可根据需求，通过点击位置信息的图标查看详情介绍，可查询到相关地点的图片、文字、语音和视频等内容。

③自主定位

这是智慧导览系统中最重要的功能。游客能够借助智慧导览系统自主选择并激活手机定位服务，在平面地图上确定自己的所在位置，并能精确指出当前的行进方向（前提是游客的手机具备相应的硬件支持），从而实现在景区内的自助式导航，快速且准确地找到目的地。此外，该系统还能引导游客通过链接转入如百度地图等第三方导航应用，利用这些专业导航软件，使游客能够更加精确、迅速地到达景区内的各个景点。

最新的设计方案采用了基于 LBS（位置信息服务）的增强现实导览技术，意味着游客一旦踏入景区，只需将智能手机摄像头对准周围景色，系统便会实时融合全景图像与地理信息，实现实景图像与地图的无缝对接。此时，景区的视觉界面将被一层信息覆盖，清晰标注出主要景点、出入口、酒店、停车场、洗手间等设施的位置，为游客提供了直观的周边环境探索体验。游客仅需通过手机屏幕的视角，就能即时获取周边详尽信息；只需握持手机拍摄周边景色，实景定位与导航功能即刻在屏幕上叠加显示邻近景点，极大地简化了游客与系统间的信息交互流程，将预约参观、电话咨询等服务操作变得更加顺畅便捷。

4. 智能营销

根据游客当前所处的实时位置，提供吃、住、行、游、娱、购的相关服务及园区活动介绍，精准营销，使游客进行充分的自主游览。在游客的游览过程中，减少人力付出，使繁杂的人力流程转变为移动端上数据系统的运行。

三、智慧导游导览系统的类型

（一）按照责任主体分类

由管理部门提供的智能导览系统：主要是指由旅游景区管理机构提供的官方导览系统，这类系统主要以强化旅游公共信息服务为目的，配套服务较为稳定。

由第三方机构提供的景区智能导览系统：这里的第三方机构主要是指非旅游景区管理机构，这类机构通常提供多个旅游景区的智慧旅游相关服务，并且相关服务的市场化程度相对更高，大部分以盈利为导向。

（二）按照信息展示形式分类

1. 基于常规图文、音视频的智能导览系统

常规的图文、音视频文件的兼容性较强，适用于大部分软硬件平台。这里单独作为一个类型主要是为了区别于以下几种新型旅游目的地信息展示形式。

2. 基于720°全景照片技术的景区智能导览系统

HTML5使全景照片的浏览变得更加便捷，尤其是多媒体元素的展示不再过度依赖于Flash和Silverlight插件，这样游客不必下载相关的插件，加载速度得到了改进，同时它可以跨平台跨浏览器使用。

3. 基于全景视频技术的景区智能导览系统

全景视频的制作方式主要为实景拍摄，目前全景视频大多运用于旅游展览或者城市介绍。

4. 基于计算机仿真技术的景区智能导览系统

基于计算机仿真技术的导览系统是增强现实技术和虚拟现实技术的热点应用方向。VR（虚拟现实）、AR（增强现实）等仿真技术在导游导览上的应用，增强了游客的沉浸式感官体验；在主题公园、博物馆、古建筑等场所的应用，在旅游科普教育、游戏娱乐等方面也在不断提升表现力。

（三）按照信息传播载体分类

1. 网站类景区智能导览系统

网站是指使用 HTML 等工具制作的用于展示特定内容的相关网页的集合，通常使用网站做官方网络门户发布通知和资讯，也通过官方网站提供相关的景区导览服务。

2. 公众号类景区智能导览系统

是指景区在微信公众平台上运营的服务号或订阅号。通过这类导览系统，景区可在微信平台上实现和特定群体的文字、图片、语音、视频的全方位沟通和互动。通过微信公众号，景区和游客可以形成一种互惠关系，游客在这里扮演粉丝的角色获取信息和服务，景区可以通过微信公众号积累粉丝、存留粉丝、服务粉丝。

3. 微信小程序类景区智能导览系统

小程序相对于微信公众号具有更强大的功能延展性和更友好的交互体验感，非常适合景区智能导览系统这种使用频次较低，却又对功能延展性和交互体验有一定要求的应用领域。目前，微信公众号菜单可以直达小程序。

4. App 类景区智能导览系统

主要指通过手机应用商店直接下载安装在智能手机上的应用程序。App 软件需要根据不同的手机操作系统进行兼容性开发。

5. 低频蓝牙传输技术类景区智能导览系统

主要是指游客通过安装有低频蓝牙传输设备的景区景点时，使用微信摇一摇功能即可主动获取到基站发出的信号从而获取景区信息、地图展示及其他旅游服务。这个功能不仅可以使游客获取景区各类景区智能导览系统，它还可以储存游客位置信息、游览次数、位置停留时间等，方便景区管理者建立游客数据库，为大数据分析提供依据。缺点是当游客离开信号感应的范围之后就无法获取到相关信息。

6. 实体旅游要素与景区智能导览系统相结合

常见的形式有二维码卡牌或智慧景区门票，通过 AR/VR/ 二维码等技术将景区智能导览系统的入口印刷在游客随身携带的实体旅游要素载体上，游客通过智能移动终端对纸质卡牌进行扫描，即可获取旅游目的地信息，这让游客获取信息的渠道变得更加便捷。

这类导览系统具有很强的趣味性、功能性，既方便携带，又具有收藏价值。这类智能导览系统通常以旅游文创产品的形式呈现在游客面前，扩大了景区智能导览系统的使用场景。

（四）按照使用目的分类

1. 以营销推广为目的的游览前导览信息系统

智慧景区的导览信息系统不应局限于游客入园后的使用，而是提前介入，随时向旅游者推介景区的产品和活动，激发他们的即时购买兴趣和行动，该系统能够提供"沉浸式体验、在线预订、信息咨询"等全方位服务。系统可以通过微信公众号嵌入、平面广告推广等途径，与导览信息系统建立连接，便于游客便捷获取所需信息。

2. 以导览定位为目的的游览中导览信息系统

智慧导览信息系统的核心作用在于为游览途中的游客提供导航与定位服务。游客可以凭借移动智能设备获取位置详情、旅游资讯、语音导航以及旅游社交服务等，从而获得更顺畅、轻松的景区游览体验。对于旅游景区而言，这一系统有助于管理游客偏好、控制游客容量，确保游览安全。此外，结合传统媒体如纸质媒体、户外广告等手段，能够持续加强景区信息的展示效果。

3. 以服务反馈为目的的游览后导览信息系统

游客游览景区后的感受反馈，作为深度体验的直接产物，构成了景区信息内容的关键一环，并成为建立游客信赖感的重要途径。导览信息系统涵盖以下方面：（1）意见与建议收集，例如设置多媒体留言板，允许游客以文字、语音、录音和即时拍照上传等多种形式提交反馈，涵盖了游客对服务的意见、投诉及建议。（2）服务评价系统，游客可在评分界面利用提供的评分工具对景区的服务、设施、环境等项目进行打分。（3）调查问卷，景区可通过信息系统客户端或公众号发布服务体验调查问卷，游客通过简单的点击操作即可完成问卷填写，从而提升了信息反馈的效率和准确性。

（五）按应用场景/对象的分类

1. 博物馆智慧导览系统

博物馆智慧系统，是将博物馆的信息资源进行整合，把无序、孤立的博物馆基础架构进行融合、构建的智慧化系统，为实现博物馆服务提供高效便捷的信息支撑。博物馆智慧导览系统是能够提供博物馆展览信息、环境引导和其他辅助功能的应用程序。

博物馆中常见的智慧导览系统主要包括采用RFID技术的导览系统和基于二维码的微信小程序导览两种形式。RFID技术，即“无线射频识别”（Radio Frequency Identification），与蓝牙定位、GPS定位、GIS展示技术，以及智能设备的重力感应器、陀螺仪等传感器相结合，构成了RFID语音导览系统。该系统利用智能移动终端作为导览工具，使观众能够自动识别文物展品，享受随时随地的导览服务，获得内容丰富、引人入胜的解说体验。而微信小程序导览则是一种手机与语音融合的智慧导览方式，其核心技术是二维码。观众通过微信中的“扫一扫”功能扫描二维码，即可观赏文物的三维展示、聆听语音讲解、浏览游览线路，并进行点赞、分享、评论等互动操作。

自2008年移动应用平台向公众开放以来，国外博物馆便率先探索将其应用于文化保护与传播领域，从最初仅包含图像、文字、声音等基本元素，逐步演进为一个融合了互联网、云计算、大数据分析、室内定位导航、虚拟现实及增强现实等多种前沿技术的综合服务平台。这一转变使博物馆导览能够为参观者提供更加标准化、详尽的文物信息，同时也为他们带来了全方位的服务和资源共享的便利。

在中国，2011年见证了首个面向公众的博物馆智能移动应用“文博任我行”的诞生，该应用初期便涵盖了超过五百件文物的线上展览。同年11月，国家博物馆进一步推出了“文博任我行”的英文版本，提升其国际影响力。步入2012年后，随着社会公众文化服务体系的不断完善，“科技+文化”的创新服务理念在博物馆界蔚然成风，促使移动手机应用在文博行业内蓬勃发展并受到广泛瞩目。众多博物馆纷纷打破传统束缚，借助科技进步的力量，不断优化和提升博物馆的公共服务水平。

2. 旅游景区智能化导览系统

在智慧景区的服务体系中，智能化导游与导览功能占据着举足轻重的地位。智慧景区是指在智慧城市和智能旅游总目标的指导下，以地理信息系统（GIS）、高性能信息处理等现代通信技术和信息技术为基础，以游客的旅行需求为重点，以提高旅游者的体验质量为目的，结合创新的服务管理理念，业务流程、运营管理优化再造，最后，可以更透彻地理解景区的社会、经济和环境方面，更广泛的互联和更深入的智能景区。

智能景区导览系统是运用先进的信息技术和多元化传播手段所研发的互联网应用程序，使游客以自助的形式，主动感知景区中的信息，增强其互动感和参与性，是一种更便利的旅游吸引服务。其最常见的表现形式为依靠智能手机等设备配置导览 App，相较于传统的景区导览系统，智慧导览系统具有实时反馈、便携、高效等优点，正在从景区导览系统的补充部分逐渐发展为导览系统的主要部分。

3. 主题乐园智能导览系统

国内众多主题乐园积极将智能导览系统融入其客流管理体系中，并不断加以优化升级，由此催生了多样化的游客自助引导设施与服务平台。主题乐园纷纷打造官方网站乃至开发官方应用程序（App），同时在乐园内部部署了多媒体信息终端设备。

这些 App 的服务范围包括乐园运营时间的查询、园区内地图导航、设施场馆的详细介绍以及周边交通指引等。借助官方网站与 App，游客能够预先获取乐园内的各项信息，从而有计划地规划游览行程。在游园过程中，他们还能实时接收乐园的最新资讯，快速完成定位，明确最优游览线路，并灵活调整游览计划。

4. 全域旅游智慧导览系统

由政府及其主导下的经济组织、社会组织提供的，围绕满足旅游参与方需求为核心，通过运用物联网、云计算、大数据、人工智能和移动终端通信等新一代信息和通信技术，对旅游目的地提供综合性旅游信息和旅游资源而产生的智能化的旅游产品和服务。它是逐步推进全域旅游建设、推动旅游业治理能力和服务水平的现代化的重要支撑。

四、国内创新实践

（一）博物馆智慧导览系统

1. 北京市故宫博物院“智慧开放项目”

（1）项目简介

2018 年，故宫博物院的开放区域已达到全院面积的 80%；2019 年，故宫博物院接待观众 18482165 人次；2018 年起，故宫博物院数字与信息部与专业地图团队合作，对故宫开放区域 600 多个建筑、展厅、服务设施的位置信息精确采集，采用 GPRS 导航技术、LBS 定位技术、360°全景技术等，集成大众喜爱的紫禁城祥瑞、故宫美图、特色线路，打造集指路、百科与闲聊为一体的 AI 专属导游，推出了“玩转故宫”小程序，满足不同观众的个性化游览需求。

在 2021 年 12 月发布的数字故宫小程序 2.0 中（如图 1–1），“玩转故宫”全新升级为“智慧开放”项目，除继续优化地图导航服务，更以开放服务面临的突出问题为导向，从运营管理、服务质量、游客需求、开放安全、古建安全保护等多个维度抓取核心问题，扩展在线购票、预约观展、在线购物等实用板块，新增游客参观舒适指数查询、无障碍线路查询等功能，将“零废弃”“适老化”“无障碍”等理念融入开放服务中，并对 AR 实景导航在故宫场景应用进行了探索。从“玩转”导航的小助手，到更智能、更友好、更简单的开放服务平台，小程序向“智慧博物馆”一站式参观体验的建设历程迈出了新的一步。

图 1–1　数字故宫小程序首页

（2）创新点

① AR、全景技术应用场景的创新。全景技术的接入，突破了传统博物馆参观时间和空间的限制，观众可随时浏览全景故宫，即使不在故宫或是闭馆日，也可以独享“空无一人”的紫禁城（如图 1–2）。AR（增强现实）技术提供观众沉浸式的导览体验。通过增强现实技术深度挖掘和释放传统文化内涵，并以虚实融合、一镜到底的直观体验进一步满足游客对于学习传统文化、了解故宫故事、提

图 1–2　数字故宫小程序 AR 全景导览

升游玩便利性和互动趣味性的需求。“AR 故宫”集基础地图、微信和地图 AR 的关键数据和能力于一体，提供沉浸式的、连续低延时的空间交互体验。

②智慧地图服务创新。GPRS 导航技术、LBS 定位技术为游览提供了精确位置服务，运用数字化手段结合故宫实体，观众可以通过位置查找服务快速定位目的地，也可以根据基础设施信息就近获取服务，解决院内导航需求。大数据分析为观众提供故宫游览所需的位置查找、了解客流舒适指数、线路规划等精准的地图服务。

③ AI 专属导游。全新升级的数智人让原本只有语音、文本、图片的人机交互模式升级为最接近人与人之间自然交互的方式。AI 交互技术提供了拟人化导游助手，结合强大的地图导航能力和故宫知识图谱数据，实现精准互动，让观众的问题能够直接返回指定答案，使信息获取更直接，阅读成本更低。通过 12 万条故宫知识语料的学习及来自一线的游客常见问题收集，AI 数智人可预测观众大部分关于开放信息的提问，主动推荐相关信息（如图 1–3）。

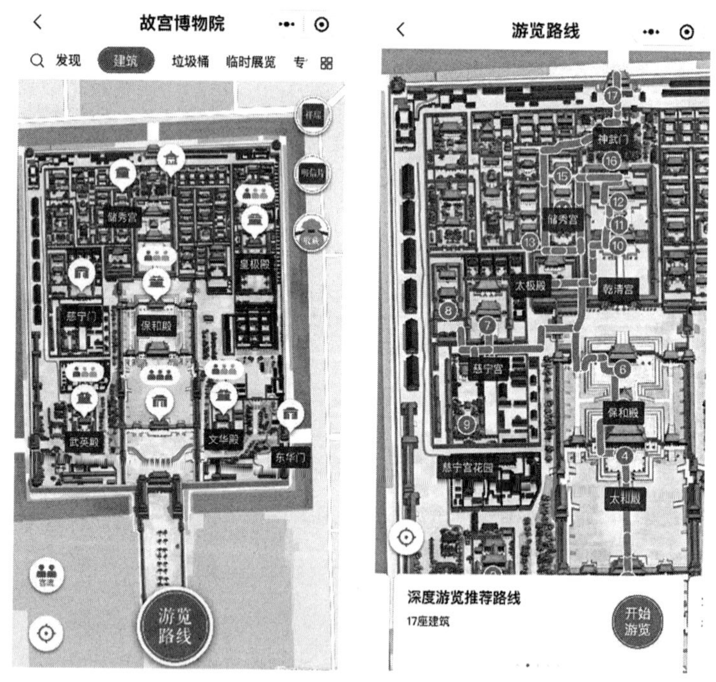

图 1–3　数字故宫小程序游览地图导引

④无障碍服务创新。AI Lab 的“图像描述生成”技术，优化、完善无障碍体验，增加图像语音即时描述功能；解决了地图上建筑无障碍形态下的播报问题，以实现

地图元素在无障碍场景下的焦点顺序语音播报以及点击语音播报等。帮助视障人群实现了可通过声音读取地点、道路、推荐线路、景点讲解等内容，使视障人群能够与普通用户一样，无障碍地享受地图服务。另外，故宫结合轮椅外借服务与无障碍通道查询，为不方便步行的人群智能规划线路（如图 1–4）。

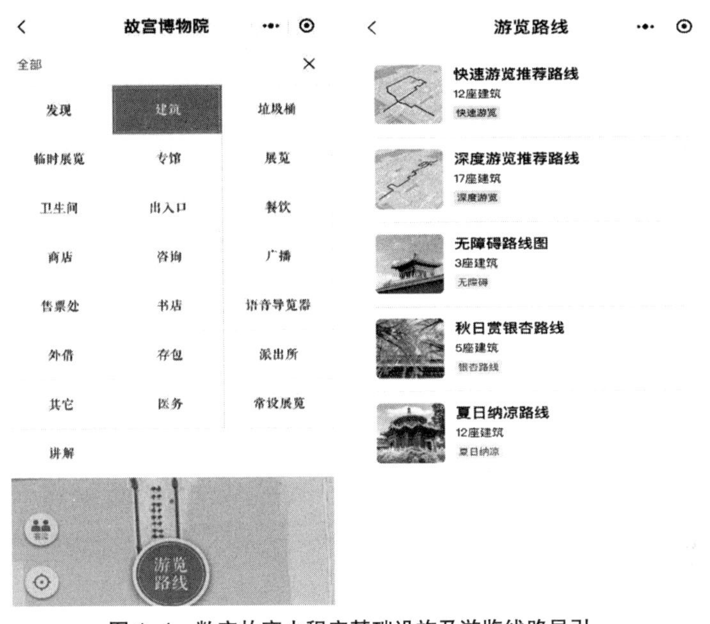

图 1–4　数字故宫小程序基础设施及游览线路导引

⑤传播模式创新。“智慧开放”项目加强了游览的社交属性，通过线上线下联动，让观众更有参与感。祥瑞动物打卡、明信片送祝福、季节性特色线路推荐等多项服务以趣味化的形式释放故宫深厚的文化底蕴，用公众喜闻乐见的数字化形式让中国传统文化“活”起来。

2. 四川省成都金沙遗址博物馆智慧导览系统

（1）项目概述

自 2007 年正式对外开放以来，成都金沙遗址博物馆（简称“金沙”）已组建起一支专业且固定的讲解团队，并引入了当时先进的团队讲解设施及自助导览设备。截至 2014 年，金沙迈出了建设智慧导览系统的重要一步，该系统集成了微信导览功能、基于位置信息的推送应用、导览终端设备、后台管理系统以及团队讲解服务系统等多元化模块，旨在构建线上线下相结合的参观体验，让不同需求的参观者能够自由选择适宜的导览服务方式，进而提升公众的参观满意度与知识获取便捷性，促进公众与博物馆之间的互动与交流（如图 1–5）。

（2）创新亮点

①以观众需求为核心，拓展导览内容与个性化服务范畴。在定位技术日益成熟的基础上，通过运用多模态定位技术，实现应用中的精准定位、信息实时推送及自动讲解等核心功能的稳定实现。为满足不同观众群体的需求，金沙精心设计了多样化的导览服务，包括微信语音导览应用、基于位置推送技术的导览应用以及实体导览终端设备。

金沙智慧导览系统全面覆盖了观众参观前、参观过程中以及参观结束后的各个服务环节，旨在为观众提供一套贯穿全程、全面便捷的导览体验，其核心理念在于超越传统讲解员服务，为观众带来更加丰富和多元化的参观感受。在参观之前，观众可以通过导览应用程序轻松获取博物馆概况、展览详情、服务设施介绍、导览预约服务、交通指南以及活动信息等；在参观期间，观众能够沉浸于技术与文化深度融合的趣味性和立体展示之中，深入了解每件文物背后的故事，并享受地图导航、互动体验等服务，同时，借助定位技术，观众还能根据个人时间安排选择推荐的参观线路、自定义线路，并依据地图实现精准导航；参观结束后，观众回顾参观历程、收藏感兴趣的内容，以及提供反馈意见和留言，确保观众全程享受贴心周到的服务。导览应用程序还提供了手语引导服务，为视障人群提供了良好的游览引导（如图 1–6）。

内容方面，通过“解密镇馆之宝”栏目深入挖掘太阳神鸟、青铜立人、十节

图 1–5　成都金沙遗址博物馆 VR 导览

金沙遗址博物馆．VR 精灵导览，https://svip.gumaor.com/jsvr/h5/#/tour?id=p0bds9a19eytfvyb&lang=cn&album_id=42.

玉琮等重要文物的信息。同时，对于重点文物，博物馆还推出三维模型展示、增强现实技术、360°全景展示、动画视频等多媒体资源（如图 1–7）。观众可以通过交互式导览获得多感官、多角度、全方位、立体式的博物馆参观体验。利用增强现实技术，观众可以对展厅的实际展示场景和文物进行扫描，生成三维动画，生动形象地了解金沙文化及古蜀文明。三维动画《细说铜立人》在精确的文物三维数据基础上，利用先进的三维建模技术，让馆藏珍品"铜立人"栩栩如生地"站"在观众面前，自己开口说话。手绘动画《漫说考古》通过小朋友喜爱的动画形式展示什么是考古学、如何考古、考古学小知识、考古学种类和如何断代等内容，将考古学知识传递给小观众。

图 1–6　成都金沙遗址博物馆微信公众号手语引导

②构建线上线下一体化导览平台。首先，该智慧

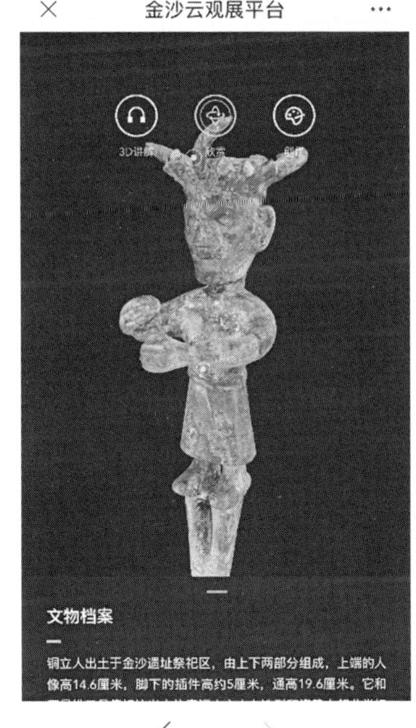

图 1–7　成都金沙遗址博物馆微信公众号文物 3D 导览

导览系统具有完善的后台管理平台，包括观众信息管理（观众定位、互动管理、统计管理）、文物资讯信息管理（信息管理、数据管理）、讲解员调度与团队管理（调度管理、团队定位、监听管理）、设备管理四大板块。通过后台首次将人工讲解、设备和智能终端进行统筹管理，真正实现博物馆导览的智慧化。

其次，智慧导览系统建立了数据互通机制，实现了资源共享。金沙在项目实施过程中统筹规划，以统一的数据交互标准规范为指导，将智慧导览系统纳入综合信息管理平台，通过文物数字化保护应用总线实现智慧导览系统与藏品信息管理系统、会员管理系统、可视化数据中心的互联互通。智慧导览系统可以实时调用和展示藏品图片、三维模型等信息，不断丰富展示内容；会员系统可一键将会员活动信息发布到网站、微信和应用程序以供观众报名。同时，智慧导览系统的所有使用数据可以汇总到可视化数据中心实时展示，使资源使用更加高效、使博物馆管理更加科学和智能。

3. 江苏省六朝博物馆分众化导览

（1）项目介绍

六朝博物馆（The Oriental Metropolitan Museum）位于南京市玄武区，是中国展示六朝文物最全面的遗址博物馆，也是反映六朝文化最系统的专题博物馆。

六朝博物馆结合观众需求，打造了丰富多元的智能讲解平台，使用线上线下、视频语音交互等方式实现了分龄、分众化导览。六朝博物馆在馆内划定特定区域，配备了 1 小时 30 分钟的标准化语音导览自助机器，分四个篇章阐述公元 3—6 世纪的东方大都会内容，通过多源混合定位和场景探测定位技术，让观众在博物馆内实现亚米级定位，移步换声，达到“所见即所听”的效果，实现实体和虚拟导览的一站式服务。

博物馆内配备的二维码展板直达官方微信公众号，公众号为不同年龄受众提供了可在馆内外收听、收看的官方讲解音频、儿童版讲解音频、英文版讲解音频及文物讲解视频等。此外，AR 眼镜智慧导览以语音识别技术、物体识别技术、空间建模技术等为依托，为游客提供个性化的参观线路和沉浸式的参观体验。

（2）创新点

六朝博物馆以不同年龄段观众差异化的需求为导向，根据不同的观众群体的参观需求，精准投送符合不同类型观众的优质文化产品，建立分众化的智慧导览系统，创新了服务形式。

（二）景区

1. 福建省武夷山景区智慧管理平台

（1）项目简介

武夷山是全国首批智慧旅游试点景区，武夷山景区智慧管理平台项目建设以游客服务及景区保护管理中的突出问题为导向。游客服务方面，以游客便捷快速服务为目标，建设了武夷山旅游 App、“中国武夷山”微信公众号（如图 1–8），实现手机查询及预约、刷脸入园、免费 Wi–Fi、自助导游讲解、自助缴费停车、信息反馈、紧急救助等。同时，景区建设武夷山旅游 VR、AR 地图科技体验应用，实现了游客通过一部手机自助导游、导航、导览、导购。景区管理方面，通过大数据收集游客预订信息，景区能及时获知未来游客数量，提前安排调度观光车、竹筏。

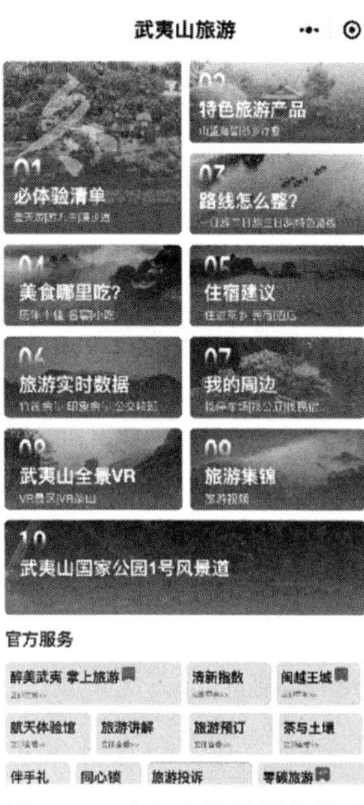

图 1–8　武夷山旅游微信公众号掌上导游系统

（2）创新点

①实现虚拟游览。基于 GPS、蓝牙等定位技术，精准定位，自动向游客推送当前景点的语音讲解和图片。将照片作为切入口，选择在精华的景点醒目位置安放智能拍照装置，深入挖掘场景的主题性、故事性、趣味性，为观众提供方便快捷、寓教于乐且充满记忆点的体验，增加游客旅行乐趣。武夷山旅游 VR、AR 地图等科技体验应用，全景技术的接入突破了传统景区参观时间、空间的限制，帮助游客实现“虚拟游览”，打造“线上景区”（如图 1–9）。

图 1–9　武夷山旅游微信公众号全景 VR

②共享导游新模式。借助互联网共享技术，解决散客的导游需求难题，游客可根据自身的行程要求在平台自由预约导游、景区讲解员，还可进行拼团预约导游、讲解员，实现共享导游新模式。平台帮助导游实现技能、服务转化价值，通过 B2B/B2C 系统，实现

旅游碎片化产品、资源的销售，实现了共享导游。

2. 河南省“智游龙门石窟”小程序智能导览

（1）项目简介

龙门石窟与莫高窟、云冈石窟、麦积山石窟并称为中国四大石窟，于2000年被联合国教科文组织列入《世界遗产名录》，代表了中国石刻艺术的最高峰。龙门石窟，借助互联网和新技术平台，实现文旅产业与互联网技术的跨界融合。“智游龙门石窟”小程序（如图1–10）通过基于位置服务（LBS）、大数据、人工智能等信息技术及平台化工具，采用中国唐宋风格手绘地图的形式搭建了智能导览地图，将景区景点导览、旅游线路规划、语音讲解、快速查找等功能与地图进行连接，生动展示龙门石窟新容颜。

小程序设计了AI智能导游，将奉先寺阿难拟人化，赋予他龙门导游的人物性格，延伸龙门文化资源的IP价值。AI智能导游不仅可以与游客互动聊天，还能与游客进行智能问答互动，通过语音回答的方式使游客获得龙门概况、重要景点的导览线路、龙门历史典故、各景点的讲解等内容，并能获取卫生间、出入口、停车场、母婴室、医务室等服务设施的位置。小程序可根据游客的兴趣提供个性化的游览方案，包含石窟文化之旅、亲子研学之旅、书法鉴赏之旅、山水胜景之旅4条游览线路，提升游客游览的趣味性和体验感（如图1–11）。

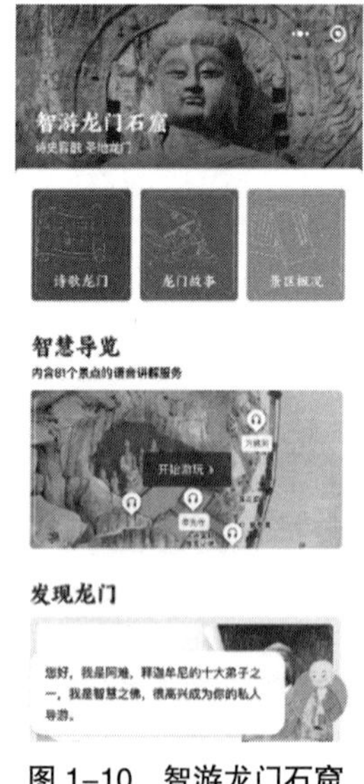

图1–10　智游龙门石窟小程序界面

图1–11　智游龙门石窟小程序设施与线路查询

（2）创新点

①小程序提供一站式观览服务。“智游龙门石窟”小程序将基于位置的场景化服务与龙门石窟真实的景点连接起来，将真实场景还原到手机里的手绘地图上，采用中国唐宋风格古韵手绘地图的形式生动展示龙门石窟新容颜，满足游客在游览时的各类景区服务需求，为游客提供一站式观览服务体验。

②注重游客的趣味体验。游客可通过“诗歌龙门”“全民读诗”“诗与远方”等趣味十足的小游戏欣赏历代文人墨客在龙门石窟所作的诗歌，参与诗歌朗诵，生成诗歌风景海报，深度感受龙门石窟的历史价值与人文魅力。小程序配备了一位 AI “小导游”——奉先寺阿难，如果游客有烦心事向阿难吐露，他还会开启“闲聊”模式，修禅佛语随口就来，烦恼心事一扫而光。

3. 陕西省西安市“遇见城墙”智能导览

（1）项目介绍

西安城墙是我国第一批全国重点文物保护单位，2021 年入选国家第一批文物预防性保护试点。“遇见城墙”智能导览基于 GPS 城墙定位，以城墙 1400 多年的悠久历史、景区设施、服务、周边经典旅游景点推荐等为主要内容，实现 166 个点位全覆盖。游客只需通过扫描二维码轻松下载 App 或登录微信端，倾听历史、遇见城墙，享受惬意、有趣的城墙自助游玩。“遇见城墙”智能语音导览功能包括周边景点介绍、文化演出介绍、建议反馈、满意度调查，以及购票处、客服中心、卫生间、出入口指引等，同时设置最佳拍摄点功能，线上展示 107 个最佳拍摄点位的图片。游客可参照点位图例照片，拍摄出恢宏大气的城墙景观（如图 1–12）。

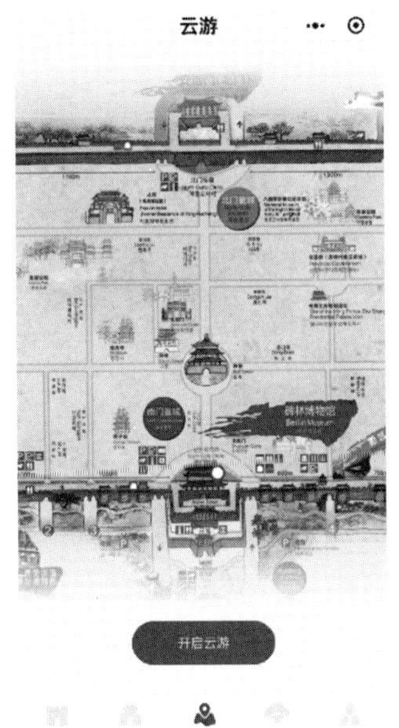

图 1–12　西安城墙小程序云游界面

（2）创新点

“遇见城墙”智能导览通过智能定位、视频解说、VR 全景、评书动画、服务点位等功能，提升游客的游览体验，充分体现了数字 + 旅游 + 文化的融合。它将人性化的体验放在第一位，让游客在欣赏城墙大美风光的同时感受到西安城墙细致体贴的服务。

4. 山西省皇城相府虚拟导游

（1）项目介绍

皇城相府运用 5G、VR、AI 等前沿技术，以轻盈的方式讲述景区厚重的历史文化，当游客进入智慧导览系统，智慧指示牌、机器人大管家、触摸互助设备……景区内信息设备随处可见，机器人大管家可以通过定制化的系统功能，结合文字、图片、声音、视频等多种形式，快捷地向游客提供旅游实时信息及食、住、行、游、购、娱等方面信息的即时查询服务，同时具备投诉受理、旅游调查等旅游信息反馈功能。这不仅能让游客迅速了解当地的背景，还节约了游客的时间，强化游客的游览体验（如图 1–13）。

图 1–13　皇城相府智慧指示牌、机器人大管家

凤凰网．前沿科技加持，皇城相府引领旅游新业态，https://i.ifeng.com/c/8VfY8XPbJCp.

“虚拟导游”是在手机屏上呈现“陈廷敬”虚拟形象，运用 AR 技术，使用云游山西 App 扫描景点就能获取陈廷敬虚拟导游的详细讲解，走动或转动手机即可与景区进行真实生动的交互，在皇城相府的实景氛围中，听陈廷敬亲身讲解自己家族的故事，在保证趣味性的同时还增强游客的代入感。游客在更加了解景点的同时，也能获得更加生动有趣的智能化游览体验，深度感受皇城相府所承载的珍贵历史和中华民族文化。

（2）创新点

皇城相府的 5G + AR 智慧景区项目，通过轻盈的方式讲述厚重的文化，借助科技的力量让景区活起来，让文化活起来。AR 以文化为立足点，将以往静态的内容进行再创作，有效增强游客的体验感，使其与文化内容本身产生互动，并通过相应的反馈，让内容和互动更加高效，可接受程度更高。在保证趣味性的同时，AI + AR 文旅项目更能吸引年轻人的关注，让文化在虚拟融合场景中获得更深层次的呈现，从而达到对历史文化的弘扬和传承。

5. VR 云游——旅游景区（度假区）智慧导览讲解系统

（1）项目介绍

VR 云游（如图 1-14）是以全景技术为核心的一套综合数字化 VR 智慧旅游产品，是智慧导览讲解服务的创新型导览讲解方式，1∶1 在线还原景区环境，配备 AI 数字人 / 真人讲解功能、个性化主题线路推荐，全面展示旅游景区、旅游度假区、博物馆等大型场景。VR 云游提供沉浸式、立体化的云端游览体验，实现了场景透明、未达先知。这有助于游客深切感知信息、合理安排游览线路、充分了解游览内容，可满足游客的个性化和多样化游览需求。

图 1-14　VR 云游智慧导览界面

①全局导览。以全域手绘地图的形式，结合旅游景区场景特色，将场景全貌规划形象地展示出来，极大地提高了游客的观赏兴致。同时，结合智能语音导览 + 电子沙盘技术，让游客点击地图中相应的“热点”位置即可了解相应景点的智能语音介绍，或进入相应景点的 VR 全景漫游。

②在线实时讲解。该产品可通过全新智慧导览讲解系统发起在线讲解，邀请外地或不能实地参观的游客，进行远程同步游览 + 实时语音讲解，让讲解更高效、快捷、轻松的同时，也为景区创造了新型宣传方式，有效应对因不可抗力关闭景区导致的客流损失。

③全域连接。该产品可按需求自定义添加景区导览功能，吃喝住行，一键导览，智享旅行。景区还可根据自身特色及游客需求，开发添加更多功能，让智慧游

览服务更加完善（如图 1–15）。

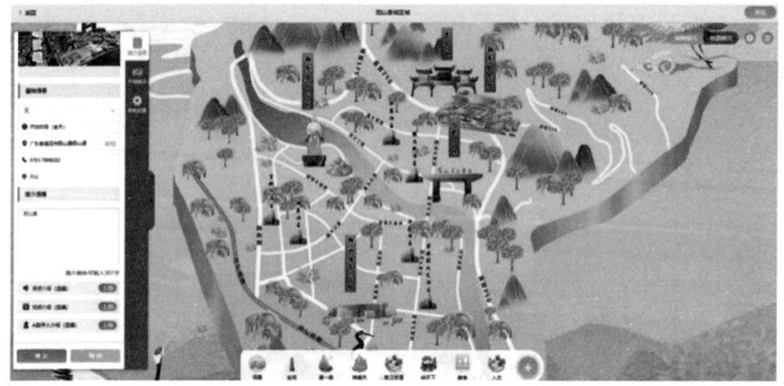

图 1–15　VR 云游全域连接

④个性化线路推荐。以全域手绘的形式，结合旅游景区场景特色，设计不同主题的特色旅游线路供游客选择。同时可以结合 VR 全景视频，进行专属特色线路的导览讲解和漫游展示。游客可通过个人喜好选择线路进行游览，辅以全景视频讲解，可产生“一对一”专属导览讲解服务的感觉，体验感与沉浸感大幅提升，复游可能性大幅加强。

（2）创新点

把 VR 技术搬到景区内，可以让游客得到更完善、更丰富的体验。作为实体旅游的补充，VR 技术可以让游客在景区内体验到由于季节或其他因素而体验不到的内容。同时，体验更像是一个私人导游的 VR 智慧导览讲解，在旅游之中，体验新技术，两种新奇体验结合，无疑是一种体验升级，有助于提升景区口碑。

（三）主题公园

1. 辽宁省大连市发现王国“智慧潮玩”新模式

（1）项目简介

大连海昌发现王国主题公园位于国家 5A 级旅游景区大连金石滩国家旅游度

假区内，于 2006 年开园，年均接待游客近 200 万人次。其中，主力消费客群为 21～30 岁的年轻人，即“Z 世代”人群。

在智慧游园方面，自主研发智慧导览系统——“玩转发现王国”（如图 1–16），此系统包括人脸识别系统和电子导览地图，提供快捷畅通的入园体验，满足智慧高效的游园需求；在智慧餐饮方面，推出机器人主题餐饮——“钢铁甜心”，从点单到制作，从支付到交付，全智能自动化完成，无须额外人力，提供未来感十足的科技美食体验；在智慧娱乐方面，采用高科技手段打造实景互动的视听盛宴。此外，发现王国还推出东北地区首家智慧化亲子娱乐中心，开发多科目实景研学课程，突破传统演艺模式，贯通天、地、湖三大空间场景和“日＋夜”的时间维度，呈现立体化全天候科技潮玩氛围。

图 1–16　大连发现王国公众号智慧导览界面

（2）创新点

①智慧化服务创新。“人脸识别系统”为游客提供快速便捷的无接触式入园服务，

"电子导览系统"为游客提供全园引导、高效畅玩的服务。通过数字科技手段和细节功能设置，将传统的人工服务升级为自助服务，将问答式服务升级为智慧化服务。

②科技体验创新。引进代表前沿科技产品的机器人设备，为游客提供探索未来、触碰未来的新奇体验，结合主题公园的餐饮产品，满足游客游园刚需，点单、支付、制作、交付，一条龙的无接触式设计，也符合健康绿色的游园需求。

③研学旅游创新。以"寓教于玩"的理念，依托自身具有的独特自然资源，在游乐场里打造实景研学项目，是对主题公园在知识性、娱乐性产品延展上进行的探索和实践。

④集聚化设计创新。打通天、地、湖三个空间维度和白天、夜晚两个时间维度，将以高端科技手段支撑的娱乐项目，进行集聚化整合设计，集中布局、集群发展、集约利用、集合构建，贯穿主题公园各时段、各角落，并实现"科技搭台、文化唱戏"，融入丰富的文化元素，使游客在畅玩中领略民族艺术和国风、国韵。

2. 陕西省西安市大唐芙蓉园

（1）项目介绍

大唐芙蓉园通过开展数字化建设，打造建设智慧化街区、丰富沉浸式娱乐体验、创新"文旅 +"发展新模式等措施，推动街区便民智能化建设与街区智慧化建设。数字智慧中心、无人机监控、智慧信息咨询亭、智慧营销系统及智能热感测温系统等多种智慧化建设，以"黑科技"增强游客游玩的便捷性，为传统景点重新赋予年轻活力。

在大唐芙蓉园景区，从东北门入口进入的两侧设有缓坡。成人需在网上购票，65 岁以上老年人免票，可以直接刷身份证进入，门口设有电子导览图与纸质导览图。景区道路旁设有 4 座智慧咨询亭，游客只需根据提示进行简单操作，即可快速获取景区游览信息，上面还设有园区信息导航、语音呼叫等功能，游客有紧急情况可以及时反映。

在大唐芙蓉园微信公众号或微信小程序里（如图 1–17、1–18），游客可以根据菜单栏提示，实现预订门票、智能导览、景点语音讲解等，清晰的菜单栏提示和导览，让游客实现"一机在手，轻松游园"。

（2）创新点

建立以智慧管理中心为核心的管理服务、市场营销、安全应急（应急响应）三大体系，通过"数字指挥中心建设、电子自助售票入园系统、智慧导览系统、监控管理系统、智慧无人便利店、热成像测温系统”等多种智慧化建设举措，全面打造出售、检、游无现金支付为一体的智慧旅游新体验；同时通过大数据的积累与抓取，搭建起游客数据自主分析平台，全面实现景区智慧化管理、网络化营销、智能化服务。

图 1–17　西安大唐芙蓉园小程序智慧导览界面

图 1–18　西安大唐芙蓉园小程序智能线路导览

（四）综合性智慧旅游导览系统

1. 四川省“智游天府”文化和旅游公共服务平台

（1）项目介绍

四川省“智游天府”文化和旅游公共服务平台（以下简称平台）。该平台于2020年9月25日上线，运行以来为四川省文旅数字化创新发展提供了良好助力，它以一站式公共服务为核心，通过App、小程序、微信公众号等方式，为公众提供预约预订、景区、场馆、住宿、餐饮、文博展览、文艺演出、在线直播、特色产品、精品线路、评论分享、投诉举报、志愿服务、研学旅行等三大类、三十余项主要服务（如图1-19、1-20）。

图1-19 四川“智游天府”微信小程序首页

图1-20 四川“智游天府”小程序景区与厕所查询

“安逸游、安逸住、安逸吃、安逸买”等，囊括四川省旅游景点，星级酒店及民宿、特色美食等，为游客出行提供了可预约、可查阅、可参考的旅游信息，以及特色商品、文创产品的在线交易。“博物馆、文化馆、品非遗、图书馆、美术馆”等文化公共服务，将四川省文化资源和活动进行汇聚，以及各类文化公共活动、在线展览展播等，让公众足不出户了解四川省文化活动、演出等各类文化信息。

“智游天府”平台接入了四川省 144 家 4A 级及以上正常营业的封闭式景区门票数据、43 家重点图书馆及 33 家重点博物馆预约预订数据，游客通过“智游天府”平台能够快速查询、实时掌握文博场馆及景区的余票状况并预订门票，能够快速查找附近公厕、停车场的信息。“智游天府”平台一系列便捷实用的功能使得广大游客的体验度和舒适度显著提升。

（2）创新点

“智游天府”平台实现了全省文旅数据实现互联共享，数据显示，平台汇集全省提供文旅服务的企事业单位共计 23352 家，公共厕所、停车场等公共服务类场所近 1.2 万个；共计发布文旅服务信息超 8.1 万条；汇聚六大类文化资源数据 310.2 万条，旅游八大类资源数据 26.85 万条，资源照片约 550 万张，视频约 2.6 万部；完成了全省 814 家 A 级旅游景区与平台的数据接入；接入博物馆 263 家、图书馆 206 家、文化馆 206 家。通过文旅大数据中心建设，与四川省交通运输厅、省市场监管局、省信用中心及部分市州共享交换数据超过 67.3 万条，有效打破了数据信息孤岛。

2.“一机游”智慧导游导览平台

（1）项目介绍

该方案的提供商是腾讯云计算（北京）有限责任公司，能实现覆盖景区的点位信息采集和手绘地图绘制，并通过小程序提供数字化导游导览服务。打造全方位景区地图体系，由业内领先的测绘团队进行景区基础信息测绘，使用手绘地图的方式在小程序中展现景区内景点及公共设施情况，直观生动地展示景区的地形、位置。同时为每个景区定制推荐游览线路，游客使用手机即可实现“自在”游览（如图 1–21）。

智慧导游导览服务主要提供客流引导和旅游向导两大应用体验：一方面，旅游景区借助电子导览系统实现了将各景点人流是否拥挤及车辆游船索道等运转信息通过多媒体视频技术传递给游客；另一方面，旅游景区可根据景区游览资源的地理分布提供线路向导服务，并借助语音系统对线路上的各游览点提供“一对一”的导游介绍服务。

（2）创新点

腾讯旅游大数据分析应用平台的建设加强了旅游行业内政府、企业、市民、游客、团体之间的网络化关系，并形成“管理、服务、竞争、合作”的关系，可促进旅游业各部门间的合作以及旅游业再造，并提高政府主管部门对旅游业各部门的监管力度，规范行业行为。该平台建设的目的是推动旅游业向现代服务业转型，通过信息化手段实现旅游服务水平提升，最终实现旅游产业升级。主要体现在以下三个方面：一是旅游全产业链数据价值，智慧文旅全产业链通过数据支持全方位与第一、第二、第三产业集成，拓宽到食、住、行、游、购、娱等各方面。二是产业数据融合价值，强化旅游产业和旅游部门的功能，创造更多发展机会。三是产业跨越价值，打破了传统的第一、第二、第三产业界限的严格划分，各大产业间通过数据可进行柔性融合，体现出跨越产业间的超额价值。

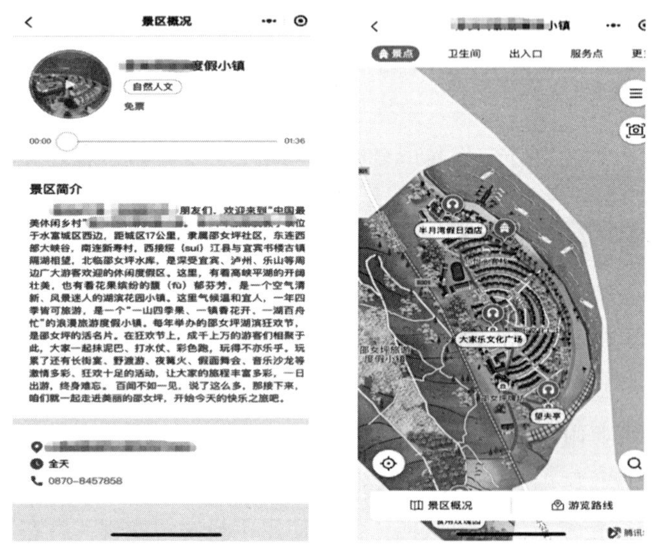

图 1-21　一机游智慧导游导览界面

3.“共享好导游”全国导游真人在线实时讲解平台

（1）项目介绍

“共享好导游”项目的初衷是为全国游客提供手机端导游真人在线实时讲解服务。依托“共享好导游”小程序、App，导游可为散客（自由行、私人游、小众游、家庭游等）提供基于手机的在线实时讲解、引导服务（如图 1-22）。

注册导游员通过“共享好导游”App 与小程序为游客提供导游实时讲解，以云

图1-22 共享好导游小程序界面

端讲解的方式，以语音、图片、视频、文字等形式为游客指引参观线路、进行讲解，在线陪伴游客一路参观。采取全国景区景点公交化发团模式，每隔5~15分钟发团，游客随时随地均可参团，改善游客出游体验，可大幅提升消费者出游意愿。它针对每个团队分别设有讲解频道和互动频道。讲解频道专门用于导游讲解，互动频道导游和游客可以实时互动。在“共享好导游”后台设置数据中台，可随时监控讲解频道及互动频道进行的内容，杜绝传播错误或歪曲的历史文化观，保证在线导游服务质量。

讲解频道依托5G通信高通量、即时性、高并发的特性，放大优秀导游的品质服务，数百名游客可同时在线倾听导游讲解，彻底解决优秀导游供给不足的矛盾。导游服务结束时，游客可以对导游服务打分，该打分直接和导游收入挂钩，提高导游的工作积极性。

（2）创新点

①多语种设置拓展使用范围。本项目不仅可以用于国内旅游，还可以广泛应用于外国游客入境游、中国游客出境游、外国游客在世界各国旅游等多种场景。作为中国智慧旅游新模式，该平台可输出到全世界，为全球游客服务。同时，依托“共享好导游”多语种版本，全球导游可实现云端工作，为导游尤其是中国导游创造全球工作机会，实现“一部手机在手，导游陪您游全球”。

②运用信息技术提升规范性。本项目基于5G、互联网、大数据、人工智能、虚拟技术、云计算、物联网等综合应用，依托“共享好导游”，行业主管部门可以更好地监督、促进导游行业规范化。

③有效解决了供需矛盾。本项目彻底改变导游传统的工作方式，依托“共享好导游”平台实现“一对百”的讲解服务，可以让导游更灵活地就业、获得更高的收入。同时也解决了优质导游服务供给不足与广大游客日益增长的美好旅游需求的矛盾，依托“共享好导游”，一名优秀导游的服务可以被放大，满足数百人的讲解需求，解决了导游尤其是优秀导游匮乏的问题。

图 1–23　普陀一码通小程序界面

4.“一码知心游”文旅融合发展解决方案

（1）项目介绍

“一码知心游”解决方案通过一码链接线下物理场景，构建线上公共服务总入口，打通线上线下消费数据，同时运用基于自身多年积累的高精度 AI 算法模型、100 多个行业知识库和 1000 多万条价值数据构建的智能问答系统赋能，实现精准洞察游客需求的“知心”能力，批量解决游客个性化需求，并最终实现通过数据驱动业务创新、持续优化运营服务体系的成效。

“一码知心游”解决方案已在普陀山一码通平台成功落地。自 2019 年 9 月上线以来，平台聚合了近千家目的地生态商家，打造了 20+ 个应用场景，包括在线预约、寺院服务、文旅热力地图、滴滴导游、行李管家、普陀山味、普陀山居、最美文化旅线、文创商城等，通行效率提升 70%（如图 1–23）。

（2）创新点

“一码知心游”解决方案是针对旅游目的地数字化运营中存在的痛点而开发的，解决了多码并行、服务分散、营销错配和管理缺位等问题。该解决方案旨在满足游客便利化、个性化、碎片化和即时性消费需求，通过归集特定区域内涉旅场景产品资源，实现高品质公共服务的精准分发，提升景区运营效率和服务质量，助力区域文旅产业数字化转型升级。

5. 基于“数智标识系统”的景区导览系统解决方案

（1）项目介绍

朗域云“数智导览系统”创新应用云计算、大数据、AI 语音交互等前沿技术与传统的 LED 单元板、LCD 触摸屏、机械转动装置相结合，让平面静态的旅游导视标识系统具备智能交互式导览、自助移动式导览、自我状态感知、环境感知、人车识别、智能运营等能力，有效提升了用户操作的体验感、增强了信息获取的精准性（如图 1–24）。

数智导览解说系统包含数智导览大屏、数智指路机器人、云导览小程序以及智慧室内导航，依托 AI 交互、触摸 + 语音互动、位置服务、自主引擎算法等智能数字技术，为出行过程的导航导览及商业服务提供整体解决方案，为智慧交通解决最后 1 米。

图 1-21　朗域云数智导览大屏、数智指路机器人、云导览小程序

朗域云. 文化旅游案例展示，http://www.langyuyun.com/whly.

（2）创新点

①导览系统化。比如在西塘古镇，朗域云数智指路机器人将西塘的景色绘制在外部，与周围的景致融合得恰到好处。导览大屏幕展现出吃、住、行、游、购、娱的丰富信息以及它们的文化背景，展示效果比传统静态标识牌更生动。在展示信息的基础上，数智标识会为游客规划游玩的线路，涵盖重要游览节点，除了这种经典的定制化游玩线路，数智标识还可以根据游客的不同偏好做针对性规划。同时，通过搜索的关键词识别游客个性化需求，进一步做关联推荐。

②体验多元化。智慧标识的导览服务除了会通过图片、文字、视频的方式呈现景区的游玩信息，还可以提供语音播报，以多元化的服务为游客进行解读。除了导览系统的语音播报之外，360°智能转臂的指路机器人会通过转臂，配合查询结果指向目标地点的方位，并在转臂上标出该景点的名称以及距游客当前位置的距离，帮助游客顺利前往想去的地方，增添了游览的人性化和趣味性。

③使用便捷化。游客通过微信扫描导览屏幕上的二维码，进入“云导览小程序”，可实时同步指路机器人导览系统的内容。这个小程序能实现在线预订门票、酒店，购物等服务，游客在旅途中的体验、评价也可以在小程序上发布，分享旅游心得。

五、国外创新实践

（一）都柏林的智慧旅游导览应用

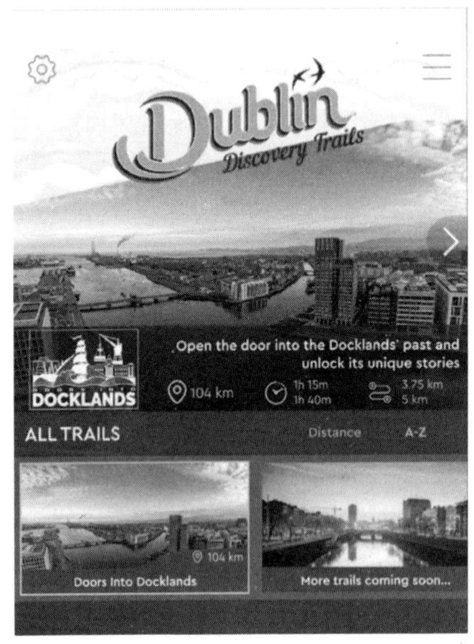

图 1-25　都柏林 Dubin Discovery Trails 平台中的特色主题步道应用

Dublin Discovery Trails, https://dublindiscoverytrails.ie/ 较有特色的主题步道应用包括 DiscovAR Dublin, Balbriggan Heritage Trail, Doors into Docklands, Castleknock Heritage Trail, Explore Tallaght, Dún Laoghaire – Anseo, Dún Laoghaire – Harbour Trail, Clondalkin Heritage Trail, Rathfarnham Trail, Malahide Village Trail 等。

都柏林探索之路应用程序（Dubin Discovery Trails）是都柏林智慧旅游战略的一部分，通过讲述城市的故事和历史以增强都柏林的旅游体验。这一项目也是作为新的都柏林市议会旅游战略 2023—2028 年创新支柱的一部分而开发。这种新的数字体验使用增强现实等新的沉浸式技术，将有助于进一步将都柏林定位为世界级旅游目的地，并通过独特和量身定制的客户体验，使城市与游客保持关联（如图 1-25）。

都柏林探索之路应用程序（Dubin Discovery Trails）是一个平台，也是由都柏林市议会推动的一个集中式应用程序，多个都柏林旅游机构和地方当局可以在这个平台上开发各类供游客游览城市的沉浸式体验应用。该招标框架的成员包括爱尔兰国家旅游发展局（Failte Ireland）、都柏林港口公司（Dublin Port Company）、爱尔兰水道公司（Waterways Ireland）和四个都柏林地方当局。Dublin Discovery Trails 应用程序中包含多条主题步道（trail）的导览，每个 trail 都是一条特定的步行线路，旨在引导游客探索都柏林的不同区域和主题。这些 trail 通常围绕特定的主题或地点设计，通过音频导览和增强现实（AR）技术，为用户提供丰富的历史和文化信息。这些步道涵盖了都柏林市和都柏林码头区、都柏林海岸步道上的村庄和当地社区等。通过这些不同的主题线路的导览应用可以让游客了解更多关于都柏林的历史、参观著名的地标和遗产地、发现隐藏的奇迹、体验令人印象深刻的虚拟内容（如图 1-26）。

其中，“DiscovAR Dublin”是由都柏林市政府（Dublin City Council，DCC）推出的一项创新项目，旨在通过增强现实（AR）技术为用户提供一种全新的城市探索体验。这是爱尔兰首个利用开放谷歌地图技术创建的互动3D地图。用户可以通过移动设备访问这个地图，仿佛置身于城市中，与地图互动，探索都柏林的标志性建筑、博物馆和景点。作为“智慧都柏林（Smart Dublin）”计划的一部分，“DiscovAR Dublin”旨在改变游客和当地居民体验都柏林的方式，通过增强现实技术让城市探索更加生动和互动（如图1–27）。

图1–26　都柏林Dubin Discovery Trails平台中的特色主题步道应用

该项目是由Peel X开发，应用程序使用了Cesium for Unity和谷歌地图平台的3D Tiles技术，将城市的隐藏宝藏带到用户的眼前，这种方式超越了传统的旅游指南和互联网搜索。准确的位置和地理空间环境对于真实地呈现城市的地标和历史，以及在景点之间寻找道路至关重要。将“都柏林之旅”游戏化，并以3D方式呈现，有助于增强亲自参观的游客、只使用手机的游客，甚至是居民之间的联系。用户可以通过“都柏林探索之路”（Dublin Discovery Trails）应用程序访问“DiscovAR

图 1–27 “DiscovAR Dublin”应用的系统界面示意

Visit Dublin.Dublin Discovery Trails, https://dublindiscoverytrails.ie/#discovar.

Dublin”。这个应用程序最初于 2023 年 1 月推出，新增的增强现实地图功能让用户能够在家中或现场体验都柏林的文化和历史。

“DiscovAR Dublin”不仅展示了城市的知名景点，还发掘了许多隐藏的宝藏，如吉尼斯博物馆、EPIC The Irish Emigration Museum（爱尔兰移民博物馆）和亨丽埃塔街 14 号等地点，让用户能够更全面地了解都柏林的文化和历史。此项目于 2023 年 10 月获得欧洲文化旅游网络奖（European Cultural Tourism Network awards）二等奖。

Doors into The Docklands 是一个增强现实应用程序，专门展示都柏林码头区的历史。这是 Dublin Discovery Trails 系列的一部分，也是该系列中的第一个增强现实步行导览。该应用程序由都柏林市议会和爱尔兰旅游局通过其目的地城镇投资计划共同资助，将以一种新的方式为游客带来该地区及其故事，从而进一步释放码头区的旅游潜力。该应用程序通过 AR 技术，创新地展现了码头区的历史，将现实世界的历史与智能技术相结合。它融合了新旧元素，引导用户在自己的时间安排下，自由地探索码头区最受欢迎的景点，使他们能够发现都柏林文化、遗产和历史的引人入胜的故事。

这个项目汇集了 Peel X 的全方位应用程序开发服务，包括增强现实、视听硬件、3D 建模、动画、历史研究、剧本和文案撰写、绿屏拍摄以及音频和影音开发，这些交织在一起，创造了都柏林码头区令人惊叹的数字故事。应用结合了 3D 图形、动画和音频，让用户在探索城市地标时，能够通过手机屏幕看到相关的历史图像、视频和故事。例如，用户可以看到健力士驳船沿利菲河航行、CHQ 大楼举行的克里米亚宴会以及饥荒雕像背后的故事。应用通过 360° 视图和 2D 动画，让历史事件“重演”。例如，用户可以体验 1921 年海关大楼的大火、Scherzer 大桥的动画以及码头工人在潜水钟中劳作的情景。应用中还包括了许多历史人物的 AR 角色，他们会讲述自己的故事。例如，布莱船长（Captain Bligh，于 19 世纪测量都柏林湾的人）和玛吉·道尔（Maggie Doyle，码头工人的女儿）都会在应用中出现，与用户互动。用户可以根据自己的节奏，通过 GPS 定位功能，沿着指定的步行线路探索码头区。这些线路经过精心设计，涵盖了都柏林最著名的历史地标和景点（如图 1–28）。

该应用程序使用 Wi-Fi 或数据连接下载初始内容，包括启用地理功能的地标和地图。这些地标将提示游客将手机举向图像和视频显示的位置。使用该应用程序时不需要实时数据连接，因为在初始内容下载后，支持地理的地标和地图就会存储在用户的手机上，因此用户在体验期间不会因昂贵的数据漫游而收费。当人们遇到这座城市的著名地标时，他们可以用手机对准它们，将触发相关图像、视频和故事的弹出。

Docklands AR 步道的开发是与爱尔兰国家旅游局、都柏林港口公司、公共工程办公室、Epic、Smart Dublin 和都柏林市议会文化公司的代表合作进行的。该应用程序由都柏林市议会首次开发，进一步提升了首都作为领先的“智慧城市”的地位。该应用程序面向当地人和游客，他们想更多地了解这座城市，并从新的独特角度体验码头区的历史。该应用程序的质量也在国际舞台上引起了轰动，都柏林市的智慧旅游计划在塞维利亚举行的 2022 年全球旅游创新奖中获得了最佳数字与创新奖。在作为 Docklands 目的地体验发展计划的一部分所做的工作的基础上，这条交互式增强现实遗产步道也将有助于改善该地区的游客流量，并鼓励游客在白天和晚上停留更长时间，进一步将旅游业的经济效益传播给当地企业。

图 1-28　Docklands AR 步道的系统界面

苹果 AppStore，https://Apps.Apple.com/cn/App/dublin-discovery-trails/id1659992838? platform=ipad.

（二）英国大英博物馆智慧旅游导览系统

大英博物馆的智慧旅游导览系统是一个集多媒体、互动性和个性化服务于一体的先进系统，旨在为游客提供更加丰富、便捷和深入的博物馆参观体验。

大英博物馆的智慧旅游导览系统主要通过其官方 App 实现，该 App 支持多种语言（包括英语、法语、德语、意大利语、西班牙语、中文、日语、韩语以及英国手语等），以满足不同国籍游客的需求。

1. 详尽的展览信息

App 内包含了大英博物馆所有常设展厅和特展的详细介绍，游客可以随时随地查看展览的详细信息，包括展品的历史背景、文化意义等。App 还为许多展品提供了背景图、策展人视频解说等多媒体信息内容，使游客能够以更加直观和生动的方式了解展品。App 还会实时推送博物馆的最新展览信息、活动安排等，帮助游客及时了解博物馆的动态。

2. 专业语音讲解

由大英博物馆的策展人录制的专业语音讲解，覆盖了 250 件馆藏精品，为游客提供深入的展品解读。游客只需在 App 内输入展品号码，即可打开对应的音频解说。系统提供了多种语言支持，打破了语言障碍，使更多游客能够轻松享受博物馆的导览服务。

3. 主题导览与个性化游览线路规划

App 提供了从古埃及到中世纪欧洲等多个主题导览，游客可以根据自己的兴趣选择相应的主题进行游览，从而更加系统地了解不同古文明的历史和文化。游客可以根据自己的时间和兴趣，在 App 内规划个性化的游览线路。App 会提供多种线路偏好，并充分考虑不同游客的需求。

4. 收藏夹功能

游客可以将自己喜欢的展品加入收藏夹，建立属于自己的大英博物馆展柜，方便日后回顾和分享。

（三）迪士尼乐园智慧旅游导览系统

1. 园区导航与定位

迪士尼乐园 App 利用 GPS 定位技术和符合景区特色的手绘地图，为游客提供准确的园区导航和位置服务。游客可以清晰地查看自己的当前位置，并规划游览线路。迪士尼乐园通过导览系统配置个性化的景区手绘地图，地图既详细又富有艺术性，能够生动展现景区全貌，激发游客的游览兴趣。

2. 项目及各项活动时间查询

App 内会显示各个游乐项目的等待时间，帮助游客合理安排游玩顺序，减少等待时间。游客还可以通过 App 查看每日的主题巡游、娱乐演出时间表，确保不错过任何精彩瞬间。

3. 高度集成的服务

迪士尼度假区 App 融合了“食、住、行、游、购、娱”旅游六要素的功能，模块分区明确，各种信息一目了然、简洁直观，方便游客快速查找所需信息或服务。比如提供园区内餐厅的在线预订服务，游客可以提前预订心仪的餐厅，避免用餐高峰期的排队等待。

4. 个性化推荐

基于游客的喜好和历史浏览记录，App 会推荐适合的游乐项目、礼宾服务、演出或活动，提供个性化的游玩建议。

（四）其他创新实践

1. 体验历史或故事的应用程序

意大利那不勒斯考古博物馆发行了一款以父子亲情为主题的导览游戏，剧情设计为一个与父亲素未谋面的儿子穿越到过去，追寻已故父亲的考古旅程，在游戏中学习文物考古知识，其中一些特殊场景需要到博物馆实地参观才能解锁。这种线上游戏与线下参观相结合的方式很受观众的喜爱。

2.VR 体验

在哥本哈根游客服务中心，游客可以通过声景、虚拟现实体验（VR-Experience）等方式体验这座城市，然后亲自探索这座城市。游客可以在游客中心沉浸在 VR 自行车的体验中，学习如何在哥本哈根的街道上进行自行车导航。哥本哈根游客服务部还有一个数字指南，即《哥本哈根游客指南》（后简称为《指南》），游客可以在智能手机、游客中心和城市旅游信息中心中进行查询，《指南》里的内容包括对景点、博物馆、餐馆、购物等的游览建议。

3. 公交站变成信息点

“探索波尔图”使公共交通成为波尔图市居民和游客的互动工具。通过在公交站安装信标形式的 NFC 和二维码技术，游客可以在穿过城市的各个公交站访问兴趣点和线路的信息。在这样做的过程中，该市积极将公交站点融入旅游体验，并鼓励游客成为数字创新的用户。

4. 提供导游服务的聊天机器人

哥本哈根国家博物馆开发了一款聊天机器人，优化游客的体验，展现了许多可能性。Chatbot 不仅回答常见问题，帮助解决实际需要，还可以对博览会中一些最受欢迎的主题进行交互式导游，并提供可视化信息。Chatbot 解决方案已经上线，经过测试和修改，数据表明 Chatbot 在使用前和使用中都可以正常使用。

六、问题和方向

（一）存在的问题

1. 导览方式多而不精

伴随着经济和科技的发展，导览业务不再局限于某一种，为迎合观众参观需求，往往多种导览方式并存：平面地图指引、多媒体平台、人工讲解、自助导览器（手动电子语音导览、自动电子语音导览）、微信小程序呈现的智慧导览等。虽然在一定程度上满足了不同观众群体对于不同导览方式的需求，但是也呈现出“多而不精”的现象。

每一种导览系统多多少少存在一些弊端：基于 RFID 技术的语音电子导览蓝牙信标距离过近会导致文物难以识别正确；基于二维码的微信小程序导览对网络信号要求高，老年人或者儿童不会使用。另外，由于资金投入与制作手段的局限，电子导览的功能并不完全，如在制作中仅对博物馆的部分展馆做了电子导览，电子导览的语音介绍版本固定，无法针对不同观众提供合适的讲解内容。

2. 更新不够及时

由于电子语音导览是提前将内容录制到系统里，之后更新的内容会导致语音导览与实际陈展不符合。导览器的容量有限，很有可能无法将全部呈现出来，此时需根据大数据分析观众偏好、年龄段、性别、地域，更新重点文物讲解。

（二）未来发展方向

1. 增加景区内交通导览功能和导引解说

景区可以借鉴其他智慧景区的电子导游导览系统技术，通过游客的手机自带的

GPS 定位功能获取到游客的位置信息，并将该信息实时传递并标示到电子地图中。景区电子导游导览系统采用最邻近景点推荐算法实现应景的解说，这样不仅能为游客提供精准的旅游导航，还能够实现游客自助旅游。将电子导游导览功能直接在手机 App 中实现，这样游客可以规划最喜欢的景点游览线路，一边可以听到讲解内容，一边可以了解到景点现实无法展示的内容，丰富了游客的体验层次感，争取最终实现一机游。

2. 创新解说内容以吸引游客和增强保护意识

时代不断变化，各行各业都在提倡从客户体验角度出发，旅游业也不例外。景区应该改变解说理念，增加更多历史内容及文化内涵，并建议增加青少版的讲解内容，从语音、内容、图片等统一调整，让解说系统更有针对性，从小朋友喜欢的不同角度讲解，例如故宫以赏花线路这种吸引小朋友的角度规划了线路。

3. 利用智慧旅游大数据，提供个性化电子讲解服务

景区旅游大数据分析的使用，可以使景区清楚地了解自己的客源情况，根据分析结果，录制不同内容、不同侧重、不同方言、不同语言表达形式与习惯的导游讲解供游客进行个性化选择。满足大部分不同地区、不同年龄段和不同游览目的游客需求，提升游客在景区的旅游体验。

第 2 章　智慧旅游线路规划

一、智慧旅游线路规划概述

（一）背景

随着国民经济水平的逐渐提高，人们对精神生活的追求逐渐增长，对旅游的品质及个性化要求也越来越高。游客的消费需求呈现出多样化、灵活性、个性化的趋势，除传统的观光、休闲、购物等旅游活动之外，更多的游客期待参与性高的旅游体验活动。他们不再满足于按照传统的旅游线路游览，而是渴望主动参与到旅游线路的设计中。为具有不同偏好的游客提供高质量的个性化线路体验是至关重要的。近年来，科学技术的发展给传统的旅游线路规划提出了新的挑战和机遇，基于科技力量的智慧旅游线路规划应运而生。

如何更好地挖掘游客需求、设计满足其个性化需求的游览线路、提升游客旅游体验，将是应对以个性化定制为主要标志的智慧旅游时代的关键。

（二）智慧旅游线路规划的含义

1. 旅游线路

国内关于旅游线路的理论性研究不多，总结已有的研究，对旅游线路的界定可以从两方面理解，即从供给的角度和从旅游者的角度两方面。

从供给的角度出发，旅游线路是由旅游经营者规划设计，将旅游吸引物进行合理串联，为旅游者设计的最佳游览线路。提供旅游线路供给的主体包括旅游管理机构和旅游经营企业，这些主体根据市场需求，把若干旅游点或旅游区域通过交通线合理地串联起来，形成在一定地域空间具有交通使用意义的和旅游市场意义的积极组成形式，从而成为整体形态——能够进行销售的旅游产品。从旅游者角度来看，旅游线路是旅游者从居住地出行到一个或多个旅游目的地游憩并返回居住地所经历的空间线路。相对于传统的跟着旅行团出游的方式，自驾游成了更多人旅游的选择。相较于听从导游的安排，自驾游存在更多的选择空间，同时也意味着要自己安排旅行的线路。同时，随着信息技术的发展，旅游线路的安排也由传统的凭借经验设计向更高层级进行转变。传统的旅游线路一般是由旅行社设计的一条或多条固定的线路，适合组团形式的旅游，传统旅游线路是旅游经验的结晶，其设计一般需要耗费一定的时间。旅游线路的四个要素分别是：旅游者、交通线、旅游点、旅游服务。

更多的学者是从供给的角度对旅游线路进行定义，是由旅游经营者提出、面向旅游者服务的，是根据若干景点的空间布置，用多种不同的交通方式连接在一起，最终组合成不同的线路。线路研究主要针对大多数人，具有普适性，由旅行社设计，针对组团类旅游设计，对于自助旅游没有涉及，也没有照顾到旅游者个性化的选择。

旅游线路是具有典型空间属性的社会文化地理现象和经济地理现象在空间上的线性组织，具有典型的人地关系作用，是区域旅游一体化的基础。国内外对旅游线路的研究主要集中在旅游线路空间模式、旅游线路优化设计以及旅游线路网络结构三个方面。

目前，国内外有关“智慧旅游”的研究主要集中在智慧营销体系构建、智慧景区、智慧酒店、智慧服务体验等方面，对智慧旅游线路规划的研究并不多见。通过梳理已有的研究，对“智慧旅游线路规划”做出以下界定：“智慧旅游线路”是以LBS（基于位置的服务）为核心，辅以大数据平台、虚拟现实技术等技术手段，以提供智能化公共信息服务为主要功能，实现旅游者与旅游要素精准定位及智能化管理的旅游线路。

“智慧旅游线路”相比传统旅游线路而言，其优势在于能够通过位置服务实现线路上旅游信息和旅游者之间的双向互通，完善旅游信息服务，增加旅游者的体验度和满意度，便于精准化管理。

2. 智慧旅游线路规划

游览线路的规划设计工作本质是依据游客当前的位置信息和待参观的景区、景点信息，根据一定的策略筛选合适的线路和景点，并将之有序排列在具体游览行程线路的过程中。完整的游览线路应当包括起点、景点集合、景点间的路径集合以及终点。因此，对景区内最佳游览线路问题模型的建立以及线路生成策略的设计是决定游览线路优劣程度的关键所在。面向智能导览的个性化线路自动规划本质上是解决在有限约束下的最短路径应用问题，它是运筹学、地理信息学以及计算机网络等学科中的研究热点。

个性化的智慧旅游线路设计是一个复杂且耗时的过程，它不仅涉及对旅游目的地、景区、景点以及旅游项目等的选取，还涉及行程的规划。在有限时间内，游客无法访问所有的信息点，必须选择他们认为最有价值的信息点并进行排序和时间分配。这个问题被定义为“旅游线路设计”，又称“游客行程设计问题”（Tourist Trip Design Problem, TTDP），它指的是在满足一系列约束前提下为游客规划游览线路，满足特定的目标，最大化其旅游效用。越来越多的游客倾向于通过收集互联网上的信息来规划和评估自己的旅游线路，不仅需要耗费大量时间和精力，而且在涉及相互冲突的目标情况下无法保证最佳线路选择。

国内对于智慧旅游线路的个性化规划的研究，大多是基于约束的旅游资讯，根据旅游用户的需求，结合景点信息进行推荐，运用到的主要是数据挖掘、人工智能等方面的知识。

国外对于智慧旅游线路规划的相关研究主要归为两大类：第一类是基于领域专家分析的旅游线路自动推荐，目标用户的参与因素对推荐结果的影响极小，该类推荐主要是基于用户的历史行为兴趣进行分析；第二类是基于用户与系统的会话模式的旅游线路推荐，用户行为兴趣因素对其推荐结果影响作用非常明显。

3. 智慧旅游线路规划的设计原则

作为线路设计的依据，线路设计原则被作为规范指导旅游线路设计。旅游线路设计应有利于充分展现线路上各景点的景色风貌，有利于充分发挥旅游线路上各旅游点的功能，有利于节省时间、避免走回头路，有利于旅游购物活动的实现。

旅游线路的设计应该以人本主义为出发点，强调线路的普适性和个性化的结合，以经济效益为目标，寻求线路的多样化和高收益的结合。虽然传统的针对组团旅游形式的旅游线路设计与信息化环境下针对自助游和休闲游的线路设计有很大的差异，但是其中的核心设计原则，如需求导向原则，仍然具有很强的借鉴意义，是现代旅游线路设计的依据。

（三）智慧旅游线路的功能、技术应用

1. 功能

智慧旅游线路规划实现的功能包括：基于庞大的旅游目的地信息库，旅游企业和产品信息库，依据用户特征，即用户个人偏好、特征和需求，市场热点、旅游产品的数据挖掘和分类结果，采用智能检索和匹配技术，根据用户目的地、时间、预

算等条件，产生满足用户要求的旅游行程规划。这些功能能够满足旅游者在游览过程中所产生的交通、气候、医疗、食宿、导游、购物等信息需求，并且能够实现信息的实时双向互通，最终达到智慧化管理旅游线路的目的。

“智慧旅游线路”移动终端的使用对象虽然为旅游者，但其后台的数据资料可以通过大数据分析等手段进行整合处理，然后提供给旅游经营者和旅游管理者。“智慧旅游线路”作为一个综合信息平台，不仅旅游者能够获取相关旅游信息，并能够及时分享信息，旅游经营者也能够获取旅游者相关行为轨迹，并针对旅游者的个性化需求进行精准营销。同时，旅游管理者能够获取旅游者和旅游经营者信息，从而进行精准管理。

根据用户的出行需要，“智慧旅游线路”移动终端能够实现以下功能：

旅游者出发前，向游客展示后期旅游景点的地址、简介等基本信息，以帮助旅游者确定游览安排。同时提供必要的景点天气、行程路况等信息辅助旅游者做好出发准备，确定行程方式。

旅游者游览途中，向用户实时提供当前位置、道路状况等信息，同时能以旅游者位置为基础，主动推送行程周边景点及相关旅游要素信息。另外，旅游者可根据应用提示，上传当前行进途中旅游经历、道路拥堵情况，以及突发情况信息，方便其他用户预判前方线路状况，从而实现实时路况信息的共享。

旅游者抵达目的地后，以定点方式确定当前位置，此时不仅能够满足旅游者基于位置的食、住、行、游、购、娱等不同类型兴趣点搜索，还能实现实时的兴趣点推送，简化旅游者搜索过程，为其提供推荐信息。

“智慧旅游线路”移动终端的主要功能体系分为自主旅游信息查询、旅游信息实时推送、定位导航、社交功能四大基本板块，同时可添加门票预订、住宿预订、餐饮预订、智慧物流、移动支付等辅助板块。

2. 应用技术支撑

随着物联网、云计算、人工智能等新兴信息技术的不断创新发展，旅游发展进入信息化时代。网络信息对旅游者和旅游地发挥着重要影响，游客出行开始借助搜索引擎进行信息检索、攻略制定，利用 OTA 平台进行票务预订，并且在完成消费后习惯于在网络平台发布体验感受，从而留下了大量数字足迹；旅游地管理者和旅游企业开始利用海量网络信息指导目的地的旅游管理、旅游服务和旅游营销，从而推动目的地旅游发展。信息要素的介入使得目的地旅游线路网络的研究得以通过旅游者投射在信息空间的旅游行为展开。

（1）人工智能技术

人工智能技术能够针对游客的出行需要，结合多方面的信息资源，在规划、推理和问题求解技术的基础上，实现对游客出行线路的合理规划。从而帮助对旅游地点较为陌生的外地游客能够合理出行，一方面避免浪费时间在找路、问路上，另一方面通过人工智能技术的推荐，也能够保证自驾游游客不错过精彩内容。

（2）LBS（Location Based Service）

LBS又称位置服务、适地性服务、移动定位服务、置于位置的服务，即通过移动运营商的无线电通信网络（如GSM网、CDMA网）或外部定位方式（如GPS）获取移动终端用户的位置信息（地理坐标），在GIS平台的支持下，为用户提供相应服务的一种增值业务。它是旅游类App构建的基础框架，作为智慧旅游的核心要素，实现了旅游移动性。

当旅游者在旅游景点或旅游目的地等室外地点时，主要依靠GPS和GIS技术进行定位，而当旅游者位于宾馆等室内时，则需依靠Wi-Fi、基站或IP地址来获取其地理坐标。与此同时，以LBS为技术核心的智慧旅游可实现对旅游资源及旅游目的地的监控，准确、快速地为旅游者提供各类旅游指南。

对于旅行社等旅游企业而言，利用GIS技术能获取景区空间分布状况，依据景区客源、游客流量、消费情况等规划旅游线路、制定旅游设施及建设规模。对于旅游者而言，可以获取旅游服务信息，如网站旅游资源服务信息，旅游景区智能地图，旅游自驾地图等。

（3）多模式定位技术

当前，以智能手机为代表的便携式移动设备已能提供包括GPS、网络定位（Network Location）及Wi-Fi定位在内的多种定位手段，以满足用户多样化的定位需求。市场上各类定位与导航软件的广泛应用已充分验证了这项技术的可行性。因此，我们可以整合现有的多种定位技术，利用移动终端提供的软件开发工具包（SDK）接口，实时获取位置信息。

（4）电子地图应用

鉴于百度地图在功能完备性、开发文档详尽性以及市场占有率等方面的显著优势，我们选择百度地图作为底层地图。同时，结合项目实际需求采集的数据，进行“智慧旅游线路”专用电子地图的开发。对第三方地图库进行开发，不仅可以减少烦琐的地图矢量化作业，还能利用现有的地图展示与规划技术实现便捷化操作。

（5）旅游线路个性化推荐

个性化旅游线路推荐技术的研究主要聚焦于三大领域：基于位置信息的社交网络服务、GPS 数据挖掘技术，以及兴趣点推荐算法。基于位置信息的社交网络服务已日益成熟并成功商业化，例如 FourSquare、Gowalla 和 Facebook 等平台，它们为用户提供实时分享地理位置及生活动态的功能。其中，签到（check-in）是基于位置信息的社交网络服务中的一项关键功能，用户能够利用移动终端设备上传自己的地理位置信息。这些记录通常包含位置名称、维度（latitude）和经度（longitude）信息以及时间戳（Time-Stamp）等。这类技术极大地便利了人们在公共网络平台上分享与交流各自的日常生活体验。

GPS 数据能够将人们的日常生活信息紧密地联结在一起，通过对海量的定位信息数据进行深度挖掘或对含有定位信息的数据进行处理，系统能够从用户的行为轨迹中提炼出关键信息以进行个性化推荐。

很多研究及实际应用均致力于对地理位置信息的数据进行深入分析和挖掘，以便向用户推荐他们可能感兴趣的兴趣点（POI）信息，如交通出行、住宿服务等。在旅游线路的推荐过程中，除了要考虑景点本身的因素，还需综合考虑其他用户兴趣点因素，如时间安排、天气状况、用户群体特征等。当前，对用户兴趣点的推荐大多聚焦于景点信息的研究，且存在很多基于景点兴趣的线路推荐相关研究和技术。

然而，这类推荐技术大多以相应领域的专家评价作为依据，用户的兴趣预测难以准确反映用户的真实兴趣偏好。近年来，有研究者尝试结合移动定位社交服务（LBSNs）及带有 GPS 信息的旅游景点照片数据进行综合分析，以向用户推荐更符合其兴趣的旅游景点。

二、国内外创新实践

（一）国内

1.“乐游上海”小程序

旅游线路规划和推荐是旅游门户常见的服务内容，在推行文旅融合发展的当下，部分智慧文旅应用产品也推出了注重城市文化挖掘的特色线路和特色专题，如乐游上海提供了“当季推荐”“微游打卡”“非遗拾翠”“博物探秘”“上海老字号”等主题线路（如图 2-1）。这些特色线路的主题内容涵盖历史人物、历史事件、文化风俗等各个方面，着眼于历史文化内容的挖掘。该类线路的规划与推荐一方面可以为用户提供特定主题下景点、美食、故事、纪念品等全方位服务；另一方面也有利于应用对冷门资源和特定资源的推荐，形成差异化文旅产品，挖掘城市文化“宝库”，建立用户对目的地的情感认同。

这些特色线路的设计和组织往往涉及机构信息、人物、建筑、历史事件、时间、景点等多个维度，串联起图片、老照片、报纸、期刊等多类资源，虽然目前主要以长推文的形式展现，但是已经在某种程度上初步构成了数字人文的资源网络。

2.“发现杭州”小程序

这是一款全面介绍杭州的软件，共设景区门票、文博预约、住宿游玩、旅游报名、懒人地图等功能板块（如图 2-2）。

一是旅游景点全域化不仅限于热门景点，而是深刻挖掘杭州旅游资源，让游客体验杭州非常规旅游线路，鼓励游客深度游，不仅延长游客的一地居留时间，还能起到很好的客源分流作用。二是将杭州各项旅游接待基础设施的信息汇于一体，游客可进行各类旅游相关信息查询，即使想上洗手间，也可在 App 上查询离游客最近

图 2-1　乐游上海小程序

的公厕。三是杭州旅游资讯更新及时，让游客及时掌握杭州旅游新动态，做好出游决策。四是开设行程规划功能，帮助游客根据旅游时间、交通工具、行程类型等创建个人自助游行程。五是设立了 AI 旅行助手（如图 2–3），能够在线即时解答游客问题，制定线路规划。

图 2–2　“发现杭州”小程序行程助手

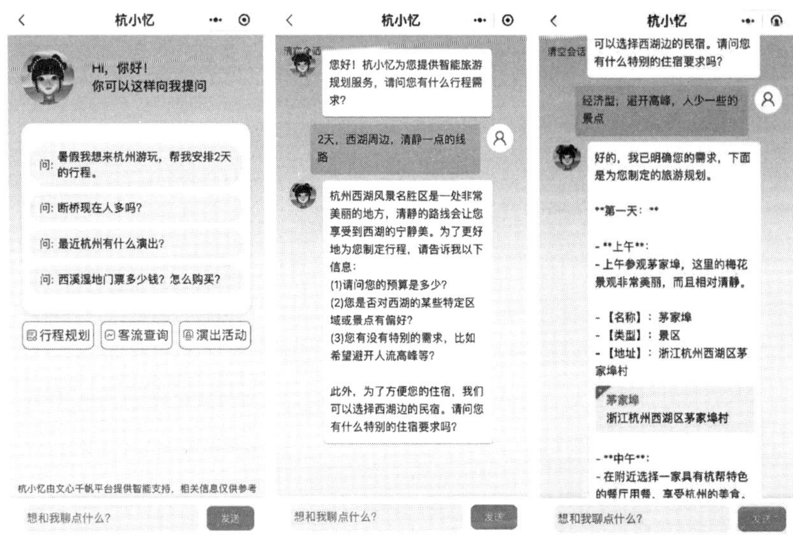

图 2–3　“发现杭州”小程序 AI 旅行助手

（二）国外

1. 韩国智慧旅游线路规划经验

韩国针对这一需求，着手构建了“iTour Seoul”系统。首尔在移动平台的基础上，着手设计了这一新型的服务平台。依靠网站与移动平台来提供相关的咨询服务。其中的重点应用项目为：

（1）定位服务。游客能够使用手机进行软件的下载，以特定的位置作为定位的基点，可以免费获取附近景区的基本信息。

（2）智能信息服务。通过网站、二维码等多个渠道提供全方位的旅游信息支持；游客能够使用“trip planner”拟定自身的行程规划；提供包括住宿、演出以及电影等渠道的预订服务，可以运用境外银行卡开展预订操作，选定所需求的理想座位；提供相关的预约服务。通过 API 提供多种图文信息，同时也可以选择景区查阅详尽的数据，快速连通相关的电话服务，可以完成全方位的检索与查询工作；iPhoto Mosaic 应用可以配合照片处理，能够便捷地分享到 visitseol.net。

（3）完善的附加服务。例如为时间充足的游客提供更加契合需求的深度旅游信息，提供配套的优惠券以及电子书等。通过 SHOW 漫游中心，提供手机租赁等人性化的服务。

2. 比利时智慧旅游线路规划经验

布鲁塞尔在 2012 年的时候，以移动平台作为基础，正式上线了“标识都市”（Target City）项目，这是全球首个数码移动旅游城市。为完成这一项目，布鲁塞尔大量运用通信芯片，范围遍布当地的旅游景点与服务商店。全球游客仅仅需要使用手机在 i-nigma 网站下载专业的扫描器，就可以在当地享有便捷的旅游信息，可以更好地获取地方的旅游资讯、优惠与线路等信息。当前这一系统已经覆盖了超过 600 个旅游点，提供多语言支持，而且依旧在快速发展中。

3. 其他国家智慧旅游线路规划经验

早在 2010 年，英、德两个公司就通过欧盟的资金设计了智能导游软件，以此加速旅游产业的发展。这一软件在 AR 技术的基础上，让游客依靠声光和影像等信息，真切地感知被时光填埋的历史。在游客前往特定区域的时候，仅需要使用摄像头瞄准古迹，配合手机中的定位与图像识别，就可以辨别当前所处的景区，并且通过游客的视角展示古迹在完好之时的壮丽景象。而且伴随游客走动，手机中所展示的画面也会产生变化，如同漫步于历史长河。此外还可以提供线路规划支持，依靠专业的线路规划服务，量身拟订属于游客的个性化旅游方案，协助游客享受个性化旅游服务，为其提供认真负责的全职导游服务。

4. AI 类智慧旅游线路规划工具

随着信息技术的发展，也有越来越多的移动应用程序能够为智慧旅游线路规划提供服务。

（1）Roam Around

它是一款通过智能算法和人工智能技术，为用户提供个性化的旅行建议和规划服务的工具。无论游客想要寻找下一个旅行目的地，还是需要帮助制订行程安排，收购了 Roam Around 的 Layla 都能够满足需求。它与 Skyscanner 和 Booking.com 等知名旅行平台合作，为用户提供一站式的旅行规划和预订服务。

这款工具能够通过分析用户的兴趣和偏好，为用户推荐适合的旅行目的地，帮助用户发现新的旅行灵感。它可以根据用户的时间和预算，为用户制订详细的行程安排，包括景点推荐、活动安排和交通线路等。当用户确定了旅行目的地和行程安排后，Layla 可以提供最佳的航班和酒店预订选项，帮助用户找到最合适的住宿和交通方案。这款工具还让用户创建旅行清单，并邀请朋友一起协作，共同制定旅行计划，添加喜欢的酒店、景点和行程安排。

（2）Hopper：Flight & Hotel Deals

Hopper 是一款支持手机使用的旅行计划应用程序。该应用程序可以提前一年预测机票价格，准确率为 95%。它分析了一天内超过数十亿的航班价格和酒店，能够告诉用户最佳的预订时间。它的工作原理是输入一个目的地，一个彩色编码的日历将显示最便宜和最昂贵的飞行日期。然后，该应用程序会建议你要么现在预订航班，要么坐等机票便宜一点。此外，用户还可以根据自己的旅行情况对预测进行筛选，排除长时间停留、额外费用、限制等。当票价降至最低点时，Hopper 会向用户发送通知，以确保用户不会错过廉价的航班预订。

（3）SYGIC Travel Maps Trip Planner

Sygic Travel Maps 是 Sygic Trip Planner 的新版本，它是第一款在一张地图上显示旅行者需要参观的所有景点和地点的旅行应用程序。Sygic Travel 应用程序能够同步用户的旅行，并在用户访问的所有城市中找到隐藏的宝石。该应用程序拥有一个大型数据库，无论用户走到哪里，都可以找到最好的酒店、旅游景点、博物馆、餐馆、酒吧和商店。

这款移动应用程序还可以下载离线地图和指南，当前往 Wi-Fi 较差或不存在的偏远地区时，这些地图和指南会很实用。它还有一个专门的部分，介绍世界各地的旅游业务。它能获取各个城市、国家、大洲或整个地球的位置信息。该应用程序有 18 种语言版本，便于不同国家的用户使用。

（4）Roadtrippers：Trip Planner

Roadtrippers 是提供越野公路旅行规划的应用程序。它已经帮助游客在美国和加拿大成功旅行 3800 多万次。它通过 Waze 使用逐点导航，并为当地景点提供宝贵的指导，让用户确切地知道如何像当地人一样生活。Roadtrippers 提供了游客在公路旅行中需要了解的一切。只需输入行程的起点和目的地，应用程序就能完成规划工作，包括规划出从露营地到休息站、户外活动、沿途令人兴奋的冒险活动等一系列内容。它适用于多种交通方式，包括轿车、租车或者大型家庭房车。

（5）Locationscout.net

Locationscout.net 自 2014 年推出以来，已发展成为最大的摄影师和游客在线社区之一，它提供了一个平台，各国摄影爱好者可以在这里交流世界上风景如画的地点的信息，包括它们的精确位置、拍摄建议、旅行建议等。

Locationscout 应用程序能够提供识别附近的位置服务，能够帮助用户提前规划行程线路，并将用户喜欢和希望在未来访问的位置添加书签，以避免错过下次旅行中的最佳拍照机会。

使用“在我身边”这个功能，可以帮助用户快速找到目的地，不会错过风景区；使用网格视图查找最佳位置，或者放大地图。这款程序能够提供目的地的地图，规划出线路，并提供距离和旅行时间的计算结果。

（6）Sygic Travel

Sygic Travel 可以规划出用户出行后每天的详细旅行计划行程，它规划得非常细致，比如景点之间的步行距离。

该应用程序涵盖了超过 5000 万个地方，其中许多地方都有 360°展示的视频，让用户有身临其境的感觉，它的智能搜索过滤器可以帮助用户将事情聚焦到完美的日常日程。

（7）城市探索游戏

这款应用程序被做成了一个城市探索游戏，游客可以选择自我引导的城市探索和购物之旅。该应用程序利用 GAMI 阳离子技术结合位置智能，创造了一种混合体验的城市文化探索方式。该应用程序以不同的主题引导游客在城市中独立行走，该程序中设定了起点、终点、餐厅及拍照打卡点，游客可以在探索故事的同时进行游览，并从当地企业获得独特的奖励，为用户提供了一种令人兴奋的体验方式。

三、国内外智慧旅游线路研究的比较与借鉴

国内外的研究在研究视角方面存在较大差异：国内研究侧重于从旅游企业经营的视角（如旅游产业、企业经营和产品开发等）研究旅游线路设计；而国外研究则侧重于从游客视角研究旅游线路设计，探讨旅游线路与旅游体验、游客满意度和旅游行为之间的关系。

（一）国内研究

国内研究主要侧重于从旅游企业经营的视角（如旅游产业、企业经营和产品开发等）研究旅游线路设计。随着外来学科领域的介入，旅游线路设计的相关研究成果日渐丰富，形成了多维度的旅游线路设计研究，如旅游学、行为地理学、数学、管理学、经济学等不同学科领域的不同维度的研究。现在开始有一些少量的线路设计研究开始关注旅游体验和游客行为等方面。

1. 基于旅游学学科的旅游线路设计研究

早期的旅游线路设计研究侧重理论，多从本学科旅游学视角出发，对旅游线路设计的因素、原则和方法步骤等方面进行定性分析。包括旅游线路设计所必须考虑的基本因素、优秀的旅游线路规划所必须掌握的五条重要基本原则等问题。

2. 基于行为地理学学科的旅游线路设计研究

这类研究从行为地理学角度、旅游经济学入手，结合各地方的具体情况，提出旅游线路设计的基本理念及评价方法，制定了特色旅游线路。

3. 基于数学学科的旅游线路设计研究

基于数学模型的旅游线路设计研究，使研究成果不再局限于理论。比如基于 Hopfield 神经网络算法和优化模型，对西安旅游地图展开了研究，实现了对西安旅游最佳旅游线路选择问题的优化设计。基于“最邻近插入法”和“分支定界法”，建立了寻找近似最佳旅游线路的图论模型，并以莆田市为例进行了具体分析。基于

遗传算法，通过仿真实验找到了最优解，绘制出了浙江省内 20 个旅游景点的最优旅游线路图。基于图论模型与 TSP 问题的动态规划算法，对邯郸市魏县旅游景点进行了具体分析，从文化历史、景色优美、交通状况、人流量等方面对景点进行了逐个筛选，完成了最佳旅游线路的设计。基于回归方程模型，对河南省内短期旅游线路旅游比的影响因素展开研究，实现了旅游线路产品的设计与优化。

国内研究主要侧重于从旅游企业经营的视角（如旅游产业、企业经营和产品开发等）研究旅游线路设计，但现在有少量的研究越来越关注旅游体验和游客行为，处于起步阶段。

国内旅游线路设计研究维度虽然一直在不断拓展，已从本学科拓展到经济管理学、行为地理学和数学算法等，但主要侧重于旅游企业经营的视角，仍难以满足市场需求。游客的需求占旅游市场的主导地位，是旅游线路设计最优先考虑的问题，因此，应该从游客的个性化旅游体验视角进行线路设计。虽然国内基于游客视角的个性化线路研究成果较少，但是基于数学算法的旅游线路设计研究具有重要指导意义。国内的旅游线路设计大部分还是集中在特定区域间的旅游线路设计上，算法和模型也都是建立在特定的某一区域，其研究成果并不适用于所有旅游线路。

（二）国外研究

1. 旅行社视角

从旅行社视角进行的旅游线路设计主要是研究如何对旅游各要素（如游玩项目、住宿、餐饮和交通等）的组织和协调，目的是提升企业经济效益，其研究大致经历了供给导向和需求导向两个阶段：

①供给导向。这个阶段的线路设计主要从供给角度研究旅游各要素及其对游客选择包价游览线路的影响，如住宿、餐饮、交通、旅游资源和线路主题等。其中，旅游地的类型及级别、旅游地空间结构以及旅游地间交通组织成为这个时期旅游线路研究的重点。通常认为如果旅游线路中包含的旅游地级别越高、旅游资源类型越丰富、资源多样性越明显，该线路越可以满足不同游客的需求，其吸引力越强。不难发现，在这个阶段所进行的旅游线路设计，主要是基于供给导向（或资源导向）的旅游线路产品的思维，而市场需求这个关键要素往往被忽视。

②需求导向。随着旅游市场的变革，以供给为导向所设计的旅游线路开始不被市场青睐，越来越多的研究开始从需求导向角度分析游客行为、偏好和动机等特

征，设计出更能满足游客需求的包价游览线路。基于旅行社视角的旅游线路设计研究经历了从供给导向向需求导向转变的过程，在这个过程中，游客体验开始被重视。但是其研究的视角主要还是旅游经营视角，提升游客体验是为了提升线路吸引力。

2. 旅游景区视角

近年来，旅游活动给景区环境和社会文化所带来的负面影响受到了越来越多的关注。因此，很多学者试图通过合理的旅游线路设计，以平衡好游客旅游体验与景区环境和社会文化保护之间的关系。从这个角度上来说，基于景区视角的旅游线路设计经历了从旅游开发为主向旅游开发与保护并重的阶段。

尽管从旅行社、旅游景区等视角进行旅游线路设计的目标有所差异，但它们均从旅游经营的视角，将线路设计作为实现特定目标的方式。而游客作为旅游活动的主体往往没有被置于主要的地位，提升旅游体验也没有被作为主要目标。此外，这些线路设计往往针对大众化需求，很难真正满足游客个性化需求。

3. 游客视角

近年来，越来越多的游客倾向于自己收集信息、并规划自己的游览行程，其设计目标是实现自身旅游体验最大化。这种变革给线路设计研究产生深远的影响，促使很多研究从过去的旅游企业视角向游客视角转变，更多地从游客立场上审视旅游线路设计问题，涌现了一批个性化线路设计的研究。研究者从游客个体偏好、时间约束限制因素、参观时间等条件入手，提出个性化旅游线路规划的思路。

综上所述，国外旅游线路设计的研究已逐步从旅游企业视角向游客视角转变。这种研究视角的转变，凸显出游客个体价值在旅游活动和旅游研究中的重要性不断增强，旅游线路设计的重心开始从满足大众需求向满足个性化需求转变。在今后一段时间内，游客视角下的个性化线路设计将成为研究的主流。

四、我国存在的问题、对策与发展方向

（一）存在的问题

1. 智能化旅游信息平台的服务功能欠完善

（1）智能线路规划功能不完善。比如在“杭州智慧旅游”App 中，输入旅游行

程需求信息后，系统无法完成定制线路规划。“在杭州”官方微信平台可实现这一功能，但其智能化水平还不高，智能规划的线路不太合理，在距离远近、冷热景点搭配等方面存在一定的问题。因此，应不断完善两个智能化旅游信息平台的智能线路规划功能，以更好地发挥引导游客旅游体验方面的作用。

（2）应用场景有限。尽管个性化线路设计的研究不断涌现，取得一定的进展，但应用场景还有待完善，比如特定海岛型景区的旅游个性化线路设计研究仍是空白。而随着旅游产品多样化需求的不断提高，海岛型景区旅游越来越受到人们的追捧。因所处区域地理和人文环境的特殊性，气候，衣食住行等生活习性具有与陆地不同的个性差异，长年累月便形成了具有独特的自然和人文景观的海岛生态环境，吸引了大量的游客。海岛型景区因其特殊的地理位置，需乘坐官方水上公共交通工具出入岛，且存在多出入口的情况；道路四通八达，分支较多，景点散布全岛，需依靠步行或者景区公共交通工具游览景点。海岛型景区的旅游线路若缺乏规划，容易迷路走回头路，效率较低，旅游体验效用值较低。因此，对于海岛型景区的旅游线路设计不仅需要对线路进行规划，还需要考虑到达和离开岛屿的码头，不同的码头意味着不同的航班时刻，而往返码头及航班的选择与线路规划是两个相互影响的要素。

2. 智能线路规划系统缺失，信息碎片化影响旅途计划制订

在碎片化和移动互联网时代，自由行游客希望获得一站式的解决方案和完整的旅游产品购买、便捷化的消费体验，缩短旅游决策时间；当游客对目的地情况了解不够充分，面临的最大问题是行程安排不当，游客期待有经验的人根据自身情况提出针对性建议，协助规划行程。自由行游客需要的信息往往会对交通、金融、餐饮等方面信息融合的要求更高，信息碎片化正制约着游客制订旅途计划，将自由行拉入快车道当中仍有发展空间。

3. 行程安排安全防范不足，商业旅游系统安全监管不到位

2018 年以来，境内外发生了多起“自由行”安全事件，如 2021 年印度尼西亚巴厘岛潜水事故及 2023 年泰国清迈徒步失踪事件等。自由行安全事件的频发，常常是因为游客的出游计划和行程规划制订不严谨、缺乏对旅游目的地信息的了解和安全预案等问题。此外，我国旅行社、OTA 及各环节旅游服务提供商，只收钱、不履责的事件时有发生，各部门包括自由行游客均存在风险预警意识不强、安全投入不足，缺乏对风险信息的识别、预警、监督、管理和处理。

（二）应对策略与未来发展方向

1. 强化技术投资，优化智能旅游信息平台的服务效能

在构建资源库的基础上，进一步完善智能行程规划功能，旨在确保所推荐的线路更加贴合游客的实际需求。为此，需细化线路规划的参数配置，不仅涵盖出游时间、偏好资源类型、旅游模式等基本选项，还应纳入地理位置区域、旅行人数、交通工具选择、人流密集程度等更多维度，从而充分发挥智能旅游信息平台在导航方面的作用。

随着智慧景区建设的持续深化，部分主要景区的智能化程度也在不断提高。为了高效利用现有资源，并简化游客获取旅游信息的途径，可以考虑将智能旅游信息平台与景区自身的网络信息平台进行对接，实现信息的共享与互补，从而通过一个平台查询到不同领域的资源信息。

2. 构建并管理自由行智能线路规划系统

为了推动自由行的健康发展，提升自由行游客在旅行过程中的体验，下文将从构建信息系统、智能规划、安全保障、全程反馈等功能体系的角度进行分析。

（1）汇聚零散信息，打造全面的信息系统。自由行智能行程规划系统紧贴市场需求，对旅游目的地的各类产品资源进行条理化梳理与细致分类，在有效整合传统优质资源的同时，也将网络热门店铺与景点纳入用户的选择范畴，深入发掘新兴热门地点，融入高端旅游元素，如特色餐馆、现代风格的民宿、潮流购物街区等。系统还能提供目的地的天气预报、交通出行、安全防范措施与紧急救援信息，从而实现一体化的旅游信息服务体系。

（2）提供定制化服务，构建高效的智能行程规划系统。当用户开始规划行程时，可以根据自己的喜好选择旅行的主题、目的地、时间、预算以及期望的旅行节奏。用户既可以使用“一键生成”功能快速获得行程建议，也可以选择继续浏览旅游产品窗口，挑选自己心仪的产品并预约、添加至行程。在每个旅游产品详情页，用户可以看到详细的介绍和旅游攻略，然后根据自己的喜好选择产品及其游览时间，将其加入行程购物车。系统会根据购物车的内容自动生成行程计划，自动排除不合理的产品，并补充符合用户偏好的产品。此外，用户还可以根据生成的行程计划与系统的自由行行程规划专家实现进一步的调整，以获得更加贴心的服务。

（3）确保资讯全面覆盖，构建严谨的安全监控体系。为了消除旅游安全方面的

障碍，自由行智能规划系统需从内部着手，强化风险管理并优化内部控制流程，实时追踪关键信息与环节，持续进行风险监测，以实现有效的预警与应对机制。系统应在用户规划行程前对其安全知识进行评估，提供必读的安全防范指南与注意事项，包括遇险自救方法、安全小贴士等视频资料。

在用户进行行程规划的过程中，系统应推荐符合国家《旅游景区质量等级划分》等安全管理标准的旅游景点，避免将设施不完善的景区纳入用户的选择范围。行程规划完成后，系统还需对用户的行程、线路等进行安全评估，并提供旅游目的地的相关资讯，如天气预报、当地风俗习惯、境外法律等，特别强调当地的旅游风险，并提供相应的安全防范措施。在自由行开始前，系统应提醒用户准备好旅游指南、身份证件、应急包等必需品，同时，平台需实时掌握旅游目的地的全面信息，并及时向用户反馈，确保用户能够注意并采取必要的安全防护措施。

（4）汇聚个性化诉求，打造完善的全程反馈机制。首先，在系统内部层面，应定期携手旅行社，对系统内的旅游攻略进行安全性与可行性的综合评估，并将评估结果以研究报告的形式醒目地展示在攻略的开头部分，以便用户参考。同时，系统需确立一套标准化的服务准则作为指导，培养具备创新精神、科技能力和综合素质的人才队伍，尤其是专业的自由行线路规划专家，以便为用户提供线路修订服务，并及时收集用户的反馈需求。

其次，在系统外部层面，用户可通过指定旅游目的地，系统随即推荐相关的游记、攻略等内容。用户能自主寻找合适的反馈对象，针对目的地的实时信息进行反馈，以此推动高质量的旅游攻略被优先推荐给用户，进而促进旅游产品资源的优化配置和自由行智能规划系统的深度迭代。用户可随时向系统提交其需求反馈，系统则需迅速对反馈信息进行收集、整理、分析、共享和应用，确保系统的发展紧密围绕用户需求展开。此外，商家也可根据用户在当地的旅游行为提供反馈，系统将针对可能对当地生态环境造成破坏的用户行为，进行相应的环保知识普及与教育。

第3章　智慧旅游体验

一、智慧旅游体验概述

（一）旅游体验概述

1. 体验

美国未来学家托夫勒于1970年在其所著的《未来的冲击》一书中提出："人类社会的经济基础将从农业经济、工业经济到服务经济，再到体验经济有序发展，企业将靠体验服务取胜。"这个观点长期以来一直未引起人们的重视。直到1999年，美国学者约瑟夫·派恩与詹姆斯·吉尔摩合著的《体验经济》一书，使体验经济正式进入大众视野。该书对体验给出如下定义：体验是以服务为舞台、以商品为道具，围绕消费者创造出值得消费者回忆的活动。消费者愿意为这类体验付费，因为它美好、难得、非我莫属、不可复制、不可转让、转瞬即逝，它的每一瞬间都是一个"唯一"。体验经济的最大特征就是消费和生产的"个性化"，这使得人们将为满足这种个性化体验支付更高的价格，"体验"成为一种有价值的经济提供物。体验经济的出现给社会带来了全新的观念和变化，体验经济中的经济提供物——体验——将成为全新的产品。

体验经济概念提出之后，对体验的研究越来越多，具体到不同的学科，又有不同的解释。经济学认为体验是一种令人印象深刻的商品经济提供物，能够满足人们的精神需求。心理学认为体验就是一种情感，是在感觉经验的基础上，对感觉加工、改造后的一种情感认知。营销学认为体验是享受服务、使用产品过程中所积累的感受总和。虽然各学科对体验的释义有差别，但都离不开个体的实践参与和情感感受，个体通过与其周围环境的互动加入感情。体验的产生不仅要求个体的高度参与，也要有能够引发个体情感和内心感受的环境。

2. 旅游体验

体验与旅游相伴而生，旅游的过程就是游客体验的过程。布尔斯丁（Boorstin）

首先将“体验”一词引入旅游学，并将其定义为一种流行的消费行为。瑞安（Ryan）从游客的角度给出旅游体验的一个定义：旅游体验是游客对于各种休闲活动的综合感受，是一种多功能的休闲活动。在参与旅游体验活动的过程中，对于个体来说，体验效果包括娱乐或学习或者二者兼有。李义平从景区经营者和游客的综合角度提出，旅游体验是旅游景区的一种商业行为，游客是景区获得利润的源泉，旅游景区通过充分挖掘游客的旅游体验，并提供相应的体验价值而获得利润。对于游客来说，旅游体验也是一种由自然、历史和传统组成的意识框架构成的经验学习机会。

旅游体验在国内受到学术界广泛关注始于谢彦君对这一概念的阐述：旅游体验是个人以前往异地寻求审美和娱悦为主要目的而度过的一种具有社会、休闲和消费属性的短暂经历。他指出，旅游体验是游客在旅游过程中对心理水平和心理结构进行调整的过程，旅游体验镶嵌在旅游过程中的美景中，所以在旅游体验中存在娱乐和审美的要素。还有学者认为旅游体验是一种内容丰富的体验，人们在旅游的过程中获得审美体验的同时，也可以获得学习、认知等精神层面的体验，既有对事物表层的观察，也有对理性世界的深思。此后众多研究者分别从旅游需求、游客心理、旅游场等不同角度对旅游体验进行定义。

尽管有不同的释义，从本质上来说，旅游体验是指旅游者在旅游前、旅游中、旅游后整个旅游活动中所产生的特定的心理体验活动，这种心理体验活动是旅游者的旅游动机和行为与旅游目的地所呈现的景观、产品，以及旅游设施和服务之间相互作用的结果。

3. 旅游体验的类型

根据旅游者旅游动机或旅游期望的高低，旅游体验可被划分为不同的类型。这里重点介绍旅游体验的5E类型，即娱乐、教育、逃避、美感、移情。

娱乐体验。娱乐是旅游的六大要素之一，也是重要的旅游体验类型之一。对游客而言，希望通过旅游去放松身心，能够从日常生活中脱身出来，在旅游中保持身心愉快。根据游客娱乐活动的具体参与程度，可以将游客体验中的娱乐进一步地去细化为观赏型娱乐、参与型娱乐，前者主要就是游客通过观赏一些美景或娱乐活动获得快乐，而后者是指通过互动、参与到娱乐活动中去产生愉悦感觉。

教育体验。旅游本身具有较强的教育功能，学习融入旅游者的全过程。无论是自然风光还是人文景点，独特的地理构造、优美的造型、蕴藏的丰富的自然知识或深厚的文化底蕴都会让旅游者获得新知识、新体验、具备新的能力。尤其是面对青少年的研学旅游或高校游，将学习和游览有机结合在一起，在旅游中以学习为主，兼顾参观游览。旅游者在旅游中体验到了先进的教育理念、方法和内容后，可促进他们自身素质的塑造，对未来的人生产生积极的影响。

逃避体验。逃避体验是指旅游者在旅游中获得生理和心理的调整和修复，在充分的情绪宣泄、情感满足和价值实现中暂时放下现实世界的负累，从而获得逃避现实体验的愉悦感以及重返真实生活之后的积极状态。

美感体验。游客对美的体验贯穿旅游活动的全过程，游客到达一处地方，自然环境的花朵、树木、瀑布、动物，人文景观中的石刻、雕塑、建筑都是旅游者产生美感的来源。游客首先通过感官捕捉到美好的景色，感受其声、形、色带来的愉悦体验；其次景区的先进的管理、贴心的服务，美好的环境氛围也是游客审美体验的重要方面。

移情体验。旅游中的移情是指旅游者将自己置身于他人往事的位置上，将自己想象成臆想对象，从而实现情感转移和短暂的自我超越。

游客在一个旅游体验项目中，往往可以获得多种类型的旅游体验，尤其是智慧旅游体验创新实践项目往往集成娱乐、美感、教育、逃避、移情等多种旅游体验类型。

4. 旅游体验的特征

旅游体验的基本特征可归纳为以下几个方面：

主观性。旅游体验的结果是旅游者获得一种对自己有意义的、综合性的内心感受，这种感受因人而异，不同的人获得不同的感受，所以旅游体验主观性很强。另外，不同的游客在认知、情感、知识等方面存在差异性，而个体特征的差异性，必然会导致旅游体验的差异性。

高参与性。随着游客对个性化和参与性需求的加强，旅游体验逐步由被动式的体验趋向于旅游者的积极参与，并且发挥旅游者的能动性和创造性。

深刻性。旅游体验的深刻性表现为给予旅游者更深的意义。体验本身的特点使人们在体验的过程中感受深刻，或者是旅游者期望通过旅游改变自己的生活，满足自己平时生活中无法满足的东西。

文化性。文化性是指旅游中游客所体验的文化。旅游者出游很大一部分是满足文化的需要，满足精神上的需求；旅游资源及旅游产品存在一定的文化内涵，能够吸引旅游者的到来，满足游客高层次需求，同时旅游服务人员的文化素养也能提升游客体验的文化性。旅游体验很大程度上受到文化层面的影响，旅游中主客体之间的相互作用，文化扮演着非常重要的角色。

综合性。旅游体验是一种综合性的感受，受到旅游各要素的影响，任何一方面都会给游客体验带来影响。旅游体验不仅涉及体验的内容，也包含旅游产品的其他属性，如季节性、区域性、服务性、瞬时性等。

传统观光旅游模式侧重于依托自然资源与人文景观，为游客提供视觉盛宴及全方位的感官享受。然而，随着“互联网 +”、物联网、云计算及人工智能等前沿信息技术的蓬勃发展，我们正步入一个全新的“智慧时代”。在此大背景下，智慧城市与智慧旅游异军突起，引领着旅游体验的深刻变革。“智慧”元素的融入，不仅保留了传统旅游体验的精髓，更在此基础上增添了便捷性、高效性、安全性、自由度及新奇感等多重维度的全新体验，为游客带来前所未有的旅行享受。

（二）智慧旅游体验

智慧旅游体验是指旅游者在智慧旅游活动中，通过享受智慧化服务而对旅游对象产生的综合、深刻的感受。这种体验与旅游体验的本质相契合，均强调以人为本，两者的发展具有内在的逻辑关联和一致性。智慧旅游的兴起不仅极大地丰富了旅游体验的内涵，还促使更多旅游者利用智慧旅游服务平台，寻求个性化、多样化的旅游经历。同时，游客对高质量旅游体验的强烈需求，也为智慧旅游的发展开辟了新的市场空间，推动了其持续进步。

旅游体验的质量高低，取决于旅游者的实际体验与旅游期望之间的契合度。为了提供高质量的旅游体验，关键在于超越游客的预期，为他们带来意想不到的惊喜和满足。

随着物质条件的不断改善，游客对旅游体验的需求日益多元化、高端化。这对旅游产品的品质提出了更为严苛的要求。因此，旅游目的地管理部门需高度重视旅游品质的提升，从智慧化的信息服务到创新性的智慧旅游体验产品，不断推进智慧旅游的深入发展，以满足游客对高质量旅游体验的渴望。

与传统旅游体验相比，智慧旅游体验具有如下特点。

智慧旅游体验的便捷与高效。智慧旅游的兴起，重塑了旅游信息服务体系，极大地拓宽了旅游信息的获取渠道。依托互联网、大数据、云计算以及智能移动设备等先进技术，旅游信息得以迅速汇聚、处理并传递，使游客能够即时获取所需的旅游资讯。此外，智能设备的运用实现了对各类数据的主动感知与智慧化集成，能够主动发现并推送游客的旅游需求信息，确保游客能够迅速、准确地获取所需服务。

智慧旅游体验的便捷与高效，在景区的游客服务体系中体现得淋漓尽致。从游览前的在线预订、支付、线路规划、酒店预订、停车导航到游览中的导览讲解、车船调度、景点推介，再到游览后的纪念品购买、游客反馈等，游客只需一部手机或其他移动终端，即可享受全程无缝衔接的服务，真正实现说走就走的自在旅行。

智慧旅游体验的自由与个性。随着物质生活水平的提高，人们的出游方式逐渐由团队游转向自助游、散客游，个性化需求越发显著。智慧旅游利用新一代信息技术，打破了传统旅游服务的束缚，为游客提供了更加自由、个性化的旅游体验。

智慧化的旅游信息服务如同贴身导游，助力游客规划行程。游客可以通过查询旅游信息，确定目的地，制定个性化行程；基于个人需求预订门票、酒店；到达景区后，利用智能导览系统自主选择游览线路。在智慧旅游的框架下，自助游游客不再受限于团队游的时间、地点、线路等限制，可根据自身实际情况、喜好和愿望进行选择，享受自由、愉悦的旅游时光。

智慧旅游体验的安全性。智慧旅游通过客流监测、预测、过载预警、一键报警、安全警报播报等智能化手段，满足了游客的安全需求。景区管理方可根据人流监测数据实时分流游客，或基于客流数据进行预测，调整管理策略，防止拥堵和安全事故的发生。游客则可借助景区提供的实时客流数据，了解景区舒适度，选择安全的游览线路。

智慧旅游体验的新奇与创意。随着消费水平的提升和消费需求的多元化，游客不再满足于传统的旅游体验，而是更加注重文旅活动的新鲜感和体验感。智慧旅游利用增强现实、虚拟现实、人工智能等数字科技，融合文化创意元素，通过文旅融合、场景模拟、实体建筑仿制、科幻造景等手段，打造独特的沉浸式主题体验空间。这种新型的旅游产品使游客在游览中深度参与互动，带来前所未有的新奇体验，尤其受到年轻游客的青睐。

综上所述，智慧旅游体验的便捷、高效、自由、个性、安全及新奇性，主要得益于政府和旅游管理部门、各旅游目的地提供的智慧化信息服务平台。本章后续内容将重点分析沉浸式旅游体验的实践应用，而关于智慧化信息服务平台的详细阐述，将在后续章节中展开。

（三）智慧旅游沉浸式体验

沉浸式体验是指通过多感官刺激（视觉、听觉、触觉、嗅觉等），让用户沉浸在一个虚拟或增强的环境中，感受到身临其境的体验。在智慧旅游中，沉浸式体验通常是指游客不仅是简单的观光，而是借助虚拟、增强现实技术，甚至智能化服务参与到景区的互动中，深度感知和体验目的地的文化、历史、自然等。

近年来，国家重视沉浸式体验项目的发展，出台了一系列相关政策文件。2020年11月，文化和旅游部发布了《关于推动数字文化产业高质量发展的意见》，提出要以数字化推动文化和旅游的融合发展，实现更广范围、更深层次、更高水平的融合。其中，特别强调沉浸式体验项目在文化和旅游融合中的关键作用。意见鼓励和支持文化文物单位、景区景点、主题公园、园区街区等利用文化资源开发沉浸式体验项目。同时，明确支持培育包括沉浸式体验的新兴业态。2022年1月，国务院发布了《“十四五”旅游业发展规划》，提出要推动数字化体验产品的开发，推动沉浸式互动体验、虚拟展示、智慧导览等新型旅游服务的发展，并加强“互联网+”的旅游场景化建设。2022年11月，工业和信息化部发布了《虚拟现实与行业应用融合发展行动计划（2022—2026）》，强调要推动文化展馆、旅游场所和特色街区开发虚拟现实数字体验产品，以虚拟现实技术激活优秀的文化和旅游资源。2023年9月，国务院办公厅印发的《关于释放旅游消费潜力推动旅游业高质量发展的若干措施》通知中提到，要借助数字技术提升传统旅游消费场所，并打造智慧旅游和沉浸式体验的新空间。

2023年8月，文化和旅游部发布了首批全国智慧旅游沉浸式体验新空间培育试点名单。这些新空间是依托旅游景区、度假区、休闲街区、工业遗产、博物馆等场所，通过运用增强现实、虚拟现实、人工智能等数字技术，并结合文化创意元素，创造出新的旅游产品和消费场景。它们通过文旅融合和虚实结合的方式，促使游客深入参与互动体验，展现中华优秀传统文化，推动旅游和文化的深度结合，以旅游的媒介传播中华文化的精髓。在当前体验经济日益成为主要需求和发展趋势的背景下，数字技术的应用促进了文旅业态在用户连接、内容挖掘、创意转化和数字与实体融合等方面的突破，打破时空限制，带来更丰富的体验。

二、国内外智慧旅游体验的创新实践

（一）国内智慧旅游体验的创新实践

1. 景区智慧化游客体验中心

景区游客体验中心来源于传统的游客服务中心。随着文旅行业迎来体验化新时代，游客服务中心在整合周边信息服务的“一站式服务中心”的基础上，向沉浸式体验项目、文化旅游场景、特色化服务升级，开始注重与游客的互动，逐步向游客体验中心方向转变。

（1）吉安武功山游客体验中心

吉安武功山游客体验中心以“游客体验”为核心理念，利用互联网、云计算、大数据、5G、VR、AI等高新技术，通过创意设计，构建新消费场景和互动体验项目，并落地建成了“云上武功，互动祈福”体验、“打卡集福 · 见证祈迹”体验、720°全景虚拟游、武功云直播、旅游智慧大屏、全景武功数字沙盘等产品。

图 3–1　互动祈福体验区

图片来源：百家号 . 绿维文旅：数字化、智慧化、沉浸化是游客服务中心提升重点，https://baijiahao.baidu.com/s?id=1734240774571040918&wfr=spider&for=pc.

“云上武功、互动祈福”体验区（如图 3–1）依托武功山“福”文化，设有互动祈福墙、互动地屏、互动祈福机。将无形的“福文化”转化成有形的沉浸式体验，可感受、可触摸。游客站在互动祈福墙前，可通过祈福机和微信小程序，参与放福灯、挂福袋等活动祈福，祈福内容也会实时呈现在体验中心互动祈福墙屏上。游客漫步在“云上武功”地屏上，可体验步步生福、一步一福，福云追步的沉浸体验，随机呈现“福”字，幸运者可踩出特别定制的创意福字。

该游客体验中心的“邂逅武功”互动墙面，利用雷达互动等技术，实现人机交互体验的效果。当无人触摸时，感应墙面播放梦境科幻的影像；当游客触摸时，感应墙面监测到人体触摸，影像即刻产生互动变化，呈现出动态感知的互动场景，给游客制造惊奇的体验感。

4D 影院以超强沉浸感视听体验帮助打破文旅困境，极大提升了传统文旅景区的可玩性。武功山游客体验中心的 4D 影院“穿越武功”结合弧幕电影、现场声光电特效、动感座椅、同步控制等技术，通过姿态模拟和环境特效的加持，真实还原影片声场，达到全感观影体验。

武功山游客体验中心还应用背景音乐、多方位、多角度感知等功能，提供武功山 720° 全景虚拟游，让游客全方位感知吉安武功山的独特魅力和如画美景。

游客体验中心还整合景区周边资源，搭建景区直播平台，游客通过直播平台随时观看景区实况，并定时抢购或秒杀特惠产品，随时掌握景区动态。

（2）龙虎山游客体验中心

龙虎山是我国道教的发源地和历史悠久的道教名山。龙虎山游客体验中心由游客接待处、遗产展示中心、道教展览馆三部分组成。整个建筑外圆内方，体现道家天圆地方、天地相守的概念，加上内部的人文内容，使得天、地、人谐而合一，体现了道家三才一世的思想。游客接待处为游客提供门票咨询、游览休闲服务，还设有一座高科技 4D 动感电影院；遗产展示中心用图文和声、光、电等形式展示了龙虎山丹霞地质地貌的特征；道教展览馆同样以图、文、声、电等高科技手段展示龙虎山道教文化的渊源和它的深厚内涵。通过动感影院、展示中心、展览场馆等体验项目，深度激活游客多重感官，在与这些体验项目互动的过程中，体验到教育、历史、美学等多种价值。

2. 开发沉浸式旅游体验项目

（1）数字体验展馆

由山西文旅集团统筹、投建的山西文旅数字体验馆是国内首座省级文旅融合数字展馆。馆内以“华夏古文明　山西好风光”为主题，运用混合现实、全息成像、VR、体感交互等技术，实现文旅融合、科技与自然融合、虚拟与现实融合，打造“活着的 4K 数字画布”“全沉浸感的投影空间”“光影中的探秘之旅”等体验项目。体验馆以全新的数字化体验和场景化设置，更好地提升观众的参与度，提高观众的观展体验。

在古观象台互动区，观众可“穿越”二十四节气，读懂春耕夏耘、秋收冬藏，在数字科技中与历史对话，实现沉浸式游览。

除了眼观山西秀美河山，体验数字科技魅力，展馆还面向观众推出创作非遗文化作品项目。从非遗剪纸、木建结构，到山西茶、澄泥砚亲身体验，多重场景 + 灵活多变的实践创作，帮助观众拓展思维、开阔眼界、丰富阅历，实现寓教于乐的场景化学习。

数字体验馆入选了山西省第二批省级中小学研学实践教育示范基地。体验馆通过优化场景功能模块，打造了全新文旅科学剧场，通过实验揭示一些现象背后的奥秘，给青少年带来科学、实验、互动为主的全新体验。

（2）虚拟旅游体验

旅游数字化进程的推进，特别是新冠疫情对旅游业的冲击，使虚拟景区、云观展、云直播等虚拟旅游形式越来越受到大众的喜爱，也带给游客不一样的虚拟旅游体验。

“云游长城”微信小程序是基于游戏技术打造的数字长城，用户通过手机就能立即“穿越”到喜峰口西潘家口段长城，在线爬长城和修长城。小程序首次通过云游戏技术，实现最大规模文化遗产毫米级高精度、沉浸交互式数字还原，给游客提供便捷、低门槛、有吸引力的沉浸式体验。游客通过“云游长城”小程序，不仅可以直观体验到影视级超写实的沉浸式场景，还可以通过考古、清理、砌筑、勾缝、砖墙剔补和支护加固等简单趣味的互动，了解长城常识和修缮知识。

（3）主题IP文旅体验项目

永定土楼“天涯明月刀”乡村旅游国风电竞数字文旅体验项目以“天涯明月刀”国风电竞IP为主题，结合客家文化和土楼建筑特色，加入电竞元素，布局沉浸式互动演出、剧本杀游戏等业态，进行数字化文创内容创作，是“土楼+电竞赛事+沉浸式体验+度假民宿”等多元化沉浸式国风电竞体验文旅项目（如图3-2）。

图3-2 国风电竞数字文旅体验项目

图片来源：中国旅游协会网站．永定土楼“天涯明月刀”乡村旅游国风电竞数字文旅体验项目：体验多元化沉浸式国风电竞，http://www.chinata.com.cn/sys-nd/268.html.

项目建设内容主要包括：天衣别院、沉浸式剧场、天衣华裳华服旅拍中心以及华服国风和电竞主题民宿36间，并配套天涯钱庄、近水茶轩、郑谷楼等多元业态项目。项目从设计风格、剧本剧情、艺术表演等方面融入电竞、国风元素，通过线下主题旅游活动、比赛竞技、音乐盛典、时尚特展等，融合乡村文化旅游的文创、商品销售，将游戏玩家从线上带入线下，增加5G＋4K云技术，探索文化旅游界的“元宇宙”场景，实现线上、线下自由社交。

项目结合永定区乡村产业振兴和“东楼西湖北线”全域旅游产业的发展战略，采用全息投影、AR、VR等现代高新技术手段，通过动漫形象、创意理念、影视场景、特色商品、建筑景观及丰富演艺，以融入电竞游戏、加入音频视频、戏剧、游乐设施、装置性空间展览等生活体验，构建文化创意空间。建设以商业模式为主的沉浸式土楼剧场，提升福建土楼客家民俗文化旅游乡村夜间经济，形成新型世遗文化旅游“Z世代”体验区；融合电竞体育赛事，打造福建数字体育融合文化旅游应用场景，创建全国首家“元宇宙”土楼场景研发中心。让游客在电竞游戏、休闲文化旅游中感受和体验到地方传统文化。

（4）夜游沉浸式体验项目

“夜上黄鹤楼”沉浸式光影演艺项目（如图3–3）是武汉市地标黄鹤楼开放的夜间体验项目，以“光影＋演艺”的沉浸式故事演艺的形式亮相。该项目运用激光投影、激光互动、前景纱屏、演员影像互动、3D动画灯、高压水雾等多项光影创新技术，实现光影技术与艺术的完美融合。项目以黄鹤楼公园为载体，围绕黄鹤楼上千年历史文化，把声、光、电融入艺术表演，通过高科技光影技术，打造“夜武汉”新的地标。不同于传统夜游或演艺的模式，主创方通过“光影＋演艺”的方式，打造出辛氏沽酒、崔李题诗、岳飞点兵、仙子起舞以及黄鹤楼变迁等沉浸式故事场景，观众既可身穿旗袍、汉服在多个场景中穿梭漫游、拍照打卡，深入体验

图3–3 “夜上黄鹤楼”沉浸式光影演艺项目

图片来源：百家号．武汉：灯光璀璨夜色美（3），https://baijiahao.baidu.com/s?id=1663373205036537796&wfr=spider&for=pc.

黄鹤楼千年文化，也可登楼 360° 鸟瞰武汉绝美夜景和长江灯光秀，用另一种视角体验大江、大湖、大武汉的雄奇与隽美。

（5）沉浸式演艺体验项目

随着人们对旅游过程中互动性和参与性要求的不断提高，“沉浸式”体验演艺异军突起，逐渐成为文旅目的地的新标配。

只有河南·戏剧幻城是中国首座全景式全沉浸戏剧群落，用全新的观演模式奇幻演绎讲述关于“土地、粮食、传承”的故事。约 46 万平方米土地被方格化、戏剧化，将数个剧场群落黏合在一起，打造一个戏剧王国。进入群落大门，56 个空间场景、21 个剧场隐藏其中，前后左右，选择不同方向可进入不同的时代，感受不同的故事。导演打破了表演只能在剧院里观看的设定，让戏剧随时可能在游客身边的情景空间中上演，将戏剧照明、景观照明、建筑外立面照明、室内照明功能融合为一体。

21 个剧目中，时间跨度从夏商开始，既有河南唐宋时的繁荣，也有 1942 年的苦难，还有河南精神的传承；其广度从绘画、音乐、服装、诗词歌赋到农业文明。只有河南·戏剧幻城打破了历史的空间维度，以人物群像的方式展现了中原文化的广博与兼容并包。

只有河南·戏剧幻城项目将文化与科技深度融合，以声、光、电、画的高度协同和智能化调控，为游客打造全景式沉浸体验，游客可以跟随场景在历史中穿越，移步换景，每一步都可能在转角处发现新的惊喜。

3. 无障碍旅游体验

（1）南京博物院“博爱馆”

南京博物院博爱馆自 2013 年正式对外开放，初期专为视障观众提供展览服务，后续，博物院将视障、听障、行走障碍和普通观众的需求相融合，通过视觉、听觉、嗅觉、触觉等多感官调动，将南京博爱馆打造成国内首个“融合”无障碍展馆。目前，博爱馆可提供手感触摸、语音解读、全自动导览车等个性化、无障碍的参观体验服务。展厅设有多座院藏重要文物复制品触摸展台，供视障人士触摸体验，比如触摸汉代铜牛灯的仿制品，语音播放器也被触发，播放展品的介绍，而旁边的“盲文点显器”则可以介绍这个器具的历史背景、构造功能等信息。展馆内每一段文字介绍右下方都有一个二维码，扫描可以看到视频手语讲解，让听障游客通过自己的语言，更全面地了解展览内容。

（2）国宝全球数字博物馆无障碍体验小程序

2021年腾讯推出全新升级的"国宝全球数字博物馆"，作为首个数字国宝无障碍体验小程序，在推动全球顶级博物馆近300件馆藏中国文物珍品数字化回归的同时，率先实现了文物的语音讲解全覆盖，从听觉、视觉、交互等多个维度达成对包括视障人群、老年人群等多用户的无障碍体验升级。

国宝小程序从导览无障碍、听游全覆盖、画面高标准、操作上手快五大方面着手，实现了用户体验的全面升级。导览方面，小程序在适配手机读屏的同时，最大程度优化焦点路径，高效指引视障用户找到要点信息。语音讲解方面，完整覆盖近300件文物，近6小时的云游世界三大博物馆馆藏珍品。视觉层面，为方便低视力、老人用户浏览，小程序中的文字与背景对比度均精确匹配相关无障碍标准，同时提供字体调节功能，一键放大、秒变清晰。操作上，为了获得更佳无障碍体验效果，小程序没有使用常用的瀑布流布局，通过一屏一功能模块，配以充分的新手指导，让每位用户都能快速进入对文物的探索与观赏。

此外，小程序还推出"神奇的动物在这里"特展专题，精选包括唐代著名画家韩干代表作《照夜白图》、目前世上最大动物型尊象尊、商代晚期青铜器珍品虎形卣在内的30件重磅文物，涵盖青铜、瓷器、书画等多个领域，定制细致生动、故事丰富的文物语音导览内容。项目团队还诚挚邀请眼科医生陶勇、视障主播及专业配音团队打造解说内容，通过"细节写真＋妙趣历史＋场景音效"相结合的形式，打造无障碍沉浸式文物体验。

（二）国外智慧旅游体验的创新实践

1.景区游客体验中心

（1）美国红石峡谷沙漠游客体验中心

红石峡谷游客体验中心位于莫哈维沙漠，由于沙漠生态环境的脆弱性，体验中心的整个设计贯穿环保理念，承担了更多的教育功能。现存的植物、黏土、天空和山脉与游客中心融为一体，所有的设施都在强调红石峡谷本身的属性。中心包括一个占地3577平方米的户外展示区，被一个悬垂的屋顶遮盖，形成雨水收集的平面，并以此作为解说景观灌溉的场景。充分利用高效率的机械系统，利用太阳能热水器、穿透式太阳能集热器系统和55千瓦的光伏阵列将强烈的阳光转换为免费能源。选用自然和耐用的材料将建筑和景观统一，减少维护成本。光伏阵列被精心安置在两个土堤之间，不会对周围景观造成干扰，游客还可通过一台电脑看到光伏发电的能量以及天气对其效率的影响。这些创新设计元素将游客中心与周围景观融为一体，又融入资源保护的理念，让游客体验到资源保护的重要性。

（2）瑞士国家公园游客中心

瑞士国家公园游客中心从展厅建筑到展览布局体现一个主题——荒野。除了丰富的常设展览外，还有临时性展览。常设展览厅是一个会随着自然历史不断变化发展的展览，在这里可以体验到公园最狂野角落的独特，可以感受大自然的声音和景象。互动展示环节可以让游客对于公园内的动植物、气候变化或大型肉食动物的回归有更深入的了解。你认为荒野的概念是什么？如果你能决定方向，荒野会以何种方式发展？这些问题构成了整个展览的基调。这里不仅是一个展厅，而且是自然保护协会的一个活动平台。公园为儿童提供互动游戏展，鼓励孩子们进行充满趣味的探索并在自然环境中发现新事物。这些与自然相关的服务提升了青少年对自然的感知度，也增强了他们对自然的理解。

2. 沉浸式旅游体验项目

（1）沉浸式数字景点

“光之幻想城”是日本首个搭建了沉浸式体验型数字场景的旅游景点。以“花”和“光”为主题，搭配高端影音技术，凭借新媒体艺术 + 光影互动 + 数字场景 + 沉浸式体验的形式，打造出充满疗愈感又梦幻的空间。该体验景点由花卉、海洋、音乐、宇宙、运动等 6 个数字游乐场景和 1 个咖啡厅组成，让游客通过五种感官体验科技带来的奇幻世界。

花卉主题场景由秘密花园、马赛克花、花洒、花道、反射花园组成。游客可在“花之幻想曲”探访光之花的秘密研究所、进行各种实验的同时，寻找属于自己的花朵，解码专属花语，并搭配花的占卜游戏进一步互动游玩。

海洋主题场景由水母流体墙、海洋隧道、海洋绿洲组成。游客首先在虚拟水族馆探索海洋世界里生命的秘密，当触摸流体墙上投射的五颜六色的液体时，颜色就开始混合，并从中创造出各色的水母；通过“海底隧道”的岩壁可以看到海洋中的世界，生活在海中的各种生物陆续在你面前游过；慢慢潜入海中，遇见各种海洋生物。通过影像、声音和气味感受海洋的气息。由鱼群编织而成的水下奇迹，庞大的鱼群开始不断移动，游客的身影变成鱼再与之展开互动，和鱼群一起畅游深海。踏入危险海域，进入海下笼子时，能看到灭绝的水下生物出现并开始对游客攻击。最后来到神秘的深海天堂，沉浸在各色缤纷的海底美景中，游客能从静谧的海底中感受平静与美好。

音乐主题场景由带光环、声音光、钟琴组成。当游客用锤子敲铃，灯光会根据声音点亮，可随意敲击铃铛，自由地创造光，实现声光同步互动的游乐体验。当游客走进音乐幻想曲，伸手触摸空间发出的光，会触发音乐的同步互动，四周回荡着温柔的声音。这种声光同步的表演让人印象深刻。

宇宙主题场景由太空画廊、控制室以及光之星系组成。游客乘坐宇宙飞船来到宇宙，围绕银河系周围的光，收集前往银河系的能量，各种颜色和形状的美丽星系争相出现在游客面前，在梦幻般的宇宙世界里发现宇宙的奥秘和奇迹。

运动主题场景融合了数字和运动技术，游客在运动中需要避开来自四面八方的光线，是非常适合亲子游玩的项目。

森林主题的咖啡厅场景由坚果林、发光树、森林花场、花场组成。在松鼠生活的坚果林，游客把门票交给树干上的小商店，松鼠会把坚果送给游客。游客走累了，坐在树下，目之所及是一片片飞舞的花瓣，空气中弥漫着阵阵花香，四周安静而美好，田园牧歌式的造景，森林里的发光树发出耀眼的光，周围摆放着五颜六色的饮料。游客在秘密森林中，悠然自得地享受一段下午茶时光，体验在四季变化的森林里野餐的奇妙感。

“光之幻想城”沉浸式旅游体验项目将各种类型的新媒体艺术形式进行有机的串联与结合，像打造 IP 品牌一样去定制每个数字场景，满足不同年龄段游客的需求，开创了更丰富多维的互动体验。

（2）虚拟旅游体验项目

“在家体验埃及”是埃及旅游文物部与科学考古研究所联合推出的系列精品文化项目，在该系列项目中，埃及数十家博物馆和考古遗址被纳入数字化虚拟旅游云空间。在旅游云空间中，三维高清界面可实现 360°旋转，游客进入云空间后，可以自如地左右移动、前进、后退；一些壁画的花纹、质地甚至褶皱、裂纹等，都看得清清楚楚；在展品和音视频的讲解中，游客仿佛回到了数千年前的埃及，细细品味这些由时间堆叠出的历史之美。

（3）沉浸式夜游体验项目

①新加坡夜游体验项目——幻光雨林之夜。新加坡夜间野生动物园（Night Safari），占地面积 38 公顷，是世界上第一间专为夜间动物设立的野生动物园，曾

12 次荣获由新加坡旅游局颁发的“最佳旅游景点体验奖”。其开发的“幻光雨林之夜”夜游体验项目，利用不同的灯光、互动模式，让游客感受到大自然的生命力。整个项目全程约 1000 米，规划了树梢步道、幻光之路、光之木屋、微光岛屿等 13 个主题。

园内设置了 10 个互动区，通过将故事融入景观，以独特的叙述方式引领游客与动物使者互动，并通过令人目眩神迷的视听盛宴让游客沉醉其中。在“美德的花园”区域，游客所戴的 RFID 腕带成为参与某些活动的触发器，不同的腕带在活动中将会触发不同的动物形象。动物园中的动物被赋予含义不同的名字，游客可以通过互动游戏测试最接近自己特质的动物。

行人道设置了 LED 照明系统，借助雨林植物投映出不同的光芒，整个雨林夜游在灯光和多媒体手段辅助下，为游客带来新奇的体验。

“野性的呼唤”展区将虚拟景观与实际环境结合，利用投影让沉睡的动物醒来，而后展开一系列的故事。游客在游览中，不仅可以经过郁郁葱葱的森林、若隐若现的洞穴，还可以观赏到活灵活现的动物。游客可以与虚拟景观互动，通过唱的方式“呼唤”岩石下的灯光；通过蹦跳的方式“召唤”出不同的动物。这些元素都有助于增强在雨林之中的真实感和参与感，从而提升游客的多元感官体验。

②尼亚加拉瀑布公园水电站沉浸式夜游体验项目。加拿大尼亚加拉瀑布公园水电站是一座 180 米长、具有 115 年历史的工业建筑。沉浸式光影艺术让这个曾经废弃的发电站焕发了新的生机，自 2021 年 9 月开始，水电站作为沉浸式景点向游客开放，游客以一种全新的方式，体验到废弃发电站的“觉醒”，感受到由水到电的惊人能量转换。

该体验项目通过超过 40 分钟的视频内容，将声音、照明、交互元素、动画和 3D 投影相结合，讲述尼亚加拉瀑布公园发电站丰富的历史和建筑特色。体验项目分为三个篇章：开始、驾驭力量和重新唤醒。在第一个篇章，游客踏上时光之旅，可感受到尼亚加拉河从墙壁上流下来，流到你周围的地板，然后随着冰河时代的到来而冻结。当地球再次变暖，感受到郁郁葱葱的景观再次充满了河流和树木，以及令人惊叹的新的地质奇迹——尼亚加拉大瀑布。

驾驭力量篇章讲述世界上最强大的瀑布激发了工程师和发明家的灵感，他们希望利用其能量为这个地区的工业化提供动力。这座发电站是这些项目中最大、最雄心勃勃的。游客的视角下，巨大的机器在水流的推动下首次亮起并开始工作。然后，新技术的出现，使发电站的荣光逐渐消失，它进入了休眠状态。

在重新唤醒篇章，游客可感受到，当发电站沉睡时，尼亚加拉河继续在周围流动。游客可探索并利用动作在水中创造出水流，这些水流结合在一起形成动力并流回电站。在与游客的互动中，电力开始从发电机脉冲流到墙壁和天花板上。

该体验项目将现有场景与最新科技结合，通过对废弃场景的重新设计，融合现代科技，生动地重现昔日场景，为游客提供一场史诗般的视觉和听觉盛宴，让游客沉浸其中，感受废弃水电站昔日的辉煌。

（4）沉浸式演艺体验项目

①沉浸式戏剧——《不眠之夜》。沉浸式戏剧演艺最早起源于英国，比起传统的剧场，它没有固定的座位，没有强制的主线，观众可以跟随自己感兴趣的角色去了解故事。2011 年，现象级沉浸式戏剧《不眠之夜》在纽约 McKittrick 酒店上演，真正让沉浸式戏剧走入大众视野。《不眠之夜》的剧情线索由十几名戏剧演员分头展开，演员在各个房间奔走、交谈、打斗，观众戴着白色的面具，随着自己的步调穿梭在这个史诗般的故事中，可以选择跟随自己感兴趣的演员。如果对剧情不感兴趣，可以在各个房间里探索——侦探社里有打字机、名片以及侦探正在查的案件里所跟踪目标的行程记录，药铺柜子里放着各式各样的药材，裁缝店里有布料和针线，标本间里挂着标本，酒店前台那本六七百页的顾客签名本，每一页都有钢笔手写的签名等，在真实与虚拟场景的交替中，每一位观众都能获得独一无二的多感官体验。

②沉浸式戏剧——《被烧毁的城市》。打造《不眠之夜》的英国戏剧先锋 Punchdrunk 时隔八年，于 2022 年推出了最新沉浸式戏剧《被烧毁的城市》（The Burnt City）。以希腊古城特洛伊为背景，把演出舞台设置在一个废弃的军工厂，场景被分成废墟古城和现代酒吧两个时空。剧中 28 个角色由 54 位演员扮演，任何时候都有 10~15 个表演在进行，演员可能会通过选择一位观众创造一个只有他们两人的场景来与观众互动。观众戴上面具，全程保持沉默，在三个小时的表演中探索迷宫一样的房间，就像游走在时空交替的废墟之城，见证了特洛伊居民一会儿暴走哭泣，一会儿载歌载舞。

3. 无障碍旅游体验

（1）波兹南市无障碍体验

波兹南市为让所有游客都能进入城市无障碍游览，在全城景点和信息点配备了无障碍专用设施。比如在全城安装了可触摸的微型 3D 城市模型，帮助视障游客感受城市和景点，同时配有音频讲解，帮助游客获取更多感官体验。

（2）视障人士无障碍游览体验

乌菲兹美术馆推出“触摸乌菲兹”项目，帮助视障人群欣赏馆内美术作品。美术馆将馆内艺术品（古代雕塑或者转化为立体浮雕的画作）展出，盲人游客戴着特殊的乳胶手套“触摸”这些作品的线条、构图和艺术风格。每件艺术作品都有以盲文和高对比度印刷品书写的面板支持，游客借助盲文地图寻找作品的确切位置。

皮蒂宫的现代艺术馆提供一条多感官游览路径，通过触摸感受形式和物质，选取 10 件雕塑作品供视障游客触摸阅读，并配备特别的语音指南和盲文帮助视障游客更好地感受艺术作品。

（3）残疾人导航应用程序

佛罗伦萨推出一个鼓励残疾人旅游的工具包，其中包括 Kimap 应用程序。Kimap 是一款智能手机应用程序，可以用多种颜色评估建筑障碍：绿色圆点表示街道具有良好的可达性；黄色表示小障碍物和路径中振动的最小风险；红色表示轮椅剧烈振动和难以克服的障碍物和楼梯造成的主要风险；黑色用于标记“不可通行”的道路。通过城市地图实时绘制，帮助行动障碍游客选择到达目的地的最优路径。

三、国内外智慧旅游体验实践的比较与借鉴

基于以上对国内外智慧旅游体验实践案例的总结，不难看出，无论是国内还是国外，都注重各类沉浸式旅游体验产品的开发，并积极探索无障碍旅游体验新模式，借助信息化、智能化手段提高游客旅游体验。另外，在游客体验中心的设计理念与功能、沉浸式文旅体验项目的场景规模和文化沉淀、无障碍景区建设的软投入等方面存在一定的区别，也为我们今后在智慧旅游体验建设方面提供一定的启示。

（一）游客体验中心

游客体验中心来源于传统的游客服务中心，是游客与目的地联系的第一印象区，除了引导、服务、解说、集散及游憩 5 大传统功能外，随着旅游业的发展和游客消费理念的升级，游客中心更承担着信息与教育、控制与引导、虚拟与替代、情感酝酿的

作用。游客通过游客中心了解景区的背景和资源特色，从而在后续的游览过程中获得更高的体验值；游客中心可通过各种环保知识的宣传，使游客树立正确的生态观，引导游客文明旅游、生态旅游；对于生态环境脆弱、无法游览的区域，游客中心可通过数字化手段，帮助游客了解诸如文化遗产、荒野、航海、沙漠、南北极等旅游资源。另外游客中心还具备情感酝酿的功能，充分展示景区旅游资源特色、营造浓郁的本土氛围，激发游客的好奇心和求知欲，增强他们对景区文化的认同感，从而将酝酿出的情感带入后续的游览，增加游览的体验值。

国外游客中心研究和实践起步都较早，对游客中心的规划布局、建筑造型、功能设置等更多地考虑到自然、建筑、人三者之间的关系。基于周围景观的特色元素，将游客中心建筑与周围环境融为一体，并成为该场地的景观；展览或体验项目的设计更多地体现文化、自然、历史、生命等元素，体现环保、可持续发展理念，在提供信息服务的同时，更多地承担教育的功能。国内部分景区游客中心推出了沉浸式文旅体验项目，利用各类智能化手段，通过创意设计，构建新的沉浸式互动体验场景，但是大部分景区的游客中心还处于传统的基本功能阶段，随着文旅行业数字化、智慧化转型的快速推进，沉浸式游客体验中心建设成为国内智慧景区建设的重要组成部分。

（二）沉浸式文旅体验项目

国外沉浸式旅游演艺事业相比于中国起步较早且相对成熟，范围涉及较广，具有较丰厚的文化沉淀、宏大的规模及多场景的沉浸感。国内的旅游演艺经历了尝试的起步阶段、什么都做的摸索阶段到现在成体系、成规模的创造阶段，出现了经典的唐乐功，成为品牌的长恨歌，主题公园、景区、度假区配备歌舞表演成为新常态。但是旅游演艺的沉浸式升级转型还存在巨大的空间。在演艺内容上，国外沉浸式演艺项目倾向于选取经典且具有丰厚文化积淀的演艺内容，比如莎士比亚的经典作品，不但蕴含丰富的现实意义，还闪耀着跨时代的人性光辉，在全世界范围内产生重要的艺术影响，这种演艺内容使观众能够迅速浸入剧情，更容易引起观众共情。在演艺规模方面，国外的沉浸式演艺具有规模大、场景多的特点，比如《不眠之夜》十几位演员在 5 层楼的酒店房间场景间穿梭，游客也沉浸在这现实与虚拟融合的场景中，感受独一无二的全情体验。在国内沉浸式旅游演艺项目中，“只有河南·戏剧幻城”在演艺内容和规模上都是一个成功的案例，但是其他大部分项目规模不够大，难以形成品牌。

国内外经典沉浸式夜游项目大都依托于比较知名的公园、动植物园或其他知名景观，具有较大的影响力。这些夜游产品的加入丰富了园区的类型和功能，提升了游客的参与感。国内外发展程度的差异表现在主要表现在：在发展策略上，国外的夜游行业侧重于借助国家公园、动植物园等景区，借助现代科技手段及当地的地理、人文环境；国内的夜游产品侧重美食及人的发展；在游客的参与性上，国外的夜游项目侧重游客的参与和互动，加强游客的沉浸式体验，国内的夜游演艺项目侧重体现科技感，互动性不强；在夜游产品建设团队上，国外的夜游产品有强有力的建设团队和政府支持，国内的夜游产品没有形成固定的夜游经济产业链，处于零散发展状态。

（三）无障碍旅游体验

国外无障碍游憩的发展已经相对成熟，从法律和标准体系、组织管理机制、服务管理能力、游憩空间规划、社会文化氛围等方面的完善建设共同推动了无障碍游憩的发展，从而使特殊人群获得更好的旅游体验。国内的无障碍旅游体验还处于起步阶段，虽然已经开始重视无障碍景区的建设，并且面向残障人士提供软性服务，但大部分还处于无障碍基础环境建设阶段，且缺少规范的规划设计、组织管理机制及相关法律支持，无法保障特殊群体的游览体验。

四、我国智慧旅游体验实践存在的问题与对策

（一）我国智慧旅游体验实践存在的问题

在科技推动、政策利好、消费升级需求等各种因素推动下，体验式文旅迎来高速发展期，全国各地文化单位、博物馆、景区等纷纷结合自身特点，推出体验式文旅产品，不乏出现诸如“河南·戏剧幻城”“夜上黄鹤楼”等经典产品。但是在沉浸式、体验式理念快速升温的同时，相关产品的实践过程中也存在诸多问题。

1. 游客体验中心实践中存在的问题

游客中心的五大基本功能包括引导、服务、解说、集散及游憩。但是随着游客追求个性、重视体验的消费理念的升级，以及人们对旅游可持续发展理念的重视，游客中心应该更多地发挥信息与教育、控制与引导、虚拟与替代、情感酝酿的作

用。景区一般在文化领域具有得天独厚的优势，文化产品多、积累深厚，但是对文化表现不够深入，亟须一个文化载体帮助游客深入理解，具有空间及信息优势的游客服务中心是最好的选择。

但是国内大部分景区游客中心还处于仅具备基本功能的阶段，无法满足游客的多样化体验需求。相关不足之处主要表现在：大部分游客中心的建筑风格与景区不符，无法突出景区特色。大部分游客中心缺少沉浸式体验产品，导致游客对游客中心兴趣不足，无法体现其教育、虚拟与替代、情感酝酿的功能。已有的沉浸式体验产品重科技展示，缺少对文化内涵的挖掘，缺少与游客的双向沟通，除了信息传递的基本功能外，还缺少游客体验反馈信息的收集与分析。

2. 沉浸式体验产品实践中存在的问题

（1）高品质产品投资大、成本高

我国沉浸式产业虽然体验项目数量大，但是大部分项目规模小，科技含量低，基本处于萌芽状态。目前市场上高质量产品大多是重资产类型，投资大、成本高，上海迪士尼、北京环球影城推出的沉浸式体验项目以及“只有河南·戏剧幻城”项目，投资成本都在百亿元、几十亿元之多，这也注定了其门槛较高，难以复制。

（2）沉浸式体验产品重技术缺文化内涵

当前大部分沉浸式文旅产品过度依赖技术、追求特效，对游客进行立体包围式感官轰炸；缺少创意人才，忽视项目的内容要素，导致产品品质不高，不能产生长久、可持续的商业价值，从而难以出现具有强 IP 的高水平沉浸式体验产品。

（3）沉浸式产业集中度不高

沉浸式产业是横跨数字媒体、艺术、建筑等几大领域的新兴行业，虽然发展迅猛，但是由于产业集中度不高，难以覆盖上、中、下游全产业链。

3. 无障碍旅游体验实践中存在的问题

游客在景区的无障碍旅游体验主要来自无障碍通道、无障碍建筑设施、无障碍辅助设施、无障碍智能化服务等。但是无障碍服务推行过程中，还存在以下问题。

（1）残疾人、老年人等特殊人群的需求不被重视

自国务院颁布实施《无障碍环境建设条例》后，国内各省市、县相继出台无障碍环境建设与管理法规和规范性文件，开展无障碍环境建设，景区无障碍环境建设也引起重视。由于无障碍产品一般开发成本高，利用率不高，回报率低，所以残障等特殊人群的旅游需求并没有得到真正的重视，很多景区无障碍基础设施建设仅仅

是为了完成指标，且缺少应有的维护。景区出现无障碍卫生间常年关闭、无障碍坡道被挤占、出现裂缝等现象。

（2）缺少智慧化无障碍服务

无障碍基础设施尚不能满足需求的情况下，智慧化无障碍服务对残障、老年等特殊群体来说更是杯水车薪。国内除了少部分博物馆、智慧景区面向老年群体的适老化信息获取服务、面对视障游客的语音解说、面向听障游客的手语导览解说服务外，大部分景区都无法满足特殊群体的智慧化旅游体验需求。

（3）缺少完善的法律体系

景区无障碍服务建设缺少完善的法律、标准体系及组织管理机制，老年、残障游客获取无障碍旅游体验的权益无法得到保障。

（二）我国智慧旅游体验的建设对策

1. 充分发挥景区游客中心的体验功能

游客服务中心的主要功能是宣传景区景点，同时为游客提供便捷的服务，满足游客需求。在游客体验式消费持续升温的背景下，游客中心传统的宣传方式已不能满足游客的需求。一个优秀的游客中心，会让游客去一次就记住，不仅要满足基础的服务与管理功能，更要从外在形象上建立起独特的文化识别特征，从建筑风格、文化传递到设计理念要融入景区特色。通过深挖和凝练当地文化，凭借高水平策划和设计能力，形成独具一格的直观形象表达。

游客中心的美学设计。景区的游客服务中心不论是外在还是内里都需要进行合理的功能布局与设计。游客服务中心的建筑设计应符合景区的气质，具有与景区文化、生态相关的设计理念；区域划分要合理，展厅设计、展厅风格要符合景区景点特色，将内外融为一体，使游客中心成为景区的特色景点。同时，将游客中心作为游客对景区的第一印象，达到先声夺人的效果。

游客中心的数字化展厅。以景区旅游资源为载体，通过文化的挖掘与呈现、功能性服务的集成、艺术化的展示，整合多种具有吸引力的多媒体产品，构建体验式数字化展厅。通过数字展览的逼真效果，满足游客观赏、探究的爱好，引起游客的共鸣。

沉浸式旅游体验场景。以景区的旅游资源为载体，基于全息投影、VR/AR、声、光、电等技术，打造沉浸式体验展示场景，通过故事性、互动性、角色化的展示形式，让游客参与其中，由被动接受转为主动参与感受，增强游客全情体验。

2. 提高沉浸式体验产品质量，形成独立 IP 品牌

针对当前沉浸式体验产品过度依赖技术、追求特效、忽视内容要素的问题，企业需要摒弃急功近利、盲从的心理，将文化 IP 的挖掘、体验和价值转化为核心，产品的开发与设计应交给专业复合型团队，充分运用旅游资源的环境要素和技术要素形成优质的内容，才能产生长久的、可持续的商业价值。

沉浸式文旅产业链中的上游产业主要涉及技术领域，包括 VR、AR、3D 全息投影仪等在内的各项前沿技术，中游产业包括许多舞台必备技术，下游产业主要由 IP 方、商业地产、文旅景区三方组成。产业链条的不集中造成大部分沉浸式体验产品的投资少、规模小、技术水平低、内容要素质量挖掘不充分，甚至出现非专业人士歪曲文化遗产、产品低俗化问题。针对沉浸式文旅产业链不集中的问题，需加大政策支持，扶持培育沉浸式文旅体验产业集群，各级政府协同研究支持集群培育发展的针对性政府举措，引导优质资源向集群高效集聚，从而形成稳链强链，提升产业竞争力。

3. 推动景区信息、体验无障碍建设，提高老年、残障群体的智慧旅游体验

推动各类智慧旅游信息服务平台、数字化、沉浸式文旅体验产品的无障碍升级改造，在产品原有功能基础上充分考虑老年、残障等群体游客的特殊要求，结合他们的出游习惯，突出无障碍服务特色、完善无障碍服务体系，提升无障碍服务水平。

当前阻碍智慧景区无障碍服务水平提高，从而影响无障碍旅游体验的一个很重要的原因是缺少完备的法律标准体系和系统协同的管理组织机制。建议有关部门在现有相关法律的标准基础上，出台相关法规和标准指南，明确无障碍式智慧景区建设的指导思想、战略目标、实施标准和细则等，形成健全、完备的无障碍式智慧景区建设法律标准体系，依法落实规划建设，维护和保障老年及残障人士的合法权益。另外，从管理组织机构上，构建自上而下、系统协同的管理组织机制，统一制定无障碍智慧化服务战略、发展方案、建设标准等，统筹、协调无障碍式智慧景区的建设工作，并为其提供科学专业的技术援助和培训指导。同时无障碍组织管理部门还应与残疾人联合会、残疾人福利企业等组织机构合作，共享资源信息、畅通交流渠道、协同履行职责，提升智慧景区无障碍管理效能，提高无障碍服务水平。

第 4 章　智慧文旅解说

一、智慧文旅解说概述

（一）旅游解说概述

1. 解说概念的溯源

旅游解说始于人们对人与自然关系之间的认识，早在公元前 600 年，我国哲学家老子就以“道法自然”来解说天地万物的自然运行规律。而解说作为一种职业，可以追溯到公元前 460 年，在《哈利加若思的希罗多德》（*Herodotus of Halicarnassus*）一书中有关于埃及金字塔导游工作的记载。到 2 世纪，罗马人到霍默世界（the World of Homer）旅行时，可以通过解说者或文献和旅游书籍来获得指导。16 世纪 60 年代，贵族家庭中大部分 15~17 岁的年轻人会由一位老师或解说人员陪同外出旅行，作为他们教育的一部分。到了 19 世纪 80 年代，导游和解说有了更加先进的形式。

“解说”（Interpretation）一词起源于 20 世纪早期的欧美国家公园，其初期的主要目的是向游客介绍国家公园内的自然资源。约翰·缪尔（John Muir）是当时美国最著名和最具有影响力的自然生态保护的倡导者，被尊称为“国家公园之父”，他于 1871 年首次在自然解说中使用“解说”一词，后期，被美国国家公园管理局正式采用，这标志着解说作为一个专有词汇出现。随后，自然导游先锋伊诺斯·米尔斯（Enos Mills）在落基山地区担当自然导游时，把解说变成了一种商业行为。20 世纪 30 年代后期，随着自然主义者和历史学家一起参与到国家公园的服务工作中，自然解说内容逐步扩展到历史与文化领域，美国约塞米蒂国家公园率先向公众提供自然解说服务，解说开始逐渐被人们接受。1957 年，解说之父弗里曼·蒂尔登（Freeman Tilden）出版了《解说我们的遗产》（*Interpreting Our Heritage*）一书，解说一词有了明确的界定，从而得到学术认可。1961 年，美国成立“解说自然主义者协会”与“西部解说员协会”，使解说得到了专业认可。1964 年，美国西弗吉尼亚州的哈珀斯·费里（Harpers Ferry）成立了解说培训与研究中心。1980 年，威廉·J·刘易斯（William J.Lewis）的《公园游客解说》一书首次出版，为展示特定类型的解说提供了实用的智慧和指导。1992 年，萨姆·哈姆（Sam.Ham）出版了《环境解说》一书，阐述了将解说与其他沟通方式区分开来的四种特质：解说应该是令人愉快的、相关的、有组织的、有主题的，这些特质成为解说专业的核心。1998 年，拉里·S·贝克（Larry S.Beck）和 T·凯布尔（T.Cable）撰写了《21 世纪的解说》一书，在约翰·缪尔（John Muir）和弗里曼·蒂尔登（Freeman Tilden）的基础上，提出了解说的十五项原则。解说得到了更广泛的认同与发展，加拿大、英国、澳大利亚等国家相应成立了本国的解说协会，在解说领域积累了大量的实践经验。同时解说作为遗产保护与休闲研究中的重要概念，与旅游之间的关系越来越密切，内涵越来越丰富，被赋予的功能也越来越多。

2. 解说概念的界定

国内外研究者从不同的角度给出“解说”的定义。弗里曼·蒂尔登（Tilden）最早认为解说并非事物的简单描述，而是通过使用原始物品、第一手经验和插图等来揭示事物的内在意义与相互联系。美国国家公园管理局认为，解说是帮助公园的每一位游客找到一个与公园接触、交流的过程。美国国家解说协会认为，解说是在游客兴趣和资源内在意义之间，提供游客情感和智力连接的一种交流过程。澳大利亚解说协会认为，解说是一种能够帮助人们更多地了解自身与环境的思想与感觉的交流方法。加拿大解说协会认为，解说是一种以实物、人工模型、景观和现场资料向公众介绍文化与自然遗产的意义及相互关系的交流过程。

国内学者吴必虎认为，解说是指运用某种媒体和表达方式，使特定信息传播并到达信息接收者，帮助信息接收者了解相关事物的特性和特点，达到服务和教育的目的的基本功能。台湾学者吴忠宏认为，解说是一种信息传递的服务，目的在于告知及取悦游客并阐释现象背后所代表的含义，借助提供相关资讯来满足每一个人的需求与好奇，同时又不偏离中心主题，期望能够激励游客对所描述的事物产生新的见解与热诚。王维正在他的《国家公园》一书中将解说定义为通过第一手的实物、人工模型、景观及现场资料向公众介绍关于我们的文化和自然遗产的意义及相关关系的宣传过程。

虽然不同学者或机构是从不同角度对解说给出定义，但是都强调了解说是通过各种媒介与公众交流的过程，具有教育的基本功能。

3. 旅游解说与智慧文旅解说

解说作为一种教育方式，与旅游具有天然的联系。与旅游解说相关的概念中，广泛使用的还有“环境解说”和“遗产解说”。也有学者进行了不同的分类，比如学者陶伟根据旅游资源属性的不同，将旅游解说划分为遗产解说和环境解说。

旅游解说本质上是一项在旅游过程中传播信息的教育活动，是游客与旅游目的地之间通过各种媒介进行信息传递的过程。旅游解说不是简单机械的说教，而是通过信息的传达激发人们的倾听兴趣和求知欲望，拉近游客与自然资源或遗址、文物等之间的联系，全方位满足游客获取信息的需求。真正有意义的旅游解说是将所解说的内容与游客的内心相联系，当解说能够成功地将旅游目的地的有形资源与这些资源所代表的无形的历史、文化内涵结合起来，游客就有机会与旅游目的地产生情感联系，从而获得高质量的旅游体验。所以说，旅游解说在旅游活动中起着至关重要的作用，它帮助旅游者了解旅游信息、认识旅游资源、享受旅游服务、增强旅游体验。

旅游业的快速发展使旅游资源的内涵被无限扩大，并表现出强烈的复合型的特点。同时，随着人们物质生活水平的提高，旅游者的消费需求发生了巨大变化。观光度假式的浅层次旅游已不能满足旅游者的需求，越来越多的旅游者希望在享受自然景观的同时获得良好的文化体验。

2009 年，原文化部、原国家旅游局发布《促进文化与旅游结合发展的指导意见》，指出加强文化与旅游的深度结合，有助于促进旅游产业的转型升级，满足人民群众的消费需求。2021 年，文化和旅游部发布的《“十四五”文化和旅游发展规划》指出，着力推进文旅融合、努力实现创新发展。党的二十大报告也明确提出，要坚持以文塑旅、以旅彰文，推进文化和旅游深度融合发展。

在文旅融合的新时代背景下，特别是新一代信息技术的加持，旅游解说以更灵活、更智能化、更可持续性的多种形式呈现，解说内容也从单一解说转换为对旅游资源及其所处环境的综合感知，旅游解说进入智慧文旅解说新阶段。

（二）智慧文旅解说与传统文旅解说的区别

1. 智慧文旅解说的内涵

智慧文旅解说是文旅融合新时代背景下智慧旅游的一个重要体现，是以旅游目的地特色文化为内在驱动，以现代科技为主要手段，通过 5G、大数据、物联网、人工智能等新一代信息技术形成各种智能化的传输媒介和表达方式，对旅游目的地的旅游资源进行智能化的信息传递的过程。

2. 智慧文旅解说区别于传统旅游解说的特征

（1）解说内容深挖文化特色、增强文化创意

随着物质生活的提高，人们对旅游的需求进一步升级，与之相对应的则是文化旅游消费产品的供给升级。文旅产业融合成为满足人民美好生活需要的供给侧改革新动能。文化是旅游的灵魂，旅游是展示与传承文化的重要形式，两者相生相伴、相互交融。旅游目的地的建设离不开该地区深厚的历史文化，该地区独特的文化特色也离不开对旅游目的地的挖掘。加强文化内涵挖掘和创意融入成为文旅融合背景下旅游目的地产业升级的重要任务之一。因此，旅游融合背景下，旅游解说内容更能体现当地特色文化内涵，注重解说内容中的文化创意，提升解说系统的文化软实力，满足游客的文化消费需求，增强旅游体验。

（2）解说手段以新技术为引擎，构建自导式解说媒介体系

智慧文旅中，文旅是主体，技术是引擎。基于新一代信息技术，旅游目的地在深挖当地特色文化内涵、升级解说内容的基础上，构建智慧化自导式解说媒介体系，包括智能导览系统、视听多媒体、互联网、移动互联网、数字展示、电子图册等，优化解说系统，满足游客个性化体验要求。智慧文旅解说媒体如表 4–1。

表 4–1　智慧文旅解说媒体

智慧文旅解说媒体	详情
智能导览解说系统	基于地理定位、移动互联网、物联网等技术，依托移动应用程序，比如微信公众号、景区 App 等，以图文、音频、视频、AI 导游等形式实现智慧文旅解说
沉浸体验式旅游空间	结合 VR、AR 等现代科技手段，打造旅游目的地体验场馆、VR 移动影院或网络体验平台，搭配智能化解说系统，增强游客体验感
电子出版物	以手绘电子地图、手绘画卷、手绘电子景点等多种形式生动呈现旅游资源，或者将印刷版宣传图册与电子图册结合，通过扫描印刷版图册二维码，了解景点或文物详细信息，让旅游资源活起来
文创产品	结合景区或文物文化特色及文化内涵开发文创产品，以一种具象化的形式，向游客解说景区或文物的抽象的文化内涵与文化底蕴。通过文创产品 + 科技手段，实现由特定的文创产品形象进行实时语音讲解

（3）游客体验至上，构建“文旅 + 解说”新业态

文旅消费升级呈现出大众消费需求特色化、体验化、产品多元化、功能融合化的新格局。文旅与新兴科技融合向深度和广度发展，催生了演艺 + 解说、数字出版物 + 解说、科技 + 解说等“文旅 + 解说”新业态。

“演艺 + 解说”是指把旅游资源中具有典型意义的部分与地方戏剧、歌曲、舞蹈等艺术形式结合，转化为演艺剧目，甚至可以结合机器人演员，通过现场或互联网、多媒体平台展示，使旅游资源中的文化元素以更生动的形式展现给游客。

“数字出版物 + 解说”是指将旅游资源演绎为手绘电子地图、历史文化轴线图、有声故事、电子贺卡、电子书、绘本等多种形式，通过“互联网 +”模式，扩大传播范围，延伸传播空间，使游客随时随地获得形象生动的解说服务。

“科技 + 解说”是指借助虚拟现实、增强现实、裸眼 3D、人机交互等技术，打造沉浸式 VR 体验馆、移动影院、一体化展示机等，突破时间和空间障碍，以沉浸式体验场景解说旅游资源，直观地体现旅游解说的服务和教育功能。

（三）智慧文旅解说解决的问题

1. 突破时空限制，提高解说质量

传统旅游解说方式，比如人工导游解说、解说牌、指示牌、场馆的音像解说等，需要游客到达旅游目的地被动接受现场解说，时间和空间上都受到很大限制，解说内容也仅限于被动获取的知识，很难获取高质量的解说服务。

新一代信息技术的接入，使旅游解说突破了时空限制，游客在旅游前、旅游中、旅游后可随时随地借助智能化信息传输媒介获取旅游目的地相关信息。旅游前，可通过搜索引擎、景区官网、公众号、景区 App 等媒介，获取旅游目的地天气、游览线路、景区景点介绍、景区特色文化等相关信息，启发游客旅行灵感，便于合理安排游览线路。旅游中，游客借助智能解说导览系统，自由选择游览线路，自主选择相关解说音视频，满足游客个性化游览需求。旅游后，游客可以通过互联网重温旅游行程，可对旅游解说系统的使用体验进行反馈，景区管理者基于对反馈数据的分析进一步改进旅游解说系统、调整解说管理策略，从而提高解说质量。

2. 多种形式表达，实现更多功能

以多种智能化、互动体验式的形式表达解说内容，解决传统旅游解说中解说形

式少且僵硬、无法高质量表达旅游资源及其丰厚的文化内涵的问题。

比如，人工导游易受环境干扰，并且解说质量很大程度上受限于导游员的自身素质，往往深度不足，吸引力有限；标识牌、解说牌文字内容简单、形式僵硬、难以适时更新，无法表达景点或文物的文化内涵，内容上无法阐释其与游客的关系，形式上缺少互动性，造成与游客心理上的距离，降低解说质量；传统的解说系统文化氛围不浓，缺乏相关的情景营造和文化暗示，大多数停留在解说内容的单向传递上，使游客无法体验文化内涵而只能走马观花式地“到此一游”。

智慧文旅解说借助各类智能化信息传递媒体，通过文、音、图、视频、场景等形式智能化地向游客传递解说内容，帮助游客更好地了解旅游信息、认识旅游资源、享受旅游服务、增强旅游体验。比如，互动式电子触摸屏通过人机交互的方式有效增强游客的参与感与体验性；各类视听多媒体通过音频、视频、直播、慢直播多种形式，为游客带来效果逼真的内容解说；智能解说导览系统通过微信小程序、App、二维码等媒介，使游客实时接收解说信息，分享游览心得，满足个性化需求；沉浸式体验或演艺场景利用游客的感官体验和认知体验营造氛围让游客融入场景，实现共情，从而更高质量地表达解说内容，更好地实现智慧文旅解说的服务和教育的功能。

3. 新技术加持，实现无障碍旅游解说

智慧文旅解说在新一代信息技术加持下，优化无障碍体验，解决残障人士难以获取旅游解说服务的问题。比如，基于 LBS 位置服务技术，将基于位置的场景化服务与真实世界中景区景点连接，通过地图实现无障碍场景下的焦点顺序语音播报及点击语音播报，帮助视障人群读取地点、道路、推荐线路、景点讲解等内容；制作景区景点可视化讲解视频，通过扫描设置在景区景点的二维码，让听障人士直接观看景区景点的讲解。通过景区官网、App 和小程序提供景区无障碍服务信息，方便特殊人群查询相关信息，针对性地选择相关服务。

总之，智慧文旅融合背景下的旅游解说突破传统旅游解说的时空限制，使游客在旅游前、旅游中、旅游后随时通过智能化设备获取旅游目的地相关信息；在信息获取方式上，由被动接受转为以游客主动互动体验为主，提高游客的旅游体验；在新技术加持下，解说内容能够更好地融入文化元素，实现更高质量的旅游解说服务和教育功能。同时，新技术促进无障碍服务创新，为特殊人群提供无障碍解说服务。

二、国内外智慧文旅解说的创新实践

（一）国内智慧文旅解说的创新实践

1. 基于移动终端应用程序的文旅解说

（1）基于小程序的文旅解说

小程序具有“一点即用、无须下载”的特点，非常适用于景区运营。越来越多的景区开通微信小程序并将更多的功能融入景区小程序，解说服务是景区小程序中的一项重要功能。

故宫博物院官方小程序通过手绘地图景点图文解说、音频讲解、AI 随身导游解说、视听栏目等方式向游客提供讲解服务（如图 4–1）。

游客点击小程序中的手绘地图景点，即可获取该景点图文、音频讲解，帮助游客了解宫殿背后的历史故事；小程序提供的 AI 随身导游——智能导览小狮子，融入了数智人解决方案，不仅可以在游览过程中与游客实时语音问答，还可以根据问答内容展示不同的个性化表情、动作与情绪，为游客提供更加有趣的智能讲

图 4–1　故宫博物院小程序

解与闲聊服务。

针对青少年群体，推出故宫青少版视听栏目——“视听馆”“紫禁学堂”“故宫藏宝”“小百科”等，开发针对青少年群体的解说词，以动画、音频、图文等形式讲解故宫的宫殿、文物及故宫小百科知识。

故宫博物院小程序还从视觉、交互等方面针对视障人群、听障人群提供无障碍讲解服务。通过视障辅助读屏功能，指引视障游客找到目标信息。

（2）基于景区 App 的文旅解说

App 依赖复杂的开发，在很多小细节上比小程序的表现更好，甚至有很多功能是小程序实现不了的。景区 App 包括通用景区 App 和景区官方 App。通用景区 App，比如三毛游，一个自助语音讲解游玩软件，覆盖全球 10000 + 景区和博物馆，能够为用户提供智能中文自助导览解说，已为全球 5000 万华人旅游及文化爱好者提供了手机自助导览和博物馆文化讲解服务。

很多景区推出官方定制导游 App，游客用手机下载，即可拥有“私人定制”导游。

颐和园官方 App 提供精品游览线路推介、精准 GPS 定位、景点图文介绍和景点语音导游功能。园中设置二维码提示牌，游客下载 App 后，打开手机蓝牙，游园时会实时接收景点的语音解说及图文介绍。

中国国家博物馆官方 App 针对不同年龄段的游客，推出“古代中国”基本陈列分众语音解说，分为儿童版、青少年版、成年人 2 小时版和 6 小时版四个版本。儿童版语音解说精选 15 件文物，以妈妈和孩子对话的形式展开介绍，用充满童趣的语言拉近孩子们和文物的距离，引导孩子们立足今天的生活去理解中国源远流长的历史，感受历史的光芒照进现实生活。青少年版和成年人版语音解说，以时间为轴，贯穿讲述“古代中国”历史的发展脉络，在文物数量、讲述方式、内容阐释、导览线路等方面更丰富、多元，重在帮助不同年龄段、不同认知特点、不同兴趣的观众建立宏伟的历史观。青少年版精选 64 件（套）文物，内容为中国国家博物馆研学丛书《中学生博物之旅 · 古代中国》的精华提炼，讲述视角更贴合青少年的知识结构和兴趣点，青少年朋友们在轻松的倾听中还能接触到前沿而新鲜的知识。成年人 2 小时版导览适用于第一次来中国国家博物馆参观或观展时间有限的成年观众，精选近 200 件（套）文物，指引观众以较短的时间速览古代中国经典文物，实现对古代历史的极速畅游。6 小时版导览面向时间宽裕，想更全面、更深入地了解古代中国历史的观众，选取文物 400

余件（套），以更全的历史线索、更丰富的内容阐释，在突出“主线”讲述中华历史大脉络的同时，勾勒出更多历史细节，引导观众更深入地漫步于古代中国。

中国国家博物馆官方 App 推出的分众语音解说是博物馆基于观众多元化、个性化的参观需求，以需求为导向，积极探索分众化社会教育形式与方法的结果，是博物馆分众化社会教育实践的典型代表。

2. 基于智慧地图的文旅解说

（1）北京智慧旅游地图

北京市文化和旅游局建立的智慧旅游平台“北京智慧旅游地图”实现北京多种旅游资源点的分类搜索、虚拟导游以及旅游公共服务设施在线查询等功能。其中的虚拟导游功能，可提供全市所有旅游等级景区，以及 91 家红色旅游景区、17 家老年人文化旅游接待基地、夜间文化和旅游消费集聚区、全国乡村旅游重点村镇的虚拟导游。游客可通过掌上地图听取讲解，享智慧出行。

（2）河北省智慧语音导览地图

河北省推出的智慧语音解说版旅游地图，提供省内重点旅游资源的文旅解说。地图以手绘形式对河北省重点景区进行标记。游客扫描地图封面的二维码进入收听界面，河北省的重点旅游资源便呈现在手机界面。智慧语音电子地图提供中英文版本，游客可以挑选自己喜爱的景区，边收听讲解边欣赏风景。地图的文字界面分为非遗民俗、工艺之美、美食记忆、“河北省十五大旅游目的地”等部分，游客在旅行过程中能够全方位地了解河北文化，品尝河北美食，乐享河北之美。该智慧语音解说地图可阅可听，图文并茂。游客一图在手，可迅速了解河北省的重点旅游资源，饱览河北风物胜景，为深度“乐享河北之美”循迹导航。

3. 基于 AI 智能导游的文旅解说

AI 智能导游技术借助计算机视觉、语音识别等技术，为游客提供景区信息咨询、语音讲解等服务。AI 智能导游可以实体或虚拟机器人的形式呈现。

目前很多景区提供实体 AI 智能机器人为游客提供讲解服务，比如黄山的棕色小猴模样的智能机器人“旺宝”。“旺宝”的外观灵感来源于黄山的珍稀动物黄山野生猴和黄山的著名景观“猴子观海”，“旺宝”机器人设计成“小猴”还有另一层用意，让广大游客了解黄山特有的动植物资源、保护黄山的生物和环境，增强游客的环保意识。“旺宝”可用中英文与游客互动交流，进行景点讲解。

虚拟 AI 机器人形式呈现的典型案例是故宫博物院小程序提供的 AI 导游“小狮

子”。“小狮子”是全新打造的智能导览助手，可作为游客的AI随身导游全程陪同讲解。游客游览过程中可与“小狮子”进行实时语音问答，同时“小狮子”还可根据问答内容展示不同的个性化表情、动作与情绪，为观众提供更加有趣的讲解与互动服务。

4. 基于VR、AR技术的文旅解说

（1）基于AR技术的文旅解说

景区或博物馆讲解系统融入增强现实（AR）、人工智能等技术，不仅能够提升解说质量，还能增加解说的可视化效果、增强文旅解说的沉浸、互动、体验感。

华东野战军纪念馆推出AR智能眼镜，观众在参观过程中戴上该眼镜，靠近文物或展板的点位指示牌，AR眼镜能够自动触发AR内容，虚拟讲解员出现给观众提供沉浸式讲解。在虚实结合中，解读文物、讲述故事，同时配合全新的AR眼镜高精度影音成像技术，让展馆文化“活”起来，让观众身临其境感受历史。

（2）基于VR技术的文旅解说

基于虚拟现实（VR）技术的导览解说系统以现代化交互手段，通过三维场景和移动交互的形式，辅以人文信息、景观介绍、展品讲解等内容，帮助游客实现宏观导览和微观游览。

“烟台文旅云”平台推出的VR全景游，通过VR技术构建了烟台特色文化旅游资源数字化全景，实现导游导览、语音讲解一体呈现。VR全景摆脱了空间限制，采用全景720°拍摄，利用三维仿真和虚拟现实技术，高清还原景区真实风貌。点击任一景点，相应的语音讲解会自动开启。游客沉浸在三维场景中，通过丰富、专业的语音解说，对各景区景点、历史故事、民俗风情等相关信息有更为深入的了解。

5. 基于文创产品的文旅解说

文创产品是依托设计师的智慧、技能和才华，借助现代科技手段，对特色主题文化、文化元素等进行的创造和升级。

中国国家博物馆针对青少年群体，推出解说导览文创产品“说唱俑语音导览棒棒糖”。这款语音导览棒棒糖形状取自馆内的“明星”展品——东汉的“击鼓说唱陶俑”，内含30件国博经典馆藏文物讲解。打开后长按糖棒上的开关3秒，透明的棒棒糖内便会有灯光不断闪烁，将手机蓝牙连接棒棒糖后，再用微信扫描外包装上的二维码，打开导览小程序，即可跳转到所在文物的讲解页面。将棒棒糖放入口中，启动文物讲解，牙齿轻咬棒棒糖后，戴上附带的耳塞，文物讲解的声音便会传入耳朵。说唱俑语音导览棒棒糖与独立开发文物讲解小程序配合使用，打破了传统解说方式，用嘴巴就能“收听”文物之声。

6. 与新媒体结合的文旅解说

新媒体作为景区品牌宣传的配套存在，同时也是游客获取景区解说服务的一个重要渠道，很多景区利用数字资源、通过网上直播、展览、在线教育、网络公开课等形式，向游客提供优质的数字文化解说服务。

直播最大的优势，在于能够突破各种条件所限，在观众无法到达现场时，给游客提供与景区产生联结的方式。2020 年 3 月，布达拉宫以淘宝直播“云春游”的形式，首次开放布达拉宫网络直播参观。直播过程中，近百万网友跟随布达拉宫管理处讲解员次仁卓嘎和多吉平措的讲解，从布达拉宫脚下的“雪城”出发，一路沿阶攀爬，依次经过无字碑、德央厦广场、白宫、红宫等地，“云”游览了萨松朗杰（三界殿）、帕巴拉康（圣观音殿）等景点。布达拉宫景区通过直播的方式，向网友近距离展示世界文化遗产的魅力，是智慧文旅背景下文旅讲解的全新尝试。

新媒体信息传播具有及时性、交互性和跨时空性等特点，符合当前游客的个性化游览需求，新媒体与景区的结合，是向游客提供高质量解说内容的有效手段。

7. 无障碍文旅解说

（1）天津博物馆“手说展览”手语讲解

天津博物馆基于文博手语研究推广项目，精心录制了一批文物手语讲解视频，推出“手说展览”系列线上展。

“手说展览”采用国家通用手语，根据展览内容进行详细解说，解说视频中，手语、文字、声音、画面多种模式同时展开，运用动画技术标注展品细节特征，全片旁白配音通俗易懂、形象生动，能够满足听障和健全观众共同的需求。“手说展览”项目通过利用博物馆丰富的馆藏资源，将历史文化、展陈与展品串联，使听障人群可以“听”懂展览，帮助他们了解历史与艺术，文物之美。

（2）上海博物馆线上手语微课

上海博物馆面向听障群体推出线上手语主题讲解微课，以主题化线路的形式，精选不同门类的馆藏珍品，从不同的角度突出上海博物馆馆藏特色；每节微课均配有手语导览小短片，用手语导览配合文物细节展示，帮助听障人群感知历史文物精粹、了解优秀传统文化，均等共享博物馆的历史文化资源和公共文化服务。

（二）国外智慧文旅解说的创新实践

1. 基于景区 App 的文旅解说

（1）美国国家公园官方 App

美国国家公园管理处推出官方应用程序 NSP App，提供全国 400 多个国家公园的互动地图、公园景点游览、实地无障碍设施等内容查询，帮助游客计划国家公园之旅。点击电子互动地图中的每个州，可找到州对应的国家公园，方便游客找到最近的公园，点击感兴趣的公园，提供每个公园的详细地图，包括兴趣点，以及道路、小径、公园警报、关闭情况等信息，方便游客计划行程。公园之旅模块发挥导游的作用，会帮助游客发现公园中的兴趣点，给出游览建议以及到达后要做的事情；App 提供公园内服务设施查找功能，并且给游客提供完全无障碍的体验，比如给出游客中心展品的语音讲解。对于黄石公园这种没有信号的公园，NSP App 提供离线使用功能，游客可以提前下载整个公园的内容，在离线情况下获取正常的解说服务。

（2）大英博物馆官方解说音频 App

大英博物馆推出官方解说音频 App，支持汉语、英语、西班牙语、法语和意大利语等多国语言外，还包括英语手语和口述影像的无障碍解说产品。功能上包括主题解说、探索馆藏、沉浸式解说。其中主题解说模块给出可选主题供游客选择，每个主题开头有一段音频介绍，在实际游览之前，提供该主题的背景知识；探索馆藏模块将文化和主题分类，可在线观看展品高清图，规划博物馆之旅；借助沉浸式导览模块可聆听 250 件馆藏精品的音频。除了丰富的音频资源，App 还为许多展品提供背景图、策展人视频解说等多媒体信息内容，从崭新的视角给游客提供解说服务。

2. 基于数字化导览的展品解说

新西兰国立博物馆引入全数字化解说模式，从不同角度切入的解说内容满足不同观众的需求，让展品背后的精彩故事走进观众。在“昆虫实验室”展览中首次引入全数字化解说模式——“自然映射”，即在屏幕上还原展品展示空间的方式。观众可以在屏幕上看到与实际陈设相对应的展品图像，点击后便可以进一步了解相关昆虫的故事。“Toi 艺术”展览中，数字化解说系统的引入获得观众和媒体的一致好评。尤其是肖像画展示单元，采用全数字化解说。数字显示屏的主页面采用“自然映射”方式，根据展示墙的原貌还原画作。为了突出尺寸较小、不易被观众注意到的画作，工作人员设计了一个循环展示动画页面，突出每一幅画作的细节，并为每一幅画作标注了一个只有一行字的小故事，让观众不用与设备互动就可以了解画作背后的故事。点击进入后，一些更具体、深入的信息便会出现，除了有关画作的详细介绍，观众还可以放大查看肖像细节，将画作翻转、查看画作修复前后色彩的变化、使用专业成像技术查看不可见图层。

新西兰国立博物馆在数字化解说设备上尝试的改进得到了观众的认可，一些观众在解说设备前停留的时间超过了 20 分钟。博物馆相关负责人称，新西兰国立博物馆还将继续就观众使用数字化解说设备参观展览的相关体验进行调查研究，希望不断优化数字化交互体验式的观展模式。

3. 基于 AR 应用程序的旅游解说

（1）伦敦博物馆 AR 解说

伦敦科学博物馆在“制造现代世界”展览中，开发了一个 AR 应用程序来辅助展览，当参观者在游览时，会发现在博物馆的地面上有一个特别的标记。打开应用，将手机的摄像头对准这个标记后，屏幕上会出现虚拟讲解员对展区和展品进行讲解。

（2）底特律艺术博物馆 AR 解说

底特律艺术博物馆采用谷歌的 AR 技术辅助展品解说，比如当参观者使用带有 Tango 平台的手机查看木乃伊，手机对准木乃伊扫描即可看到其内部骨架。或是借助 AR 技术恢复石灰岩浮雕本来的颜色。这些比让参观者仅仅只是表面性地看到一个展品更生动有趣，更富有想象空间，更能拉近观众与展品的距离。

（3）大英博物馆 AR 解说

大英博物馆推出过一个有趣的冒险游戏——“献给雅典娜的礼物”。参观者利用具有 AR 应用功能的移动设备来扫描特定的展览对象，通过收集词语和数字道具解答谜题。通过这样的形式，让观众在参观过程中了解更多展品相关的知识。

4. 基于电子出版物的旅游解说

美国国家步道系统、国家公园管理局、美国内政部联合推出电子版“汽车旅游线路解说指南”，该指南以充满历史感的彩色图片作为封面，除了提供沿线建议的遗址和兴趣点，区域地图、驾驶指南外，用优美的语言、较大的篇幅描述旅游线路的历史。游客可下载这些彩页小册子，提前了解感兴趣线路的历史文化背景知识，制订旅游规划，开始探险之旅（如图 4-2）。

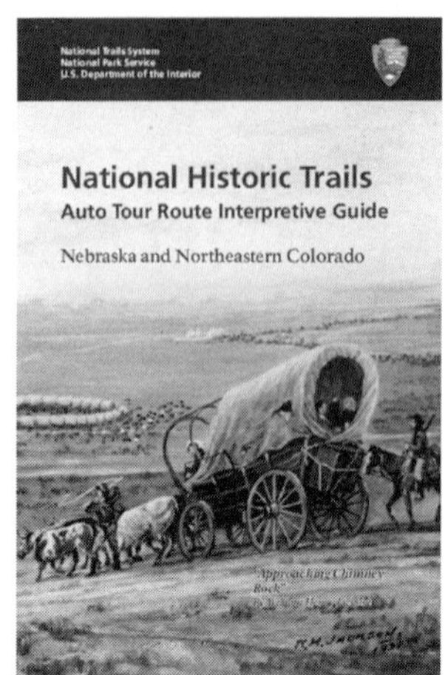

Contents

图 4–2 汽车旅游线路解说指南

图片来源：美国国家公园官网 . 汽车旅游线路解说指南，https://www.nps.gov/cali/planyourvisit/upload/NE_ATR_IG_web.pdf.

5. 基于虚拟 AI 导游的旅游解说

哥本哈根博物馆配备了一个 AI 聊天机器人，可以在游客参观博物馆之前和期间提供帮助和指导。聊天机器人能够回答从开放时间到行李箱或当前展览的所有问题。它还可以扮演导游的角色带领游客参观博物馆，比如引导游客前往博物馆不能错过的展品，讲解关于作品和展览的背景故事。游客可以通过网站或通过博物馆发放的二维码在手机上找到虚拟 AI 机器人，获取解说服务。

6. 无障碍旅游解说

（1）美国国家公园无障碍解说

美国国家公园通过多种努力保障残障人士在国家公园内获得无障碍解说服务。在标识指示设施方面，沿路指示标识和解说系统标识都不是单一的视觉主导，而是设有开放式字幕、辅助音频和听力设备、盲文手册等，通过视、听、触等多感官的复合体验，满足残障人士的需求。同时国家公园应用程序也提供各景点音频。

（2）大英博物馆无障碍解说

大英博物馆官方 App 可以下载英语手语指南，为听障游客提供解说服务。埃及雕塑馆为视障人群提供触摸式参观，有需要的游客可提前预约，领取触摸导览标识、大字体的盲文书籍。游览时，视障游客可以通过触摸展品，同时借助盲文书籍、图画和 App 中的音频解说，获取无障碍解说服务。

（3）印度景点为视障游客设立盲文解说牌

为向视障游客传播信息，印度考古局在德里著名纪念碑处除印度语和英语外，增设了盲文解说牌，向视障游客讲述纪念碑的历史和文化。

三、国内外智慧文旅解说实践的比较与借鉴

基于以上国内外智慧文旅解说实践案例的总结，可以看出无论是国内还是国外，都在综合应用多种智慧化解说媒体，实现全方位、立体化智慧文旅解说，以达到更好的解说效果；国内外的智慧文旅解说都关注残障人群的旅游解说需求。另一方面，在解说原则、解说设计目标、解说内容、无障碍文旅解说的普及度等方面还存在一定的区别，也为我们今后在智慧文旅解说建设方面提供一定的启示。

（一）国内外文旅解说的相似之处

国内外文旅解说媒介的相似性主要表现在 3 个方面：

（1）综合采用多种智慧化解说媒体，比如视听媒体、互动展示屏、沉浸式展示、移动终端应用程序等，以全新的视角、互动的方法讲好景区故事。

（2）解说媒介空间布局相似，对于不同功能的解说媒介（指引性、警示性、说明性、教育性）设置相应的位置。在旅游数字化转型的背景下，“空间”的概念已经涵盖了“云空间”。

（3）解说媒介的目的相似，都是更好地讲述旅游目的地的故事，提高解说服务质量和游客的满意度。

（二）国内外文旅解说的不同之处

（1）解说原则：国外的旅游解说原则强调解说的趣味性、启发性、艺术性、整体性、对象性和关联性，而国内则强调标准化和规范化。

（2）解说设计目的：国外旅游解说的目的更多以教育为前提，为游客提供深刻且有意义的学习和娱乐体验。国内注重规范化和标准化，所以解说设计的目的在于完成标准或规范的规定或旅游地申报与评选。

（3）规划解说系统参与主体：国外一般是管理部门、相关专家、设计公司、社区、解说员代表、游客代表等多方利益相关者参与，国内往往是由管理部门和设计

公司完成。

（4）解说内容：国外的解说内容除了自然环境、人文历史、当地民风民俗等知识，还涉及自然现象的过程与成因、野生动植物的习性、管理理念与发展历程等启发性解说内容；国内的解说内容注重指示性、警示性内容，注重自然环境和历史人文知识的解说，缺少启发性。

（5）无障碍解说：国外旅游解说与无障碍旅游起步都早于国内，无障碍旅游解说从多语言解说，到面向视障游客的自动语音解说、“触摸式”解说等，都形成了相对成熟的服务体系。国内的无障碍文旅解说还处于起步阶段，部分智慧景区可通过定位技术、景区的智慧化语音播报系统或移动终端应用程序语音解说实现对视障游客的无障碍解说。部分博物馆可向听障游客提供智慧化手语解说服务。

四、我国智慧文旅解说实践存在的问题与对策

（一）我国智慧文旅解说实践存在的问题

1. 解说系统管理薄弱

大多数景区解说系统管理薄弱，没有设立专门的部门来管理解说系统，管理部门对智慧文旅解说没有明确的规划，从而造成解说内容质量不高、时效性不强等一系列问题。

2. 解说内容质量问题

旅游解说内容主要由引导解说、警示解说和具体景观解说三部分构成。引导解说内容为旅游者提供游览方位，帮助游客规划旅游线路、调整旅游活动；警示性解说内容旨在规范游客违规行为，可以成为游憩场所间接的管理工具；景观解说内容是通过对吸引物的介绍来增强游客对旅游资源的理解，导游词、解说牌文字、图片、音视频、沉浸式解说场景等都是其内容的体现。

这里主要说明景观解说内容存在的问题。从教育和启发性方面，景点和博物馆文物语音解说内容注重知识传输，缺少对景点或文物文化内涵的挖掘，缺少教育和启发性，游客被动接受，无法激发游客的探索兴趣。从科学性方面看，部分景区解说词和多媒体解说内容多以趣味性为主，以神话故事、象征寓意、人物历史为主线，缺少科学性解说。从原真性方面看，某些解说内容过分注重娱乐化，造成对文

化内涵理解的误传误导，对历史典故和历史人物事迹进行娱乐化、虚拟化改变，风景信息来源经不起推敲和考证，有很多牵强的解释，缺失文化的原真性，给游客带来错误的教育导向。

3. 解说内容缺少对不同游客群体的分析

不同类型的游客群体对解说内容的接受能力与认可程度不同。目前大部分景区的旅游解说内容没有考虑不同游客群体的需求，面向所有的游客群体使用单一的解说内容，无法同时满足不同年龄、不同文化水平、不同民族和宗教信仰的游客的需求。

4. 解说内容和解说媒体的时效性不强

景区资源会随着时间和季节发生形态变化，解说内容要与时俱进、适时调整，解说媒体要根据游客和市场的需求不断地调整和维护。很多景区解说内容的时效性不强，官网、小程序、公众号解说内容单一，更新不及时，时效性差，导致利用率不高。部分景区智慧化进程缓慢，缺少智慧化传输媒介，无法适应游客的多样化解说需求。

5. 无障碍解说还处于起步阶段

无障碍旅游已引起重视，但是大部分景区的软性无障碍服务还处于起步阶段。虽然部分景区、博物馆做了相关的尝试，但是大部分景区缺少针对老年群体、残障人群的智慧化无障碍解说服务。

（二）我国智慧文旅解说的建设对策

1. 制订规范的旅游解说规划

要建立健全有效的旅游解说组织管理机构，制订规范的旅游解说规划。确定解说任务，设定解说目标和目的，开发解说主题，确定游客群体和解说的时间轴，选择解说媒体，确定实施的时间、人力、预算等各项成本，最后对结果进行定时的评估。

解说的总体目标指导所有的讲解服务和项目，包括谁在组织这个项目，项目的目标是什么，以及项目的重要性。解说项目可能有多种目标要实现，所有的目标都要与总体目标一致。开发解说主题很大程度上决定解说内容质量，每个主题都要以旅游资源的意义为基础，每一个主题都是一个故事的精髓，用来帮助游客探索旅游资源的意义，每一个主题都要与更深远的思想、意义和价值观联系起来。开发解说主题要识别不同的游客群体，分析他们的旅游动机。根据市场需求和预算选择合适的解说媒体。对工作人员进行专业的解说技术指导和培训。对解说项目实施的效果要定期重新评估，分析游客的反馈数据，以便进一步改进。

2. 充分挖掘景区、文物的文化内涵，提高解说内容质量

解说内容主题的开发应涉及多方利益相关者，包括景区管理者、内容专家（历史学家、生物学家、考古学家、环境保护学家）、当地民俗专家、社区人员、游客代表等，以旅游资源为核心，深挖文化内涵，用多样化的解说媒体营造浓厚的具有地方特色的文化氛围，向游客传递更深远的思想、意义和价值观。

3. 增设体验型解说项目

被动地接收解说信息无法满足游客的需求，旅游地解说系统需要给游客提供“自我解说”的机会，通过智慧化手段设置体验式解说项目，吸引游客参与，以此提高游客的感知强度。

4. 健全旅游解说系统游客反馈机制

建立景区旅游解说数字化反馈渠道，并随反馈数据进行大数据分析，了解游客喜欢的解说项目有哪些、是什么，以及未达到游客期望的项目。从不同的角度检验解说系统是否科学合理，是否满足不同年龄、职业、不同文化背景的游客的需求，并基于分析结果科学调整解说系统，逐步提高文旅解说质量。

5. 升级改造无障碍旅游解说服务

全民旅游是一个概念，它涉及越来越多具有不同需求和能力的旅游者。在制定旅游解说规划阶段及旅游解说系统设计过程中都要考虑各类游客的需求。对于已经运行中的旅游解说系统，进行适老化、适合残障人士需求的升级改造，借助智能化解说媒介创造满足老年和残障游客群体的无障碍解说产品、环境和服务。比如通过旅游地自动化语音解说系统或移动端解说系统的语音播报功能，或增设盲文解说牌、标识牌、导览牌等为视障人群提供文旅解说服务；博物馆或艺术馆通过仿制文物，向视障游客提供“触摸式”体验式解说服务。通过手语解说视频、沉浸式体验解说项目等为听障游客群体提供智慧文旅解说服务。

第二部分

智慧旅游 · 公共管理与服务篇

第 5 章　智慧旅游公共管理

一、智慧旅游公共管理概述

（一）智慧旅游公共管理的背景与内涵

数字化技术已融入各行各业，对经济社会各个方面形成极大的影响、改变了经济和社会的运行方式以及人们的生活方式。随着人们生活水平的提高，旅游需求不断增长，各类旅游产品和服务也越来越丰富，旅游市场规模不断扩大。互联网技术的普及和高速发展，使得信息传播速度更快、范围更广，为旅游行业提供了新的发展机遇，同时深刻影响着旅游管理工作及旅游市场的快速发展，传统管理手段，尤其是旅游公共管理难以适应市场的需求。

近年来，政府高度重视旅游业的发展，并将其纳入国家发展战略之中。为了推动旅游业的转型升级和高质量发展，国家相继出台了一系列政策文件，如《"十四五"数字经济发展规划》《"十四五"旅游业发展规划》等，明确提出了促进数字经济和旅游业深度融合、加快智慧旅游创新发展的战略要求。另外，随着全球环境问题的日益严峻，可持续发展已成为旅游业的重要议题。智慧旅游公共管理通过优化资源配置、提高资源利用效率、减少环境污染等方式，有助于实现旅游业的可持续发展。

智慧旅游公共管理是指基于新一代信息技术（如物联网、云计算、大数据、人工智能等），为满足游客个性化需求，提供高品质、高满意度服务，进而实现旅游资源及社会资源的共享与有效利用的系统化、集约化的旅游管理模式。这种模式通过智能技术提升旅游服务、改善旅游体验、创新旅游管理、优化旅游资源利用，以增强旅游企业竞争力、提高旅游行业管理水平、扩大行业规模。

智慧旅游公共管理的核心目标是提升旅游资源的利用效率和服务质量，增强旅游业的竞争力和创新能力。通过构建智慧旅游管理平台、信息系统以及运用智能算法，实现对旅游资源的统一管理与监控，涵盖景区、酒店、交通等各个环节，确保公众享有便捷、高效的旅游服务。同时，智慧旅游公共管理借助大数据、人工智能、云计算、物联网等技术，对旅游资源进行深入分析与预测，为旅游决策提供科学依据。

智慧旅游公共管理涵盖了旅游产业链的多维度管理，其核心在于运用先进的信息技术和智能化手段，实现旅游资源的优化配置与高效利用。这一管理模式不仅聚焦于旅游开发与规划管理的精细化，关注对市场动态的实时把握和智能化监控，有效维护旅游市场的公平与秩序，还深入资源与环境管理的绿色可持续领域，确保旅游业的发展与自然环境的和谐共生。

在市场监管领域，智慧旅游公共管理主要依托现代信息技术手段，实现对旅游市场的全面、实时、精准监管。通过构建智慧旅游综合管理平台，实现对旅游市场的全面感知、实时监控和智能分析。该平台集成了多个子系统，包括旅游投诉管理、旅游执法管理、旅游市场信用管理等，形成了覆盖旅游市场全链条的监管网络。通过建设旅游投诉管理信息化系统，实现旅游投诉案件的在线受理、快速处理和结果反馈。游客可以通过手机 App、官方网站等渠道随时随地提交投诉，系统自动分配至相关部门进行处理，并实时跟踪处理进度和结果。这种信息化方式不仅提高了投诉处理的效率，还增强了游客的参与感和满意度。智慧旅游公共管理使得旅游市场的监管具有实时性、精准性、高效性、透明度等特征和优势，不仅提升了市场监管的效率和效果，还促进了旅游市场的公平竞争和健康发展。

在可持续旅游管理层面，智慧旅游公共管理强调长期视角，通过科技创新减少对环境的影响，推动绿色旅游产品的开发与推广，实现经济效益与生态效益的双赢。同时，市场监管作为保障旅游市场秩序、维护消费者权益的关键环节，也融入了智慧元素，利用大数据、人工智能等技术手段提升监管效能，及时发现并处理违规行为。

针对游客管理方面，智慧旅游公共管理推行了分时预约、客流监测等智能化手段，有效缓解了旅游热点区域的拥堵问题，提升游客的出行体验。此外，游客满意度管理作为衡量旅游服务质量的重要标尺，也通过在线评价、大数据分析等方式得以精准实施，为旅游企业提供了宝贵的反馈信息，促进了服务质量的持续改进。

更为重要的是，智慧旅游公共管理通过对旅游市场的动态监测和综合评价，能够敏锐捕捉市场趋势，为政府决策提供科学、及时的数据支持。这不仅有助于政府制定更具前瞻性的旅游政策和规划，还能引导旅游企业紧跟市场步伐，实现可持续发展。

（二）智慧旅游公共管理与传统旅游管理的对比分析

随着数字化技术的普及和高速发展，信息传播的速度和范围都实现了扩展。这为旅游行业带来了新的发展机遇，但同时也对传统的旅游公共管理方式提出了挑战。传统的旅游管理往往依赖于信息的人工传递、共享、交流及决策，而在互联网时代，这些方式显然已经不能满足市场需求。

1. 技术应用

智慧旅游公共管理高度依赖于现代信息技术，如物联网、云计算、大数据、人工智能等。这些技术不仅用于提升旅游服务的质量，还贯穿于旅游管理的全过程，实现了旅游资源的智能化配置和高效利用。传统旅游管理则更加依赖于人力和传统的管理手段，如文件记录、人工调度等。虽然也可能使用一些基础的信息技术，但整体技术水平相对较低，难以实现全面、实时的数据分析和决策支持。

2. 管理模式

智慧旅游公共管理强调数据驱动和智能化管理。通过收集和分析游客行为数据、旅游资源数据等，实现精准营销、个性化服务、智能调度等功能。同时，注重各相关部门之间的信息共享和协同合作，形成合力推动旅游业的发展。传统旅游管理则更加侧重于经验管理和人工决策。管理过程往往依赖于管理人员的经验和直觉，难以做到精准和高效。各部门之间的信息共享和协同合作也存在较大障碍，导致管理效率低下。

3. 市场响应能力

智慧旅游公共管理具有较强的市场响应能力。通过实时监测和分析市场数据，可以及时发现市场变化和游客需求的变化，并快速调整旅游产品和服务策略以应对市场变化。传统旅游管理则相对滞后于市场变化。由于信息获取和决策过程较为烦琐和缓慢，往往难以及时响应市场变化和游客需求的变化，导致旅游产品和服务与市场需求脱节。

4. 环保与可持续性

智慧旅游公共管理注重环保和可持续性发展。通过数字化技术优化资源配置、减少资源浪费和环境污染，推动旅游业向绿色、低碳、环保方向发展。同时，智慧旅游还注重提升游客的环保意识和行为，促进旅游业的可持续发展。传统旅游管理在环保和可持续性方面相对较弱。由于技术和管理手段的限制，往往难以有效控制和减少旅游活动对环境的影响。

智慧旅游公共管理正逐步成为推动行业转型升级、提升服务质量的关键力量。这一管理模式不仅融合了现代信息技术，更紧密关联着国家政策导向、市场需求变化以及产业升级趋势，为旅游业的未来发展描绘了全新的蓝图。

二、国内智慧旅游公共管理的实践案例

（一）以信用为基础的旅游行业新型监管平台

1. 案例简介

北京市旅游行业信用监管平台是由北京市文化和旅游局建设的全国首个省（区、市）级旅游行业信用监管平台。包含信用信息“归集、查询、公示、监管、预警”五大功能，实现对游客、旅游企业和从业人员的多层次、全方面监管，有效提升从业企业和个人诚信自律，促进旅游行业良性发展，净化旅游消费环境，优化营商环境，促进旅游市场秩序规范化健康发展。

北京市旅游行业信用监管平台以“互联网”技术为基础，以“信联网”技术为核心体系，结合旅游行业监管标准和服务规范，研发建立行业信用评估模型，运用云计算技术形成动态的旅游信用评估体系。

截至 2023 年，平台已对接了近 40 个直辖市级委、办、局的各项信用数据过亿条、对外公示信用数据 4 万余条、建立旅游从业者和企业信用档案 3 万余份，助力直辖市级文化和旅游部门实现精准执法检查，提高行业管理水平。

2. 技术特点和创新模式

（1）大数据技术

该平台基于大数据技术进行构建，依托分布式存储系统和信用数据仓库模型，完成数据的存储、处理和汇集。平台通过大数据通用组件和并行计算框架，实现离线流和实时流业务的数据处理，并结合机器学习算法，深入挖掘旅游行业数据的潜在价值，以支持信用体系建设。平台还整合了政府监管数据、旅游产业运营信息及公共网络中的相关数据，实现信息的汇集与共享。

（2）信联网技术

该平台采用信联网技术，旨在应用于旅游行业的信用体系建设、数据安全保

障、数据质量提升以及数据所有权管理等多个领域。信联网作为一种前沿创新技术，通过信用体系标准、智能合约、深度学习、同态加密、分布式星际存储和去中心化传输六大核心技术，解决了信用供需链条中的信用数据安全、数据所有权、跨源信用协作、信用数据质量提升以及信用定价策略等诸多难题。这一技术的标准和应用为全业务链的信用管理提供了强有力的支持。

（3）信用评价模型

信用评价技术采用逻辑回归算法，构建了针对旅游行业中的评价对象（如旅行社、导游、景区、住宿业）的诚信服务评分模型，用于评估或预测这些对象在当前或未来一段时间内发生失信行为的概率，结果以分值形式呈现。在获得初始熵权后，进一步利用神经网络分位数回归模型分析各指标与评价对象信用值之间的关系。同时，采用多种模型评估与验证方法对模型进行验证，并对其进行持续监控和跟踪，以确保模型的精确性。

3. 主要功能

信用信息归集：平台对接了北京市公共信用信息服务平台和北京市企业信用信息平台，归集了 1.7 亿余条信用数据，涵盖导游、旅行社、景区和酒店等。

信用查询和公示：平台提供良好信息、警示信息、违法信息、双公示、信用档案、双随机抽查结果、旅游投诉、联合惩戒、信用京津冀、行业指导价等十大主要板块内容的查询和公示。

信用监管和预警：通过大数据分析、神经网络、人工智能等前沿技术，平台对行业监管对象进行信用综合分析，绘制信用画像，实现动态监管和信用预警。

跨部门协同：平台与发改、民政、交通、工商、税务、海关、团市委等多个部门合作，实现信用信息的跨部门、跨行业、跨地区共享和应用。

4. 应用价值

平台不仅强调对失信主体的联合惩戒，也突出守信激励作用，使信用成为旅游企业和从业者的无形资产。信用信息将在企业融资信贷、政府采购、行业准入、评星定级、表彰奖励、接待保障、宣传推广、资金支持等方面发挥重要作用。

该应用打破了信息孤岛，实现了数据的互联互通，推动了政务公开的广泛实施。同时，平台实现了信用分级分类管理，提升了监管效率。初步建立了信用联合奖惩机制，有效促进了导游、游客、旅游企业及从业人员的全方位、多层次监管。通过这一机制，增强了企业和个人的诚信自律，推动了旅游行业的良性发展，净化了旅游消费环境，优化了营商环境，促进了旅游市场秩序的规范化和健康发展（如图 5-1）。

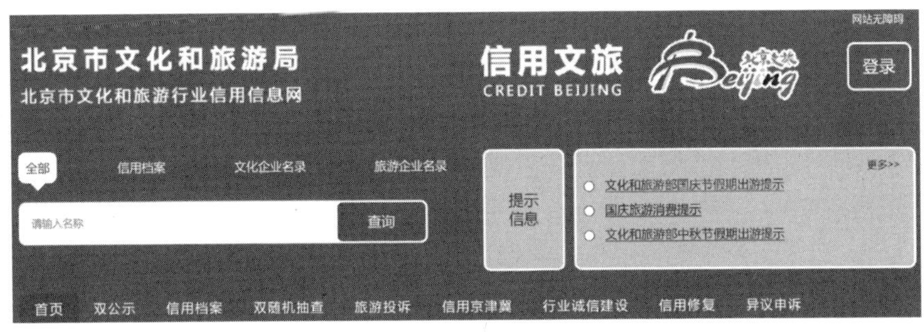

图 5-1　北京市旅游行业信用信息网

图片来源：北京市旅游行业信用信息网，https://banshi.whlyj.beijing.gov.cn/xinyong/#/index.

（二）江西省智慧旅游大数据中心和智慧监管平台

1. 案例简介

围绕江西省建设“旅游强省”、推动全省文旅产业高质量跨越式发展目标，集成江西智慧旅游建设成果，以支撑全省文旅现代化治理能力升级和服务“云游江西”服务平台为切入点，构建江西省智慧旅游大数据中心和智慧监管平台。

平台以软件即服务（SaaS）模式为基础，采用先进信息智能采集技术、大数据技术、Web 实时通信技术（WebRTC）技术和微服务架构，建设全域文旅数据中心、智慧文旅大数据管理平台、安全预警与应急指挥平台、旅游公共信息服务平台等核心功能模块，实现全省基础业态一图展示、核心要素一景一档管理、旅游投诉与目的地口碑变化一图掌握、全域安全预警信息一图呈现，初步形成以大数据为基础的江西文旅产业监测与行业治理能力，探索江西文旅数字转型发展路径。

2. 实施内容

江西省智慧旅游大数据中心和智慧监管平台的主要实施内容包括建设四大核心模块：全域文旅数据中心、智慧文旅大数据管理平台、安全预警与应急指挥平台、旅游公共信息服务平台。

全域文旅数据中心为项目提供基础云服务和云资源管理，支持全平台的数据接入、处理、计算及开发应用的集成环境搭建，确保江西省智慧旅游大数据中心和智慧监管平台在统一数据标准下，稳定接入文旅基础业态数据、景区视频数据、网络评论、全国旅游监管平台的导游及轨迹数据、旅行社和旅游团队数据、运营商信息以及江西省本地相关部门的横向数据等。

智慧文旅大数据管理平台作为全省产业监管与决策支持的核心系统，提供文旅资源的上报与展示、核心旅游要素的运行监测、大数据分析和决策支持等功能。平台基于全域文旅数据中心汇集的大量数据，通过大数据分析为省级文旅主管部门提供景区、旅游团队、导游、投诉、企业诚信和文旅项目等关键要素的运行监测服务，实现多维度、实时的产业运行态势可视化展示，增强全省文旅产业的监管能力。此外，决策支持系统通过数据挖掘，提供全省旅游目的地的口碑分析、游客量监控以及营销决策支持，并通过定制化数据报告服务全省文旅发展决策。

安全预警与应急指挥平台则依托高效的数据获取和分析，实现全域旅游的安全预警与应急指挥，建立游客求助响应系统。通过整合景区视频数据并引入远程实时视频传输和音频对话技术，指挥中心能够与应急现场实现实时联动指挥，显著提升江西省文旅应急管理和安全预警的效率。

旅游公共信息服务平台聚焦于将景区的动态和静态信息传递到游客终端。平台整合景区的基础信息、动态运营信息、营销推广以及突发事件处理信息，并通过数据审核后，一键发布至主流地图、在线旅游（OTA）平台和官方公众号，确保信息同步、数据一致，激发文旅市场主体的积极性，构建“互联网+”时代下的移动端信息服务新模式。

3. 应用价值

2020 年 1 月 13 日，江西省智慧旅游大数据中心和智慧监管平台正式上线。随后，智慧监管平台手机版系统开发成功，经过多次升级，形成了微信小程序。具体应用价值主要体现在以下几个方面：

提升旅游监管效能。平台通过全域文旅数据中心和智慧文旅大数据管理平台，全省 202 家 4A 级以上旅游景区的闸机客流和视频监控数据已全部接入平台，初步形成省、市、县、景区四级联动智慧监管机制。实现了全省基础业态一图展示、核心要素一景一档管理、旅游投诉与目的地口碑变化一图掌握、全域安全预警信息一图呈现，初步形成以大数据为基础的江西文旅产业监测与行业治理能力。这种集中化的数据管理和实时监测，使得监管部门能够更加高效地应对旅游市场中的各种问题，提升监管效能。

促进旅游产业高质量发展。平台通过数据分析平台和运营管理平台，实现了旅游数据统计、客源属性分析、游客行为分析、客流监测预警、舆情分析等功能。这些功能帮助旅游企业更好地了解市场需求，制定精准的营销策略，提升旅游服务的质量和水平，从而推动旅游产业的高质量发展。

优化游客体验。旅游公共信息服务平台为游客提供了最新的旅游资讯和政策信息，是游客进行线上咨询旅游信息和投诉的重要入口。这种便捷的服务方式，不仅提升了游客的旅游体验，还增强了游客对江西旅游的信任度和满意度。

强化旅游安全预警。平台的安全预警与应急指挥平台，能够实时监测景区运行情况，并通过数据分析实现预警和应急调度。这种实时监测和快速反应机制，能够有效预防和应对旅游中的突发事件，保障游客的安全。

推动跨部门协同。平台与公安、应急管理、交通运输、市场监管、卫生健康、海关等多个部门对接和共享重要涉旅数据，逐步构建起数据支撑、科技引领、业态创新、跨界融合的智慧旅游服务体系。这种跨部门协同机制，能够更好地整合资源，提升旅游监管和服务的整体效能。

促进旅游信息化和数字化转型。平台的建设和运营，推动了江西旅游的信息化和数字化转型。通过引入先进的信息技术和大数据分析手段，平台不仅提升了旅游管理的智能化水平，还为旅游企业提供了更多创新发展的机会，促进了旅游产业的结构优化和升级。

（三）中国科技馆观众大数据分析平台

1. 案例背景

随着国内科技实力的显著增强，民众对新兴科技的探索欲与体验热情与日俱增，科学兴趣的培养成为全民共识，促使科普展览与教育活动越发受到公众的热烈追捧。作为国家科普教育的璀璨明珠，中国科技馆新馆自启用以来，历经十余载春秋，始终以其独特的魅力吸引着络绎不绝的访客，节假日期间更是门庭若市，展现了公众对科学知识的无限渴求。

然而，高峰时段的客流不仅挑战了场馆的承载能力，也对观众的参观体验产生了一定影响，同时增加了现场管理的复杂性与安全隐患。面对这一现状，中国科技馆积极探索以移动互联网、大数据等前沿信息技术为驱动的创新服务模式，旨在构建更加个性化、贴心且高效的观众服务体系，以应对日益增长的服务需求。

在深化观众行为研究的过程中，科技馆已进行了多项有益尝试。例如，利用在线票务系统收集观众基础信息（如身份证号、手机号码），初步勾勒出观众的性别、年龄等特征轮廓。但这一方式在实时追踪观众动态及深挖兴趣偏好方面存在局限。

同时，客流密度系统虽能捕捉观众实时位置，却难以形成详尽的个体画像，仅能提供基础客流统计。至于人脸识别技术，虽能实现个体精准识别，但鉴于隐私保护意识的提升，其信息采集效率并不理想。

鉴于此，中国科技馆正积极寻求突破，致力于引入更为先进、综合的技术解决方案，以期在不侵犯个人隐私的前提下，实现对观众行为更加全面、深入的监测与分析，从而为优化资源配置、提升参观体验、确保场馆安全提供强有力的数据支撑与决策依据。

经过对客流监测与分析领域内新兴技术的全面考察与评估，科技馆发现基于电信运营商的大数据技术作为一种极具潜力的解决方案，能够精准对接场馆在客流监测与数据分析方面的核心需求。电信运营商的大数据资源，以其规模宏大、信息真实可靠、动态更新迅速、数据增长迅猛及持续价值显著等特点，成为这一领域中的佼佼者。

在此坚实的数据基础上，电信运营商构建的大数据平台不仅为上层应用的深度挖掘与分析提供了强有力的支撑，还在数据安全、系统稳定性方面展现出了卓越的能力，为场馆的客流监测与数据分析工作筑起了一道坚固的防线。通过充分利用电信运营商大数据的这些优势，场馆能够更精准地掌握客流动态，优化资源配置，提升服务质量，同时确保所有操作均在安全、合规的框架内进行。

2. 客流监测与分析应用实践

科技馆客流的深度监测与综合分析，不仅是构建观众细致画像、洞悉其兴趣偏好及行为习惯的基石，也是场馆运营者与管理者共同探索的重要领域。在长期观察与分析的基础上，可将科技馆面临的观众与运营相关议题归纳为四大维度：

客流量态势解析：此维度聚焦于科技馆客流量的全面审视，涵盖客流规模、趋势及空间分布三大核心要素。通过精确统计观众总人次、日均接待量及其同比、环比变化，揭示客流规模动态；利用实时、时点、日/月趋势分析，把握客流波动规律；同时，深入剖析各展区观众分布情况与展品吸引力，为资源调配提供依据。实时客流监测与预警机制的结合，进一步增强了管理者应对突发客流高峰的能力。

观众行为模式探索：观众行为分析是优化参观体验的关键。通过量化观众的驻留时长、游览频次、重访率等指标，结合城市交通接入方式、馆内游览路径等多维度数据，深入剖析观众行为特征。这一分析不仅揭示了观众的参观节奏与偏好，还为跨场馆联合活动策划、个性化游览线路设计、展品更新迭代提供了宝贵的数据洞察。

观众来源结构洞察：对本地与外地观众构成的系统分析，有助于精准定位科技馆的客源市场。通过细分客源结构，为制定地域针对性的宣传推广策略提供科学依据，促进科技馆品牌影响力的区域化拓展与深化。

观众多维画像构建：综合性别、年龄、消费水平及行为倾向等多维度信息，构建立体化的观众画像。这一画像不仅全面反映了目标受众的社会经济特征，还为科技馆实施精准营销、个性化服务及内容创新提供了方向指引，助力场馆运营策略的深度优化与精准实施。

3. 应用价值

客流监测与数据分析的成效在场馆运营管理中发挥着不可或缺的作用，其应用范围广泛且深远。通过实时客流监控，能够在场馆内的大屏幕及官方网站上直观展示当前客流状况，为参观者提供即时的流量信息，辅助他们做出更合理的参观计划调整。同时，将客流系统与票务系统紧密集成，实现智能化的限流与分流策略，有效管理场馆内的人流密度，确保每位观众都能享受到舒适、安全的参观环境。

针对场馆内部的精细化管理，通过对各楼层及展厅的客流进行详尽的统计与深入分析，能够准确把握不同区域的实时动态，为运营决策提供坚实的数据支撑。基于这些客流数据，科技馆可以灵活规划观众的参观线路，确保流量在馆内均衡分布，避免热门展区过度拥挤，提升整体参观体验。

此外，通过进一步细化区域划分，结合驻留时长等关键指标，还能对展区及展品的吸引力进行精准评估。这些数据不仅揭示了观众的兴趣所在，还为展览内容的持续优化与创新、服务品质的提升提供了宝贵的参考依据，助力场馆不断满足观众日益增长的多元化需求。

（四）安顺市黄果树景区动静结合的智慧化客流管理服务体系①

1. 案例背景

黄果树大瀑布是第一批国家级重点风景名胜区和首批国家 5A 级旅游景区，拥有较高的知名度和品牌价值，是贵州旅游的知名品牌和龙头企业。2013 年起，黄果树景区运用信息技术、物联网、大数据、人工智能和移动互联网技术，开始智慧化建设。2020 年，黄果树景区已建成“一个中心，四个平台”的智慧旅游应用体系，即：大数据中心、指挥调度平台、运营管理平台、智慧营销平台和智慧服务平台，

① 案例来源：中国旅游新闻网．安顺市黄果树景区动静结合的智慧化客流管理服务体系案例，https://www.ctnews.com.cn/content/2022-02/17/content_119474.html.

全面支撑景区的发展决策、指挥调度、运营管理、精准营销和智慧服务。通过“一个中心，四个平台”的应用和运营管理，景区游客接待量从 2013 年的 80 万人次增加到 2019 年的近 500 万人次，景区运营效率和服务品质也得到极大提升。

由于地理位置和自然环境限制，黄果树景区核心区面积不到 20 平方千米，景区内观光车道路较窄，仅可单向行驶，游步道也多为羊肠小道，通行承载量很低，大大制约了景区的游客接待能力和中转效率，也给景区的运营管理效率和游客服务工作带来巨大挑战。近年来，随着游客接待量逐年增加，黄果树景区决定通过智慧化手段，提升管理效率、降低运营成本，在游客服务和舒适游览体验上加大投入，提升景区的服务品质。

2. 实施情况

黄果树景区始终坚持以“游客舒适游览体验”作为客流管理和服务的宗旨与原则。客流管理体系根据黄果树景区的游客接待量、景点分布、出入口设置、观光车道路情况、景区动线设置，以及景区的容量、观光车运力等实际情况，并结合多年的运营管理经验而建设。通过黄果树景区“一个中心，四个平台”的智慧旅游应用体系，实现景区动静结合的智慧化客流管理，分为实名制分时预约、观光车调度、游客动线客流管理三个方面。

（1）智慧票务管理的实名制分时预约

2019 年 5 月 1 日，黄果树景区开始试行实名制分时预约售票和检票；6 月 6 日，全天 9 个时段的分时预约售票和人脸识别入园正式在景区推行。

实名制分时预约售票将全天的景区门票分为 9 个时段，游客至少提前一天，通过黄果树景区官方售票渠道或在线旅游平台（OTA）在线实名制预约，通过这一手段，使得景区门票均摊在全天的各个时段，避免了游客集中在某一时段到达景区或瞬时入园，造成景区交通拥堵和入园拥挤。分时段人脸识别检票入园，即游客通过实名预约的门票入园，票务系统已获取游客实名身份信息和入园时段信息，游客到达景区后，通过人脸识别比对入园。

实名制分时预约售票和检票大幅提升了景区票务管控与游客入园调控能力，同时获取游客的实名身份信息，通过大数据分析，支撑景区精准营销决策、景区安防与反恐工作。2019 年，黄果树景区成为贵州省首个反恐怖防范试点景区。

（2）智慧化的观光车客流调度

结合黄果树景区的观光车动线情况和线路设置，通过观光车智慧调度实现黄果树三个景区（天星桥、大瀑布、陡坡塘）之间的游客引流和分流。

根据三个景区不同的容量限制、接待能力和舒适度指标，结合游客预约数量和分时段入园数量，在观光车始发站实现游客的分流和引流，使三个景区之间的容量相对均衡，并在三个景区之间形成观光车运行环线，通过游客在园数据进行观光车的资源匹配调度。景区为了使游客充分理解并配合，通过智慧化手段，将三个景区的实时在园人数和舒适度等数据信息前置，推送到游客导览系统、景区入口大屏、观光车乘车点等，让游客通过舒适度指标自由选择景区景点游览。

（3）游客动线客流管理

以景区内的游客动线面积为参照，测算最佳容量。将游客动线进行节点分段，在各个节点上部署智能监控，实时监测客流密度，分析出各分段动线的实时人数，并通过景区管家 App 推送到各节点安保岗位，实现安保管理协同和客流调度联动。

景区疏通与管理的关键在于通过实时的数据感知和游客行为分析进行对应的引导，合理测算出游道容量，游客通行时长与观景台停留时长，进行合理的限流、分流、导流和引流。

首先，景区测量了游道面积，计算出科学合理的容量值，并对应设置非常舒适、舒适、缓行、拥堵、非常拥堵等游道舒适度指标；其次，在游道分段的两端、岔路口和观瀑台布局智能监控，实时监测分流游客数量，并根据数量值对应舒适度指标和管理建议，通过“景区管家 App”将舒适度指标和管理建议实时推送到对应的节点和安保岗位，安保根据系统预设的管理建议和工作指南进行管理协同和调度联动，包括节点限流、分段引流、游道疏导和动线分流等。

3. 创新举措

对于实名制分时预约，景区通过官方预约平台、在线旅游平台（OTA）、官网、导览系统、公众号和自媒体等平台进行了大量的宣传和解释，将信息和服务前置，帮助游客快速理解并实现快速预订。景区也在游客服务中心开通“退改签”业务窗口，同时，增加周边景区直通车，包括龙宫、屯堡、奇遇岭等，让游客在多个景区之间选择和统筹安排游览时间。

对于观光车客流调度，景区通过信息发布系统，将景区内的三个子景区（大瀑布、天星桥、陡坡塘）的实时入园人员、在园人数等数据信息通过大屏前置，让游客在乘坐观光车之前，能根据各子景区的游客容量和拥挤程度自主选择，而非强制要求和限制游客的观光车线路和游览动线。

对于游客动线客流管理，景区在动线设置和管理上，参照道路交通的“红绿灯”模式，进行分节点管理和疏导。在面向游客服务时，景区通过自助导览系统，在手绘地图中预设推荐动线，游客根据深度游、快速游等特性选择不同的动线进行游览，同时，动线客流数据等信息同步到游客服务终端，使游客在动线选择时，有直观的数据作为依据。

4. 实施成效

（1）票务实名制分时预约实施成效

实名制分时售票与在线预约，大幅提高了景区的售票业务效率，也降低了传统售票模式的人工成本。2019 年，黄果树景区售票人员共有 40 人，且高峰时压力较大；到 2021 年，景区仅保留两个售票窗口和 6 名售票人员负责免票手续和改签业务办理，原有售票人员转职不转岗，从事景区引导服务、疫情防控以及业态经营管理的同时也可以实现人员轮换。

人脸识别检票入园，大幅提高了景区检票和游客入园效率，按一小时内预约门票 3000 人计算，景区主入口共有 20 个检票道闸，3000 人分摊到 20 个入口，每个道闸承担检票和入园为 150 人，现有道闸设备完成 150 人的检票和入园，仅需 12 分钟即可完成。智能化的人脸识别比对和入园，释放了大量的手工检票人员，降低了景区人工成本。2019 年，景区检票人员为 52 人；2021 年，景区检票人员为 48 人，现有的检票人员，更多的工作是现场的游客引导、疫情防控和咨询服务。

通过建设黄果树大数据中心，实现景区运营管理和营销数据的集成、分析与可视化展示，使管理部门实时掌握景区运营状态，并根据实时数据进行相应的景区资源、设备、车辆和人员调配。

（2）观光车客流调度实施成效

通过智慧化的观光车客流调度，优化了景区的车辆资源配置、提升了观光车运载能力和运营效率，同时也降低了人工成本和车辆能耗。2019 年上半年，景区共接待游客 176 万人次，最高投入车辆 160 辆（平均 39 座）；2021 年上半年，景区共接待游客 120 万人次，最高投入车辆 140 辆（平均 39 座）。由于疫情防控要求，观光车均为隔位就座，每车运载人数仅为原来的 50%，2021 年上半年的运载能力和效率实际得到了很大的提升。

（3）游客动线客流管理实施成效

智慧化、平台化和移动化的景区运营管理，提升了景区的安保管理能力和效率。2019 年，景区安保人数为 80 人；2021 年，景区安保人数为 107 人，但增加了夜游业态和疫情防控的管理和职能。同时，舒适的游览过程和快速的游览体验，也大大降低了景区的环境污染，保洁人员从 2019 年的 190 人减少到 2021 年的 120 人，且包含了夜游业态的环境管理。

移动协同的“景区管家 App”，实现了景区各部门、各岗位和工作人员的在线工作协同和联动，将景区安防、客流管理、游客救助、咨询服务、游道巡查、景区巡检、设备维护等工作全部纳入线上协同，如遇突发事件，“景区管家 App”可支持事件上报、视频连线和在线调度，极大提升了景区应急事件处理能力和调度效率。

（五）丽江古城综合管控指挥平台①

1. 实施背景

丽江古城既是世界文化遗产又是国家 5A 级旅游景区、知名旅游目的地。世界遗产地注重遗产风貌整体保护性，5A 级旅游景区则强调改善景区软硬件设施，丽江古城在发展过程中出现了管理标准多样化、管理机构多重化的问题。丽江古城积极贯彻新发展理念，以智慧化建设破困局、开新局，利用信息化技术破解古城保护管理难点问题。自 2019 年起，丽江古城结合实际情况对遗产地、景区信息化基础设施建设进行了积极的探索和实践，全面开展智慧小镇建设，通过一系列信息化建设，提升工作效率、创新游客体验、推进文旅融合，有效地提升了景区的现代化管理水平和服务水平。

2. 案例简介

丽江古城将 5G、物联网、大数据、人工智能等数字化技术与智慧小镇进行融合应用，以网络建设为基础，以网络安全为保障，以应用带动为突破口，全力构建综合管理、智慧服务、智慧旅游、智慧创新四大体系，以科技赋能历史古城转型升级，打造云南省“政府监管服务无处不在、游客体验自由自在”的实地应用范例。

3. 具体做法

以资源数字化为基础，融合物联网、大数据等前沿信息技术，通过实施一系列信息管理平台及应用系统，采集、整合、应用各项资源数据，建立智能、精准、稳定、安全的数字小镇运行体系，逐步形成技术领先、管理高效的丽江古城智慧小镇新型治理模式。有效解决了遗产地和景区管理过程中的难点，大幅提升了丽江古城管理处置决策水平，把丽江古城打造成以景区管理智能化、保护管理数字化为亮点

---

① 案例来源：文旅中国. 数字化创新实践案例 | 历史古城与数字科技融合打造“智慧小镇”https://news.qq.com/rain/a/20221019A06AKE00?refer=wx_hot&ft=0&suid=&media_id=.

的智慧小镇。

智慧消防系统。针对丽江古城建筑结构存在耐火等级低、建筑之间防火间距小、街（巷）消防通道窄等实际问题，在丽江古城景区内安装智慧消防系统，整合了“人防”“技防”手段，确保“早发现、早处置、保平安”。系统结合现有消防设备建设分布情况，根据实际场景建设温感、烟感、用电监测、消防栓压力监测、视频监控、红外线热成像等3万多个前端感知单元，使丽江古城形成一个立体化全域感知防控体系，做到隐患排查准确有效、火情控制实时精确、设施管理精细完备。

遗产本体安全系统。通过对古建筑院落的信息采集，实现建筑物三维、二维信息集成，可以实时对瓦屋面、墙体等进行监测预警，为遗产保护、监测和维修提供科学的数据支撑。该系统的建立最大限度地保障了古建筑的原真性，如遇不可抗力因素导致建筑受损，可按建筑原建筑本貌进行修复。

智慧环保。水是丽江古城的灵魂，为保护丽江古城水环境，实施智慧环保项目，实现了河道环境查看、河道入侵报警、执法监管取证等智慧治理。安装3处水质监测站、6个水流监测站，对水的pH酸碱值、溶解氧、浑浊度、电导率等指标进行监测；设立了11个电子围栏视频监控探头，如有游客或餐饮酒吧等场所向河道内排污水、丢垃圾等违规行为，中心值班人员将及时分派至执法人员处理。

酒吧噪声监控系统。针对古城酒吧噪声投诉较多的问题，设置酒吧噪声监控系统，部署监测点位33个，通过物联网设备对酒吧声音进行实时监测，超过规定分贝数将进行预警，同时通知提醒酒吧经营者和执法人员。

建设视频智能分析系统。实时对人脸、衣着、行为等18项特征进行分析。主要有三个特点：一是小孩老人走失，只要提供身份证或相片就可以快速识人；二是在旅游市场整治中，将在古城违规营业的人员全部列入黑名单，如在此发生上述行为将移交公安机关严肃处理；三是对易发生打架斗殴的区域等实施重点监管，同时对古城景区综治维稳、反恐维稳等方面提供一定的技术支撑。

建设丽江古城综合指挥管理平台。平台包含指挥中心、行政执法、修缮管理、准入证管理和古城基础信息普查5个系统。各业务部门利用综合指挥管理平台，可在电脑、手机等设备终端进行工作业务处理、快速查看并处理指挥中心分派的各类信息，实现行政执法、咨询投诉受理、准入证管理、居民修缮管理等业务的信息化应用。通过平台建设，使古城咨询投诉受理更全面、责任更明确、监督更到位、各类信息收集更及时、部门间的沟通协调和信息互通更快捷、应急指挥调度更灵活，有效提高问题处理效率和质量，提升古城应急指挥能力和旅游服务水平。

其中，经营户管理系统整合商户信息、处罚记录、诚信指数、修缮记录和统计分析等功能，构建信息资源集成管理平台，并在全省率先开展涉旅商户诚信评价体系建设，建立完善覆盖古城的 5100 户商铺和非商铺的数据库，通过二维码公示牌实现了对三方人群的全服务：游客扫码可查询、商户扫码可办证、政府扫码可监管，一码多用，服务三方。

建设公共安全管控系统。按照景区疫情防控“预约、限量、错峰”和“实名”等要求，安装了 34 个门禁、140 个闸机，可以实时动态掌握所有人员出入景区相关情况。同时，根据景区实时人流量，系统可设置为常规模式和限流模式，可根据疫情风险等级区域进行实时管控，如出现中高风险地区人员，闸机将关闭并提示禁止通行，工作人员立即启动应急预案，联系卫健部门及时处置。同时，能够通过身份证号码、人脸照片、姓名等信息快速精准查找人员通行记录，结合建成的寻人系统（智慧安防），可以快速还原人员行动轨迹。

建设人流量疏导系统，通过对人流量大数据的统计分析，实现游客流量热力图渐变显示，对各街巷的实时承载进行监测，在高峰期启动预案，联动志愿者、闸机、智慧广播等进行人流疏导，避免发生游客踩踏的情况，保证游客游览的舒适度（如图 5–2）。

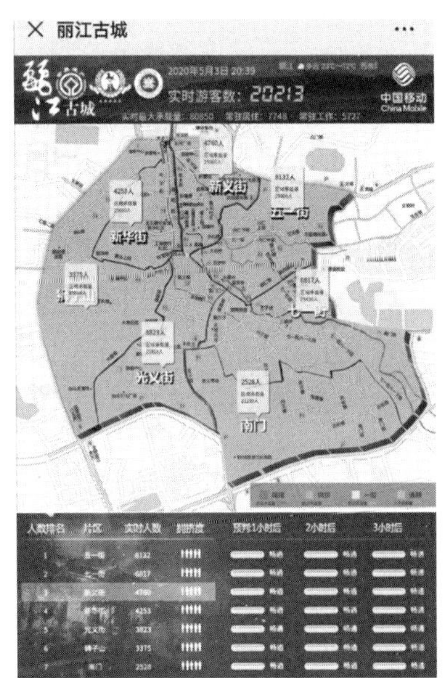

图 5–2　丽江古城景区实时游客数大屏

图片来源：搜狐网．新闻 | 智慧旅游新业态“云”游云南别样精彩，https://www.sohu.com/a/395191598_120056312.

4. 实施效果

从“智慧景区”到“智慧小镇”，数字技术将丽江古城传统的管理模式转变为数字化的管理模式，实现古城保护管理和景区服务的新突破。一系列深度游览体验项目的落地，不仅为游客带来独具特色的文化主题、旅行故事和沉浸式体验，也让古城的“人间烟火味”变得“潮味”十足。这些智能化、数字化的新变局，让古城的品质得到大幅提升。

新冠疫情防控常态化下，智慧小镇的综合指挥管理平台、公共安全管控平台、智慧广播、人流监控系统、数字宣传屏等智能管控系统作用凸显，在迅速疏散撤离人群、发布实时信息、宣传防疫知识等工作中发挥了突出作用。

丽江古城以各种沉浸体验、科技手段，让文化深度演绎，让非遗活化传承；运用5G、大数据、人工智能等技术，着眼于游客食、住、行、游、购、娱，给游客和当地居民提供了更加智能化和人性化的服务。

（六）黄山风景区管理指挥调度中心①

1. 案例背景

黄山风景区管委会响应安徽省委、省政府要求，以“黄山景区大脑”为总抓手，以景区一体化融合感知网络建设为主题，以建设丰富的景区业务应用体系为指引，结合实际需求，采用大数据、人工智能等先进技术，在顶层设计、统建统管、数据整合共享、制度建设等方面发力，形成了一个涉及资源保护、业务管理、公众服务、旅游经营、安全防范、决策支持的信息化综合应用服务体系，进行了包括基于数据治理和使用的分时实名预约大数据监管、基于共享的智能视频可视化监管、基于协调统筹的旅游服务监管、基于新技术、新应用、新场景的平台创新和应用监管的多层次模式创新，实践景区“数智化转型”的大数据精细化运营监管新探索。

2. 案例具体做法

基于数据治理和使用的分时实名预约大数据监管。监管平台整合了5家单位的12类景区数据，经过汇聚、清洗等大数据分析技术，形成672项数据指标维度的可视化，实现统一界面、库存管理、实时监控、调度运力、信息推送、预警提示、游客服务等9大功能，实现指挥、调度的可控、可看、可管，实现常态化疫情防控下的景区数字化转型。监管平台能完整记录入园游客联络方式等信息，做到可查询可追踪。管理人员可综合考虑运力、现场情况等因素，科学合理地设置时段门票库存量，科学分流疏导游客，做好游客流量关口的前置管控。景区也可以提前了解预约第二日进山各时间段游客数量，提前做好景区运力调度、现场服务等工作。同时，风景区每月还出具“黄山风景区旅游大数据多面观”数据分析报告，从游客游览、酒店入住、交通运输、车辆、营销活动多维度开展数据分析应用工作。

基于共享的智能视频可视化监管。景区在交通要道、客流集散地、古树名木和

① 案例来源：文旅中国. 数字化创新实践案例 | 黄山风景区实践“数智化转型”大数据精细化运营监管新探索，https://c.m.163.com/news/a/HK07S5TC05505AV6.html.

病虫害防治点等地共设置多路视频监控，实现游客、车辆的可视化、平台化管理，实现景区地形图上的可视化；管理人员掌握每个摄像头的所在位置和视野范围，实现了图像识别与统计分析的结合；在人员拥堵路段，通过摄像机进行人数统计，形成人数拥堵热力图，充分发挥了信息化在支撑疫情监测分析、促进人员安全有序流动等方面的作用。同时，还可实现车流量统计，对进入黄山区域车辆进行实时流量统计。部分视频监控还可用于森林防火的监控，采用 24 小时不间断环扫及热成像自动感应报警，每个监测点均配备有一个森林防火小队，能够第一时间对火情进行应对，做到早发现、早处理、早扑灭。

基于协调统筹的旅游服务监管。实现旅游咨询服务、食品卫生监管、运力监测功能。平台将分散的涉旅咨询、投诉、受理工作统一整合，为游客提供24小时“一站式”服务，形成涉游咨询、投诉“统一受理、统一交办、统一回复”长效工作机制；围绕“公示信息可查，食材安全可溯，操作加工可视，风险隐患可控，食品安全可知”，打造包含食品安全应急指挥中心、监管端、企业端、公众端的“一中心、三端口”智慧监管模块，各模块自成一体又互通共享，实现部门、企业、消费者之间监管数据的高效协同和生态开放；运力监管平台将景区运行的大巴车辆全部纳入实时监测，引入北斗导航技术可实时查看车辆运行速率、运行位置、运行轨迹等，确保可查、可看、可控。

基于新技术、新应用、新场景的平台创新和实践应用监管。黄山风景区应用了 2 台人工智能旅游服务机器人设备，机器人通过图像识别技术实现人员聚集识别并提醒，亦可识别登山木制品拐杖、烟头等重要物品并及时劝阻引导，还可办理安康码申领、景区预约、购票等业务，实现智能分流、现场环境监控、智能导览、重要事项通知等功能；运用无人机开展森林防火巡护和林火监测，以“人防＋技防”“空中＋地面”相结合方式，使用无人机遥感巡检防火重点区域，实现 360°旋转摄像、实时传输视频图像、景区巡逻、林区火灾探测、人员搜救、应急灭火、火区隔离、应急空中投送、航拍测绘等功能，有效缩短森林巡查时间，形成人工智能立体防控监测体系，进一步提高火情监测效率；部署指挥中心的景区态势与综合指挥大屏，作为景区数字态势的全景展示窗口，该系统采用 LED 小间距，屏幕点间距为 1.25 毫米，金线 LED 灯，核心显示面积 62 平方米，屏幕分辨率达到 3600 万像素点，拥有 8K 超高清播放能力。

黄山风景区实践“数智化转型”大数据精细化运营监管新探索，实现了行业领先技术应用与服务模式创新。

在新技术上，实现了异构环境下的数据集成，实现了监管数据仓库建设，覆盖用户感知、数据采集、系统支撑、应用服务和数据展现；引入人工智能及大数据分析技术，并将智能交互技术与景区现有资源实时监控系统和旅游服务系统信息化系统功能整合，开发基于多源异构信息采集的一体化旅游服务系统，解决游客在静态、动态等多种环境下获取旅游信息综合服务一体化的瓶颈问题，使游客充分享受信息化、智能化建设带来的便捷舒适。

在新应用上，提出数字景区指挥调度协同系统的概念，全新打造了“一个中心、三大平台、五大系统”的总体架构，应用三维地图和三维模型实现景区的精细化管理和服务；新建成的数据监管系统，综合运用了大数据、人工智能、北斗导航、5G、无人机、信号控制、视频监控等高新技术，对我国山岳型风景区信息化管理具有很好的示范作用。

在新模式上，景区通过综合应用多种信息技术，提升了获取信息的准确性和及时性，重构了一些部门的工作流程，克服了突击式、运动式、被动、滞后、多头管理等弊端，降低了管理成本，使工作流程更加合理、管理措施更加到位，实现了管理的科学化、规范化、信息化、精细化，提升了突发事件的处理能力。景区建设的相关信息化应用，可以在第一时间获知事件的状况及周围可被调用的资源，并增强了突发事件的预警性。

3. 案例成效

黄山风景区实践“数智化转型”大数据精细化运营监管新探索带来了一定的经济效益、社会效益和生态效益。

经济效益上，监管平台可精确分析游客画像、游客来源地等数据，便于宣传营销部门制定更为有效的营销政策，通过拓展了市场范围，增加了销售渠道，实现常态化数字化营销。

社会效益上，分时预约监管、可视化监管信息化的建设为游客安全和应急救援提供了保障。黄山风景区连续多年大门以内未发生一起刑事案件，汤口及周边地区治安案件发案数量也明显下降，在游客高峰时可以调度管理人员进行及时有效管理，提高了游览组织管理与服务水平，提升了游客对景区公共服务的公信度和满意度。

生态效益上，数字景区的实施，实现了对空气、植被、生物等动态监测，便于管理者快速采取积极有效的保护措施，使景区资源得到及时、有效的保护，创造了良好的生态效益。目前，景区内生态环境质量优良，黄山名木古树、遗产资源得到有效保护。

（七）日照山海天旅游度假区智慧旅游指挥平台[①]

1. 案例背景

山海天旅游度假区位于山东省日照市东部沿海区域，东濒黄海，北接青岛西海岸新区，陆域核心区域面积 20.5 平方千米，区位和交通优势明显，历史文化底蕴深厚，旅游资源丰富，年游客接待量在 1500 万人次以上。

随着信息技术的发展，游客对获取旅游资讯的网络化、便捷化、高效化要求越来越高，为加强旅游市场管理、提升智慧服务水平，度假区利用大数据分析、全景智能监管、云服务、电子虚拟围栏自动报警技术等信息技术，建设了度假区智慧旅游指挥平台，打造了集信息化、智慧化、高效化为一体的“一平台、五中心”旅游市场监管服务平台（如图 5–3）。

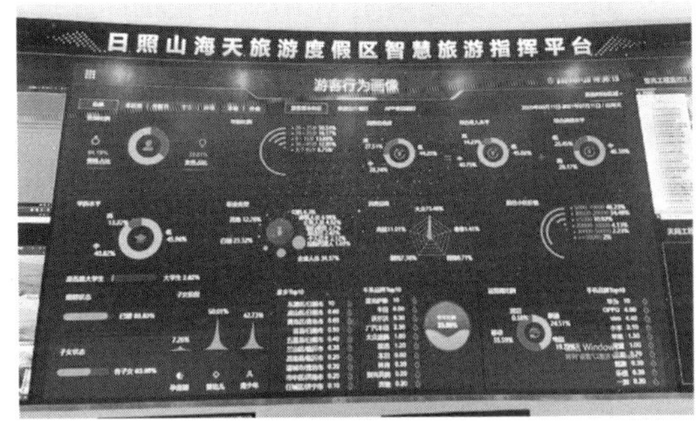

图 5–3　山海天智慧旅游指挥平台

图片来源：中国旅游新闻客户端．日照市山海天旅游度假区智慧共享优质发展，https://www.ctnews.com.cn/content/2022-02/17/content_118675.html.

2. 具体实施策略

度假区智慧旅游指挥中心从提升游客服务与市场监管效能入手，实现了游客大数据深度分析、旅游安全保障、旅游执法及应急调度指挥、民俗旅游诚信体系管理等核心功能。

（1）打破信息孤岛，推动信息共享创新

智慧旅游指挥中心融合了社会综治部门的“雪亮工程”、公安的“天网工程”、交警的道路监控网络、应急部门的救援监控系统、旅游部门的景区监控体系等七大视频监控系统，接入了 2320 路各类视频监控信号，实现了对全区景区、民俗村、重点旅游

① 案例来源：中国旅游新闻客户端，日照市山海天旅游度假区智慧共享优质发展，https://www.ctnews.com.cn/content/2022-02/17/content_118675.html.

交通干线、海滩暗礁等区域的24小时无死角实时监控。在游客密集的沿海地带，安装了具备红外线热感应功能的高空瞭望摄像头，并运用虚拟电子围栏技术，根据浴场开放状况设定游客安全区域。一旦游客超出安全区域，指挥中心即会收到精确位置的报警，并通过平台迅速调度人员对游客进行提醒和引导，有效提升了浴场的安全性。

（2）精细统计分析，拓展旅游大数据应用新领域

游客大数据系统与视频监控采用了百度公司提供的精确至区县级的游客数据，实时统计游客流量，掌握各重点景区的游客数量，并在游客数量超过景区最大承载量时及时报警处理。

同时，系统还可分析并预测节假日客流趋势，为景区采取应对措施提供指导。系统还从游客来源、消费偏好、职业、收入水平等十六个维度对游客进行深度画像分析，为旅游市场营销策略的制定和旅游产品的开发提供有力依据。

（3）优化线上服务平台，创新诚信管理机制

度假区制定并实施了《民俗旅游经营者信用管理规范》《山海天旅游度假区旅游市场诚信建设“红黑榜”信息发布实施方案》以及《山海天旅游度假区旅游市场违法经营行为举报奖励细则》，加大“红黑榜”的公示力度。对投诉多、举报频繁、受到多次处罚的失信经营者，通过预警、约谈、处罚等手段实施联合惩戒；对诚信守法、具有示范引领作用的守信经营者，则通过宣传、推荐、奖励等方式进行联合激励，共同构建民俗旅游信用管理体系。游客可通过山海天智慧旅游服务平台查询全区民俗旅游户的注册信息、信用记录、联系方式等，极大便利了游客出行。同时，平台还设立了游客评价体系，促使经营者不断提升服务质量和水平。

（4）实施联合执法，创新旅游执法监管模式

2017年，山海天旅游度假区实施专项联合执法巡查机制，组建了旅游警察队伍，并将旅游执法中队、市场监管局、消防应急等部门的执法人员集中入驻游客服务中心的执法办案区。在旅游旺季，组成4个专项执法监管巡查小组，采取错时执法、明暗结合检查等多种方式，加大执法检查力度，维护旅游市场秩序。此外，4个巡查小组均配备了对讲机，提高了应急反应速度和管控能力。值班人员在视频巡查中一旦发现问题，能够立即通知执法小组迅速处理，有效加强了对旅游市场违法违规行为的打击力度。

（5）加强安全管理，创新安全管理与技术应用

度假区创新建立了由文化和旅游部门主导的，以保障游客安全为核心任务的

“沿海防台风、防风暴潮”旅游专项应急处置机制。在该应急处置工作中，将高空瞭望的电子虚拟围栏自动报警技术应用于海岸线人员出入管控，显著提高了应急处置能力。

3. 实施成效

智慧旅游指挥系统投入运行以来，全区旅游市场违法违规行为显著减少，经营者的依法诚信经营意识明显增强，监管效率大幅提升，游客满意度显著提高。据日照市政务热线受理中心统计数据显示，2018 年政务热线总诉求 4380 件，其中涉旅诉求 1006 件，占总诉求的 22.97%；2019 年政务热线总诉求 6059 件，同比增长 38.3%，涉旅诉求仅 685 件，占总诉求的 11.31%，同比下降 31.9%；2020 年政务热线总诉求 7176 件，同比增长 18.44%，其中涉旅诉求 280 件，占总诉求的 3.90%，同比下降 59.12%；2021 年上半年涉旅诉求仅为 67 件，有力维护了旅游市场秩序。

（八）泰山构建智慧综合管理体系

1. 案例背景

有着“五岳之首”“天下第一山”之称的泰山，一直是热门的旅游打卡地。在智慧景区建设方面，泰山同样走在行业前列。

随着旅游业的复苏和发展，近年客流量集中爆发，全国各大景区的旅游服务、资源保护等都遇到了比以往更为严峻的管理考验。泰山景区管理应用智能物联技术，近年来持续建设“智慧泰山”系统，泰山景区构建了以假日智能指挥、防火智能调度、旅游智慧服务为核心的智慧泰山综合管理体系时刻“上岗”运行，为游客提供更美好旅游体验的同时，也有序应对了高客流量带来的考验。

2. 具体做法

（1）首家“无证明智慧景区”，游客快速便捷检票入园

“欢迎光临！”验身份证、通过闸机，自助检票秒进景区，这已经是泰山景区进山口常见的一幕。

泰山景区在主要入口通过部署智能闸机，让游客预约购票后无需取票换票，即可自助检票，在几秒内快速入园。为方便游客，泰山还实行三天内可凭门票多次入园游览，闸机的智能检票不仅帮助景区进行精准化的票务管理，还能为游客节省来回检票的时间。

为了让游客能体验到“一部手机在手、畅游泰山无忧”，泰山还建成了全国首

个“无证明智慧景区”，学生游客进行学籍信息认证后，即可在线购买学生优惠票，到景区现场不再需要人工核验学生证。而游客若未带身份证，也可以在网上申领“景区码”，在进山口的闸机上扫码即可检票通行。

（2）一图掌握客流分布，高峰期指挥调度更及时

泰山是24小时开放景区，不同时段各个景点都有游客游览，尤其泰山日出作为岱顶奇观之一，每年吸引着大量游客。在客流量剧增的情况下，更加及时、全面地掌握客流总量与分布情况，才能更好地保障游客的安全与景区秩序。

泰山智慧旅游研究院专门研发了景区客流热力图指挥系统，不仅能实时统计景区各景点游客保有量，还能在三维云平台上生成景区客流热力图，直观清晰地展现客流分布情况。

热力图类似于城市道路拥堵指数图，以红、黄、绿表示出各个景点的客流密度大小，当某个区域的客流量达到预设拥堵值时，系统会自动报警，弹出该区域的视频图像，提示及时采取分流疏导措施。

（3）打造智慧护山体系，24小时智能监测森林火情

1950年以前，泰山的森林覆盖率不足2%，经过70余年的持续造林与护林，泰山林场森林覆盖率已提升至94.8%，森林面积达50万亩，古树名木1.8万株。泰山的森林防火，是保护这些世界遗产资源与游客安全的重中之重。

茫茫的林海，此前，泰山主要依靠瞭望员24小时驻守在瞭望哨，用望远镜和肉眼监测火情。自2021年起，泰山景区推进森林防火数智化建设，从预防火警、发现火情、扑救火灾三个层面，建设了九大系统，实现了从“人防”向“人防+技防”转变。

如今，双光谱云台在监测点上24小时面对林海旋转着，成为智能的“森林卫士”，时刻观测着火情。一旦发现附近有高温热源，就会第一时间自动识别、自动报警、自动定位，防止小火变大火。

3. 案例成效

免取票、多次免费进出、免“证明”……泰山的网络售票率超过90%，科技不仅带来了便捷，提升了游客体验的品质，也帮助景区提升了管理效率。

指挥系统比传统的人工判断客流的指挥调度模式，客流展示更实时、更直观，为超前指挥提供了决策指引和准确信息，通过这个系统，景区已成功应对了“十一”“五一”等节假日的高峰客流考验。

智慧防火系统采用热成像智能识别技术，95处监测点全天候自动巡查，监测覆

盖率达到泰山景区全域的 85%。单个监测点 15 分钟就可监测 20 余平方千米，发现 3 千米外的火情，解决以往景区防火工作中火点发现难、发现晚的痛点。自智慧防火系统运行以来，触发有效告警 217 次，清除火险隐患 156 起，警情平均处置时间由过去 20 分钟缩短到 5 分钟，有效消除火险隐患。

（九）青岛市崂山景区全网分时预约售检票系统智慧化实践[①]

1. 案例背景

崂山风景名胜区是首批国家重点风景名胜区之一，也是国内较早启动智慧景区建设的国家 5A 级旅游景区。景区建立了全域旅游大数据中心和综合智慧管理、应急指挥调度、视频共享三大平台。2020 年，全面升级全网实名制分时预约售检票系统等关键业务系统，助力景区在智慧化发展和崂山全域旅游示范区建设中提质增效，形成了以崂山风景名胜区为龙头，带动乡村旅游、滨海度假、主城区文旅行业不断繁荣的发展态势。

2. 设施情况与创新亮点

（1）依托全网预约售票系统，实现“全渠道服务”

崂山风景名胜区在多园区的复杂条件下搭建起全面分时预约售检票系统，是景区“智慧崂山”建设过程中里程碑式的成果（如图 5–4）。崂山风景名胜区以需求为导向，建设了符合自身特点的全网实名制分时预约售票系统，实现了“全网”“全员”“全景区”“全票种”多维度

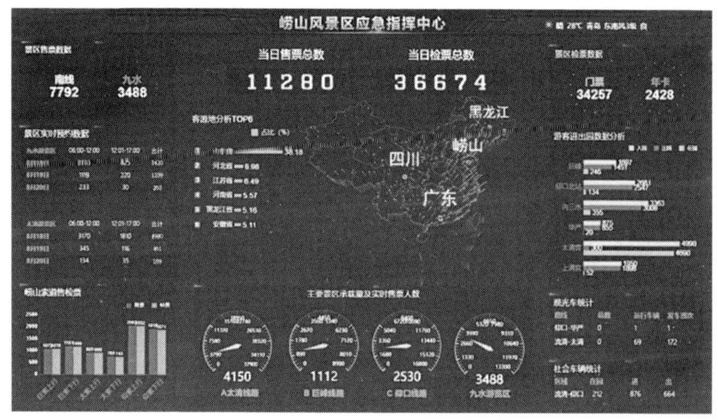

图 5–4　崂山景区综合管理平台

中国旅游新闻网．青岛市崂山景区全网分时预约售检票系统智慧化实践，https://www.ctnews.com.cn/content/2022-02/16/content_119413.html.

① 案例来源：中国旅游新闻网．青岛市崂山景区全网分时预约售检票系统智慧化实践，https://www.ctnews.com.cn/content/2022-02/16/content_119413.html.

预约、全渠道服务。

①景区自有销售平台。景区通过自建平台，部署了官方微信公众号端、微信小程序端、支付宝端、景区官网端等全面覆盖现场、PC 端、移动端的全网售票渠道。游客可通过熟悉的渠道进行购票和预约。

② OTA 合作销售。系统具备强大的兼容性与可接入性，面向国内主流 OTA，如携程、同程、美团等，点对点逐一测试，与官方深度合作，购票订单直通景区后台。真正实现预约购票一步通，免去二次下单、二次换票、二次退款的烦恼。

③旅行社分销。针对传统旅行社，系统设立单独的旅行社业务平台系统，供签约的协议旅行社便捷下单。导游可以借助后台轻松实现批量下单、批量预约等操作，灵活的报表与返利、赠票等功能让旅行社营销变得更加快捷便利。

④多场景接入。智慧城市一码通城 App、政务云媒体矩阵、景区 VR 全景导游导览以及宣传广告、宣传折页中均可快捷跳转购票界面，真正把营销无缝融入全场景当中。

（2）依托全网预约售票系统，实现“个性化营销”

①尊享崂山。尊享崂山定制产品是景区针对有特殊定制需求的人群推出的高端产品。整个品牌由专业的团队运营，由专人为特需游客提供一对一服务，包括线路规划、预订预约、接送安排、餐饮娱乐、导游导览等多方面的服务，树立了尊享崂山定制旅游的品牌标准。

②民宿优惠。近几年，崂山区民宿业发展蒸蒸日上，为吸引民宿客源，景区推出民宿住客半价游崂山优惠购票政策。票务系统后台打通与公安的身份信息库，使住宿游客可以“无感”享受优惠购票，入住即可享受景区的优惠，实现双向营销、互利共赢。

③ 365 年卡。依托全网分时段预约售检票系统，打通省市公共资源大数据平台中的公共信息库，推出面向本市市民的优惠年卡。新产品革新了游览年卡的固有模式，通过赠票的方式拉动本地客源，让游客深入游览和体验崂山的风情风貌，进一步展现个性化营销的魅力。

（3）依托全网预约售票系统，实现“自动化管理”

①“一端调控”。景区根据游览区分布和游客游览习惯，按照首发游览区的分类方式划分为 4 条线路。每条线路依据各游览区日最大承载量和保持最佳旅游舒适度方面进行综合测算，合理调配整个景区旅游时空资源，为每个时间段配置合理的预约

数量，游客通过各购票渠道和现场 LED 屏可以获取实时数据。游客在出发前可根据游览目的地和剩余的可预约量合理安排出行，精准规划线路。景区全力提升游客游览全过程的各项服务保障工作，精准调控游客数量，让游客省心、安心、舒心游崂山。

②“一键预警”。为平抑客流高峰，防止游客聚集，景区指挥部发挥信息化优势，实现景区旅游总览性、前瞻性、过程性全面掌控。通过大数据平台，对日接待量、瞬时承载量进行实时监测；通过大数据分析，持续监控各游览区的预约数量、入（在）园游客数量，结合历史数据分析、景区外旅游道路交通变化趋势等信息，对客流趋势进行预判，形成快速调控决策，提前干预，保持游客流量平稳；通过预约与入园数据，当游客接待量达到日最大承载量的预警线时，景区立即启动预警机制，对内联动 LED 大屏系统，实时发布入园情况，对外利用自媒体等媒体矩阵发布购票预警，合理引导游客提前规划或变更行程；通过实时监测预警，科学有效的指挥调度，各游览区秩序井然，游客流量平稳，分布密度适中，极大提升了游客的满意度和游览舒适度。

③“一码通行”。购票方面，依托景区全网售检票平台，实现了线上线下有机结合，支持微信公众号、网站、分销二维码、微信小程序等官方多种售票方式，支持微信、支付宝、银联、数字人民币等全渠道支付。

检票方面，同时兼容省市“一网通办”“一码通城”服务，对接爱山东、青 e 办政务 App，支持省市卫健部门社保卡、“健康码”验票，实现了与美团、携程等 OTA 平台票务数据实时交换。整个系统支持游客凭二代身份证原件、社保卡、一码通城身份码、健康码或购票二维码等任一介质从闸机验证通行。

④“一脸畅游”。在全景区推行刷脸入园，实现一脸通游。对 15 个园区 86 台检票闸机进行全面升级改造，为每台检票闸机安装了人脸识别双目摄像头，由原先指纹验证方式升级为人脸识别模式，借助先进的智能 AI 与深度学习算法，人脸识别相较之前指纹识别验证速度提升近两倍，识别率提升 20%。实现了无感、无接触验票，极大提升了游客的旅游体验。

3. 实施效果

（1）广泛满足各类客户购票入园需求

无论游客的使用习惯是什么，景区售票系统均能以最便捷的形式展示。自由行、跟团游、定制游，银联、微信、支付宝，甚至是数字人民币，景区全网分时段售票系统能广泛满足各类人群的需要，充分尊重客人的使用习惯。

（2）景区预约量实施精准调控

一端调控，一键预警，大大减轻了旅游管理者的工作压力，核心游览区人数管控精准到个位数。智慧化的监管与控制确保了特殊时期各项管控要求落实到位。

（3）大数据分析样本高度契合

实名制分时段预约系统数据所分析形成的游客入园画像，能够准确地反映各游览区的游客接待情况。借助大屏展示技术，形象直观地呈现出景区实时数据与历史数据对比。结合数字化分析与图形化展示，把最真实的游客数据进行深度挖掘，使沉淀的历史数据活了起来，进而呈现一套最具代表性的游客特征分析。

（4）助力精准化营销

景区由“面营销”转为“点营销”，根据大数据分析的结论与判断，针对特定区域、年龄等特征人群进行点对点营销推广，结合优惠政策与金融杠杆，高效转化潜在客户人群，进行客源引流。

崂山全网分时段售检票系统平台坚持问题导向，改变了景区旅游排队购买实体票的固有模式，采用了符合自身情况的预约预订创新做法，结合崂山独有的特性，聚焦重点难点、着眼长远发展，充分释放了全景区的旅游时空资源，让管理者轻松地开展营销与运营，让消费者能够更加放心地进行产品体验和消费。

三、国外智慧旅游公共管理的实践案例

（一）欧盟 HERIT-DATA 项目——应对大规模旅游对文化和自然遗产地的负面影响

HERIT-DATA 是 Interreg MED 计划下的一个具体项目，旨在通过新技术和大数据减少旅游业对文化和自然遗产地的负面影响，促进可持续和负责任的历史和文化遗产旅游管理。Interreg Euro-MED（Interreg Euro-Mediterranean Programme）是一个欧洲区域合作计划，旨在使地中海地区更加智能化和绿色化，并改善该地区的治理。该计划通过为公共管理部门开发和管理项目提供资金，支持地中海沿岸国家之间的合作。

1. 案例背景

HERIT-DATA 项目于 2018 年启动，旨在应对大规模旅游对文化和自然遗产地的负面影响，特别是对历史悠久的城市和具有考古和文化意义的地点的影响。项目

的主要目标是促进可持续和负责任的历史和文化遗产旅游管理。

2. 具体做法

（1）数据收集与整合

项目在五个地中海城市（包括巴伦西亚）开展了试点测试，通过安装传感器和利用现有统计数据收集高质量数据。传感器被安装在热门旅游景点和高遗产价值的建筑中，以持续收集游客流量、大气二氧化碳浓度和湿度等数据。

为了确保数据的全面性和准确性，项目不仅利用了传感器收集的实时数据，还整合了现有的统计数据，如西班牙国家统计局（INE）和巴伦西亚大区政府的数据。

（2）技术开发与应用

开发了一套指标体系，用于衡量大规模旅游对文化遗址的影响，包括游客体验、安全和历史建筑的影响。这些指标帮助政策制定者更好地理解和管理旅游流量。

项目开发了一个在线平台，用于分析收集的数据，并帮助政策制定者、目的地管理者、城市和遗址更智能地预测和管理旅游流量。此外，还开发了一款移动应用程序，帮助游客更好地规划访问，减少拥挤，提升整体旅游体验。应用程序提供游客流量、开放时间、推荐线路等信息。

（3）试点测试

HERIT-DATA 项目在巴伦西亚的试点测试是该计划的重要组成部分，在巴伦西亚的试点测试中，特别关注了邮轮带来的瞬时大量游客流量的管理。通过实时数据收集和分析，HERIT-DATA 项目能够及时发现和预警由于邮轮旅游带来的潜在问题，如过度拥挤、环境污染等。

试点测试的结果为其他城市提供了宝贵的经验，展示了如何利用智能技术有效管理游客流量，减少对文化遗产地的负面影响。

项目通过智能管理和数据驱动决策，促进了巴伦西亚文化遗产地的可持续发展，减少了对环境的负面影响。例如，通过监测和历史数据分析，项目帮助管理者更好地理解旅游活动的影响，并制定相应的管理策略。

3. 系统功能

（1）实时监控与预警

通过实时数据收集和分析，HERIT-DATA 项目能够及时发现和预警由于旅游活动引起的潜在问题，如过度拥挤、环境污染等。

项目开发的在线平台和应用程序能够实时显示游客流量、环境状况等信息，帮助管理者快速响应并采取措施，如调整开放时间、限制游客数量等。

移动应用程序的使用显著提升了游客的访问体验。游客可以通过应用程序获取实时信息，如游客流量、开放时间、推荐线路等，从而更好地安排行程，避免高峰时段的拥挤。

（2）决策支持

项目开发的一系列工具和平台帮助公共管理部门和旅游机构更好地制定和执行政策，优化资源分配，提升管理效率。

通过数据分析和指标体系，政策制定者可以更准确地了解旅游活动对文化遗产地的影响，从而制定更有针对性的政策和措施。

（3）知识转移

项目制定了一个面向地中海文化遗产的大规模旅游管理模型，基于新技术的应用，并总结了项目中的经验和方法，以便于其他地区和组织借鉴和应用。

项目合作伙伴通过研讨会、会议和出版物等方式，积极分享项目成果和经验，促进知识传播和最佳实践的推广。

4. 创新点

（1）多层次数据利用

项目不仅利用了传感器收集的实时数据，还整合了现有的统计数据，如西班牙国家统计局（INE）和巴伦西亚大区政府的数据，确保数据的全面性和准确性。

通过多层次的数据利用，项目能够提供更全面和深入的分析，帮助管理者更好地理解旅游活动的影响，并制定相应的管理策略。

（2）智能技术应用

通过开发在线平台和移动应用程序，HERIT-DATA 项目展示了如何利用大数据和智能技术提升文化遗产地的管理效率。

项目开发的平台和应用程序不仅能够实时监控和预警，还能够提供决策支持和游客服务，展示了智能技术在文化遗产管理中的巨大潜力。

5. 案例效果

（1）提升管理效率

通过实时监控和数据分析，项目显著提升了文化遗产地的管理效率，帮助管理者更好地应对大规模旅游带来的挑战。

项目开发的工具和平台提高了管理流程的自动化和智能化水平，减少了人工干预和错误，提升了整体管理效率。

（2）优化游客体验

通过移动应用程序，游客能够更好地规划访问，减少拥挤，提升整体旅游体验。

游客可以通过应用程序获取实时信息，如游客流量、开放时间、推荐线路等，从而更好地安排行程，避免高峰时段的拥挤。

（3）推动可持续发展

项目通过智能管理和数据驱动决策，促进了文化遗产地的可持续发展，减少了对环境的负面影响。

项目开发的管理模型和工具为其他地区和组织提供了可借鉴的经验和方法，推动了文化遗产管理的可持续发展。

（二）乌菲兹美术馆（Uffizi Gallery）的访客流量管理

1. 案例背景

乌菲兹美术馆是世界上最著名的博物馆之一，以其丰富的艺术藏品而闻名，包括波提切利、米开朗基罗、拉斐尔、达·芬奇等众多艺术大师的作品。由于其极高的艺术价值和历史地位，乌菲兹美术馆每年吸引着数百万国内外游客前来参观。

尽管乌菲兹美术馆拥有极高的知名度，但其访客流量管理却长期面临严峻挑战。由于博物馆的展览空间有限，每天能够容纳的访客数量受到限制。特别是在免费参观日（如周日）和旅游旺季，大量游客涌入，导致博物馆外排长队的现象屡见不鲜。这不仅严重影响了游客的参观体验，还可能导致游客的不满和投诉，进而影响博物馆的声誉。长时间的排队等待让游客感到疲惫和不满，无法充分享受艺术之旅。博物馆外聚集的大量游客和长队，给城市交通和治安带来压力，同时影响城市形象和居民生活。大量人群聚集容易引发安全事故，如踩踏、失窃等，对博物馆的安全管理提出更高要求。

在引入数据驱动的管理系统之前，乌菲兹美术馆主要采用传统的访客流量管理方法，如设置固定的入场时间、限制单次入场人数等。然而，这些方法往往难以应对突发的客流量变化，导致管理效果不理想。特别是在免费参观日和旅游旺季，传统方法更是显得力不从心。

鉴于上述问题，乌菲兹美术馆研发了一种基于数据分析的访客流量管理系统。该系统旨在通过准确预测访客数量和访问时长，科学合理地分配入场时间，从而减少博物馆外的排队现象，改善游客体验和城市形象。同时，该系统还考虑了博物馆的容量限制和安全要求，确保在优化访客流量的同时不牺牲博物馆的正常运营和安全。

2. 具体做法

（1）数据收集与硬件基础设施

为了实施有效的访客流量管理，首先需要收集准确、实时的访客数据。这些数据包括访客的到达时间、停留时间、入场和离场时间等，是后续数据分析和模型建立的基础。

硬件基础设施的组成包括以下几个方面：

①可编程条形码阅读器：由于在乌菲兹美术馆内直接安装新的硬件设备存在困难和成本问题，研究人员选择了部署可编程条形码阅读器。这些阅读器由人工操作员在入口和出口处使用，扫描每位访客门票上的条形码，从而获取访客的入场和离场时间。

这种方式的优点在于成本相对较低，且易于扩展。然而，它也依赖于操作人员的准确性和效率，可能存在一定的人为误差。

② RFID 标签和 RFID 阅读器：作为一种更先进的无线识别技术，RFID（射频识别）能够提供更自动化的数据收集方式。但在实际应用中，由于 RFID 标签的成本较高（每个约 0.10 欧元），且乌菲兹美术馆每日访客量巨大（可达 8000 人），全面部署 RFID 系统在经济上不可行。

因此，研究人员选择在小范围内测试 RFID 技术，以验证其准确性和可靠性，并将其作为条形码阅读器数据的补充。

③人群计数设备：为了更全面地了解博物馆内的访客流动情况，研究人员还部署了人群计数设备。这些设备利用图像识别技术，对博物馆内特定区域的人群密度进行实时监测。

尽管博物馆内已安装有 500 多个 CCTV 摄像头，但研究人员发现现有摄像头的图像质量不足以直接用于人群计数。因此，他们测试了不同的人群计数软件，并找到了一种能够在不升级硬件的情况下实现精确计数的解决方案。

④现有 CCTV 摄像头：除了新部署的硬件外，研究人员还充分利用了乌菲兹美术馆内已有的 CCTV 摄像头资源。通过调整摄像头设置和图像处理算法，研究人员成功地从现有摄像头中提取出有用的访客流动数据。

（2）数据分析与模型建立

①数据收集与处理。首先，通过部署在博物馆内外的各种设备（如可编程条形码阅读器、RFID 标签、摄像头等）收集访客数据。这些设备记录了访客的到达时间、离开时间、预订情况等信息。收集到的原始数据需要经过清洗、整理和格式化，以便后续分析。在数据处理过程中，还需要解决数据不一致性、缺失值等问题，确保数据的准确性和可靠性。

②数据分析。在数据分析阶段，研究人员对收集到的数据进行探索性分析，以了解访客行为的基本特征。这包括分析日访客数量的时间序列数据，识别季节性、周期性变化以及异常值；同时，还分析访客的访问时长，探究其随时间的变化规律。通过数据分析，研究人员能够初步了解博物馆的访客流量模式，为后续建模提供基础。

③预测模型建立。基于数据分析的结果，研究人员建立预测模型来预测未来的访客流量。预测模型主要包括两部分：日访客数预测模型和访问时长预测模型。

日访客数预测模型：采用 ARIMA（自回归积分滑动平均）模型进行日访客数的预测。ARIMA 模型是一种常用的时间序列预测方法，它能够捕捉数据中的自相关性、季节性和趋势性。为了提高预测准确性，研究人员还结合了预留门票数据进行分析，通过 Transfer Function Analysis（转移函数分析）将预留门票数据纳入 ARIMA 模型中。此外，还通过周期性分析识别周内的访客行为模式，进一步细化了预测精度。

访问时长预测模型：访问时长是另一个重要的预测目标，它决定了博物馆在每个时间段内能够容纳的访客数量。通过分析发现，访问时长与入场时间有关，呈现出非线性下降趋势。研究人员采用伽马分布来描述每个入场时间段的访问时长，该分布能够较好地拟合实际数据。通过计算每个时间段的平均访问时长和标准偏差，可以构建出访问时长的概率密度函数，为后续的优化模型提供基础。

④模型验证与优化。预测模型建立后，需要进行验证和优化以确保其准确性和可靠性。验证过程包括将模型预测结果与实际数据进行对比，计算误差率等指标来评估模型的性能。如果发现模型预测结果不准确或存在偏差，需要对模型进行调整和优化。例如，可以调整 ARIMA 模型的参数设置、增加外部变量（如天气、节假日等）来提高预测精度；或者对伽马分布的参数进行微调以适应不同时间段的访问时长变化。

（3）优化模型

优化模型是在预测模型提供的数据（如每日访客数量、访问时长等）基础上，通过数学优化方法计算出每个时间段内博物馆可以安全、高效接待的访客数量。这个模型的目标是最大化博物馆的总收入（或在免费日时的访客数量），同时确保不超过博物馆的承载能力，避免入口拥堵。

通过实施优化模型，乌菲兹美术馆成功减少了博物馆外的排队现象，提高了访客满意度和博物馆的运营效率。系统能够实时调整门票分配策略，确保在高峰时段也能保持顺畅的访客流动。同时，通过优化模型的应用，博物馆还能够在不牺牲访客体验的前提下最大化其承载能力。

（4）用户体验与软件解决方案

①用户体验

数字化服务点：为了减少游客在博物馆入口处的排队时间，提升参观的便捷性，提出了在博物馆外部部署数字亭（digital kiosks）的方案。这些数字亭（如图5–5）允许游客在没有预约的情况下，现场自助打印包含指定入场时间的电子凭证（voucher）。游客在选定入场时间并打印出电子凭证后，便可以离开博物馆区域，自由安排时间参观周边的其他景点或进行其他活动，直到他们的入场时间到来。这种方式有效地将排队等待的过程从博物馆门口转移到了游客的自由时间内，大幅提升了游客的满意度和体验。

图 5–5　数字信息亭（digital kiosks）

图片来源：Attanasio A，Maravalle M，Muccini H，et al.Visitors flow management at Uffizi Gallery in Florence，Italy［J］.Information Technology & Tourism，2022，24（3）：409–434.

②软件解决方案

数字亭与显示屏系统：为了实现上述用户体验的提升，文献设计了一套完整的软件解决方案。首先，数字亭作为游客与系统的交互界面，内置了预约和凭证打印的功能。这些数字亭通过连接到后端的服务器，能够实时获取博物馆的入场时间表和剩余容量信息，并根据这些信息为游客提供合适的入场时间选项。同时，为了增强透明度，博物馆外部还设置了大屏幕显示屏，实时展示当前的入场时间以及各时间段内电子凭证的剩余数量，让游客能够直观地了解当前的预约情况。

数据采集与验证：为了确保预约系统的准确性和可靠性，软件解决方案还包含了数据采集与验证的模块。这些模块通过可编程条形码阅读器、RFID 标签以及现有的 CCTV 摄像头等设备，实时采集游客的入场和离场数据。通过将这些数据与电子凭证信息进行比对验证，系统能够确保每位游客都能够在其预约的时间内顺利入场，从而维护了整个预约系统的公平性和有效性。

后端管理与优化：在软件解决方案的后端部分，设计了一个强大的管理系统，用于实时监控博物馆的访客流量、调整入场时间表以及优化资源分配。这个系统通过整合各种数据源和分析工具，能够实时计算出每个时间段的最佳入场人数，并根据实际情况动态调整预约策略。同时，系统还能够对历史数据进行深入分析，为未来的运营决策提供有力的数据支持。

3. 案例成效

（1）排队时间大幅缩短

在实施系统前，乌菲兹美术馆在高峰时段（尤其是免费参观日）常常出现游客长时间排队等候入场的情况，排队时间有时长达数小时，严重影响了游客的体验。通过引入访客流量管理系统，博物馆能够基于实时数据和预测模型动态调整入场时间，有效平衡了各个时间段的访客流量。排队时间从之前的平均 64 分钟大幅缩短至平均 14 分钟，极大地提升了游客的满意度。图 5-6 提供了 2018 年 9 月 2 日观察到的队列（传统系统）与2018年10月7日和11月4日（优化后的系统）的队列（几乎为空）之间的视觉比较。从数据上的对比也可以明显感受到系统优化的结果：

- 9 月 2 日有 6961 人参观了博物馆，而 10 月 7 日有 7765 人（实际上接待了更多的人）；
- 9 月 2 日下午 6:35 分发了 7036 张入场券，而 10 月 7 日中午分发了 7385 张（10 月入境游客的流量要高得多）；

● 平均排队时间从 9 月 2 日的 64 分钟（共 445504 分钟）大幅下降到 10 月 7 日的 14 分钟。

02nd September 2018

07th October 2018

04 November 2018

图 5–6　系统实施前后的效果对比

图片来源：Attanasio A，Maravalle M，Muccini H，et al.Visitors flow management at Uffizi Gallery in Florence，Italy［J］.Information Technology & Tourism，2022，24（3）：409–434.

（2）访客流量分布更加均衡

系统不仅减少了总体排队时间，还通过优化算法使得访客流量在一天中的分布更加均衡。通过实时分析每个时间段的访客需求和博物馆的承载能力，系统能够智能地分配入场名额，避免了某些时段人满为患而其他时段相对冷清的情况。这不仅提高了博物馆的运营效率，也使得游客能够在更为舒适的环境中参观。

（3）游客体验显著提升

排队时间的缩短和客流量的均衡分布直接提升了游客的参观体验。游客不再需要为了进入博物馆而花费大量时间在队伍中等待，而是能够更充分地利用时间享受博物馆的展品和文化氛围。此外，系统提供的电子凭证服务也让游客能够提前规划自己的行程，避免了现场购票的烦琐和不确定性。

（4）博物馆运营效率提高

对于博物馆而言，访客流量管理系统的实施也带来了运营效率的提升。系统能够实时跟踪和分析访客数据，为博物馆的管理和决策提供有力支持。博物馆可以根据系统提供的数据调整展览布局、优化服务流程、制定营销策略等，进一步提升运营水平和竞争力。

（5）对城市形象的积极影响

乌菲兹美术馆作为佛罗伦萨的标志性文化景点之一，其形象和口碑对于城市的旅游业发展具有重要意义。访客流量管理系统的成功实施不仅提升了博物馆自身的运营效率和游客满意度，还对城市形象产生了积极影响。减少了博物馆入口处的拥堵现象和排队噪声等问题，为城市营造了一个更加和谐、有序的旅游环境。

（三）世界著名水城威尼斯的游客管理成功经验

1. 案例背景

威尼斯，被誉为“水城”，每年吸引着大量的游客。根据意大利国家统计局的数据，在新冠疫情暴发前的 2019 年，面积仅 7.6 平方千米的威尼斯城市核心区全年共接待游客近 1300 万人次。这给城市基础设施带来极大压力。当地公民协会 2023 年 4 月统计发现，威尼斯城内留给游客的床位数甚至超过了城内居民自用的床位数。越来越多当地居民选择离开家乡去别的地方居住[①]。

据英国《卫报》报道，联合国教科文组织此前两次考虑将威尼斯列入《濒危世界遗产名录》，旅游业的影响是原因之一。为避免被列入濒危名录，威尼斯已采取多种措施减少旅游业影响。2021 年，当地还宣布禁止大型邮轮驶入威尼斯潟湖。2023 年 9 月，威尼斯当地批准对所有游客按人头收取 5 欧元的“进城费”。

巨大的客流量严重威胁着当地旅游业可持续发展的能力。为了保持威尼斯的在全世界旅游者心目中的旅游吸引力以及促进当地旅游业可持续发展，当地政府以及旅游主管部门制定了一系列游客管理政策以有效地缓解了巨大客流量所带来的负面效应。

2. 案例具体做法

（1）借助预订系统调控旅游需求

威尼斯在尽量降低旅游需求高峰以减少游客季节性分布不均衡的成功做法是借助预订系统来调控旅游需求，从而有效地将高峰时期的客流分流到旅游淡季，既有效地减轻了高峰时期的旅游接待压力，又拉动了淡季旅游需求。这一预订系统的具

---

① 威尼斯拟禁 25 人以上旅游团，英媒：为缓解过度旅游对城市的影响，https://new.qq.com/rain/a/20240102A00QRX00

体表现形式就是“威尼斯旅游智能卡”。

旅游者在出游之前可以通过国际互联网订购“智能卡”；在订购的过程中互联网会将威尼斯目前旅游动态信息传递给旅游者，例如游客数量、游客密度、旅游接待设施情况、旅游建议等。旅游者通过这种适时互动的方式，在全面了解威尼斯旅游信息的基础上再做出选择什么时间出行的决定。

这在很大程度上分流了一部分旅游旺季的客流，因为毕竟不是所有的旅游者都能够忍受旅游旺季恶劣的旅游环境：旅游交通设施严重超载，游人人满为患，游客食宿困难，服务质量下降，旅游花费提高等。

“威尼斯旅游智能卡”的另一个重要功能是在便利游客消费的同时有效地掌控了客流的流量。游客申请到这种“智能卡”后就可以得到一系列在威尼斯旅游的优惠，游客可以以十分优惠的价格获得“旅游包价服务”。最贵的金卡是为计划在威尼斯游玩 7 天的游客制定的，价格 50 美元，包括参观威尼斯城内的博物馆、纪念馆的门票，机场到市区、市区内的公共交通费用，还包括去威尼斯公共厕所的费用（不预订的游客则不能得到这些优惠）。这对大多数旅游者而言还是具有很大的吸引力的。

为了有效控制游客数量，“智能卡”的发行数量由威尼斯城市中心的旅游承载力决定。如果游客数量接近了当地旅游环境承载力的阈值，主管部门就会停止发行“智能卡”以抑制客流流入。

威尼斯通过“威尼斯旅游智能卡”这一旅游预订系统的方式不仅有效地调控了客流量，缓解了旅游旺季巨大的客流给城市带来的压力，而且给游客带来了高质量的旅游体验。

（2）利用智慧控制室（Smart Control Room）控制调节游客流量

威尼斯智慧控制室（Smart Control Room）是威尼斯市的“数字大脑”，旨在通过收集和分析数据来控制和改进城市的流动性和安全系统。该控制室于 2020 年 9 月在 Isola Nova del Tronchetto 启用，是威尼斯智慧城市项目的重要组成部分。得益于公私合作创新，该项目部分资金来自欧盟，部分资金来源于市政当局。

威尼斯智能控制室的目标是通过智能技术提升城市管理水平，减少过度拥挤，保护城市的历史和文化遗产，并为居民和游客创造一个更宜居和可持续的环境。智慧控制室通过基于传感器、摄像头和手机数据的智能系统来监控游客的大规模涌入。传感器——策略性地部署在关键路口和广场上——可以检测行人的通行情况。

类似地，摄像机提供人群和人流的实时图像。最后，移动电话数据可以跟踪个人的移动，以及其他信息，如来自哪里，要去哪里，以及他们的移动速度。这样一个全面的监测系统可以让城市评估历史和实时流量，还可以对特定时间特定区域的人群等物理现象进行建模。所有数据都在一个专用的智能控制室中可视化，以及来自其他监控系统的数据，例如检查水位以预测所谓的“高水位”传感器，或检测和罚款超速船只的摄像头。

传感器和摄像头：在城市的 34 个关键地点安装了传感器，用于监控行人的数量、移动速度和身高，以区分成人和儿童。这些传感器提供的是模糊的黑白图像，以保护个人隐私。根据《纽约时报》形容，高分辨率摄影机以大约每秒 25 帧的速度运转，政府工作人员可以在不远处的控制室的八个屏幕上了解这座城市有多拥挤，以及有多少船只在大运河上，船只是否超速行驶，以及水位是否上升到危险水平。原本威尼斯就有安装摄影机，但是是用来监视犯罪和破坏公物的划船者，现在则兼作访客定位器。

手机信号分析：通过与意大利电信公司 TIM 合作，系统利用手机信号数据来分析游客的来源、移动路径和停留时间，从而更全面地了解游客的流动情况。控制室里每隔 15 分钟会收集移动电话数据，提供人们的年龄、性别、原籍国和先前的位置等信息。移动位置数据还可以在某桥梁过度拥挤时禁止人们进入。威尼斯政府还计划安装类似机场的闸门，目的是控制人流，如果人数过多，将阻止新游客进入。

图像识别传感器：在大运河和潟湖区域安装了 39 个图像识别传感器，用于监控水上交通，并利用机器学习算法不断提升其性能。

智慧控制室的主要功能包括：

实时数据收集与处理：系统实时收集和处理来自传感器、摄像头和手机信号的数据，以便实时了解城市的人口密度、游客流动和交通状况。

人流管理：通过分析数据，系统可以预测拥堵时间和地点，并提前采取措施分流人群，避免过度拥挤。

交通监控：监控大运河和潟湖区域的水上交通，确保船只遵守速度限制和水位安全。

预约和收费系统：为了控制游客数量，威尼斯政府计划实施预约和收费系统，游客需要提前预约并支付费用才能进入威尼斯。

威尼斯智能控制室（Smart Control Room）自实施以来，取得了显著的成效。

①人流管理。实时监控和预警：通过安装高分辨率摄影机、光学传感器和手机信号追踪系统，威尼斯智能控制室能够实时监控游客和居民的流动情况。系统能够预测拥堵时间和地点，并通过智能分析提前采取措施，如限制游客进入，从而有效避免了过度拥挤。

预约和收费系统：为了更好地控制游客数量，威尼斯政府引入了预约和收费系统。游客需要提前预约并支付费用才能进入威尼斯，这一措施有效减少了游客数量，特别是在高峰时段。

②交通管理。水上交通监控：系统在威尼斯的主要水道上安装了图像识别传感器，用于监控船只的数量、速度和水位情况。这些传感器利用机器学习算法不断提升性能，确保船只遵守速度限制和水上安全。

公共和私人交通优化：智能控制室还整合了关于停车、公共和私人交通的数据，通过实时分析和处理，优化了交通流量，减少了交通拥堵。

③城市安全。应急响应：智能控制室能够在紧急情况下迅速响应，通过实时数据分析和预警系统，管理部门可以及时采取行动，提升城市的安全管理水平。

环境保护：系统还关注城市的生态环境，通过监控和分析数据，采取措施保护威尼斯的水下生态系统，防止垃圾和微塑料污染。

④游客体验。个性化信息：游客可以通过智能手机应用程序获取实时城市信息，包括人流密度、交通状况和活动推荐，提升整体旅游体验。

预约系统：预约系统不仅帮助控制游客数量，还为游客提供了更好的访问体验，减少了排队和等待时间。

⑤可持续发展。数据驱动的决策：智能控制室通过收集和分析大量数据，为城市管理者提供了科学依据，以便制定更有效的政策和措施，推动城市的可持续发展。

公众参与：系统还鼓励公众参与城市管理，通过教育和宣传活动，增强居民的环保和安全意识，形成良好的社区共治氛围。

（四）阿姆斯特丹的人流监控系统 Crowd Monitoring System Amsterdam（CMSA）

阿姆斯特丹的 Crowd Monitoring System Amsterdam（CMSA）是一个创新的监控系统，旨在以负责任和符合隐私的方式管理城市中的人流。该系统使用摄像头和

Wi-Fi 传感器来监控和预测公共空间中人群的大小、密度、方向和速度。CMSA 的数据被用于战略、战术和操作目的，以帮助城市管理者做出更好的决策。

作为 CMSA 的一部分，阿姆斯特丹开发了一个名为 Public Eye 的开源项目。这是一个使用现有城市摄像头和计算机视觉人工智能（AI）算法来监测和预测公共空间中人群规模、密度、方向和速度的系统。Public Eye 的设计注重隐私保护，它不会存储任何图像或视频，系统只共享检测到的人数预测总数。

Public Eye 系统（如图 5-7）在 2015 年的 SAIL 活动首次部署，并安装在瓦伦区（Red Light District）、中央车站巴士平台和渡轮码头等地区。后续系统又部署在 Johan Cruijff 大道、Marineterrein 和 Plein '40-'45 广场进行测试和使用。

图 5-7 阿姆斯特丹市开发的 Public Eye 系统示意

图片来源：Public Eye：een open-source oplossing voor crowdmanagement.https://www.amsterdam.nl/innovatie/mobiliteit/public-eye-oplossing-crowdmanagement/.

该系统允许政府工作人员从摄像头集群中创建数据集，训练神经网络，并将训练好的网络部署到摄像头上。它还可以测量疫情期间的社交距离。

阿姆斯特丹市政府还与合作伙伴一起，通过在城市中的几个热点地区安装摄像头来收集数据，这些摄像头与城市的服务器相连。服务器上的算法分析图像中的人数，并将这些信息发送给市政府的工作人员，他们可以使用这些数据来更好地管理交通流动。

此外，阿姆斯特丹市政府还推出了一个网站，供市民和游客查看城市中的拥挤情况，以便他们可以规划自己的行程，避开过于拥挤的线路。

CMSA 的关键特点包括：

● 隐私保护：系统设计注重隐私保护，不存储任何个人图像，只分析人群的流动和密度。

● 实时监控：通过安装在关键公共区域的摄像头，系统能够实时监控人群动态。

● 数据分析：收集的数据通过先进的分析工具进行处理，以预测人群趋势并为城市管理提供洞察。

● 开源技术：阿姆斯特丹开发了自己的开源人群监控技术，名为 Public Eye，这是一个基于人工智能的系统，可以分析摄像头数据而不会侵犯个人隐私。

● 多场景应用：该技术被用于各种场景，包括监测热门旅游景点、大型活动、公共交通区域等。

● 提高安全性：通过人群监控，阿姆斯特丹能够更好地管理公共安全，预防人群拥堵和踩踏事件。

● 辅助决策：为城市管理部门提供数据支持，帮助他们在大型活动和日常管理中做出更明智的决策。

● 提升城市形象：通过有效管理公共空间，阿姆斯特丹提升了作为智慧城市的形象。

总的来说，CMSA 和 Public Eye 项目展示了阿姆斯特丹如何利用技术来提高城市的安全性和可居住性，同时尊重和保护个人隐私。

该系统取得的成效包括以下几个方面：

1. 提升公共安全

一是事故预防。通过实时监控人群的规模、密度、方向和速度，Public Eye 系统能够帮助识别潜在的安全风险，如人群过于拥挤可能导致的事故。这在阿姆斯特丹这样一个人口密集且游客众多的城市尤为重要。

二是紧急响应。系统可以实时向相关部门发送警报，以便快速响应突发事件，如暴力事件或人员受伤事故，从而提高应急处理效率。

2. 疫情期间的社交距离监测

在新冠疫情期间，Public Eye 系统被特别调整为测量社交距离，帮助政府和公共卫生机构有效监控和实施防疫措施，减少病毒传播的风险。

3. 优化城市管理和规划

一是数据支持决策。系统收集的数据为城市管理和规划提供了重要依据。通过分析人群流动模式，城市管理者可以更好地规划公共设施和服务，如交通流量管理和公共空间设计。

二是经济活动分析。Public Eye 系统还能帮助分析经济活动，如监测商业区的客流量，为商家提供市场趋势信息，从而支持商业决策。

4. 隐私保护与公众信任

Public Eye 系统在设计之初就考虑了隐私保护，采用了“隐私设计”原则，确保监控过程中不会侵犯个人隐私。这种做法增强了公众对系统的信任，同时也为其他城市提供了如何在监控系统中平衡隐私和安全需求的范例。

5. 开源与技术创新

阿姆斯特丹市选择将 Public Eye 系统开源，供其他城市和企业免费使用。这种开源模式不仅促进了技术的快速传播和应用，还鼓励了更多的创新和改进。

（五）瑞典哥德堡（Gothenburg）的事件影响计算器 Event Impact Calculator

哥德堡是瑞典最大的城市之一，也是瑞典主要的旅游目的地，是该国的主要经济中心之一，也是初创企业、创新实验室和一所排名靠前的大学的所在地。在过去几年中，哥德堡投资于交通、交通、开放数据和可持续性的创新解决方案，从而在2020年获得了“欧洲智慧旅游之都”称号，并获得了可持续性特别奖。该市一直在促进数字化和绿色投资，将绿色政策的制定与旅游业的发展联系起来，并提高社会对环保数字解决方案的认识。

在这座城市吸引力不断增加，同时对可持续性的关注也日益增加的框架内，瑞典体育联合会和 Go：teborg&co 公司开发了事件影响计算器（Event Impact Calculator，EIC），这是一种评估事件的社会经济和环境影响的工具。该工具可供所有相关利益相关者免费使用，如活动组织者、地区、市政当局、目的地、业主、旅游经营者、酒店和餐饮业、学生等。

该工具的特点在于其用户友好性，用户只需输入一系列他们了解或可以合理猜测的数字即可。这些数字包括关于活动规模的关键数字（如预期参与者人数或预期外国参与者人数）、参与者预期的住宿和交通方式信息、门票费用、赞助费用，甚至当地居民对活动的态度。

收到数据后，该工具将编制一份估计经济、环境和社会影响的报告，供组织者用于通知与目的地经理的谈判、激励赠款申请、吸引赞助商或与活动相关的任何其他活动。因此，该工具允许旅游业利益相关者以更专业的方式组织活动，这得益于通过数据为讨论和决策提供信息的可能性。

哥德堡每年举办多种文化活动和节日，如音乐节、电影节和艺术节。EIC 在这些活动中被广泛应用，帮助组织者评估活动的经济效益、社会效益和环境效益。例如，通过 EIC，组织者可以计算出活动带来的游客数量、消费水平以及对当地就业的影响。

哥德堡也是各类体育赛事的举办地，如国际体育赛事和地方性体育活动。EIC 在评估这些赛事的影响时，不仅考虑了直接的经济效益，还评估了赛事对城市基础设施的改善、居民健康和社区凝聚力的提升。

EIC 通过提供详细的数据分析，帮助组织者做出更明智的决策。例如，组织者可以根据 EIC 的分析结果调整活动规模、时间和地点，以最大化活动的影响。

EIC 的设计考虑了不同类型活动的特点，使其具有高度的灵活性和适应性。此外，EIC 还鼓励组织者采取可持续的做法，减少活动对环境的影响。

EIC 能够计算活动在五个方面的经济影响：活动类型、持续时间、参与人数、过夜比例和当地参与度。通过这些数据，EIC 能够全面评估活动对当地经济的影响。用户普遍对 EIC 的易用性和准确性表示满意。许多组织者表示，EIC 不仅帮助他们更好地理解活动的影响，还提高了他们与资助者沟通的效率。EIC 在行业内得到了广泛认可，并在多个目的地组织中得到了应用。

哥德堡在智慧旅游方面还实施了许多创新项目，如通过智能交通系统优化游客流动，利用大数据分析游客行为等。这些项目与 EIC 结合使用，进一步提升了旅游管理的效率和效果。

哥德堡与欧洲城市营销组织（European Cities Marketing，ECM）合作，共同推广 EIC，使其成为欧洲智慧旅游市场的重要工具。这种合作不仅提升了 EIC 的影响力，也为哥德堡带来了更多的国际游客和投资。

（六）巴伦西亚构建智慧目的地网络

巴伦西亚是西班牙第三大城市，坐落于地中海沿岸。这里历史文化悠久，拥有丝绸交易厅和法雅节等文化遗产，美食与海滩更是吸引了各地游客。近年来，巴伦西亚致力于发展智慧旅游产业，不断创新旅游模式，推动旅游业的可持续发展和数字化转型，改善游客体验。

巴伦西亚是西班牙政府积极推动智慧旅游发展的一个缩影。早在 2013 年，西班牙工业、贸易与旅游部就推出了智慧旅游目的地项目，制定相关标准，对满足条件的旅游目的地进行认证。2019 年，该部又推出了智慧旅游目的地网络，各地可以共享智慧旅游发展和创新经验，加强各旅游目的地间的协调。“智慧旅游目的地网络”并不是已完成智慧转型旅游目的地的集合，它更像是一个智慧旅游目的地的“孵化箱”。任何地方政府或实体都可申请加入网络并在网络内其他会员、特别是旅游机构及相关企业的帮助下推动本地旅游的智慧转型。该网络为会员提供的服务主要包括协助应用旅游新技术、帮助对接旅游新技术供应商、提供旅游升级相关的投融资信息等。

巴伦西亚地区的目的地网络根据其发展阶段将目的地分为三个级别：第一级意味着加入网络的第一步，制订工作计划的意愿以及出席所有会议的意愿。第二级需要通过基于智慧旅游目的地指标体系的自我诊断工具进行评估，以及积极参与网络。第三级需要根据诊断结果制订智能目的地计划，并参与不同技术的研究项目和试点测试。此外，智慧旅游目的地评价指标体系是智能旅游规划过程中的关键要素。自我诊断是该领域的一项突破性工具，完成自我诊断将成为检测改进领域和确定每个维度中每个目标的策略和行动的起点。通过持续评估和监测真实目的地的演变，一个本质上是学术概念（智慧旅游目的地）的概念已经付诸实践。因此，西班牙，特别是巴伦西亚地区，已成为智能旅游倡议发展的领导者，他们的模式为欧盟倡议提供了灵感和借鉴。

巴伦西亚在全市范围内设立了 5 个智能旅游信息办公室，可以 24 小时为游客提供旅游信息查询、旅游服务产品购买以及网络订单领取等服务。市政府推出智慧旅游数据平台，通过市区内的传感器收集相关信息，包括公共交通运营情况、城市租赁自行车使用情况以及游客消费偏好等，通过大数据分析并形成游客旅游和消费活动报告，帮助旅游企业更好决策。

为了进一步丰富游客的旅行体验，巴伦西亚旅游部门还推出了专门的手机应用程序，规划了不同主题的城市地理寻宝游戏，将不同景点进行串联。市政部门还修建了超过 156 千米的自行车道，对更多道路和建筑进行了无障碍改造，推广绿色出行和慢享旅游。

2021 年，西班牙政府决定成立智慧旅游目的地平台，并投入 1.3 亿欧元用于平台建设，通过集合公私数据，将游客、旅游目的地和企业连接在一起。通过市区内的传感器收集公共交通运营情况、城市租赁自行车使用情况以及游客消费偏好等信息，并通过大数据分析形成游客旅游和消费活动报告，帮助旅游企业更好地进行决策。借助该平台，游客可以与旅游目的地和相关企业建立联系，获取旅游资讯和促销信息；旅游目的地可以对游客数据、旅行信息等进行汇总分析，为制定旅游政策提供依据；企业可以加速业务电子化，推出更有针对性的旅游方案进行宣传和营销。

在智能旅游开发方面，巴伦西亚市一方面始终是旅游体验的管理先驱，另一方面是为增加旅游商业竞争力，市政府成功开发构建了旅游数据平台，研究旅行细分领域数据，为游客提供更灵活的服务，打造 7×24 小时的专业服务，丰富各国游客的智能旅游体验。平台还开发了几个工具包，以支持目的地采用数字技术或数据驱动的决策过程、可访问性、治理或气候变化适应。此外，该平台还开发了几项专注于智能旅游解决方案的试点行动，包括预订监控，这是一种根据销售渠道、原产地市场和平均价格衡量酒店预订趋势的工具。其他关键工具如目的地社交媒体监测分析，用于监测旅游目的地在社交媒体上的营销反馈，以及允许旅游目的地将目的地指标与已有标准进行比较的计算机系统。其他关键项目侧重于特定的产品和领域，包括自然空间和海滩，目的是设计数字服务，在旅游相关领域实施智能规划和管理方法。

为了进一步服务游客，巴伦西亚还率先引入人工智能，推出了聊天机器人、智能信息咨询台等智能化交流设施，随时为游客提供贴心的服务。除此之外，游客还可以通过“寻宝式”体验来解锁不同的景点。所有的这些项目都体现了科技与服务的完美结合，提升游客出游的参与度和热情。

（七）西班牙吉普斯夸省（Gipuzkoa）的旅游智能平台 Hodeian

1. 案例背景

吉普斯夸省（Gipuzkoa）是西班牙北部巴斯克自治区的三个省份之一，靠近法国边境。如今，Gipuzkoa 及其 88 个城市是受欢迎的旅游目的地，主要推动了圣塞巴斯蒂安市的旅游吸引力。巴斯克自治区提供了各种各样的景点，如生态旅游、海洋和体育旅游，以及与重要遗产地或当地美食相关的文化旅游。然而，旅游支出一直是衡量和跟踪旅游行为的一个具有挑战性的参数。

吉普斯夸省（Gipuzkoa）希望通过开发 Hodeian 平台，提升其作为旅游目的地的吸引力和管理效率。随着旅游业的发展，吉普斯夸省（Gipuzkoa）需要更精准的数据来支持旅游决策，优化资源配置，提升游客体验。通过数据分析，帮助管理者更好地理解和分析游客流动、游客消费习惯和游客特征。

Hodeian 是一种基于数据分析来衡量游客支出和消费习惯的工具。它是一个大数据分析工具，为公共和私人旅游利益相关者提供市场理解、旅游规划和管理以及决策支持。吉普斯夸省议会是该项目的发起人和主要用户，根据“建设起来”（Etorkizuna Eraikiz）战略开发了该项目。Hodeian 平台由吉普斯夸省政府（Gipuzkoa Foru Aldundia）和 Tecnalia（一家应用研究和开发机构）合作开发。Tecnalia 是西班牙最大的应用研究和开发中心之一，专注于提升企业的竞争力和人们的生活质量。

2. 具体做法

（1）数据收集

Hodeian 工具通过多种途径收集数据，以便全面了解游客的行为和消费习惯。这些数据收集方法包括：

①信用卡和 POS 机数据：Hodeian 收集在商业场所使用信用卡和 POS 机进行的交易数据。这些数据经过汇总和匿名化处理，用于分析游客的消费习惯。通过这些数据，管理者可以了解游客的消费水平和偏好，从而制定更精准的营销策略和旅游产品。

②移动运营商数据：Hodeian 通过移动运营商的数据追踪游客（包括游客和当日往返的游客）的流动情况。这些数据帮助管理者了解游客在各个区域的行为模式，并量化当日往返游客的数量及其停留地点。这种分析有助于管理者更好地了解游客的流动情况，从而优化旅游资源的分配。

③传感器系统：Hodeian 使用传感器系统监测特定区域内的人员流动和人流情况。这些数据有助于分析举办活动的影响，并识别需要采取行动的过度拥挤情况。例如，管理者可以通过这些数据了解哪些活动吸引了大量游客，并据此调整未来的活动安排。

（2）数据分析

收集到的数据需要经过深入分析，才能为管理者提供有价值的见解（insights）。Hodeian 工具在数据分析方面具备以下特点：

①消费习惯分析：通过分析信用卡和 POS 机数据，Hodeian 能够识别游客的消费习惯，包括消费频率、消费金额和消费地点。这些信息有助于管理者了解哪些商品或服务最受欢迎，以及游客在哪些区域消费最多。基于这些分析，管理者可以调整商品和服务的供应，优化营销策略，提高游客满意度。

②游客流动分析：移动运营商数据提供了关于游客流动的详细信息，包括游客在各个区域的停留时间和移动路径。通过这些数据，管理者可以了解游客的兴趣点和偏好，以及他们在吉普斯夸省的活动模式。这些信息有助于优化旅游资源的布局，提升游客体验。

③人员流动监测：传感器系统收集的数据用于分析特定区域内的人员流动情况。这些数据可以帮助管理者了解游客在不同时间段的活动模式，以及哪些活动或事件吸引了大量游客。基于这些分析，管理者可以调整活动安排，优化旅游资源的分配，避免过度拥挤。

④综合数据分析：Hodeian 工具将来自不同来源的数据进行综合分析，以便为管理者提供全面的游客行为和消费习惯视图。这种综合分析有助于管理者更深入地了解游客的需求和偏好，从而制定更有效的旅游策略。

（3）数据发布

这些信息经过处理、分类（如国籍、支出类别、日期和时间），并在项目网站（www.hodeian.eus）上免费提供。数据和信息根据三个不同领域发布：支出（按类别、市、原籍国、时间或访问目的地）、流动性（出勤率、省内流动性、停留时间）和关于游客的描述性统计数据（每月、每周或每天）。

3. 案例效果

（1）游客流动分析

Hodeian 通过移动运营商的数据追踪游客（包括游客和当日往返的游客）的流动情况。这些数据帮助管理者了解游客在各个区域的行为模式，并量化当日往返游客的数量及其停留地点。这种分析有助于管理者更好地了解游客的流动情况，从而优化旅游资源的分配。

（2）消费习惯分析

Hodeian 收集并分析在商业场所使用信用卡和 POS 机（数据终端）进行的交易数据。这些数据经过汇总和匿名化处理，用于分析游客的消费习惯。通过这些数据，管理者可以了解游客的消费水平和偏好，从而制定更精准的营销策略和旅游产品。

（3）人员流动监测

Hodeian 使用传感器系统监测特定区域内的人员流动和人流情况。这些数据有助于分析举办活动的影响，并识别需要采取行动的过度拥挤情况。例如，管理者可以通过这些数据了解哪些活动吸引了大量游客，并据此调整未来的活动安排。

（4）决策支持

Hodeian 的目标是为公共和私人旅游管理者提供决策支持。通过提供实时的游客数据和分析结果，管理者可以更好地了解当前旅游市场的状况，从而制定更有效的旅游策略。例如，管理者可以根据游客的消费数据调整旅游产品的价格，或者根据游客的流动数据优化旅游景点的布局。

（八）斯洛文尼亚的 Toursim4.0 创新平台

1. 背景与理念

斯洛文尼亚的 Tourism4.0 平台是一个旨在通过数字化创新和新兴技术提升旅游业的项目。Tourism4.0 平台是一个为期三年的开发和研究项目，旨在通过数字化手段提升斯洛文尼亚旅游业的整体水平。该项目由斯洛文尼亚旅游部门和相关机构合作推进，目标是通过采用先进的数字技术，实现旅游业的智能化和可持续发展。

Tourism 4.0 是一个综合性的概念，它代表了旅游业在第四次工业革命背景下的数字化转型和创新。这个概念融合了工业 4.0 的核心元素，如物联网（IoT）、大数据、人工智能（AI）、云计算和增强现实（AR）/ 虚拟现实（VR）等先进技术，旨在提升旅游业的整体效率和游客体验。具体包括以下几个方面：

①数字化和智能化：Tourism4.0 强调通过数字化手段提升旅游业的智能化水平。这包括利用大数据分析游客行为，提供个性化的旅游推荐和服务，以及通过物联网技术实现旅游设施的智能化管理。

②可持续发展和绿色旅游：Tourism4.0 注重旅游业的可持续发展，通过优化资源分配、减少环境足迹和提升能源效率，推动绿色旅游的发展。平台利用数据分

析来监控和评估旅游活动对环境的影响，并据此调整策略，促进生态保护和社会责任。

③合作与协同创新：Tourism4.0 鼓励不同利益相关者之间的合作，包括政府、旅游企业、当地社区和科技提供商等。通过协同创新，平台推动旅游业的整体进步，共享资源和知识，实现共同发展。

④实时反馈与适应性：平台利用实时数据监控和反馈机制，帮助管理者及时了解市场动态和游客需求，从而快速响应变化，优化服务。这种实时反馈机制使得旅游业能够更加灵活和高效。

⑤综合生态系统：Tourism4.0 旨在构建一个综合的旅游生态系统，通过连接不同的技术和服务提供商，形成一个协同工作的网络。这个生态系统不仅包括旅游服务本身，还涵盖相关的文化、历史和自然资源的管理和保护。

2. 具体做法

（1）平台主要实施内容

斯洛文尼亚 Tourism 4.0 平台的实施内容主要包括以下几个方面：

①技术转移与培训：平台为旅游中小企业提供技术转移和培训支持，帮助他们采用和利用新兴数字技术。这包括组织研讨会、工作坊和技术培训课程，旨在提升从业人员的数字化技能和知识。

②数据驱动管理：Tourism4.0 平台利用数据分析来优化旅游管理和服务。通过收集和分析游客行为数据，平台能够提供个性化的旅游体验，并帮助管理者做出更科学的决策。

③工具包开发：平台开发了一系列工具包，特别是针对遗产管理，帮助旅游目的地在数字化创新方面取得进展。这些工具包由遗产工作者、创新专家、商业开发人员和技师组成的专业团队提供支持。

④可持续发展项目：平台实施了一系列可持续发展项目，旨在通过数字化手段减少旅游业对环境的影响。例如，利用数据分析来优化资源分配，减少能源消耗和废物产生。

⑤能力建设：Tourism 4.0 平台还致力于提升旅游从业人员的整体能力。通过组织培训和研讨会，平台帮助从业人员了解和应用最新的数字技术，提高他们的工作效率和服务质量。

⑥合作网络：平台构建了一个广泛的合作网络，连接了政府机构、旅游企业、

研究机构和科技公司。这种合作模式促进了知识共享和技术创新，推动了旅游业的整体发展。

（2）平台的 5 大创新支柱

Tourism 4.0 平台有五个主要支柱，每个支柱都在推动旅游业的不同方面的发展和创新。以下是每个支柱的详细资料：

①协作影响代币（Collaboration Impact Token，CIT）：协作影响代币是基于区块链技术的加密代币，旨在奖励积极行为并支持旅游流的重新分配。CIT 的目的是通过在时间和地点上改变价值，来激励游客和旅游服务提供商采取可持续和负责任的行为。这些代币存储在用户的数字个人钱包中，相关的匿名交易数据由 T4.0 Core 处理。CIT 的实施可以通过多种方式，例如在进入国家时或作为景点门票的补充发放，以减少热门景点的压力，并鼓励游客访问那些对环境有积极影响的景点。

②旅游 4.0 生活实验室（Tourism 4.0 LIVING LABs）：Tourism 4.0 Living Lab 是一个现代化的展示环境，供解决方案提供商和其他利益相关者测试、验证和展示他们的解决方案，提供培训，并允许用户亲身体验完整的 T4.0 体验。这个实验室不仅是一个测试和验证新解决方案和商业实践的地方，还是一个培训室，供实际和未来的旅游工作者学习如何应对即将到来的技术、解决方案和流程。此外，它还为立法者和决策者提供了一个了解不同决策紧迫性和影响的真实体验模拟器。

③旅游影响模型（Tourism Impact Model，TIM）：旅游影响模型是一个屡获殊荣的工具，使用真实数据来创建特定微观区域旅游业影响的客观图像。TIM 分析不同社会方面的影响，包括环境、经济、文化和合作，并基于超过 300 个指标自动生成报告。通过模拟不同场景的影响，TIM 还充当旅游目的地的数字孪生体，支持数据驱动的战略规划，并与联合国可持续发展目标保持一致。TIM 已经在 27 个多瑙河地区和 6 个黑海地区的目的地得到验证。

④ T4.0 阿尔卑斯流（T4.0 Alpine Flows）：T4.0 Alpine Flows 项目将创新技术应用于阿尔卑斯环境。该项目由斯洛文尼亚阿尔卑斯协会、斯洛文尼亚阿尔卑斯保护委员会（CIPRA Slovenia）和阿尔卑斯俱乐部合作设立，旨在建立一个步态监测系统，收集前往热门地点的实时数据，以便更好地了解阿尔卑斯地区的访问情况，并支持阿尔卑斯流的可持续重新分配。该项目将在五个热门目的地设置 30 个步态传感器，收集的数据将用于 maPZS 应用程序。

⑤文化遗产的数字化创新：文化遗产的数字化创新是 Tourism4.0 平台的一个重要组成部分，旨在通过数字化手段保护和传承文化遗产。平台利用 3D 和 360°数字捕获、数字媒体和数字图书馆等技术，为文化遗产提供新的展示和互动方式。通过这些技术，游客可以更深入地了解文化遗产，同时也有助于文化遗产的保护和修复。

这些支柱共同构成了 Tourism 4.0 平台的核心，通过技术创新和多方合作，推动旅游业的智能化、可持续发展和文化传承。

（3）通过数据驱动的方法来推动绿色旅游的发展

Tourism4.0 平台通过数据驱动的方法来推动绿色旅游的发展。以下是该平台如何利用数据来促进绿色旅游的详细资料：

①数据监控与可视化：Tourism4.0 平台使用向量可视化技术来跟踪旅游经济的变化，通过这种技术，可以直观地展示旅游业从一种状态转变到另一种状态的过程。这使得实际操作者能够及时获得反馈，了解其行动对环境和社会的影响。

②旅游影响模型（TIM）：平台开发了一个名为“旅游影响模型”（Tourism Impact Model，TIM）的工具，这是一个屡获殊荣的工具，利用真实数据创建特定微观区域旅游业影响的客观图像。TIM 分析旅游对社会、环境、经济和文化等多个方面的综合影响，并基于超过 300 个指标自动生成报告。通过模拟不同场景的影响，TIM 还充当旅游目的地的数字孪生体，支持数据驱动的战略规划，并与联合国可持续发展目标保持一致。

③实时反馈与调整：Tourism4.0 平台通过实时数据监控，帮助管理者及时了解游客流量和需求变化，从而优化资源配置，减少能源消耗和废物产生。例如，通过分析游客的访问模式和消费行为，平台可以建议在旅游高峰期调整开放时间或提供替代活动，以减轻对环境的影响。

④可持续发展规划：平台利用数据分析来支持可持续发展规划。通过对旅游影响的全面评估，TIM 可以帮助目的地制定更科学的发展策略，确保旅游业的发展与环境保护和社会责任相协调。

⑤多方参与与透明度：Tourism4.0 平台强调透明度和多方参与，确保当地居民、旅游服务提供者和当局等所有利益相关者都能参与到旅游战略规划中来。通过收集和整合来自不同来源的数据，平台能够为所有相关方提供一个透明和全面的影响评估，促进基于数据的决策。

四、国内外智慧旅游公共管理实践的比较与借鉴

（一）国内外智慧旅游公共管理实践的比较

1. 技术应用层面

国内智慧旅游公共管理实践在技术应用上表现突出，广泛采用物联网、云计算、大数据、人工智能等现代信息技术，推动旅游资源的优化配置与高效利用。例如，北京市旅游行业信用监管平台、江西省智慧旅游大数据中心和智慧监管平台等案例，均通过大数据技术实现了对旅游市场的全面感知和实时监控。

国外同样重视先进技术在旅游公共管理中的应用，但更注重技术的创新性和综合性。如欧盟 HERIT-DATA 项目通过安装传感器和利用现有统计数据，开发了在线平台和移动应用程序，实现了对文化和自然遗产地的智能化管理。

2. 管理模式层面

国内智慧旅游公共管理强调数据驱动和智能化管理，通过收集和分析游客行为数据、旅游资源数据等，实现精准营销、个性化服务、智能调度等功能。例如，中国科技馆通过电信运营商的大数据技术，实现了对观众行为的全面监测与分析，为优化资源配置和提升服务质量提供了有力的支持。

国外智慧旅游公共管理同样注重数据驱动，但更注重多方协同和数据共享。如巴伦西亚智慧目的地网络通过共享智慧旅游发展和创新经验，加强了各旅游目的地间的协调。同时，国外项目还强调公众参与和多方合作，共同推动智慧旅游公共管理的实施。

3. 创新实践层面

国内智慧旅游公共管理实践创新活跃，不断涌现出具有示范效应的案例。如黄果树景区通过实名制分时预约、观光车调度和游客动线客流管理等方式，实现了智慧化客流管理；丽江古城则通过建设智慧消防系统、遗产本体安全系统等措施，提升了古城保护管理和景区服务水平。

国外智慧旅游公共管理实践同样具有创新性，但更注重跨学科、跨领域的综合应用。如欧盟 HERIT-DATA 项目不仅关注旅游业本身的发展，还致力于减少旅游业对文化和自然遗产地的负面影响。

（二）国外智慧旅游公共管理实践的借鉴

1. 加强技术创新与融合

借鉴国外在技术创新方面的经验，国内应进一步加大在物联网、云计算、大数据、人工智能等领域的研发投入，推动这些先进技术在智慧旅游公共管理中的深度融合与广泛应用。同时，鼓励跨学科、跨领域的协同创新，共同探索智慧旅游公共管理的新模式和新路径。

2. 注重数据驱动与多方协同

借鉴国外在数据驱动和多方协同方面的经验，国内应建立健全旅游数据共享机制，促进政府、企业、社会组织等多方之间的数据共享与合作。通过构建智慧旅游公共管理平台和数据中心，实现对旅游市场的全面感知和实时监控。同时，鼓励公众参与智慧旅游公共管理，提高公众对智慧旅游的认知度和参与度。

3. 关注可持续发展与环境保护

借鉴国外在可持续发展和环境保护方面的经验，国内应将绿色发展理念贯穿于智慧旅游公共管理的全过程。通过优化资源配置、减少资源浪费和环境污染等措施，推动旅游业向绿色、低碳、环保方向发展。同时，加强对旅游活动的监管和管理，确保旅游业的健康发展与生态环境的和谐共生。

五、我国智慧旅游公共管理实践存在的问题与对策

（一）存在的问题

1. 技术应用水平参差不齐

目前，我国智慧旅游公共管理在技术应用方面仍存在不平衡现象。一些地区或景区在技术应用上取得了显著成效，但仍有部分地区或景区在技术应用方面滞后于行业平均水平。这导致了智慧旅游公共管理效果的差异化和不均衡发展。

2. 数据共享机制不完善

数据共享是智慧旅游公共管理的重要基础。然而，目前我国在数据共享机制方面仍存在不足。政府、企业、社会组织等各方之间的数据共享渠道不畅，影响了对旅游市场的全面感知和实时监控。同时，数据安全和个人隐私保护问题也亟待解决。

3. 管理体制和机制不健全

智慧旅游公共管理涉及多个部门和领域的协同合作。然而，目前我国在管理体制和机制方面仍存在不健全的问题。各部门之间的职责划分不明确，协同合作机制不完善，导致在智慧旅游公共管理过程中存在推诿扯皮、效率低下等现象。

（二）对策与建议

1. 加强技术创新与普及

针对技术应用水平参差不齐的问题，应加大在技术创新方面的投入力度，推动物联网、云计算、大数据、人工智能等先进技术在智慧旅游公共管理中的深度融合与广泛应用。同时，加强对基层单位和技术人员的培训和支持力度，提升他们的技术应用能力和水平。

2. 完善数据共享机制

针对数据共享机制不完善的问题，应建立健全旅游数据共享机制。加强政府、企业、社会组织等各方之间的数据共享渠道建设，推动旅游数据的互联互通和共享利用。同时，加强数据安全和个人隐私保护措施的制定和实施力度，确保旅游数据的合法合规使用。

3. 完善管理体制和机制

针对管理体制和机制不健全的问题，应进一步完善智慧旅游公共管理的体制和机制建设。明确各部门之间的职责划分和协同合作机制；建立健全项目管理、资金监管、绩效考核等制度规范；加大监督和评估力度，确保智慧旅游公共管理项目的顺利实施和有效推进。同时，鼓励公众参与智慧旅游公共管理过程，提高公众对智慧旅游的认知度和参与度。

第 6 章 智慧旅游与文化遗产活化利用

一、文旅融合背景下的文化遗产活化

（一）文化遗产概述

文化遗产，无论坐落于世界何处，都是人类文明的见证和人民智慧的结晶，是人类祖先世世代代为我们留下的无价财富，同时也是不可再生的宝贵资源。文化遗产不仅应被理解为物质和非物质财产，同时它本身也是具有社会价值的社会认同标杆。

文化遗产是历史留给人类的财富，从存在形态上分为物质文化遗产和非物质文化遗产，分别又被称作有形文化遗产与无形文化遗产。根据《保护世界文化和自然遗产公约》，物质文化遗产是具有历史、艺术和科学价值的文物，包括历史文物、历史建筑和人类文化遗址。例如，古遗址、古墓葬、古建筑、石窟寺、石刻、壁画、近代现代重要史迹及代表性建筑等不可移动文物，历史上各时代的重要实物、艺术品、文献、手稿、图书资料等可移动文物；以及在建筑式样、分布均匀或与环境景色结合方面具有突出普遍价值的历史文化名城（街区、村镇）。

非物质文化遗产，根据联合国教科文组织通过的《保护非物质文化遗产公约》中的定义，是指被各群体、团体、有时为个人所视为其文化遗产的各种实践、表演、表现形式、知识体系和技能及其有关的工具、实物、工艺品和文化场所。非物质文化遗产是各种以非物质形态存在的、与群众生活密切相关且世代相承的传统文化表现形式，包括口头传统、传统表演艺术、民俗活动和礼仪与节庆、有关自然界和宇宙的民间传统知识和实践、传统手工艺技能等以及与上述传统文化表现形式相关的文化空间。

（二）文旅融合背景下的文化遗产活化

自2018年国家旅游局和文化部合并，文化和旅游部正式组建，即标志着文旅融合进入新纪元，开始从市场驱动的双向融合，迈入自上而下与自下而上相结合的一体化发展阶段。《“十四五”文化和旅游发展规划》明确强调了文化和旅游的深度融合发展，要以文化为旅游的灵魂，以旅游为文化的载体，推动文化产业和旅游产业在更广范围、更深层次、更高水平上实现融合。《“十四五”旅游业发展规划》也强调将文旅融合作为推动旅游业高质量发展的核心战略，坚持以文塑旅、以旅彰文，打造独具魅力的中华文化旅游体验。这意味着在旅游业的发展过程中，文化和旅游的深度融合将成为重要方向。通过优化文旅融合产品供给、推进文化遗产旅游创新发展、促进文旅产业融合发展以及强化文旅融合品牌建设等举措，推动旅游业实现高质量发展，为游客提供更加优质、具有文化内涵的旅游体验。

文化遗产是中华优秀传统文化的重要载体。党的十八大以来，习近平总书记对文化遗产保护传承高度重视。强调要加强管理、挖掘价值、有效利用、让文物活起来的工作要求，全面提升文物保护利用和文化遗产保护传承水平。“让收藏在博物馆里的文物、陈列在广阔大地上的遗产、书写在古籍里的文字都活起来”。全面加强文化遗产保护传承，是学习贯彻习近平文化思想，着力赓续中华文脉、推动中华优秀传统文化创造性转化和创新性发展的重要举措。

民族复兴、文化安全、国家软实力、人类命运共同体已成为中国新时代的发展主题，每一主题皆与传统文化紧密相连，“让文化遗产活起来”为优秀历史文化保护传承开发利用指明了方向。在文旅融合政策的推动下，“以文促旅，以旅兴文”已经成为重要的指导思想和发展路径。文化遗产是一个国家的瑰宝，是一种特殊的宝贵资源，是资源就应该可以利用，之所以特殊，是由于其不可再生、不可替代。仅仅保存并不足够，我们需要让这些文化遗产活起来，让更多人了解和感受。所以，在文化遗产资源的本体得以妥善保护的前提下，我们应该倡导多种形式的活化利用。在多种活化途径之中，旅游领域的活化被认为是其中最为直接，受众面最大，社会效益及经济效益最突出的一个方向。通过旅游开发，可以让更多人了解和感受文化遗产的魅力，同时也可以为文化遗产的保护提供经济支持。

在文旅融合视角下，文化遗产活化是指通过创新的方式，将文化遗产与旅游活动相结合，使其焕发新的生命力，实现文化遗产的传承、保护和可持续发展。这一过程不仅有助于提升文化遗产的社会认知度和影响力，还能为当地经济发展注入新的活力。旅游对文化遗产活化的意义主要体现在以下几个方面：一是经济价值的提升。旅游可以为文化遗产带来直接的经济收益，包括门票收入、周边商品销售等。这种经济收益可以用于文化遗产的保护和修复工作，进一步推动其活化利用。二是增加社会关注度。旅游活动能够吸引大量的游客前来参观，从而增加社会对文化遗产的关注度。这种关注度的提升有助于提升文化遗产的知名度和影响力，为其活化利用创造更好的社会环境。三是可以促进文化传承。旅游活动通常伴随着文化讲解和介绍，这有助于游客了解文化遗产的历史背景、文化内涵等。通过这种文化传承的方式，可以加深游客对文化遗产的理解和认同，为其活化利用提供文化基础。四是推动创新发展。旅游市场的竞争和需求变化可以推动文化遗产在活化利用上进行创新。例如，结合现代科技手段开发新的展示方式、设计具有地方特色的文化创意产品等，都是旅游市场驱动下的创新实践。五是增强社区参与。旅游活动可以带动当地社区的发展，增强社区居民对文化遗产的认同感和保护意识。社区居民的积极参与和投入是文化遗产活化利用的重要力量，他们可以提供丰富的历史信息和传承经验，为活化利用提供有力支持。

二、智慧旅游与文化遗产活化

（一）智慧旅游与文化遗产活化

数字技术对文化遗产的活化与利用起到了至关重要的作用。第一，在保护与修复方面，数字技术通过高精度扫描、三维建模等手段，可以实现对文化遗产的全面数字化记录，为文化遗产的保护和修复提供了重要依据。对于一些已经损坏或即将消失的文化遗产，数字技术可以通过虚拟修复的方式，还原其原貌，从而延续其生命力。第二，数字技术为文化遗产的活化展示提供了无限可能。通过虚拟现实（VR）、增强现实（AR）等技术，观众可以身临其境地体验文化遗产的魅力，感受其背后的历史故事和文化内涵。这种沉浸式的体验方式极大地提高了观众的参与度和兴趣，使文化遗产的展示更加生动、有趣。第三，数字技术打破了时间和空间的限制，使文化遗产的传播与普及变得更加便捷和高效。通过互联网、社交媒体等渠道，人们可以随时随地欣赏和学习文化遗产的相关知识，了解不同地域、不同民族的文化特色。这种广泛的传播方式有助于提升公众的文化素养和文化遗产保护意识。第四，数字技术还为文化遗产的创新利用提供了新途径。通过将文化遗产元素与现代设计、科技手段相结合，可以创造出具有独特魅力和市场价值的新产品、新服务。这不仅有助于推动文化产业的发展，还能为文化遗产的可持续利用提供经济支持。第五，数字技术为国际的文化遗产交流与合作提供了平台。各国可以通过数字化手段共享文化遗产资源，开展联合研究、展览等活动，促进文化的交流与互鉴。这种跨国界的合作有助于增进不同国家和地区之间的理解和友谊，共同推动人类文明的进步。

文化遗产活化强调对文化遗产的深度挖掘和创意转化。文化遗产的旅游活化旨在通过旅游开发和利用的方式，使文化遗产得到生动再现、有效传承和持续发展。具体体现在以下几个方面：

第一，动态保护与传承。文化遗产不仅是静态的历史遗物，更是活态的文化传承。旅游活化强调在保护文化遗产真实性和完整性的基础上，通过旅游活动使其得到动态的保护与传承。这种保护不仅限于物质层面的修缮和维护，更包括非物质文化遗产如传统技艺、民俗活动等的活态传承。

第二，创新展示与体验。利用现代科技手段，如虚拟现实（VR）、增强现实（AR）、三维扫描与建模等技术，为游客提供沉浸式的文化遗产体验。通过创新的展示方式和互动环节，使游客能够更直观地了解文化遗产的历史背景、文化内涵和艺术价值，增强旅游的文化体验感。

第三，活化利用与可持续发展。通过旅游开发，将文化遗产转化为旅游资源，吸引游客前来参观体验，从而带动当地经济发展。同时，注重文化遗产的活化利用，如将传统建筑改造为民宿、餐厅等旅游设施，或者将传统技艺融入旅游纪念品的设计制作中，实现文化遗产的经济价值和社会价值的双重提升。这种活化利用有助于形成良性循环，促进文化遗产的可持续发展。

第四，社区参与与共建共享。文化遗产旅游活化强调社区参与的重要性。通过鼓励当地社区居民积极参与到文化遗产的保护、传承和旅游开发中来，不仅可以增强他们的文化认同感和自豪感，还能促进社区的和谐与稳定。同时，通过共建共享机制，让社区居民从旅游发展中获得实惠，提高他们的生活水平和幸福感。

第五，教育与传播。文化遗产旅游活化还承担着教育和传播的重要功能。通过旅游活动，向游客普及文化遗产知识，提高他们的文化素养和审美水平。同时，借助旅游这一国际性的交流平台，将中国的优秀文化遗产传播到世界各地，增进不同文化之间的理解和尊重。

智慧旅游是通过对新兴技术的有效利用来赋能旅游产业的变革、转型与升级的重要举措。它利用数字技术对文化遗产进行深入挖掘、记录、处理与展示，以提升文化遗产在旅游领域的吸引力、互动性和传播效率。利用数字技术为文化遗产注入新的活力，提升旅游体验和文化传播效果，同时促进当地经济发展和社会进步。具体可体现在以下几个方面：首先，通过运用现代科技手段，如虚拟现实、增强现实、3D 打印等，可以将文化遗产以更加生动、形象的方式展示给公众。这不仅增强了文化遗产的吸引力，还提高了公众对文化遗产的认知和兴趣。同时，智慧旅游平台还可以实现文化遗产的在线传播，让更多的人能够了解和欣赏到文化遗产的魅力。因此，智慧旅游建设能有效提升文化遗产的展示与传播。其次，智慧旅游的建设可以实现对文化遗产的实时监测和预警，及时发现并解决文化遗产保护中的问题。同时，通过数据分析和挖掘，可以更加深入地了解文化遗产的历史、文化、艺术等方面的价值，为文化遗产的保护和传承提供科学依据。此外，智慧旅游还可以促进文化遗产的传承与创新，通过与现代科技、艺术等领域的结合，为文化遗产注入新的活力和内涵。因此，智慧旅游的建设可以有效促进文化遗产的保护与传承。再次，智慧旅游的建设可以提升文化遗产旅游的服务质量和水平，为游客提供更加便捷、个性化的旅游体验。例如，通过智能导览系统、在线预约、电子支付等功能，可以简化游客的游览流程，提高游览效率。同时，通过大数据分析游客的偏好和需求，可以为游客提供更加精准的旅游推荐和定制服务，增强游客的满意度和忠诚度，从而增强文化遗产的旅游吸引力。最后，智慧旅游的建设可以实现文化遗产旅游的智能化管理和运营，提高旅游资源的利用效率和管理水平。同时，通过智慧旅游平台的数据分析和监测，可以及时发现和解决旅游发展中的问题，推动文化遗产旅游的可持续发展。

由此可见，智慧旅游的建设和发展将对文化遗产的保护、活化与传承均起到非常关键的赋能和支撑作用，也是当前世界各国旅游产业重点关注的方向。

（二）文化遗产数字化的发展

自 20 世纪 90 年代以来，数字技术广泛应用于文化遗产地的保护、研究、交流和管理，并取得了突出成果。“数字遗产（Digital Heritage）”是一个起源于数字时代的新概念。实际上，这个术语有三个不同的含义：(1) 通过数字手段产生的具有长期价值和意义的独特资源和信息（"有价值的数字资源"）；(2) 虚拟空间中基于网络的权利和资产（"可继承的虚拟财产"）；(3) "文化遗产" 与 "数字化" 的融合（"数字化文化遗产"）。由于数字技术在文化遗产领域的早期应用一直侧重于文献记录、数据分析、通过数字手段恢复和振兴、遗产信息的永久存储和基于网络的公共传播[①]，因此，"遗产数字化（Heritage Digitization）" 这一术语经常被广泛使用。

联合国教科文组织（UNESCO）对 "数字遗产" 主要涉及的是文化遗产的数字化保护和传承。数字遗产被视为使用数字技术和工具来记录、保存、传播和推广传统和当代文化遗产的过程和结果。联合国教科文组织（2003 年）将 "数字遗产" 定义为 "以数字方式创建或以数字形式从现有模拟资源转换而来的人类知识和表达形式的独特资源"[②]。也就是说，任何具有文化价值的数字内容，无论是 "天生数字（born-digital）[③]" 是 "数字替代物（digital surrogate）[④]"，无论是二维（如文本、图像和电影）还是三维（如导航虚拟环境、三维对象），都属于 "数字遗产"。此外，"虚拟遗产"（VH）通常用于描述处理虚拟现实（VR）和文化遗产的作品，并且按照定义，属于数字遗产。根据创作点，数字遗产可以是 "天生数字"（例如，电子期刊、全球网页）或 "数字替代物"（由模拟资源制成，如 3D 扫描对象或仪式的数字视频）。

2012 年，在北京召开的第二届文化遗产保护与数字化国际论坛（CHCD2012）主题为 "数字遗产，分享遗产（E-Sharing Cultural Heritage）"。"数字遗产" 一词首次用于指文化遗产领域的数字化。论坛探讨的核心议题是充分发挥现代信息和通信技术的巨大潜能，让 "分享遗产" 超越时空的界限，使更多的人了解文化遗产所承载的历史价值、文化价值和科学价值，研究如何通过数字手段更好地保护、展

---

① Wu, J., Wang, Y. and Dai H., 2006. "Technical Construction of a Cultural Heritage Digital Application Platform" .ApplicationResearch of Computers 8, pp. 41–44.

② UNESCO. 2003. "Charter on the Preservation of the Digital Heritage." In 32nd session: The general conference of the united nations educational, scientific and cultural organization. Paris: UNESCO.

③ 这个词通常用来描述那些自始至终都以数字形式存在的信息或对象，也就是说，它们从创建之初就是数字格式的，没有经历过从模拟到数字的转换过程。例如，电子邮件、数字照片、社交媒体帖子等都可以被认为是 "born-digital" 的内容。

④ 这个词指的是一种数字复制品或替代品，它模拟了某个实体对象或信息。这种数字替代品通常用于保存、展示或访问原始对象的数字副本，以便在没有原始对象的情况下仍然可以访问其信息或内容。例如，在图书馆或博物馆中，可能会创建实体书籍或艺术品的数字替代品，以便人们可以在线查看或下载这些内容。

示、利用、分享人类共同的宝贵遗产。圆明园的虚拟重建和“数字圆明园”项目的移动应用吸引了国内外学者的关注。联合国教科文组织举办的 2013 年和 2015 年数字遗产国际大会确定了五大类型的数字遗产（考古 / 建筑遗产、传统民间文化等非物质文化遗产、可移动文物和博物馆、古籍和档案、互联网和具有数字艺术和创意内容的新媒体）和六个工作领域：数字记录和获取、展示和可视化、数字内容管理和分析、数字遗产相关政策和标准、数字遗产资源的保护、解决方案和应用。讨论涉及广泛的主题，包括理论研究、技术创新、实际案例研究和装备开发。2015 年的会议包括一系列相关活动，研讨会、展览和比赛，提交的 270 件来自各个学科（信息科学、考古学、艺术和跨学科领域）的作品表明，“数字遗产”一词现在已被通用，涵盖了“文化遗产”的各个方面，超越了“数字化”的原意①。数字遗产是指通过数字技术收集、保存、管理和传播的文化遗产。它包括对文化遗产的数字化采集和存储，以及利用互联网和数字技术对文化遗产的传播和展示。数字遗产聚合器扮演着关键的角色，通过收集、整理和展示来自博物馆、图书馆、档案馆（galleries，libraries，archives and museums，GLAMs）等文化机构的数字内容，使用户能够一站式获取大量的文化遗产信息。新加坡艺术大学和墨尔本大学的教授娜塔莉亚·格林切娃（Natalia Grincheva）和英国利兹大学的助理教授伊丽莎白·斯泰因福斯（Elizabeth Stainforth）认为数字遗产代表历史、环境和价值观的能力“使其能够以空间和时间的方式操纵信息，然后将其传输给远程观众”，数字重新呈现为文化遗产提供了一种新的形式，从而引发了新的解释。因此，这些数字遗产聚合器不仅改变了文化遗产的保存和传播方式，还对当代地缘政治产生深远影响，反映国家政府、跨国公司等不同行为者的政治议程和利益②。

在过去的二十年里，数字技术从根本上改变了文化遗产的获取和消费方式。与文化遗产的接触是由庞大的信息基础设施支撑的，这些基础设施能够实现数据网络化、存储和共享。虽然从用户的角度来看，它们通常是看不见的，但大规模数字化和聚合等实践已在世界各国普遍开展。比如新加坡政府通过面向公众收集新加坡文化记忆来建立数字遗产“新加坡记忆工程”；澳大利亚整合了来自澳大利亚各文化

① He Y, Ma Y H, Zhang X R. “DIGITAL HERITAGE” THEORY AND INNOVATIVE PRACTICE[J]. The International Archives of the Photogrammetry, Remote Sensing and Spatial Information Sciences, 2017, 42: 335-342.

② Grincheva N, Stainforth E. Geopolitics of Digital Heritage[J]. Elements in Critical Heritage Studies, 2023.

机构的数字资源，包括书籍、报纸、图片、音乐、档案等，构建了澳大利亚的数字文化遗产基础设施 Trove 平台；欧盟委员会资助的 Europeana 连接了欧洲各地的 4000 个文化机构的数字遗产，总量超过 5000 万件；以及世界上最大的企业聚合商谷歌艺术与文化（Google Arts & Culture）平台。覆盖了 80 多个国家和地区，拥有超过 1 亿件数字遗产，包括艺术品、建筑、文物、历史档案、影像资料等。

纵观全球的文化遗产的数字化历程与实践，数字文化遗产的处理流程一般来说涵盖三个阶段：首先是内部存储阶段，负责将文化遗产信息数字化并安全保存；其次是网络共享阶段，通过网络平台将数字化的文化遗产资源开放给公众或研究者访问；最后是内容交互阶段，促进用户与文化遗产内容之间的互动体验。数字文化遗产的工作主要包括数字档案、研究管理以及展示与可视化这三个方面。首先，数字档案是数字文化遗产的基础工作，涉及对各类文化遗产进行数字化采集、整理、存储和管理，确保数字遗产的安全和完整。其次，研究管理是在数字档案的基础上，对数字文化遗产进行深入的研究和分析，挖掘其历史、文化、艺术等方面的价值，为文化遗产的保护和传承提供科学依据。最后，展示、可视化 / 解释是通过现代科技手段，如虚拟现实、增强现实等，将数字文化遗产以更加生动、形象的方式展示给公众，提高公众对文化遗产的认知和兴趣。同时，还可以将数字文化遗产应用于教育、娱乐等领域，推动文化遗产的传承和发展。

近年来，世界各国对文化遗产的功能定位发生了潜移默化的改变：不再以文化遗产的保护、研究与展示为目标，开始倾向于将其作为维系民族精神与时代价值的重要支撑，以及激活社会发展动能、提升文化发展品质、促进经济结构优化升级的重要支点。希望文博场馆借助其他领域先进的技术与理论，将文化遗产代表的历史、文化、哲学和社会寓意，以及附着于其上的人类身份、记忆、情感和愿望等，以细腻、生动的形式表现出来，惠及全体公民。在满足受众娱乐性、趣味性、刺激性需求的同时，树立充满正能量的意识形态，并为社会的发展和变革贡献力量①。因此，当前文化遗产数字化的发展重点也转移到了对文化遗产进行数字化活化的层面。数字化活化是一种利用数字技术对文化遗产进行保护、传承和再生的方式。通过数字采集、储存、处理、展示和传播等技术，将文化遗产转换成可共享、可再生的数字形态，使其能够被更多人了解、学习和传承。数字化活化旨在提高非遗的可见度，

① 刘芳，吴振新．文化遗产的数字叙事现象分析及应用建议 [J]．数字图书馆论坛．2023, 19(11): 46-52.

增强人们对文化遗产的认知和认同感；实现文化遗产保护从平面到立体的转变，使文化遗产能够更好地融入现代社会；从传统的“线性传播”到“参与式传播”，增强公众的参与感与互动性，从而使文化遗产的内涵与价值得到更好地传承与发展。

（三）文化遗产活化的智慧技术与应用

1. 智慧化技术

文化遗产活化是利用各种技术和手段对文化遗产进行保护、修复、展示和传承的过程。智慧化的技术在文化遗产活化中发挥着重要作用，具体包括：

（1）数字化信息采集与建模

利用激光扫描、数字孪生、识别算法等技术，对历史文化遗产进行数字化信息采集，建立精确的三维数据模型，从而可以“复制”历史建筑。通过使用三维激光扫描仪对历史文化遗产进行高精度测量，获取其表面的三维坐标和纹理信息。例如，一些古老的建筑或雕塑，可以通过这种技术快速获取其精确的三维数据；通过采用高分辨率数码相机和数字录音设备，可以记录文化遗产的视觉和声音信息，为后续的数字建模提供数据基础；基于采集到的三维数据和图像信息，利用专业的建模软件构建文化遗产的三维模型。这些模型不仅用于展示，还可进行各种模拟和分析。

（2）数字孪生与虚拟仿真

创建文化遗产的数字孪生模型，实现文化遗产的虚拟化仿真。这不仅可以用于展示和教育目的，还能进行模拟修复和预防性保护。通过数字孪生，可以创建一个文化遗产的虚拟副本，这个副本在数字世界中与实体保持同步，便于进行各种模拟、测试和分析；通过构建文化遗产的虚拟环境，允许用户在虚拟空间中进行交互和体验，这不仅有助于教育和宣传，还可以为修复和保护工作提供模拟环境。西安城墙管理部门就依托数字方舱综合管理平台，构建了西安城墙及古建筑物的厘米级三维数据模型。

（3）AI 与机器学习技术

人工智能（AI）和机器学习技术在文化遗产活化中发挥着重要作用。这些技术可以用于自动识别、分类和标注文化遗产的特征，提高保护和修复的效率。利用 AI 技术对文化遗产的图像进行识别和分析，自动提取特征、分类和标注，大幅提高数据处理效率；基于机器学习算法，对历史数据进行训练和学习，以预测文化遗产可能出现的问题，从而实现预防性保护；AI 可以分析文化遗产的损伤情况，并提供自动化的修复方案，减少人为干预，提高修复的准确性。例如，在应县木塔的保护项目中，就利用了 AI 技术对木塔进行结构参数研究和虚拟体验脚本的创作。

（4）扩展现实（XR）技术

利用虚拟现实（VR）、增强现实（AR）和混合现实（MR）等技术，为公众提供沉浸式的文化遗产体验。通过 VR 技术，用户可以身临其境地体验文化遗产的历史场景，增强感知和认知；AR 技术可以在用户参观文化遗产时提供实时的信息和解释，丰富参观体验；MR 技术则结合了 VR 和 AR 的特点，允许用户在真实和虚拟世界之间进行无缝切换和互动。这些技术能够重现历史场景，让观众身临其境地感受文化遗产的魅力。

（5）物联网（IoT）与传感技术

通过物联网技术和传感设备，实时监测文化遗产的状态和环境因素，如温度、湿度、光照等，以确保其得到妥善保护。通过传感设备实时监测文化遗产所处环境的温湿度、光照、空气质量等参数，确保保存条件适宜；利用物联网技术，可以实时监控文化遗产的安全状况，如通过震动传感器检测是否有人为破坏或自然灾害的风险；基于传感数据的分析，可以预测文化遗产可能面临的问题，并提前采取措施进行预防性维护和紧急响应。

（6）大数据与云计算

利用大数据分析和云计算技术，整合和管理文化遗产的相关数据。大数据技术允许对海量文化遗产数据进行高效存储、处理和分析，为决策提供支持。通过对历史数据的分析，可以预测文化遗产的发展趋势和可能面临的问题。云计算平台可以提供弹性的计算和存储资源，支持文化遗产数据的共享、协作和远程访问。这有助于全球范围内的专家合作和知识共享。

2. 智慧化应用

为了更好地实现文化遗产的传承和互动，智慧化手段的应用可以极大地提升公众参与度和教育效果。以下是一些当前国内外实践常用的手段：

（1）数字讲故事

通过多媒体技术和互动平台，将文化遗产的历史、故事和背景以互动和多媒体的形式呈现，使公众能够更加生动地了解和体验文化遗产。利用多媒体技术，如音频、视频、动画和 360° 全景图，创建互动故事，为文化遗产提供背景故事和深入解析；通过应用程序和网站，用户可以参与互动式叙事，探索不同的历史场景和故事线；利用虚拟现实（VR）技术，创建沉浸式的历史体验，让用户感觉自己仿佛穿越到了过去。

（2）游戏化学习

开发文化遗产相关的游戏和应用程序，通过游戏化的方式吸引年青一代对文化遗产的兴趣，同时传授相关的知识和技能。开发教育游戏，如模拟考古挖掘或历史角色扮演游戏，让用户在娱乐中学习。利用移动设备进行实地寻宝游戏，鼓励用户探索文化遗产地点，并通过完成任务来获得奖励。通过游戏排行榜和成就系统，可以激发用户的参与度和竞争意识。

（3）互动展览和体验空间

在博物馆和展览场所，利用触摸屏、传感器和投影技术创建互动展览，让参观者能够通过亲手操作和互动体验来更深入地了解文化遗产。比如，利用触摸屏技术和多媒体展示，博物馆可以创建互动展览，让参观者通过滑动、点击和手势操作来探索展品；投影技术和增强现实（AR）可以用来在博物馆空间内重现历史场景，提供身临其境的体验。体验空间可以设计成互动游戏，让参观者在游戏中学习文化遗产的知识。

（4）3D 打印和制作

利用 3D 打印技术复制文化遗产物品，使公众能够触摸和体验这些复制品，增加对文化遗产的理解和欣赏。利用 3D 扫描和打印技术，复制博物馆中的珍贵文物，供教育机构和公众使用。通过开发相关的 DIY 工具包和指南，让公众能够自己制作文化遗产的复制品，增强对文物的理解和欣赏。通过工作坊和教育活动，教授公众如何使用这些技术来制作和修复文化遗产物品。

（5）虚拟导游和智能导览应用

开发虚拟导游和导览应用程序，提供实时位置信息、多媒体内容和互动功能，为游客提供更加丰富和深入的文化遗产参观体验。结合 AR 技术，通过智能手机或平板电脑提供虚拟导游，为游客提供丰富的多媒体内容和互动体验。利用人工智能（AI）技术，如自然语言处理和机器学习，开发智能导览系统，为游客提供个性化推荐和互动体验。通过语音识别和聊天机器人技术，提供智能问答和导览服务，解答游客的疑问。结合用户的历史数据和偏好，智能导览系统可以提供定制化的参观线路和活动建议。

（6）在线教育和远程学习

通过在线课程、网络研讨会和虚拟教室，提供关于文化遗产的教育资源，使更多的人能够远程学习和了解文化遗产。在线课程平台如 Coursera、edX 和腾讯课堂可以提供关于文化遗产的历史、艺术和考古学课程。网络研讨会和在线讲座可以邀请专家讨论文化遗产的重要性，并与其他研究者或爱好者交流。虚拟教室和远程学习工具使学生能够通过网络参与实践活动，如虚拟挖掘或文物修复。

（7）社交媒体和在线社区

利用社交媒体平台和在线社区，人们可以分享、讨论和参与文化遗产相关的活动。这有助于构建一个围绕文化遗产的活跃社区，促进知识的传播和交流。社交媒体平台如微信、小红书等可以用来分享文化遗产的图片、故事和更新，增加公众的参与感和归属感。在线社区如豆瓣小组等可以让文化遗产爱好者聚集，讨论、分享知识和组织活动。通过直播服务如 Bilibili，博物馆和教育机构可以进行实时导览，让无法亲临现场的观众也能参与。

（8）众包和公民科学

鼓励公众参与文化遗产的记录、研究和保护工作，通过众包平台汇集公众的智慧和力量，共同参与到文化遗产的保护和传承中来。通过众包平台，如中国国家数字图书馆的众包项目，公众可以参与到文化遗产的转录、分类和研究中。公民科学项目可以邀请公众记录和监测文化遗产地的环境变化，为专业研究人员提供数据支持。社区参与项目可以鼓励当地居民分享他们的传统知识和故事，以保护和传承非物质文化遗产。

这些技术和手段的结合不仅能够提升公众对文化遗产的认识和兴趣，还能够促进文化遗产的传承和保护工作，为文化遗产注入新的活力。通过这些创新的方法，文化遗产可以更加生动地呈现在公众面前，激发人们的参与和探索欲望。

三、国内智慧文化遗产保护的创新与实践

（一）监测保护

莫高窟坐落于河西走廊的西部尽头的敦煌。它的开凿时间前后延续约 1000 年，这在中国石窟中绝无仅有。它既是中国古代文明的一个璀璨的艺术宝库，也是古代丝绸之路上曾经发生过的不同文明之间对话和交流的重要见证。

敦煌莫高窟建立了涵盖莫高窟大环境、洞窟微环境、文物本体、游客及景区工

作人员在内的人流量监控，以及监测展示等在内的综合监测系统，从数据采集到技术分析再到文化遗产的可持续开发和利用。

数据采集是一切措施的前提，分为文物和游客两个类型的采集。文物监测包括洞窟文物本体及窟区环境。在 60 多个洞窟安装了 200 多个传感器，包括温湿度、二氧化碳监测、崖体内部温湿度、崖体裂缝、壁画病害等传感器。同时，山顶和窟区布置气象站和风沙监测站，窟区安装空气监测站。在数据采集、实时监测的基础上，通过网络将数据传输至专用的数据库，并将分析结果实时传给洞窟开放管理系统和莫高窟监测中心，一旦数值超过承载限度，系统将发出预警，并通过短信平台传给相关人员，采取相应的保护措施。游客的监测则通过 RFID 技术实现。RFID 是射频识别系统，由电子标签、阅读器、数据处理组成。每位讲解员都佩戴 RFID 标签卡，通过洞窟内的 RFID 标签阅读器对游客进行实时监测。

因敦煌石窟内部环境脆弱性及相对封闭性等特点，敦煌莫高窟自 20 世纪 90 年代便开始数字化探索，旨在为敦煌莫高窟的保护与传承开辟新路径。2014 年，敦煌莫高窟数字展示中心建成；2016 年上线的“数字敦煌资源库平台”如今已实现 30 个经典洞窟整窟高清图像和洞窟虚拟漫游节目的全球共享；而 2020 年上线的“云游敦煌”小程序，不仅展现精美的敦煌壁画，还在丰富数字资源的基础上加以拓展；2021 年腾讯联合敦煌研究院在该小程序上推出了“点亮莫高窟”功能，利用移动数字技术和区块链技术，重现了千年前莫高窟的“点灯夜景”。

（二）数字重建

被称为世界第八大奇迹，凝聚了古代劳动人民智慧的秦始皇陵兵马俑，不仅是我国，更是全人类的宝贵财富。兵马俑穿越历史长河，已经足足站立了 2200 多年，因此，如何保护这些极其脆弱、不可再生的珍贵文化遗产，避免兵马俑在旅游业发展过程中遭受任何破坏，成了文旅工作者无法回避的问题。而随着科技手段的进步与提升，我们对文化遗产的保护也更加多元化、智慧化和可持续化。

在文物保护领域，三维扫描和数字化存档技术已经成为一种日益重要的保护和传承文化遗产的有效手段。兵马俑的数字化保护：使用高精度三维扫描仪对考古出土文物进行数据采集，能够真实还原兵马俑的现状结构、局部细节、色彩纹理等三维数据，为文物的保护及可持续开发提供精准的数据支持。

三维扫描技术凭借自动非接触的工作方式，具有快速和精准对文物数据进行采集的优势。所得原始数据将由专业软件进行处理，通过“拼接—融合—构网—简化—纹理映射”等完整点云处理流程，获取被扫描物体完整的三维模型。此外，该过程中所有信息和数据都同时会被永久存档，不仅保障了日后对文物的修复，同时能够直接应用于文物的“虚拟展示”。此外，在秦始皇兵马俑考古遗址的研究中，红外线热成像技术被应用于探测土墓壁、人物像和陶俑的内部结构。通过测量红外线辐射的分布情况和温度差异，可以识别出隐藏在土墓壁内部的结构和空洞，帮助研究人员了解其构造和保存状态。

从 2016 年开始，三星堆博物馆已先后实施 3 期文物数字保护项目，完成绝大部分文物的高精度采集，并建立三星堆文物数字资源管理系统对文物资源进行统一管理。“数字化”是遗产保护的一种新技术新方法。如果应用得当，它可以使我们比以往更方便、更准确地了解遗产建筑的内部结构、稳定性及其他物理性能，也可以通过三维数字化模型对相关风险数据进行动态分析。目前，这些数字化成果已被广泛地运用在陈列展览、文物保护、导览服务、文化传播、文创开发等多个领域。

“三星堆文物从发掘到清理再到修复，可以实现全过程数字化留痕，每一件文物都有自己的二维码‘身份证’，一码记录整个生命周期，为文物的未来利用和文创开发奠定了原始的数据基础。”三星堆博物馆景区和遗址管理部工作人员张淞说，文物碎片经过 3D 扫描建立数据库后，人工智能可以根据器物的颜色、纹理、断面形态等信息计算拼接的可能性，大大提高工作效率。

（三）修复修补

龙门石窟自开凿以来距今已有 1500 年历史，由于各种人为和自然原因，破损严重，可谓是“十窟九残”。如何更加科学地保护石窟，实现文化遗产的可持续发展成为龙门石窟的重要课题。随着信息技术的快速发展，数字技术手段正逐渐在文博领域得到广泛应用，“跨界融合”“科技引领”“沉浸体验”等已成为文旅融合发展的重要形式，这为龙门石窟的文物保护和利用提供了契机。

自 2005 年开始，龙门石窟研究院对三维数字化技术在石窟的保护、研究及展示进行了一些探索，使用数字化手段对洞窟造像进行信息采集，从而制作数字档案，实现文化遗产的永续利用和永久保存。根据龙门石窟研究院信息资料中心副主任高俊苹的评价：“经过多年的数字化工作，已有部分三维数据应用在文物保护和研究、数据的查询、数字化展示和相关产品的研发上。”对于石窟内部已经残缺不全的文物，游客不会再像以前一样留有遗憾，通过三维数字化虚拟复原，让游客更加真实完整地感受石窟的文化和魅力（如图 6-1）。

图 6-1　龙门石窟古阳洞北壁四大龛 3D 打印复制龛

图片来源：新华社新媒体.https://baijiahao.baidu.com/s?id=1695196478861369435&wfr=spider&for=pc.

此外，在龙门石窟的一些碑刻和佛像下方，遍布着各式各样的传感设备。整个石窟的光照、温度、湿度甚至细微的振动，都会被这些传感器实时记录下数据。如在奉先寺西壁南侧的监测点，设备不但可以对卢舍那大佛头像及周边区域进行红外温度成像、提取渗漏水区域图像等，还能计算出渗漏水区域面积；此外，通过红外温度成像技术，可以实时对卢舍那大佛头部区域进行监测。

这些图像每分钟都会更新一次，测量数据则被存储起来，为以后分析统计提供依据。在对文物本体进行监测时，风化、渗漏水、岩石稳定性、岩石震动等方面也都被纳入监测范围。另外，在龙门西山万佛洞南边的顶部平台上，还安装了不少监测西山环境的设备，可以对西山的综合气象、降水、噪声、土壤水分等进行监测。这些传感器的背后是龙门石窟动态信息及监测预警系统，所有收集到的数据，都会传送到位于龙门西山的龙门石窟世界文化遗产监测中心。

（四）全景复原

2009 年，圆明园启动数字化复原工程，圆明园、北京市文物研究所、故宫博物院等 50 多家文化遗产研究保护机构参与其中，力图通过借助虚拟现实（VR）及增强现实（AR）等科技的手段，再一次向世人展示享有“万园之园”称号的圆明园的昔日风采。1 万余件历史档案，4000 幅复原设计图纸，2000 座数字建筑模型……10 余年来，圆明园持续开展数字化复原工程，通过采集文物数字信息、打造线上虚拟展览、开发互动体验的文旅项目等方式，让人们穿越时空，感受历史文化遗产的光彩。在数字文旅融合发展的新时代背景下，伴随着智慧手段的高速发展，元宇宙技术为再现圆明园盛景创造了新机遇。

十余年的圆明园数字化复原工程，圆明园团队以数字化的手段重现了圆明园 108 个景区的模样，使“数字圆明园”再一次呈现在每一个华夏儿女的眼前。此外，数字化复原所取得的所有成果，包括圆明、长春、绮园三园的 600 多项信息和 500 多张复原图，皆被应用在了景点的移动导览系统中。

曾经辉煌灿烂的圆明园是否需要重建，这个争议性话题已经困扰了文化遗产界数十年。2023 年夏天，伴随着“圆明园 · 720 穿越飞船”元宇宙体验空间的问世，这一话题似乎被画上“完美”的句号。元宇宙空间既保留了圆明园的文物遗址，同时也深入挖掘了它本身所蕴含的文化价值，最难能可贵的是在数字化技术的支撑下，圆明园的建筑原貌和园林美景全都被一览无余地呈现出来。

（五）“云游”四方

从 2010 年开始，故宫开始建设故宫世界文化遗产监测平台。对于文物建筑、馆藏文物、室外陈设、植物动物、环境质量、基础设施、安全防范、非文物建筑、观众动态、监测保障等进行不间断的监测。目前已经完成了气象信息监测、环境信息监测、午门城台沉降信息监测、城墙信息监测、动植物信息监测、观众流量信息监测等，并把以前的可移动文物的文物管理数据库、安防技防数据库全都纳入了文化遗产监测平台。故宫在现有大屏和摄像头的基础之上，覆盖一层高新技术，形成物联网系统。在这个系统中，故宫每一个藏品或展品一被移动，就会报警。任何空间，游客一旦触摸展品都会有报警提示。此外，故宫通过在各个入口安装客流计数器、摄像头等设备，实时监控游客的进出情况，确保对馆内游客数量的精确掌握。当游客数量接近或达到故宫的最大承载量时，监测系统会发出预警，管理人员可以及时采取措施，如限制客流或引导游客分散参观，以保障游客安全和文物安全。

近年来，随着通信技术的发展和 5G 时代的来临，打造数字故宫的倡议已经从口号转化为现实。数字故宫的目标是一个虚实结合的博物馆，并且可以脱离实体博物馆而存在。数字故宫是在故宫信息化建设成果持续丰富的基础上，以遗产保护及文化传播为目的，逐步实现以信息服务和人际社交为重要支撑，并通过整合各类数字产品和渠道，打造出的线上与线下融合的故宫文化资源聚合平台。通过互联网，通过智能终端的应用建立起全方位的数字文化展示与信息服务生态体系，满足信息提供者、管理者和使用者随时随地进行各种形式的信息交互和使用，这是数字故宫社区最大的特点。

在文物和古迹的展示上，利用3D数字建模、AR、VR、全息影像等新技术形成文物的虚拟现实作品。自2019年故宫博物院推出了线上数字文物项目“数字文物库”以来，一个又一个的国宝级文物在云端与大家相见。在此之前，很多珍贵文物都是从未与世人见面的。2023年5月，故宫博物院向社会再次全新发布2万件院藏文物高清数字影像，“数字文物库”文物总数超过10万件。

同时，故宫成功地将传统艺术与现代科技相结合，打造了一系列创新性的数字化展示项目，比如以“故宫名画记”“全景故宫”以及“数字多宝阁”为代表的在线应用。“故宫名画记”项目是故宫博物院在艺术数字化领域的杰出成果，它运用先进的高清影像技术与艺术解析，将故宫珍藏的绘画作品以数字化的形式呈现给公众。用户可以在“名画记”平台上，不受时间和空间限制，在线上细致观赏和学习国宝级名画的细节与艺术价值，这不仅让经典画作走进了千家万户，也为传统艺术的传播和教育提供了新的途径。

“全景故宫”则利用虚拟现实技术，为用户提供了一种全新的参观体验。在这个项目中，用户可以在线上360°全景游览故宫的每一个角落，从太和殿的雄伟到御花园的宁静，每一个细节都栩栩如生，仿佛穿越时空，亲临历史现场。这种沉浸式的数字化展示，不仅让故宫的文化魅力得以跨越地域界限，也极大地提升了旅游体验的深度和广度。

“数字多宝阁”通过三维建模和互动展示技术，将故宫博物院中的珍贵文物进行了数字化复制。在这个平台上，游客可以通过屏幕触摸或鼠标操作，近距离观赏文物的每一个细节，甚至可以旋转、放大这些虚拟文物，深入了解其历史背景和艺术特色。这种创新的展示方式不仅让文物“活”了起来，也让文化遗产的传承变得更加生动和普及，为文物的保护和利用探索出了新的路径。

除故宫以外，通过VR、AR等方式，让广大游客通过一部手机便可领略到全国各地文化遗产那独一无二的信息化平台还有许许多多，比如“云游长城”小程序中，基于游戏技术打造的“数字长城”惊艳亮相，实现了用户通过手机“穿越”到喜峰口西潘家口段长城，实现了在线“爬长城”和“修长城”；北京中轴线也被“搬”进手机，参观者可以驻足于永定门御道旁，北望中轴线，领略一贯到底的气魄；也可以在前门三里河漫步，感受“老胡同现代生活”，沉浸式体验北京中轴线的恢宏气势和历史变迁；以三维数据为支撑的数字化博物馆，通过对虚拟现实、虚拟仿真技术的运用，打破时空限制，把文化遗产更加生动、真实、逼真地呈现到人们的手机、平板或电脑等智能设备上。

其实，无论是最基础的监测记录，还是高难度的勘探修复，数字技术都已经被广泛应用于文化遗产保护与利用的全过程。尤其是近些年来，数字技术已经成为连接文化遗产与大众的重要桥梁，“云游四方”的概念越来越盛行。同时，青年一代是生长在数字化和新兴科技里的一代人，电脑、手机、平板等早已成为他们形影不离的朋友，因此，数字化手段也是提升青少年对文化遗产保护工作认知度、关注度和参与感的重要手段。总之，通过数字化手段突破时空的界限，让这些古老的文化遗产以更加鲜活的姿态走进年青一代的日常。

（六）非遗传承

中华文明的辉煌璀璨，不仅体现在先人留给我们的物质文化遗产上，“非遗”亦是我国优秀传统文化的重要载体。我国的非遗丰富多样，具有深厚的内涵和浓厚的文化底蕴，而这些特点对我们非遗的传承与发展提出了更高的要求。除传统的展示形式外，非遗的数字化展示传播也成为保护和弘扬中华优秀传统文化的重要形式。其实，早在 2003 年，联合国教科文组织《保护非物质文化遗产公约》鼓励各缔约国通过科学技术手段保护非物质文化遗产。发展至今日，非遗保护与传承实践之中的数字化手段越来越丰富，非遗传播与数字技术的结合越来越成熟。

数字化技术的应用不仅为非遗的保护和传承提供了新的手段，也为旅游业的创新和发展带来了新的机遇。第一，通过数字化手段，非遗的视觉、听觉和互动体验得以增强，为游客提供了更加丰富和多样化的文化体验。例如，通过虚拟现实技术，游客可以在虚拟环境中体验传统手工艺的制作过程，或者通过 360° 全景展示，游客可以在家中就感受到非遗的魅力。第二，数字化非遗有助于旅游目的地的形象塑造。非遗的数字化展示有助于提升旅游目的地的文化形象，增强其吸引力。例如，通过数字化手段展示的京剧、茶艺、民间音乐等，能够吸引对传统文化感兴趣的游客，从而提升旅游目的地的知名度和美誉度。第三，数字化非遗推动了旅游体验的创新。利用数字技术，可以开发出更加多样化和个性化的旅游产品，满足不同游客的需求。例如，通过 AR 技术，游客可以在实地游览时获得更加生动和互动的体验，或者通过 AI 助手，游客可以获得更加智能化的导览服务。第四，数字化非遗促进了旅游目的地的可持续发展。数字化非遗有助于减少游客对文化遗产的直接接触，从而降低对文化遗产的损害。同时，通过数字化手段，可以更加精准地管理游客流量，避免过度拥挤，保护文化遗产的真实性和完整性。

我国在非遗数字化领域做了大量的工作，有许多非遗项目被数字化活化了，总体来看，可以把这些实践划分为以下几种类型：

（1）传统手工艺类非遗项目：数字化技术可以完整记录手工艺制作过程，并通过虚拟现实、增强现实等技术，让观众身临其境地感受传统手工艺的制作过程和技艺。例如，景泰蓝制作技艺、宣纸制作技艺、青瓷制作技艺等都被数字化活化了。

（2）民间音乐类非遗项目：数字化技术可以将民间音乐和舞蹈进行录音、录像和整理，并通过互联网和数字媒体等渠道传播。例如，纳西古乐、傣族泼水节等都被数字化活化了。

（3）民间文学类非遗项目：数字化技术可以将民间故事、传说和歌谣等转化为数字形态，通过动画、漫画、游戏等形式呈现给观众。例如，壮族歌圩、苗族鼓藏节等都被数字化活化了。

（4）民俗类非遗项目：数字化技术可以将民俗活动和仪式进行记录和再现，通过虚拟现实、增强现实等技术，让观众感受到民俗文化的独特魅力和神秘色彩。例如，傣族泼水节、藏族沐浴节等都被数字化活化了。

数字化活化是一种非常有效的保护和传承非遗的方式，可以使非遗更好地融入现代社会，得到更广泛的传播与传承。

1. 苗绣

苗绣，即苗族刺绣，是我国湘西地区苗族聚居地的手工艺形式。长久以来，苗绣文化的保护传承主要依靠苗族妇女，大多采用家族传承和拜师学艺的方式。但随着城市化进程越来越快，苗绣保护传承存在断代危机。

因此，为推进苗绣的数字化保护、开发和应用，一方面，贵州统筹搭建“两库一平台”，即苗绣素材库、苗绣绣娘数据库和全球设计师开放平台，收集整理了各地苗绣绣片 6000 幅，利用技术手段提取矢量化纹样近 2000 个。另一方面，政府应利用数字技术建立苗绣文化数据库，依托线上博物馆、“云”上苗绣展览、苗绣“云课堂”等平台采集、整理、收录苗族地区丰富多元的苗绣刺绣工艺，借助 VR 技术模拟与展示苗绣刺绣工艺，使大众通过数字共享平台了解、学习苗绣，实现苗绣文化的大众化、数字化保护与传承。

2. 赫哲族非遗

赫哲族是我国历史悠久的古老民族之一，他们生活在黑龙江、松花江、乌苏里江流域，以捕鱼、狩猎为生，拥有渔猎文化、原始村落、传统服饰等众多非物质文化遗产。为了加强对该非遗的保护与传承，现代数字技术得到广泛应用。使用数字化技术将赫哲族的静态历史文献书籍中古老的文化遗产变成动态的数字化展示，也加速了这古老的传统文化走进千家万户。坐落于黑龙江省同江市的同江赫哲族非物质文化遗产保护中心，是黑龙江省乃至中国最大的赫哲族非物质文化遗产展示馆。为向广大游客生动地讲解传承千年的赫哲族渔猎文化，保护中心上线了“渔猎文化体感互动游戏”，通过 KINECT 体感互动技术，不仅能够让体验者真正“身临其境”地方式沉浸于拉弓放箭、捕鱼打猎的原始生活，同时能够让体验者“穿越时空”，行走在赫哲族原始村落的乡间小道上。

3. 黎陶

《诸蕃志》曾记载“以土为釜，瓠为器”，黎族原始制陶技艺渊源已久，最早可追溯至我国新石器时期。然而，原始制陶技艺在我国大部分地区已经失传，但在黎族世居的海南省昌江黎族自治县仍有保留。千年以来，黎族制陶技艺只传女不传男。2006 年，黎陶代表人物羊拜亮入选第一批国家级非物质文化遗产项目黎族原始制陶技艺代表性传承人，羊老年事已高，媒体用影像记录下她制陶的全过程，运用动作捕捉技术可以采集非遗传承人的动作细节，并对运动数据进行分析编辑，让这门手工制陶的“土法子”真正地保存和传承下去。

4. 女书

起源于中国湖南省江永县的女书，作为世界上发现的唯一一种女性文字，也是被认定为“人类迄今发现的唯一现存的性别文字”，是当之无愧的中华瑰宝。随着 2006 年女书入选国家首批非物质文化遗产名录，江永女书的数字化记录和呈现成为必然，而 iBox 链盒让这一珍贵的非物质文化遗产得以传承和发扬光大。数字藏品的发布，让更多来自世界各地的人，都能打破时空限制，共同领略和欣赏江永女书那独一无二的魅力。

当然，还有如全球首款由AI人工智能打造的非遗济南皮影数字藏品、琅琊剪纸和景德镇制瓷等非遗艺术纷纷上线了NFT数字藏品以及对彰显女性力量与勇敢的“打铁花”的记录与传承，无不体现着数字科技在非遗保护与可持续利用中发挥的重要作用。

四、国外智慧文化遗产活化利用的创新与实践

（一）监控防护：西班牙MHS系统

使用Monitoring Heritage System（MHS）系统保护文化遗产，能够有效监控和处理文化遗产保存过程中的各项重要参数和指标。文化遗产的保护，究其本质是一场人类利用先进科技与时间赛跑的角逐。在人类文明的漫长岁月里，大量的重要文化遗产因自然灾害、过度利用、违法盗墓或仅是因为时间的侵蚀等原因遭受破坏甚至消失。尤其是当旅游业日益发展起来后，应如何保护好先人为我们留下的宝贵财富，我们正面临着前所未有的挑战和压力。但在21世纪的今天，如果还不能对现有文化遗产与文物进行有效保护与可持续开发，简言之，如果还无法维持文化遗产的现状的话，相信这样的答案是让我们这代人、让子孙后代从根本上无法接受的。但值得庆幸的是，科学技术尤其是数字技术的进步与发展，为我们实现文化遗产的保护与可持续发展提供了更加有效的方法和手段。由圣玛利亚基金会①和西班牙电信公司联合开发出的Monitoring Heritage System（MHS）系统（以下简称MHS系统）现已经被应用在西班牙多处建筑类（教堂、修道院等）文化遗产上。

不管是哪类文化遗产，MHS是一个能够控制并处理遗产保存过程中的各项重要参数和指标的有效工具。各类参数的实时监测，有效保证文化遗产的日常保养，同时能够预防因环境条件变化导致的潜在威胁。MHS系统通过一个庞大的无线传感系

① 圣玛利亚基金会，西班牙语全名Fundación Santa María la Real del patrimonio histórico，英语St. Mary's Royal Historical Heritage Foundation，中文翻译为“圣玛利亚皇家历史遗产基金会”，于2014年在西班牙卡斯蒂亚－莱昂大区成立，其工作信条是“哪怕废墟或遗迹，也会成为新的希望”，其口号是“你重建未来”（Tú reconstruyes FUTURO）。网址：https://www.santamarialareal.org/es/.

统，实时记录温度、湿度、亮度、光线、二氧化碳浓度等数据。所有收集到的数据通过 M2M 科技手段直接传输到一个专门为此开发的电信平台，从而实现数据最高效、最大化的分析和利用。利用这个系统，工作人员能够实时地监测且侦查到可能会对文化遗产造成各种破坏的因素。该系统不仅能够改善我们对珍贵遗产的保护，而且长期来看会为我们的保护工作节省大量的经济成本。在遗产保护与可持续发展上每投入一元钱，都将会为未来的修缮或补救节省三元至五元钱。目前，该系统已经在西班牙的文化遗产保护领域得到了较为广泛的推广和应用。

MHS 系统最早在西班牙巴利亚多利德省托尔德西里亚斯市的圣克拉拉修道院（Real Monasterio de Santa Clara en Tordesillas）作为试点项目，该修道院的建筑群整体被认定为文化遗产，工作人员在建筑物内的不同角落安置了二十多个传感器，主要对温度、湿度和食木动物等数据进行监测。

同样是在卡斯蒂亚–莱昂大区帕伦西亚大教堂里，MHS 文化遗产保护系统也得到了更为充分的应用。教堂内部共安置了总成本超过 6 万欧元的 130 余组智慧电子设备，除了之前我们提到过的环境、能源效率及生物探测器等传感器，还配备了一系列专门用于监测教堂内部现有破损的设备。例如，在主厅最高处的裂缝处安置了一个裂缝监测器，以此来实时监测裂缝的发展与走向，甚至如果可能的话，找到造成墙体裂缝的真正起因和源头。

（二）纳尔瓦古城的新生活（Old Narva's New Life）

纳尔瓦古城（Old Narva）是爱沙尼亚的一座历史悠久的城市，位于爱沙尼亚和俄罗斯的边境。这座城市有着丰富的历史和文化遗产，但在二战期间几乎被彻底摧毁。近年来，" Old Narva's New Life" 项目通过虚拟现实技术，让这些历史建筑重新焕发生机，帮助游客更好地了解和体验这座城市的历史和文化。

“纳尔瓦古城的新生活”项目由欧洲区域发展基金支持。项目的目标是在项目结束后至少五年内，提高人们对纳尔瓦作为具有丰富文化遗产的重要旅游目的地的认识，增加外国游客的数量，并将纳尔瓦游客的数量恢复到新冠疫情前的水平，这将对当地经济产生积极影响。

在该项目框架下，纳尔瓦市政厅大楼创建了一个新的旅游产品，名为“虚拟纳尔瓦老城”。虚拟纳尔瓦老城是增强现实与虚拟现实的结合体。从 2023 年 8 月 10 日开始，翻新后的纳尔瓦市政厅大楼将迎来前所未有的展览——“New Life of Old

Narva”，通过虚拟现实再现了这座城市昔日的辉煌。它曾被丹麦人、德国人、俄罗斯人、瑞典人和爱沙尼亚人统治。每一个世纪都在改变纳尔瓦。多年来，纳尔瓦一再被烧毁，但几乎每次这座城市都被重建——直到苏联占领，这座城市才再次重建，“二战”结束后回到这座城市的人们只发现了波罗的海前巴洛克珍珠的废墟。现在，在虚拟现实眼镜的帮助下，游客可以穿越时间，突然发现自己身处17世纪的纳尔瓦市政厅广场，沿着老纳尔瓦的街道漫步，欣赏纳尔瓦在鼎盛时期的样子。展览通过虚拟现实眼镜和触摸屏让纳尔瓦市栩栩如生，就像第二次世界大战和轰炸该市之前一样。展览的独特之处在于虚拟现实、3D模型和触摸屏的结合。通过平板电脑，客人可以查看老纳尔瓦的照片和3D模型，了解这座城市战前的生活。此外，还有两块超大墙板展示触觉模型。其中有一个老纳尔瓦的3D打印模型，该模型基于纳尔瓦博物馆拥有的两个模型——Fedor Shantsyn的纸模型和保存在纳尔瓦城堡的J.Kaljund和O.Kivisalu的历史精确的纳尔瓦模型。第二个部分是旧纳尔瓦市场的立面。除了触觉模型，面板上还有为视障人士准备的文本。

巴洛克风格的老纳尔瓦镇在第二次世界大战期间被完全摧毁。今天只剩下重建的市政厅。在增强现实的应用程序中，项目重建了旧市政厅广场（Raekoja Plats）周围的建筑。要用iPhone或iPad体验旧市政厅广场的样子，游客需要解决一个“照片定位解谜”。项目选择了广场周围建筑物的六张历史照片，游客需要找到摄影师在拍摄照片时的位置和方向，按照屏幕上的指导说明进行操作。

尽管在过去几十年里对文化遗产的数字化档案构建进行了大量投资，但数字化照片集仍然相对未被使用和开发。设计和实施方面的创新可以为展示和传播数字化资源的大量新技术开辟道路。在这个项目中，探索了一些新的、有潜在价值的技术，通过将移动增强现实（AR）与游戏元素（游戏化）和重新摄影相结合，来增强数字化历史照片的使用。项目开发的AR平台（定位模拟）是一种间接增强现实，其中设备的全屏用于表示重建的环境。为了使设计实用，借鉴了常见的“模拟”游戏中的功能。除了“照片定位拼图”的实验性设计外，该应用程序还包括一个用于访问背景信息的信息层。该系统已经过用户现场测试和评估，所提出的“照片定位谜题”及其与其他形式的移动AR功能的集成非常成功，应该对具有相应照片收藏和存档文件的其他历史地点具有普遍价值和适用性。

项目通过创新的AR和VR技术，成功地将纳尔瓦古城的历史文化展示给全球用户，不仅为用户提供了沉浸式的文化体验，还通过数字化手段保护和推广了纳尔瓦古城的历史遗产，增强了人们对纳尔瓦历史和文化的认知。同时，游戏化的设计使用户在娱乐的同时，能够学习到丰富的历史文化知识，提高了教育效果（如图 6–2、6–3）。

图 6–2　游客现场 VR 体验

图片来源：VISIT ESTONIA.Virtual exhibit "Old Narva's New Life", https://visitestonia.com/en/virtual-exhibit-old-narvas-new-life.

图 6–3　纳尔瓦古城的 AR 应用

图片来源：Tag of Joy.Old Narva（AR），https://tagofjoy.lt/?dna=31.

（三）文化遗产修复：巴黎圣母院

2019 年春天，一场突如其来的大火，让这座 850 多年的世界瑰宝几乎付之一炬。这座见证了法兰西兴衰起伏的世界文化遗产，在大火中遭受了不可估量的损害。但痛定思痛，如何实现后期的修复乃至还原，成了摆在法国、欧洲乃至世人面前的难题。巴黎圣母院失火后，法国总统马克龙向世界庄严宣布："今晚我庄严地告诉大家，让我们一起来重建这座教堂。”法国各地的研究人员聚集在一起，成立了8个专题工作组，分别是木材、金属、石头、玻璃、结构和土木工程、声学、数字生态系统和遗产情感人类学，在无数的论证和修复方案设计中，数字化技术都得到广泛应用。2024年12月，巴黎圣母院修复后重新开放。

值得庆幸的是，美国瓦萨学院（Vassar College）建筑与艺术史副教授安德鲁·塔隆（Andrew Tallon），在生前便完成了对巴黎圣母院的扫描工作，各个角度的建筑全景、3D和细节图片。大火过后，消逝的巴黎圣母院将在数字世界里永存。《国家地理》杂志也曾专门报道过塔隆如何利用激光扫描技术，精确地记录下了这一哥特式大教堂的全貌。

塔隆利用激光扫描仪，扫描了巴黎圣母院内外的50多个位置来收集数据，细致到教堂内的每一个细节。塔隆最终收集了超过10亿个数据点，他累计创建的大教堂的三维图像，可精确到5毫米。再加上光影效果，塔隆建立出非常逼真、准确的巴黎圣母院三维模型。而这些模型数据，对巴黎圣母院的重建工作具有十分重要的意义。数字化工作者可以把塔隆的这些三维数据，计算成详细的、带有尺度信息的图纸，用于重建的施工。

大火虽被扑灭，但屋顶和教堂部分结构仍有可能坍塌，因此首先进入教堂内抢险的是无人机和机器人，并以3D形式绘制出圣母院的最新状况。为了协调在现场同时实施的各类修复作业，巴黎圣母院重建团队创建了一套高效的建筑信息模型（BIM）。该模型在教堂重建工程的全周期内，应用三维、实时、动态的模型将教堂的几何、空间、地理、各种建筑组件的性质及工料等各方面信息涵盖其中，通过模型和数字化技术手段进行复杂的信息管理。此外，3D测绘、3D建模和3D打印技术也发挥着至关重要的作用。近年来，3D建模技术在建筑业的应用已经拓展至古建筑修复，特别是让一些存在复杂结构古建筑的修复、重建成为可能。而3D打印技术，更是可精确地复制某些零件或零件的某一部分，在极大提高了精准度的同时，也充分缩短了整体修复工程的耗时。巴黎圣母院的这场大火，无疑是世界文化遗产里不可估量的损失，然而，这场大火发生在数字技术和科学技术高度发达的今天，无疑可被看作不幸中的万幸。

（四）讲好文化遗产的情感故事：欧盟EMOTIVE项目

EMOTIVE项目，即情感化虚拟文化体验项目，于2016年11月1日启动，是欧盟“地平线 2020”研究和创新计划下的一项为期三年的资助项目。欧盟的 EMOTIVE 平台是一个旨在通过情感故事讲述来彻底改变我们体验遗产地的项目。这个项目为遗产专业人士提供了一个强大的故事讲述引擎和一套丰富的数字媒体资产，可以用来创建详细的角色和叙事，可用于创建以考古遗址或文物收藏为特色的详细人物和叙事。对于游客来说，EMOTIVE 提供了戏剧性和情感吸引的故事，可以在文化遗址现场或远程体验。无论游客身在何处，他们都可以跟随角色，寻找线索，独自或与家人朋友一起探索环境。

EMOTIVE 支持情感故事讲述，描绘复杂角色在多种历史社会背景中，鼓励当代用户与这些角色建立同理心，深入连接并理解他们现实的各个方面，这涉及回答人类普遍需求和感受超越时间的情感。EMOTIVE 体验结合了多种元素，从简单的音视频叙述到虚拟表示和增强现实应用，集成在故事情节的背景中，以刺激多种感官，并使访客感觉自己像是虚拟环境中的真实居民。

此外，EMOTIVE 还支持个性化的数字内容，以保持游客在整个访问期间的注意力。它为游客创建个人档案（基于个人偏好、兴趣、知识等），然后调整他们的体验以匹配他们的兴趣。EMOTIVE 还支持多种协作和同步方法，使故事设计者能够定义和实施有效的用户体验，结合私人时刻和共享时刻，并实现混合现实体验。

遗产专家可以使用 EMOTIVE 创作工具进行协作，并自行创建交互式现场数字讲故事观众体验，游客可以将其下载到智能设备上。这些工具满足了从业余到专家的不同水平的专业技术知识，以产生一系列体验，从简单的基于文本的演示到高级的多用户 AR 游戏。

故事板编辑器使作者能够设置和测试故事情节和简单的数字体验，而视觉场景编辑器则定义了更复杂的故事情节，并使用自己创建或来源于互联网的视听资产为单个用户和群体设计了不同的体验。可视化编程允许这些作者通过采用现有的模块来创造高级的讲故事体验，这些模块可以“开箱即用”，这意味着他们不需要具备编程技能。

可以使用混合现实插件来增强场外数字体验，该插件使用先进的基于图像的渲染（IBR）技术将典型的 2D 摄影变成完全沉浸式的虚拟环境。这项技术甚至允许游客亲自探索历史文物，因为复制品可以铸造，并在对象跟踪插件的帮助下，通过 VR 头显恢复原状。

对于远程访问，平面图编辑器可以通过合并 360° 照片并将其发布在网络环境中来创建现场的虚拟表示，通过 EMOTIVE 的网络体验系统进行查看，并结合原始的现场故事讲述。

EMTIVE 项目通过现场、场外和混合组合等不同方式来增强观众对文化遗产和价值（包括）的理解和想象体验（如图 6-4）。

1. Emotive 混合现实数字故事：现场引导体验（Onsite facilitator-led experience）

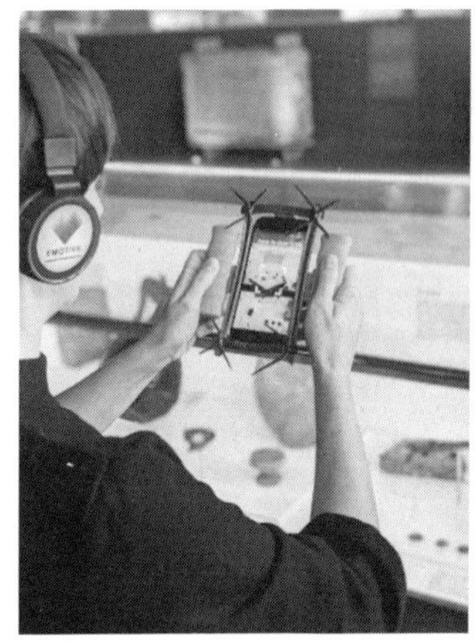

图 6-4 用户在博物馆体验由现场引导的 EMOTIVE 混合现实应用

图片来源：EMOTIVE.Experences, https://www.emotiveproject.eu/pages/what-we-do/experiences/index.html.

“Verecunda 的生活观：苏格兰罗马历史的数字窗口”（Views on Verecunda’s Life: A Digital Window to the Scottish Roman Past）是一种多维度体验，它结合了沉浸式 VR 和 AR 功能，将展示的物体置于情境中。它集成了社交互动，专为四位同时使用的用户设计，他们在引导员的鼓励下共同努力，批判性地审视过去。它旨在挑战对罗马帝国前线生活的刻板印象，并通过探索过去和今天的身份问题，与用户今天的生活联系起来。这段经历聚焦于当地喀里多尼亚奴隶女孩 Verecunda 的故事，她在安东尼墙遗址之一巴尔山堡垒的罗马指挥官家工作。首先，在相互了解后，用户沉浸在 VR 环境中，介绍 Verecunda 在酒吧山堡垒的生活。它介绍了四个充满活力的角色，这些角色在 Verecunda 生命的不同阶段与她相识。其次，用户在四个角色中的一个（使用 Visual Scenario Editor 开发）的引导下浏览博物馆展示。鼓励他们探索真实的物体，通过充当“魔法窗口”的手机观看这些物体，增强现实互动将物体及其角色带入生活。最后，用户分享他们对 Verecunda 的发现，并讨论是什么塑造了她的身份。

2. Emotive 混合现实数字故事：现场虚拟体验（Online Virtual experience）

还为远程在线游客设计了“Ebutius's Dilemma”的虚拟版本，使用平面图编辑器和网络体验系统以 360° 全景重现博物馆空间。这保留了基于故事的方法，允许在线用户在浏览显示器的虚拟表示时选择自己的体验路径，以定位与故事相关的对象。这种体验既允许来自世界各地的远程用户访问故事，并获得虚拟参观画廊的感觉，也允许使用现场版“Ebutius's Dilemma”的游客在离开博物馆后访问这个虚拟画廊，或在准备参观时使用它，使其成为强大的游客参与和学习工具。

3. EMOTIVE VR 体验（VR Experience）

通过多用户虚拟现实体验，参与者将踏上联合国教科文组织新石器时代遗址——Çatalhöyük 的合作冒险之旅（如图 6–5）。这种体验促进了负责实施各种关怀形式的两人之间的互动和情境学习。参与者共同参与了 Çatalhöyük 曾经普遍存在的一些社会习俗，从群体身份的艺术表达到家庭维修和葬礼习俗。该体验邀请参与者反思人类跨越时间和空间的联系，并更深入地思考我们对世界的影响。

图 6–5　多用户虚拟现实体验——Çatalhöyük 的合作冒险之旅

EMOTIVE.Experences, https://www.emotiveproject.eu/pages/what-we-do/experiences/index.html.

4. 访客主导的游览体验

EMOTIVE 的游客主导导览旨在挑战传统单向导览模式中导游与游客之间的单向沟通。相反，他们利用导览作为不同背景和信仰的人们之间进行有意义民主对话的平台。该项目专为每年吸引超过 60 万游客的欧洲北部最大的哥特式大教堂之一——约克大教堂设计。项目鼓励 6 ~ 8 名陌生人在通过教堂过去的故事框架来讨论当代问题。在数字设备和人工引导员的帮助下，参与者首先被要求大声朗读minster的故事，然后选择一个“主题”，如“爱”“健康”“朝圣”。他们选择的主题引导他们进入教堂的一个区域，在那里他们共同发现教堂过去的故事，然后进行基于小组的讲故事活动，使用建筑物周围的对象和他们的设备。这些活动既愉快又发人深省，通过引导对话进行调节，这些对话挑战了偏见，打破了障碍，并在参与者之间培养相互尊重。

以下我们将专门介绍EMOTIVE项目具体实施的一个成功案例埃布提乌斯的困境（Ebutius's Dilemma）。

这是一个为格拉斯哥大学的亨特里亚Hunterian博物馆开发的互动角色驱动探索，最初使用Storyboard Editor设计，然后转移到Visual Scenario Editor中，加入了更高级的功能，如3D模型的操作，使游客能够查看展品中隐藏的细节。这个故事讲述了一个罗马百夫长在苏格兰的安东宁墙上留下了他的印记的故事，这是罗马帝国最北端的边界，也是联合国教科文组织世界遗产地的一部分。游客在博物馆内探索与Ebutius相关的物品，并通过移动设备上的增强现实互动来体验故事。

“埃布提乌斯的困境”体验设计的目标是：

- 通过一个罗马百夫长的故事与安东尼墙相连。
- 关联普遍的主题（如家庭、工作、爱情、损失）。
- 鼓励同理心和情感参与。
- 与博物馆中的物品互动。
- 挑战刻板印象（例如关于军事生活、罗马人与当地人的关系）。

安东尼墙建于公元142年左右，由罗马皇帝安东尼努斯·庇护统治，从克莱德河到福斯湾，从海岸到海岸贯穿苏格兰，是罗马帝国最北端的边界。从公元150年代末开始，罗马人向南撤退，放弃了它。格拉斯哥大学的亨特里亚博物馆成立于1807年。它是苏格兰最古老的公共博物馆，也是苏格兰最大的藏品之一，拥有150多万件藏品。“安东尼墙：罗马的最后边疆”是亨特里亚人在墙沿线发现的最大文物收藏的永久展示。为安东尼墙展览设计的Ebutius Hunterian情感体验是由整体、高水平的目标驱动的，该目标旨在增加或积极影响游客对展出物品的参与度和联系，更广泛地说，是与相关主题、历史时期、遗产、博物馆和过去的联系。它们是迭代设计的，遵循EMOTIVE概念框架和指南，以及共同创建的过程，尽可能邀请最终用户群体参与。使用人物角色来开发体验，即基于真实亨特里亚游客特征的原型游客，以及包含物品和展品关键信息的解释卡。人物角色的使用帮助我们关注真实用户，并在整个设计过程中集成了以用户为中心的方法。通过创建多个个人角色并为它们的不同组合设计体验，我们能够思考个人行为特征如何影响手头的设计，这反过来又使我们能够思考如何最好地平衡不同的用户需求。

为了体验“埃布提乌斯的困境（Ebutius’s Dilemma）”，Antonine Wall 画廊的游客会得到一部带耳机的智能手机，并协助他们使用应用程序启动。这段经历始于埃布修斯的自我介绍。他的演讲以文本的形式显示在屏幕上，还有百夫长的图像和画外音。在下面的屏幕上，埃布提乌斯解释了他面临的困境：他必须在日出前决定是和军队的其他人一起离开他的家——巴尔山的罗马堡垒，还是留在他的伙伴，一位名叫卡莱的当地妇女和他们的儿子卡勒姆身边。然后，他请用户帮助他做出这个改变人生的决定，为了让访客能够做到这一点，他们被邀请首先了解更多关于埃布提乌斯和他的生活。

这段经历主要有三条：一条与埃布提乌斯的工作生活有关，另一条与他的个人生活有关，第三条与他的荣誉感和责任感有关。这些线索，以及其中引用的博物馆物品，都是根据它们对埃布提乌斯的情感相关性或意义来标记的。因此，例如，一块罗马距离板与“他一生的工作”联系在一起，或者一双童鞋与“我亲爱的可爱的孩子”连接在一起。通过以这种方式使用情绪化的语言和标签，这种体验从一开始就鼓励游客与角色和故事建立联系和同理心。

不同的体验线交织在展出的物品中，引导用户找到相关的文物，并鼓励他们以新的方式与之接触，而不仅是将其视为博物馆的物品，还提到了工作、爱情和家庭等潜在的普遍主题，并将其与埃布修斯的个人故事联系起来。

在每一条体验链的不同点上，游客都可以选择，要么聆听与埃布提乌斯生活相关的其他片段，比如他的建筑生涯，要么发现关于物体本身的一些一般信息。如果他们选择了这个物体，他们会在屏幕上看到它的图像，以及可触摸的热点区域，这些区域提供了与特定物体有关的进一步信息，通常是考古事实，并与博物馆标签中的文本相似。

游客可以通过进入这个叙事的另一个层次来继续探索埃布提乌斯的生活故事，也可以返回主菜单，探索其他线索，他一生的爱或他宣誓的神圣誓言，具有类似的结构和机制。在体验中的任何时候，用户都可以根据他们从体验中了解到的关于 Ebutius 的信息来选择为他做出决定。

Antonine Wall 画廊的虚拟漫游基于画廊的 12 张 360° 图像，以及格拉斯哥大学团队在 Hunterian 博物馆使用 360° 相机现场拍摄的陈列柜和物品的图像。这些图像被手动输入到楼层平面编辑器工具中，以创建物理空间的 360° 全景视图。这个虚拟漫游是嵌入故事的基础，在本例中是“Ebutius's Dilemma”。两个情感创作工具被用于创建“Ebutius's Dilemma”的场外虚拟版本，即故事板编辑器和平面图编辑器。ATHENA 和格拉斯哥大学团队从故事板编辑器中提取了与最新版本的“Ebutius's Dilemma”现场体验相关的现有资产，并将其输入平面图编辑器。用户使用自己的在线连接和设备，通过网络上的链接访问“Ebutius's Dilemma”的场外虚拟体验。

Ebutius's Dilemma 应用程序的现场版和在线版都经过了一系列物理和虚拟访客的广泛评估。评估结果表明，该应用程序和整个 EMOTIVE 方法对数字遗产实践的最新技术做出了重大贡献，因为它们有能力让游客参与博物馆展示和文化遗产遗址，最重要的是，它们有潜力将来访观众与遥远的人类历史情感联系起来。

（五）混合虚拟博物馆体验：Gift 项目

GIFT 项目，即“Meaningful Personalization of Hybrid Virtual Museum Experiences Through Gifting and Appropriation”，是一个探索混合形式虚拟博物馆体验的项目。该项目汇集了艺术家、设计师、博物馆专业人士和计算机科学家，旨在帮助博物馆在物理和数字领域创造与文化遗产的个性化相遇[①]。

该项目由欧盟的“地平线 2020”计划资助，涉及来自欧洲各地的研究人员、艺术家、设计师、开发者和博士研究生。该项目包括来自哥本哈根信息技术大学、诺丁汉大学、乌普萨拉大学、Blast Theory、NextGame、Culture24 和欧洲基金会。

当前，对于文化遗产部门数字化开发参与的一个关键挑战是，仅仅寻找信息与兴趣相匹配的方式已经不够了。对文化遗产的情感和个人依恋不仅是由信息创造的，无论信息多么相关，而是通过个人参与、积极解读和个人感知创造的。即需要建立有意义的用户体验，以便与艺术和文化遗产进行个人、复杂和情感的接触[②]。为了解决这一问题，项目着手开发一种新的形式，对混合虚拟博物馆体验进行有意义的个性化。研究人员一直在使用移动应用程序和其他现代数字技术来创造更有意义

① https://pro.europeana.eu/project/the-gift-project.

② https://pure.itu.dk/en/projects/meaningful-personalization-of-hybrid-virtual-museum-experiences-t.

的人际博物馆体验。数字技术有可能重新定义博物馆，为一系列与游客联系的新方式打开大门。一种可能的方法是创造混合体验，利用数字技术丰富博物馆的实体参观。许多博物馆已经使用技术来制作实体展览的数字复制品。GIFT 项目的不同之处在于，它着眼于使用移动应用程序来增强博物馆内游客的体验。项目的设计与初衷不是把虚拟现实装备戴在人们身上并把他们关在数字世界里，而是通过将物理空间与数字空间相结合，项目追求的目标是创造微妙而复杂的体验，而不仅仅是物理展览的数字复制品。

GIFT 是一个由顶尖研究人员、博物馆和艺术家组成的联盟，旨在为策展人和设计师提供所需的工具，以发展有意义的人际博物馆体验。通过提供工具和框架来构建有意义的数字文化遗产个性化，GIFT 项目正在重新定义数字时代的博物馆体验。通过提供更具吸引力的虚拟 / 实体博物馆混合体验，增加了广大民众的好奇心和参与度。此外，由于独特的混合形式使实体参观更具吸引力和吸引力，它还通过门票和数字销售促进了经济增长。该项目通过开发一个包含理论、软件工具、设计指南和最佳实践建议的框架，帮助遗产部门的非技术专家建立和试验有意义的数字文化遗产个性化，为该部门提供了进一步建立和创新的工具，以创建有意义的个性化混合虚拟博物馆体验。

该项目是高度跨学科的，结合了人机交互研究、艺术家主导的探索、技术探索和与博物馆合作的体验设计。此外，该项目汇集了来自欧洲和美国的 10 家著名博物馆，包括挪威的蒙克博物馆和旧金山现代艺术博物馆，以开发实用的工作方法，共同开展行动研究项目，该项目旨在将框架建立在博物馆需求的基础上，同时促进博物馆合作伙伴对数字化转型、理解和利用数字技术的需求。

这项工作的结果是 GIFT Box，这是一个免费、开源的工具和方法组合，提供资源帮助博物馆和其他文化遗产机构设计、规划和实施增强的访客体验。这些资源包括用于生成、强化和测试数字体验新想法的工具这些工具旨在帮助博物馆产生、加强、测试和优先考虑数字丰富的想法。这些资源和工具包含两大类：

1. Designing & planning Tools（设计和规划工具）

这是一系列用于帮助博物馆设计、规划和实施数字体验的工具。对于那些已经在考虑创建数字游客体验的人来说，设计和规划工具提供了一种生成、加强和测试想法的方法。主要包括以下几个工具：

① VisitorBox Ideation Cards，是一个可打印的卡片游戏，用于在团队中产生新的

数字体验创意。这些卡片可以帮助团队成员共同思考和讨论，从而激发创新的想法。

② ASAP Map：是一个协作工具，旨在帮助团队成员就创意的目的和实施步骤达成共识。它通过一系列问题引导团队讨论创意的目的、如何构建创意以及如何从早期解决方案中学习，从而加强创意并促进持续合作。

③ Experiment Planner：实验规划器，这个工具帮助博物馆策划和实施实验，以测试和验证他们的创意和想法。它提供了详细的步骤和指导，以确保实验的有效性和成功。

④ Cardographer：是一个捕捉创意的数字平台，补充 VisitorBox Ideation Cards 的工具，提供了额外的卡片，用于更深入地探索和扩展创意。

⑤ Secnarios：用于帮助团队通过构建不同的场景来探索和理论化他们的创意。这些场景可以帮助团队成员更好地理解创意的潜在影响和应用。

2. Digital Tools（数字工具）

是与领先的博物馆合作设计的，旨在激励其他文化机构通过其藏品创造更多个人体验，将数字和实物相结合。主要包括以下工具：

① Gift App：博物馆可以在特定展览中设置互动区域，鼓励访客使用 GIFT 应用为他们所关心的人创建数字礼物。这可以增加访客的参与感，并使他们与展品建立更深层次的情感联系。

② Artcodes：是一种可定制的可扫描标记，博物馆可以在其展览中嵌入 Artcodes，访客使用智能手机扫描这些代码，可以访问与展品相关的数字内容，如视频、音频解说或额外的背景信息。

③ Never Let Me Go：允许两个访客共同创造和策划他们与收藏品的相遇体验，增加了体验的个性化和互动性。博物馆可以利用这个工具来创建一个互动体验，让访客在博物馆内共同探索和策划他们的个人旅程。例如，访客可以选择特定的主题或时期，然后根据他们的选择获得定制的导览。

④ One Minute：使用图像识别为访问者提供一个短篇故事，鼓励他们反思和参与文化遗产机构的内容。博物馆可以通过 One Minute 为特定的展品提供简短的数字故事，访客可以通过扫描展品旁边的二维码来访问这些故事，从而增加他们对展品的理解和欣赏。

⑤ WrApper：是一款游客可以下载的应用程序，通过添加音乐、照片或视频等数字内容的链接，让访客在参观后能够创建个性化的数字礼物，例如，将他们在博

物馆内的照片与博物馆提供的数字内容相结合。

⑥ Emotion MApper：情绪映射器使博物馆可以在展览中设置互动站点，这些站点可以是互动屏幕、展品旁边的信息点，或者是专门的互动区域。鼓励访客在体验展览的过程中，通过 Emotion MApper 工具记录他们的情感反应。这可能包括选择代表他们感受的图标、表情，或者在触摸屏上绘制他们的情感。使用 Emotion MApper 收集访客的情感反应，帮助博物馆更好地理解哪些展品或主题对访客产生了最大的影响。

⑦ VRtefacts：将访客置于虚拟现实体验中，探索博物馆对象的 3D 模型并分享关于它们的故事，提供沉浸式体验。博物馆可以利用 VRtefacts 为访客提供虚拟现实体验，让他们在虚拟环境中探索博物馆的藏品，尤其是那些可能因空间或保护原因无法公开展示的藏品。

⑧ ScannerBox：使文化遗产机构能够创建他们收藏品的互动 3D 模型，或由访客提供的模型，供访客在博物馆的互动区域或在线平台上探索。从而提供更丰富的视觉和互动体验。

⑨ Gift Viz：博物馆可以使用 Gift Viz 来分析和可视化从 GIFT 应用和其他互动工具中收集的数据，以优化展览设计和访客体验。

这些工具和方法旨在帮助博物馆创造更具有个性化的体验，结合数字和物理元素，以增强访客与文化遗产的联系。通过这些创新的方法，GIFT 项目成功地推动了博物馆领域的数字化转型。

GIFT 项目通过其工具和方法帮助博物馆融入文化价值的几个方面包括：

个性化体验：通过 GIFT 应用、One Minute 和 Gift WrApper 等工具，博物馆能够提供个性化的数字内容，使访客能够根据自己的兴趣和偏好与展品建立更深层次的情感联系。这种个性化体验可以增强访客对文化价值的理解和欣赏。

增强的互动性：Artcodes 和 ScannerBox 等工具使博物馆能够将物理展览与数字内容相结合，提供更丰富的互动体验。这种结合不仅增加了访客的参与度，还使他们能够以新的方式探索和体验文化遗产。

情感映射：Emotion MApper 工具允许博物馆收集访客的情感反应，帮助他们更好地理解哪些展品或主题对访客产生了最大的情感影响。这种理解可以帮助博物馆更有效地传达和融入文化价值。

虚拟现实体验：VRtefacts 工具使博物馆能够提供虚拟现实体验，让访客在虚拟环境中探索博物馆的藏品。这种沉浸式体验可以加深访客对文化价值的感知和理解。

创意表达：GIFT 项目提供的工具，如 GIFT Box 和 VisitorBox Ideation Cards，鼓励博物馆工作人员和访客进行创意思考，从而设计出新的互动和体验方式，更好地传达文化价值。

通过这些工具和方法，GIFT 项目不仅帮助博物馆创造更具吸引力和互动性的体验，还帮助他们更好地传达和融入文化价值，使访客能够更深入地理解和欣赏文化遗产。

（六）水下文化遗产的数字化活化：iMARECULTURE 项目

"iMARECULTURE"是欧盟"地平线 2020"研究与创新计划资助的一个项目，旨在通过先进的虚拟现实（VR）、沉浸式严肃游戏和增强现实（AR）技术，提高公众对欧洲水下文化遗产的认识和访问[①]。项目于 2016 年 11 月启动，总预算为 264.4 万欧元。

iMareCulture 旨在通过实施虚拟访问、使用沉浸式技术的严肃游戏和水下增强现实，将固有的无法到达的水下文化遗产带到广大公众的数字范围内。项目范围是通过来自不同科学家、研究人员、古生物学家、专家和博物馆的合作和创新研究，在虚拟博物馆的背景下设计、分析、开发和验证先驱应用程序和系统。

iMareCulture 项目是独特的、创新的和有前景的，为 H2020 框架和欧洲数字议程（H2020 新技能和就业倡议）做出了充分贡献。此外，该项目遵守欧盟的战略，通过实施知识三角，将教育、研究和工业连接起来，支持和推动创新企业将其技术突破发展为虚拟博物馆和数字遗产领域的可行产品，从而成为一个智能、可持续和包容性的经济体，具有真正的商业潜力。

iMARECULTURE 项目由一个多元化的团队执行，包括科学家、研究人员、考古学家、专家和博物馆。该团队共同设计和分析、开发和验证了在虚拟博物馆背景下的新应用和系统。这些应用和系统不仅增强了公众对欧洲水下文化遗产的认识，而且促进了教育、研究和行业之间的联系，支持创新企业将技术突破转化为具有实际商业潜力的产品[②]。

项目的主要成果包括以下几个方面[③]：

①研究和分析古典和希腊化时期的海运线路，通过重新使用和空间分析来自开

① https://imareculture.eu/.

② https://www.heritageresearch-hub.eu/project/imareculture/.

③ https://imareculture.eu/project/.

放 GIS 海事数据、海洋和天气数据。

②研究和分析现有数据和数字化的古代船只、双耳瓶和锚，以创建相应的 3D 库。

③开发关于每个地点和考古遗址的数字叙事、媒体内容和故事讲述。

④研究和分析沉船地点的形成过程，以供虚拟现实应用以及水下挖掘的严肃游戏使用。

⑤开发两个严肃游戏：一个航海游戏和一个 U 形挖掘游戏。航海游戏：在这个游戏中，玩家将选择一艘装满商品的船只，并导航它沿着恢复的线路。这个游戏让玩家在享受游戏乐趣的同时，学习关于水下文化遗产的知识，特别是关于古代航海和贸易的历史。U 形挖掘游戏：在这个游戏中，玩家将需要进行真实但随机生成的水下考古遗址的挖掘，以找到表面发现物。这个游戏的设计旨在通过模拟水下考古的过程，让玩家了解考古学家的实际工作，同时学习关于古代船只和文物的知识。通过游戏化的方式，玩家在享受游戏乐趣的同时，能够学习到有关水下考古、历史和文化遗产的知识。

⑥研究增强沉浸式 VR 体验，以支持在真实水下遗址的互动访问。

⑦进行水下 AR 平板电脑的研究，以支持水下实际访问的多个方面。

"iMARECULTURE" 项目不仅通过创新技术提高了公众对水下文化遗产的认识，还为教育和研究领域提供了新的工具和方法，支持了数字遗产和虚拟博物馆的发展。该项目完全符合"地平线 2020"框架和欧洲数字议程，旨在通过连接教育、研究和产业，支持创新企业开发具有实际商业潜力的技术突破。

2019 年 10 月 10 日至 2019 年 11 月 22 日，项目在塔拉萨 Thalassa 博物馆（塞浦路斯圣纳帕）[①] 举办了以"iMARECULTURE：地中海水下考古遗址的虚拟之旅"为主题的展览[②]。展览展示了如何利用沉浸式技术和应用的技术进步，将原本无法触及的文化遗产带入公众的数字视野。通过使用全息屏幕和头戴式显示器（HMD）等先进技术，展览将把虚拟现实作为一种优秀的工具，提供进入水下考古遗址的机会，这些遗址要么受到限制，要么公众很难到达（如图 6-6）。

---

① 塔拉萨市立博物馆由 Pierides 基金会领导，与希腊航海传统保护研究所和 Tornaritis Pierides 海洋生物基金会合作，以海洋为主题。其主要展览围绕凯里尼亚号沉船展开，这是一艘希腊化商船（约公元前 300 年）的残骸，在塞浦路斯海岸沉没。Thalassa 博物馆展出了 1967 年至 1972 年间完全挖掘的沉船遗址的重建，以及"凯里尼亚 II"号船；雅典希腊航海传统保护研究所于 1985 年为科学实验目的建造的凯里尼亚号船的真人大小的精确复制品。

② https://imareculture.eu/exhibition-on-thalassa-museum/.

通过使用 VR 头戴式显示器，游客将能够在过去“潜水”，并在 iMARECULTURE 项目的三个水下试验场自由导航，这些试验场被数字复制到虚拟世界中：被淹没的罗马城市巴亚（意大利）、古沉船 Xlendi（马耳他）和古典沉船 Mazotos（塞浦路斯）。作为体验的一部分，游客还能直接“抓取”、移动和旋转全息屏幕上显示的 3D 物体，并以互动的方式获取每个遗址的意义和历史信息。在这方面，游客可以使用不同的设备测试等效的沉浸式体验，评估他们在不同设备上的体验，并提供有价值的反馈。

图 6–6　iMARECULTURE 地中海水下考古遗址的虚拟之旅主题展览现场参观

iMARECULTURE.Exhibition on Thalassa Museum，https://imareculture.eu/exhibition-on-thalassa-museum/.

在虚拟体验的同时，游客还可以体验该项目测试地点之一马佐托斯沉船的实际发现。该遗址的原始双耳瓶首次在 Thalassa 博物馆展出，同时，游客能够与他们的复制品互动。

通过对水下考古遗址的数字参观，以及与实际体验的平行性，展览旨在为公众提供一个机会，让他们认识到水下文化遗产的重要性以及水下考古遗迹的保护。入场以及全息屏幕和 VR 头戴式显示器的使用都是免费的。

（七）非遗保护体系：以西班牙为例

西班牙作为世界上旅游资源最为丰富的国家之一，同时坐拥着大量的物质、非物质文化遗产。旅游业可谓是西班牙的支柱产业，探究其旅游业高度发达的根本原因，其中肯定少不了的是对文化遗产的保护与可持续开发利用。在之前的案例中，我们已经了解到西班牙是如何保护物质文化遗产的，而关于非物质文化遗产，不同于世界上其他国家的是，西班牙国内不止有一套非遗名录，因此，对非遗的保护和传承经验也可谓是“百家争鸣”。但是，无论是位于哪个自治区的何种保护体系，都离不开的一个共同点是：要充分认知自己的区域里究竟有多少非物质文化遗产，根据不同遗产的自身属性、重要性乃至濒危的程度用图文影音等资料进行收录，并制作相应的图集或名录，分类有序地开展保护与科学利用，从而助力当地旅游业的发展。

在西班牙众多的非遗分类和保护体系之中，最具有代表性的，当属南部大区安达卢西亚的成功范例。该经验已经被多个其他自治大区学习采用，在此基础上形成一套更加“因地制宜”的非遗保护策略。安达卢西亚大区把全区细分为 62 个不同区域，目的是让非遗的记录与保护工作更具有“地域性，广泛性和开放性”的特点。通过收集不同区域最具代表性的非遗元素与艺术表达，将其自身价值与人民大众的评价也全部收录在案，再结合当地不同的地域、经济、文化内涵以及政治元素等相结合，对各种非遗进行全方位、立体化地保存。以此为基础，把所有的非物质文化遗产总结为四个大类：节日庆典；手工艺技能；口头表达和美食烹饪四个大类。

节日庆典作为一种文化现象，也是人类学重点研究的领域之一。节日的庆祝形式与方式，表达出的是“一方人”自己或集体的情感表达。手工艺技能包括人们的智慧、技术、经济生产活动等，比如木工、造酒或吹玻璃等手工艺，都可视为当地人集体智慧的结晶。口头表达则包括方言、文学、诗歌、音乐、舞蹈等主要依靠口头传播的文化形式。作为最后一类的美食烹饪，相信大家并不陌生。一提到地中海美食，代表着健康与美味的橄榄油、火腿、奶酪便会浮现在脑海之中。在这四大分类的基础之上，经过四年的不懈努力，共有近 1800 项非遗被收录其中。

所有的非遗保护工作，都是在此基础上系统地展开，以安达卢西亚的著名舞剧形式、享有西班牙国粹美名的“弗拉门戈”为例，为了实现其更好地发展与传承，所有的保护工作都是基于以下 5 个维度：

- “非遗”里的物质材料的传承，如衣服道具或文书记载等。
- 弗拉门戈音乐作为这门艺术的灵魂与名片，因此对音乐表达的传承也是至关重要的。

● 弗拉门戈的语言表达，包括惯用的表达方式、词汇及语料库等。

● 社会性与社交属性的延续，作为西班牙的国粹，不管是西班牙本国群众还是慕名而来的国外游客，都能在大小舞台、剧院甚至大街公开的场所领略到弗拉门戈的魅力，因此，要保证音乐融于社会，使其成为人民大众喜闻乐见的艺术形式。

● 最后是弗拉门戈自身所具备的寓意和文化内涵，作为“西班牙品牌”的重要组成部分，来自世界各地的游客往往会把这个非遗舞剧与“西班牙”或“西班牙旅游”联系在一起，这不仅在世界范围内推动了弗拉门戈的保护与可持续发展，同时也吸引了大量游客，极大地推动了旅游经济的发展。

直至今日，弗拉门戈仍然是吸引游客和观众的重要文化景点之一，世界各地的游客远道而来，为的就是欣赏正宗的弗拉门戈表演，感受西班牙文化的独特魅力。各类舞剧表演场所、舞蹈学校、演出团体等在旅游业和文化产业中发挥着重要作用，为西班牙经济发展做出贡献。当然，在西班牙还有如圣地亚哥朝圣之路、加泰罗尼亚叠人塔、久负“健康与养生”盛名的地中海美食等大量非遗，而体系化的记录与系统化的保护，则最大限度地保障了所有非遗的保护、开发与合理利用。

五、国内外智慧文化遗产的活化利用实践比较与借鉴

文化遗产，作为连接过去与未来的桥梁，其保护与传承历来受到全球各国的重视。随着数字技术的飞速发展，文化遗产的数字化活化与传承已成为新时代的重要课题。国内外在这一领域均展开了积极探索与实践，形成了各具特色的模式与经验。

（一）国内外文化遗产数字化保护的历史与现状

西方国家在文化遗产数字化保护方面起步较早，成果显著。自 20 世纪 90 年代初，美国率先开展了“美国记忆”项目，致力于将珍贵的历史文献、照片、音频和视频资料数字化并在线共享。随后，联合国教科文组织发起的“世界记忆工程”更是将文化遗产数字化的范围扩展到了全球，推动了各国在文化遗产数字化保护方面的合作与交流。

欧洲国家在这一领域同样走在前列。德国、法国、英国等国利用先进的数字技术，对博物馆、图书馆、档案馆等机构的藏品进行了全面数字化，建立了丰富的数字

资源库。同时，这些国家还积极探索数字化技术在文化遗产展示、教育、研究等方面的应用，如虚拟博物馆、数字孪生技术等，为公众提供了全新的文化遗产体验方式。

在数字化时代背景下，欧盟（EU）十分重视利用数字创新来保护和利用欧洲丰富的历史文化遗产。在过去几年中，欧洲大量文化遗产通过研究主导的方式转变为数字资产，为欧洲文化机构、遗产、旅游和创意工业等领域创造了价值。这些信息更新和数字革新花费了 4500 万欧元，通过 16 个欧盟项目达成，旨在确保欧洲珍贵文化遗产得到妥善保护。欧委会通过制定广泛政策、参与协调和财政资助的方式，支持成员国文化政策，强调文化产品数字化、在线获取、数字化保护和展示。欧洲数字文化遗产平台 European 与欧洲全境的数千家档案馆、图书馆和博物馆合作，使文化便于获取和反复使用。2019 年，26 个欧洲国家签署了《关于推进文化遗产数字化的合作宣言》。《宣言》邀请成员国在三个关键领域利用数字技术与欧洲文化遗产之间的协同作用：一是文化遗产文物、纪念碑和遗址的 3D 数字化泛欧倡议；二是加强数字文化遗产部门的跨部门、跨境合作和能力建设；三是促进公民参与、创新利用和其他部门的溢出效应。2020 年，在专家的帮助下，委员会还最终确定了有形文化遗产 3D 数字化的 10 项基本原则，这是希望将其内容数字化的遗产专业人员的重要指南。通过“地平线 2020”计划，欧盟委员会为文化遗产领域研究和创新提供了重要且持续的支持，特别是在尖端技术领域。2014—2020 年，“地平线 2020”计划为数字文化遗产提供了总计近 7000 万欧元的财政支持，这些项目资金可能会随着下一个研究创新计划“地平线欧洲”延续。

相较于西方国家，我国文化遗产数字化保护工作起步较晚，但发展迅速。近年来，随着国家对文化遗产保护工作的日益重视，以及数字技术的不断成熟，我国在文化遗产数字化领域取得了显著成就。目前，中国的文物和科技工作者已经携手创造了不少文化遗产 + 前沿科技的合作典范，一些科研成果甚至攻克了世界性难题。从敦煌壁画的数字化保护到故宫博物院的智慧博物馆建设，再到全国范围内的非遗数字化项目，我国文化遗产数字化保护工作正逐步走向深入。在数字技术加持下，中国大量物质文化遗产和许多古乐曲、传统剧目、民族民风民俗等非物质文化遗产都有了数字影像与档案。从 3D 打印还原的西安兵马俑，到 AR 还原的莫高窟壁画，再到以全真三维模型呈现的泉州出水宋船，文化遗产正在走进公众视野。

2016 年，由科技部、原文化部、国家文物局三部门共同印发的《国家“十三五”文化遗产保护与公共文化服务科技创新规划》明确了“十三五”时期文化遗产保护与公共文化服务科技创新的总体思路、发展目标、主要任务和重大举措，要加强文化遗产保护与传承，提升公共文化服务能力。同年，国家文物局、国家发展和改革委员会、科学技术部、工业和信息化部、财政部五部门印发了《"互联网 + 中华文明"三年行动计划》，标志着我国使用数字化技术和大数据进行文化遗产保护的工作迈入新时代，为我国遗产保护与智慧旅游的发展打下了坚实的基础。2021 年，文化和旅游部发布《"十四五"非物质文化遗产保护规划》，明确了"十四五"非物质文化遗产保护的总体要求、主要任务和保障措施，系统部署"十四五"时期非遗保护工作。在文化遗产的保护工作有序推进和不断提升的同时，把国家的"非遗"保护也提上日程。各部委的高屋建瓴和一次次国家政策的整体部署，都为我国的文化遗产保护工作提供了强有力的机制保障和政策支撑，成为文化遗产保护与可持续发展的"主心骨"。

（二）国外文化遗产数字化活化与传承的实践比较与借鉴

1. 顶层设计与资源整合

欧盟通过"地平线 2020"和后续的"地平线欧洲"计划，展示了如何通过国家层面的战略规划来推动文化遗产的数字化。这些计划不仅提供了资金支持，还建立了跨国家、跨学科的研究网络，确保了资源的有效集中和优化配置。

欧盟于 2008 年发起"Europeana"倡议通过在线平台聚合了欧洲各地的文化遗产资源，使这些资源更容易被公众访问。平台还创新许可和应用程序接口。Europeana 平台采用开放式许可框架，为数字文化资源的搜索、保存和共享提供了便利。此外，该平台还提供强大的应用程序编程接口（API），使开发人员、研究人员和教育工作者能够利用丰富的数字藏品创建新的应用程序和服务。自成立以来，Europeana 平台的数字藏品显著增加，从 2008 年可访问的 450 万件达到如今的 6240 多万件。这一扩展为欧洲文化遗产建立了一个重要的数字空间。此外，Eupopeana 还建立了一个由文化机构、专业人士等组成的合作网络，促进了文化遗产数字化方面的合作、知识共享和创新，增强了平台的影响力和覆盖面。

"时光机"项目是欧盟委员会于 2016 年启动的一项创新研究计划项目，旨在创建一个大型的历史模拟器，重现欧洲过去 5000 年的历史画卷。项目自实施以来，在历史数据数字化以及开发用于数据处理和模拟的先进算法和工具方面取得了长足的进步。这些技术进步在将历史数据集转换为动态、交互式三维模型方面发挥关键作用。

欧盟委员会于 2019 年发起的“文化遗产合作云”计划是欧盟为欧洲大陆不同文化遗产机构创建统一数字基础设施作出的一项努力。计划的核心目标是开发一个统一的数字平台，将欧盟各国的文化遗产机构和专业人员连接起来，为跨学科合作和联合研究提供一个强大的合作空间。该平台将提供安全的云存储和先进的数字工具，帮助文化遗产机构和研究人员开展联合项目并共享研究成果。此外，该计划的一个重要目的是促进包容性参与，特别是鼓励欧洲各地中小型博物馆的参与，包括那些交通不便的农村地区的博物馆。该计划通过促进联合研究和共同展览规划，旨在为欧洲各地中小型博物馆的数字化转型提供支持。

通过这些计划，欧盟能够协调不同成员国的研究方向，避免重复劳动，并促进知识和技术的共享，从而提高研究效率和成果的质量。欧盟各国的跨区、跨境联合协作，充分实现了资源共享、优势共享，提高了文化遗产保护的效果和效率的同时，也避免了“单打独斗”或单一项目的局限性。多年的跨境合作经验让欧盟成员国的文旅机构和文化遗产保护部门之间的相互协调更加顺畅、高效，取得了可观的成果。经过长年累月的实践和探索，欧洲的遗产保护工作在合作意向、方案制订、方式方法、政策支持以及体统管理等方面都积累了很多成功经验。

2. 工具开发与开源共享

国外，特别是欧盟等发达国家或地区，通过大型科研计划如“地平线计划”，集中了顶尖的技术资源和研究力量，开发出了一系列高度集成、技术先进的文化遗产数字化展示、阐释与传播工具集。比如，EMOTIVE 项目 EMOTIVE 创作工具、故事板编辑器、视觉场景编辑器、混合现实插件等，为遗产专家提供了强大的技术支持，使他们能够创造出既富有教育意义又极具吸引力的交互式数字讲故事体验。GIFT 项目开发了两大类免费开源的工具集，即用于帮助博物馆设计、规划和实施数字体验的工具集 Design & Planning Tools，以及一系列用于创建和增强数字体验的工具集 Digital Tools。这些工具帮助博物馆为游客提供更丰富的数字体验，也通过技术创新大力推动了博物馆等文化机构的数字化转型。同时，开源工具集的推广使即便是资源有限的小型博物馆和文化机构也能利用先进技术来展示其藏品。这种模式降低了技术门槛，促进了技术的民主化，对于数字文化遗产技术的推广和使用具有显著的促进作用。这些工具不仅降低了文化遗产数字化的技术门槛，还增强了用户体验，使更多的人能够参与到文化遗产的保护与传播中来。

3. 注重交互式、个性化与沉浸式体验设计

交互式体验设计关注如何通过故事讲述和技术互动来吸引和教育公众。在文化遗产数字化工具集的设计上极为注重用户体验和互动性。通过深入的用户研究和人机交互设计，这些工具集能够精准捕捉用户需求，提供个性化的展示内容和交互方式。用户可以在虚拟环境中自由探索文化遗产，与文物进行互动，获得更加真实、生动的文化体验。例如，EMOTIVE 项目的故事板编辑器和视觉场景编辑器允许用户以故事的形式探索文化遗产，这种方式比传统的展示更能激发兴趣和记忆。通过用户反馈和迭代设计，这些工具不断优化，确保提供更加个性化和沉浸式的体验。

西方国家在文化遗产数字化活化过程中，尤为注重用户体验的个性化与沉浸式。他们利用先进的数字技术，如虚拟现实（VR）、增强现实（AR）等，为公众提供身临其境的文化体验。例如，法国的卢浮宫博物馆通过 VR 技术，让游客能够在家中“漫步”于展厅之间，近距离观赏名画细节；而英国的大英博物馆则利用 AR 技术，在实体展览中叠加虚拟信息，使游客能够与文物进行互动，了解文物背后的历史故事。同时，大英博物馆通过其官方 App 或网站，为游客提供了高度个性化的导览服务。游客可以在进入博物馆之前，通过 App 选择自己感兴趣的主题、时期或文物类型，系统便会根据这些偏好为游客量身定制一条游览线路。这条线路不仅会突出展示游客所选的文物，还会通过文字、图片、视频等多种形式详细介绍文物的历史背景、制作工艺和文化意义。

此外，国外还注重通过用户数据分析，了解公众的兴趣点和需求，从而定制个性化的数字文化产品。这种以用户为中心的设计理念，使得文化遗产的数字化活化更加贴近公众生活，增强了公众的文化参与感和认同感。

4. 深度挖掘与高质量阐释

在遗产领域,“阐释”概念的出现可追溯至 20 世纪 50 年代。1957 年，美国学者弗里曼·蒂尔登（Freeman Tilden）在其著作《阐释我们的遗产》（Interpreting Our Heritage）中首次针对遗产的阐释进行了定义。他认为，阐释行为是一种旨在通过第一手经验、原有物件和说明性媒介来揭露事物意义和关系的教育性活动，而不仅是对事物表面事实性信息的简单展现。在此基础上，蒂尔登提出了有关阐释的六大基本原则，这些原则包括:（1）阐释手段与内容需要和受众的人格或经历相联系，否则这种阐释手段的效果极为有限;（2）简单的信息罗列不是阐释，阐释是基于信息的揭露行

为，两者截然不同，所有的阐释均包含了信息；（3）阐释是一种由多种形式所组合而成的艺术，无论阐释的主题是科学的、历史的或是建筑的，所有针对这些的阐释内容或形式在某种程度上都是可教授的；（4）阐释的主要目标不是指导说明，而是激发参观者的思考与理解；（5）阐释行为应该致力于展现事物的整体而非部分，阐释必须面向人类整体而非具体某个年龄阶段；（6）针对儿童的阐释应当从根本上遵循与面向成年人的阐释不同的工作方法，最好通过单独的项目进行引导。

西方国家在文化遗产的数字化阐释方面，注重深度挖掘和高质量阐释。他们不仅关注文化遗产的外在形式，更深入挖掘其内在的文化价值、历史背景和社会意义。通过跨学科的研究和合作，国外学者和专家能够提供详尽、准确且富有深度的阐释内容，帮助公众更好地理解和欣赏文化遗产。

此外，国外还注重利用数字化手段创新阐释方式。例如，通过动画、短视频、互动游戏等多媒体形式，将复杂的文化遗产知识以生动有趣的方式呈现给公众。这种寓教于乐的方式不仅提高了公众的学习兴趣，也增强了文化遗产的吸引力和传播力。

5. 跨学科合作与社区参与

欧盟在很多项目实施中，都是由文化遗产专家、技术人员、设计师、教育工作者等多方合作，共同推进数字化工作。比如，在文化遗产数字化工具集的开发过程中，往往采用跨学科、跨领域的合作模式。科研机构、高校、文化机构和企业等多方力量共同参与，形成了强大的协同创新网络。同时，政府也通过制定相关政策和提供资金支持，为工具集的开发与应用提供了有力保障。这种跨界合作不仅促进了知识的交流，还激发了创新思维。通过协同创新，不同领域的专长被整合，形成了更全面、更有效的解决方案。

西方国家注重跨学科合作与社区参与在文化遗产活化与传承中的作用。通过与文化、教育、科技等领域的专家学者以及社区居民的合作，共同推动文化遗产的数字化活化与传承。如德国的“博物馆 4.0”项目，通过跨学科合作和社区参与，探索了数字化技术在博物馆教育、研究等方面的应用。

欧洲的遗产保护和可持续利用的政策，强调“人”的主体作用，尤其是旅游目的地当地居民在遗产保护中的重要性。要想在发展旅游业的过程中做到遗产保护，仅仅依靠官方机构或部门的力量是远远不够的。欧洲在积极推动旅游业发展的同时，强化了对文化遗产保护的宣传教育，无论是本国公民还是外国游客，呼吁他们在享受旅游的过程中，参与到文化遗产保护的队伍之中，从而呼吁更多的社会关注和公众参与。努力争取“全民参与”的同时，也能使遗产保护工作更好地服务并惠及当地百姓。从而实现游客、当地居民以及旅游管理从业者三类人群的相互配合与良性互动。

六、我国智慧文化遗产活化利用实践存在的问题与对策

在文化遗产保护与传承的征途中，我国正积极拥抱数字技术，力求通过数字化手段为古老的文化遗产注入新的活力。然而，在这一过程中，我们也面临着诸多挑战与问题，需要不断探索与实践，以找到适合我国国情的文化遗产数字化活化与传承之路。

（一）存在的问题

1. 数字化技术应用的局限性

尽管我国在文化遗产数字化方面取得了显著进展，但数字化技术的应用仍存在局限性。一方面，部分文化遗产由于其特殊性（如材质脆弱、结构复杂等），难以采用现有的数字化技术进行高精度扫描和记录。另一方面，数字化技术的快速迭代也带来了设备更新快、成本高昂等问题，使得一些基层文化机构难以跟上技术发展的步伐。

2. 技术创新与应用不足

虽然我国在文化遗产数字化领域取得了一定进展，但与国际先进水平相比，技术创新和应用仍存在差距。一些关键技术的研发和应用相对滞后，如高精度数字化采集、智能分析、虚拟现实（VR）、增强现实（AR）等技术的集成应用还不够广泛和深入。

3. 资金投入与政策支持不够

文化遗产的活化与传承需要大量的资金投入和政策支持。然而，我国在这方面的资金投入相对有限，政策支持的力度和覆盖面也有待加强，这在一定程度上限制了文化遗产活化与传承项目的规模和效果。

4. 跨学科合作与资源整合不足

文化遗产的活化与传承涉及多个学科领域和部门之间的合作与资源整合。然而，我国在这方面的跨学科合作机制尚不完善，资源整合不够充分，导致文化遗产的保护、研究和利用工作难以形成合力。

5. 公众参与度不高

文化遗产的活化与传承需要公众的广泛参与和支持。然而，我国在这方面的公众参与度相对较低，公众对文化遗产保护的意识和积极性有待提高。同时，文化遗产活化与传承的成果也未能充分惠及公众，影响了公众的参与热情。

6. 阐释内容质量与深度不足

在文化遗产的数字化阐释方面，我国仍存在内容与质量上的不足。部分数字化项目仅停留在对文化遗产的简单展示和介绍层面，缺乏深入的文化内涵挖掘和高质量的阐释内容。这导致公众在浏览数字文化遗产时，难以获得丰富的知识信息和深刻的情感体验。

7. 用户体验的个性化与互动性不足

用户体验是文化遗产数字化活化与传承的关键因素之一。然而，我国在这方面仍存在个性化与互动性不足的问题。虽然一些数字化项目开始尝试通过 VR、AR 等技术提供沉浸式体验，但整体上仍缺乏根据用户兴趣和需求定制的个性化内容。同时，互动性的缺乏也使得用户在浏览过程中难以产生强烈的参与感和代入感。

（二）实践探索

针对上述问题，我国在文化遗产的数字化活化与传承方面进行了积极的实践探索。

1. 加强技术研发与应用

为解决数字化技术应用的局限性问题，我国正加大技术研发力度，推动数字化技术在文化遗产保护领域的创新应用。通过引进和自主研发先进设备和技术手段，提高数字化扫描和记录的精度和效率。同时，加强技术培训和人才队伍建设，提高基层文化机构的技术应用能力。

同时，需加强技术创新与集成。应加大在文化遗产数字化领域的技术研发投入，鼓励跨学科合作，推动新技术（如 AI、大数据、VR/AR 等）在文化遗产保护中的应用。通过集成多种技术手段，开发出高效、易用、具有创新性的工具集，以满足不同用户群体的需求。

2. 深入挖掘文化内涵与提升阐释质量

为提升阐释内容的质量与深度，我国正积极挖掘文化遗产的文化内涵和历史价值。通过跨学科的研究和合作，深入挖掘文化遗产背后的故事和意义。同时，加强阐释内容的策划和创作工作，注重内容的趣味性和可读性。通过多媒体、动画、短视频等多种形式展现文化遗产的独特魅力。

3. 强化用户体验与互动性

借鉴国际先进经验，注重提升用户体验。通过用户调研、反馈收集等方式，不断优化工具集的功能和界面设计，使其更加符合用户的操作习惯和心理预期。同时，加强互动性和个性化设计，让用户能够更深入地参与到文化遗产的探索和保护中来。为提高用户体验的个性化与互动性，我国正积极探索新的数字化展示方式。通过大数据和人工智能技术分析用户的兴趣和需求，为用户提供定制化的内容推荐和个性化体验。同时，加强互动环节的设计和开发工作，如在线问答、虚拟导览、互动游戏等，增强用户的参与感和代入感。

4. 加强政策支持与标准制定

政府应出台相关政策，为文化遗产数字化提供政策支持和资金保障。同时，加快制定和完善文化遗产数字化的相关标准和规范，确保不同机构之间的数据互操作性和资源共享。这有助于形成统一的技术体系和市场环境，促进数字文化遗产技术的广泛应用。

5. 人才培养与交流合作

加强文化遗产数字化领域的人才培养，通过设立专项基金、举办培训班等方式，提高从业人员的专业素质和技能水平。同时，加强与国际先进机构的交流合作，引进国外先进技术和管理经验，推动我国文化遗产数字化事业的快速发展。

6. 积极推动社会参与与公众教育

鼓励社会各界积极参与文化遗产数字化事业，通过举办展览、讲座、工作坊等活动，提高公众对文化遗产数字化的认识和兴趣。同时，加强公众教育，普及文化遗产保护知识，增强公众的责任感和使命感，共同推动文化遗产的数字化保护和传承。

第 7 章 智慧旅游公共服务

一、智慧旅游公共服务概述

（一）旅游公共服务提供的背景、概念与体系构成

1. 旅游公共服务提供的背景

2011 年 12 月，原国家旅游局发布了《中国旅游公共服务“十二五”专项规划》，是我国旅游公共服务第一个五年规划，从此，旅游公共服务体系的建设被各旅游目的地提上日程，成为目的地旅游规划与建设的重要内容。旅游公共服务的兴起，也是随着旅游业发展到一定阶段而产生的，主要有几个背景：

第一，是旅游业发展新阶段的要求。中国旅游业进入大众化、产业化发展的新阶段，正在由小产业向大产业转变。中国现已形成世界上最大的国内旅游市场之一，完善的旅游公共服务体系是建设世界旅游强国的必然要求。随着我国旅游出现大众化、个性化的趋势，游客更加注重旅游活动的自主性、灵活性和多样性，更加注重旅游品质和安全，对目的地旅游信息、旅游交通便捷性、应急救援系统等需求更加强烈。完善旅游公共服务体系已经成为适应旅游业新形势的必然选择。

第二，是旅游目的地建设的必然要求。一个城市的旅游公共服务水平和档次在一定程度上代表了整个城市的公共服务水平，具有导向性和基础性的作用。旅游公共服务体系的构建，改善了城市公共交通条件，美化了城市生活空间，使城市更为宜居，对于在游客心中树立一个城市或地区的良好印象具有重要作用。因而，构建体系完善、功能齐全、便捷舒适的旅游公共服务体系，既是旅游目的地的核心内容，也是目的地形象的重要展示。

第三，是服务型政府的战略举措。在加快服务型政府建设的背景中，旅游行政管理部门职能也在转变中，强化公共服务职能，为游客提供更加健全的旅游公共服务，这将是今后各级旅游行政管理部门履行行政服务职能的主要方向。

2. 旅游公共服务的概念

公共服务是指由政府或公共组织或经过公共授权的组织提供的具有共同消费性质的公共物品和服务。它具有公共物品的特性，即非排他性和非竞争性。公共服务可以根据其内容和形式分为基础公共服务，经济公共服务，公共安全服务，社会公共服务。“旅游公共服务”是“公共服务”的一部分。较为广义的旅游公共服务，是指在旅游公共服务政策下由政府行为或政府主导下的市场行为完成供给的旅游公共服务设施和旅游公共服务产品，其服务也同样地具有公共性、普惠性和公平性。而狭义的旅游公共服务，则专指仅针对旅游者而设计与提供的旅游公共服务。

另外，旅游公共服务同一般的旅游（企业）服务也有着一定的区别。旅游公共服务必须同时追求效率和公平两个目标，强调综合效益的协调发展，而不是利润最大化。其中，服务提供的公平性是衡量一个国家旅游公共服务提供状况是否满意的基本指标之一。旅游公共服务的共同消费特征或消费过程中的共同性，从其服务目的上来说，具有共同受益或公益性。旅游公共服务的存在，其目的在于满足公共利益，实现公共价值。旅游公共服务的公益性表现为，公共服务产品一旦被生产出来，在一定范围内是全体成员或大多数成员所共同受益的。所以旅游公共服务与一般的旅游（企业）服务的主要区别在于前者具有明显的公益性，而后者具有明显的营利性（商业性）的特征。

3. 旅游公共服务体系的构成

关于旅游公共服务体系的内容，不同的学者有不同的划分方式，这里，我们根据中国旅游公共服务“十二五”“十三五”专项规划，将旅游公共服务体系分为四类：旅游公共信息服务、旅游公共安全保障服务、旅游交通便捷服务、旅游惠民便民服务。

一是旅游公共信息服务。是指向公民及旅游者提供外出游憩前、中、后期所需要的目的地的食、住、行、游、购、娱等各类公共信息。提供信息的渠道，可以是传统或线下媒体，如报纸、电视、旅游服务热线、旅游指南 / 手册、地图及旅游咨询服务中心等，也可以是新兴媒体，如网站、微博、微信小程序、手机 App 等在线信息服务。

二是旅游公共安全保障服务。指提供公民及旅游者外出游憩时所需的公共安全保障设施及服务。主要包括安全风险预警、安全出行信息发布、应急救援、旅游保险等。

三是旅游交通便捷服务。是指向公民及旅游者提供外出游憩时所需的公共交通与相关配套服务设施。主要包括公共交通的旅游服务功能提升（如旅游列车、游船邮轮、旅游观光巴士等）、旅游集散中心、旅游交通：引导标识系统、自驾游服务体系，以及普通公路、高速公路的旅游服务设施（如增设驿站、观景台、自驾车旅居车营地，高速公路服务区增设休憩娱乐、物流、票务、信息咨询和特色旅游产品售卖等服务功能，设置房车车位、加气站和新能源汽车充电桩等设施）、城市休闲绿道“慢行”系统（如建设跨区域自行车绿道，配套建设驿馆驿站，增加休闲休憩、餐饮购物、停车换乘、自行车租赁等服务功能）。

四是旅游惠民便民服务。是指向公民和旅游者提供外出游憩时所需的便民服务设施及优惠措施。顾名思义，就是通过这类服务让旅游者享受到实实在在的旅游优惠和旅游的便利。主要包括旅游住宿设施、旅游点的网络与通信设施、导游导览设施、景区停车场、无障碍设施、旅游厕所等。惠民休憩环境，包括旅游观光步道、观光游览自行车服务体系、街心公园、休闲街区、城市绿地等公共游憩区建设。还有一些优惠措施，如旅游消费券、旅游卡、旅游年票的发放，老年人、残疾人等特殊群体景区门票优惠政策的出台，博物馆、纪念馆等公共旅游资源的免费开放等。还包括旅游公益教育，主要是指开展旅游知识宣传，建立公民旅游社会教育体系。如旅游规则教育，引导市民和旅游者树立文明出游意识，自觉维护公共场所和景区环境，遵守公共秩序，保护文物古迹，爱惜公共设施，尊重他人权利，消除乱涂乱画、随地吐痰、乱扔垃圾等现象。

（二）智慧旅游公共服务与传统旅游公共服务的区别

1. 智慧旅游公共服务的内涵

智慧旅游公共服务是智慧旅游在旅游公共服务领域的一个应用。由于智慧旅游的一个核心的基础是信息技术尤其是新兴技术的利用，因此，智慧旅游公共服务指利用信息技术全面提升旅游公共服务提供的效率、水平和竞争力的各种数字化战略、策略和应用。

2. 智慧旅游公共服务区别于传统旅游公共服务的特征

（1）与新兴媒体相融合，拓展服务渠道

传统旅游公共服务的提供主要是通过传统的媒介渠道，如广播、电视、报刊杂志、电话等方式提供，而智慧旅游公共服务的提供更多的是利用手机客户端、可穿戴设备等，通过旅游网站、旅游 App 或微信小程序的开发等形式向公众提供在线服务，如表 7-1 所示，是以旅游公共信息服务提供的传统媒介与现代媒介在游客需求的不同阶段的渠道对比。现代媒介渠道相对来说，具有实时性、便捷性、即时性、个性化等特征，便于游客随时随地获取相关的旅游公共服务。

表 7-1　旅游公共信息服务提供的传统媒介与现代媒介

游客需求阶段	服务媒介	详情
出发前（信息搜索）	传统媒介	广播、电视、旅游杂志、指南、旅游服务热线
	现代媒介	互联网，如网站、手机 App、微博微信等
旅游中（实时信息需求）	传统媒介	人工咨询（旅游咨询服务中心）、旅游服务热线、免费旅游指南等资料、导览标识系统、电子解说器
	现代媒介	旅游信息触摸终端、网站、导游导览应用（App、小程序、二维码等）、可穿戴设备、智能机器人
旅游后（信息反馈）	传统媒介	书面或口头评价、投诉热线（如 12345）
	现代媒介	网络评论、在线投诉（网站、App 等）

（2）更好地满足大众游客的个性化服务需求

过去居于主流的团队旅游，正被个性化、零散化的旅游需求替代，大众旅游对旅游公共服务的需求越来越多，越来越复杂和多元。仅从信息服务一点来看，有些人主要关注目的地资源信息，有些人可能更关注旅游实用信息，还有些人可能更关注旅游线路和导游导览信息等。同时，有些人可能习惯于用台式电脑登录目的地官网查询相关信息，有些人可能习惯直接使用智能手机查询，甚至有些人可能愿意下载手机 App，而有些人则更愿意使用微信小程序等。利用互联网和信息技术，可以为旅游者提供目的地资源、线路、实用指南等各类公共信息，而且这种服务是全天候跨地域的。甚至还可以利用人工智能等技术，提供更具有交互性的智能问答等服务。既节省人力又提升了旅游者的满意度。另外，基于对旅游者在线数据的采集和分析，还能为旅游者提供更符合其偏好的产品和服务，进行有效的个性化推荐以及提升服务质量等。

（3）多元技术提升公共服务效率与质量

智慧旅游公共服务的提供可以充分利用各类先进的技术，使服务的提供的质量更高、游客的体验更好。当前，多样化、新兴的信息技术被应用到旅游公共服务的应用中，比如移动互联网技术、二维码技术、GPS/ 北斗卫星定位技术、VR/AR 技术等，都普遍地应用在游客的公共信息获取和导游导览中，为游客提供了及时的、基于位置的游览服务及高质量的旅游体验；利用云计算技术，可以满足大众游客的普适需求与大规模并发服务；基于物联网技术，旅游管理部门可以随时监测环境、卫生以及公共安全状况，为游客提供更优美、更安全的游览环境。

二、国内外智慧旅游公共服务的创新实践

（一）国内智慧旅游公共服务的创新实践

1. 智慧旅游公共服务平台

是指由各省、市、区文旅主管部门主导开发的具有目的地综合治理及提供旅游公共服务的数字化平台。以游云南、四川智游天府、宜兴全域旅游、“浙里好玩”服务应用系统等为代表。该类平台主要以手机 App 或微信小程序面向公众提供各类旅游公共服务，主要包括提供目的地的资源信息与攻略、导游导览、公共服务设施的查找以及投诉问询等功能。

（1）“一部手机游云南”平台①

2018 年 6 月 1 日，由云南省旅游发展委员会与腾讯公司携手打造的“一部手机游云南”全域旅游智慧平台正式上线。作为腾讯在“互联网 + 全域旅游”领域的首个省级合作项目，该平台深度融合了微信公众平台、小程序、腾讯云、微信支付、人脸识别、AI 技术、智慧零售等多项前沿科技。

“一部手机游云南”App 以“中国第一，世界一流”为定位，由时任云南省省长阮成发亲自推动，旨在整顿旅游行业秩序，促进旅游产业的转型升级。

该平台由“一中心两平台”构成，即旅游大数据中心、旅游综合管理平台以及

① 案例来源：百度百科，一部手机游云南，https://baike.baidu.com/item/%E4%B8%80%E9%83%A8%E6%89%8B%E6%9C%BA%E6%B8%B8%E4%BA%91%E5%8D%97/53151196.

旅游综合服务平台。平台功能丰富，涵盖了目的地展示、景区实时直播、智能导游导览、精品旅游线路推荐、停车场查询、厕所定位、门票购买、酒店预订、机票预订、高速无感支付、租车包车服务、购物指南、餐饮推荐、植物花卉识别、景点景物识别、博物馆详细介绍、旅游投诉处理以及购物退货服务等多项功能。其中，投诉处理与购物退货服务是吸引消费者使用的两大核心功能。

（2）“浙里好玩”旅游服务应用系统[①]

“浙里好玩”是浙江省文化和旅游厅精心打造的旅游信息公共服务平台，专为游客提供全方位的公共服务。该平台覆盖了浙江省内十一个地市的数千个旅游景点，提供了详尽的介绍、交通信息、旅游线路推荐以及景点流量数据。

通过“浙里好玩”，游客不仅能获取最新、最全面的浙江旅游热点信息和趣味资讯，还能追随旅游达人的脚步，探索最具特色的玩法和线路。其主要功能包括：

①游玩指南：提供详尽的城市深度游指南，涵盖美景、美食、美宿、美购等多方面内容，同时融入主题推荐和线路规划服务，让游客轻松畅游浙江。

②景点地图：展示浙江省内重要景点的手绘地图，支持按A级旅游景区、风景小镇、精品民宿、浙里非遗等主题进行全面导览，方便游客快速定位心仪的景点。

③客流信息：提供全省景区流量的实时智能监控服务，及时更新客流数据信息，帮助游客在旅途中避开拥堵，尽情享受浙江的美景。

（3）“一部手机游黄山”服务平台[②]

2019年12月，依托旅游大数据系统，旨在满足游客游前、游中及游后全方位需求的一站式服务平台——“一部手机游黄山”正式上线。该平台为游客提供了便捷全面的黄山市旅游信息，包括景区景点、徽州美食、民宿客栈、伴手礼、研学旅行以及黄山市十条旅游风景道等新兴旅游业态，游客还可通过电商平台轻松实现一键预定。

“黄山智慧导览”功能，基于旅游手绘地图进行实景还原，让游客既能享受景区360°三维全景的沉浸式体验，又能实时观看景点24小时的直播画面。此外，“一部手机游黄山”还提供了落地自驾、停车导航、厕所查找、公交查询以及旅游投诉等实用服务，满足游客的多种需求。

---

① 案例来源：浙江政务服务网，浙里好玩 最新最全的文旅资讯，https://www.zjzwfw.gov.cn/zjservice/zt/zlhw/news.html.

② 案例来源：搜狐网，让智慧牵手诗与远方，https://www.sohu.com/a/302075697_120026316.

该平台整合了黄山市 54 家 A 级旅游景区、35 家星级饭店、190 家旅行社、50 家精品民宿、10 条旅游风景道，以及伴手礼、徽州美食、研学旅行、精品线路、当季推荐等丰富多样的产品业态图文和影像信息。通过手机定位功能，游客可以轻松查找最近的厕所、停车场、公交车、租车点等公共服务设施。同时，平台还实景展现了全域旅游手绘地图，提供了景点语音讲解、360°三维全景、景区旅游舒适度查询以及 24 小时景区直播等实景体验服务，并且支持“一键预订”和“一键投诉”功能。市民和游客可以通过点击手机欢迎短信链接、关注微信公众号、访问网址或扫描二维码等多种方式便捷进入平台。

（4）武隆全域智慧旅游平台“一部手机游武隆”①

2018 年 8 月，全国首个区域级全域智慧旅游平台——“一部手机游武隆”微信小程序上线试运行。这一平台是腾讯公司与重庆武隆区政府携手合作，联合腾讯大渝网、腾讯文旅等业务团队共同推出的。它以各类核心场景设计为基础，提供全程贴心的旅游服务及消费引导，通过游前、游中、游后的全流程设计，实现了武隆智慧旅游服务的闭环。游客只需扫码进入微信小程序，即可实时查看多条个性化推荐的游览线路，并享受包括景区内信息查询、智能辅助、周边消费、娱乐分享、智趣小游戏等在内的吃、住、行、游、购、娱一体化的区域旅游伴游服务，旅游体验得到了全面升级。该平台致力于打造高品质、可信赖、独特且更便利的全域旅游服务体验，让游客“一部手机游武隆，玩出大不同”。

2. 乐山“文旅行业云”平台②

2020 年 4 月，峨眉山旅游股份有限公司成功打造了集云计算、大数据、人工智能等先进信息技术为一体的“文旅行业云”平台。通过这一平台，乐山市 11 个县（市、区）完成了全域文旅数据的汇聚，实现了对全域多维度产业的监测和行业监管。在乐山 15 个国家 4A 级以上旅游景区，实现了全域票务预约预订的一体化服务。此外，该平台还初步实现了市、县、景区三级联动指挥调度中心的智慧化管理和数据化共享，搭建了“一部手机游乐山”的全域文旅大数据公共服务平台。乐山市文旅指挥调度中心可以在景区三维数字沙盘、GIS 地图等应用上实时调取景区各景点

① 案例来源：中国经济网，“一部手机游武隆”上线试运行，首期推出 6 大功能，http://www.ce.cn/xwzx/gnsz/gdxw/201908/27/t20190827_33020370.shtml.

② 案例来源：澎湃新闻，数字化创新实践案例 |“文旅行业云”推动全域文旅数据汇聚，https://www.thepaper.cn/newsDetail_forward_20460614.

的视频监控，并通过变化趋势图等形式展现景区的实时票务情况、接待情况等100多项数据内容。

3. 文旅一卡通

2022年3月，江苏省文化和旅游厅组织编制并发布了江苏省文化场馆和旅游景区身份核验系统一卡通技术规范，以一卡通的形式将区域的产品和服务进行整合，是旅游惠民的重要举措和形式。实际上，一卡通更多的是打通信息，以信息便民打造文旅公共服务，推进区域一体化发展。此项规范的落地，助力文旅场馆入口通行便捷化，助力文旅行业数据归集标准化，助力推进区域文旅一体化，通过多码合一认证，简化核验流程，科学推进限量、预约、错峰，精准有效做好文旅行业疫情防控工作。该技术规范将多码合一、密码及核验技术进行有机结合，为后续大批量的推广夯实了基础。

游客在购票时预约登记成功后，可以选择社保卡、身份证、市民卡等实体卡，或电子社保卡、健康码、苏服码等扫描后入园游览。预约数据、客流数据、游客热点分布数据、景区的开闭园等数据，都会实时传输给智慧文旅平台，提升省市及景区对于大客流及紧急情况预判及处置能力。一卡打包所有文旅资源，将市民游客用一张社保卡刷开各类文旅场所的大门，做到一卡在手畅游四方，进一步扩大文化旅游在民生保障领域的合作范围和实践成果，让长三角地区和全国广大群众在江苏文旅领域享受更加优质的公共服务。

4. 云闪兑平台助力文旅复苏①

面对疫情的持续影响，文旅行业面临着前所未有的生存与发展压力，加速行业恢复、助力企业纾困的任务显得尤为迫切。衢州市文化广电旅游局积极响应，紧抓数字化改革的机遇，融合旅行社组织奖励政策、旅游企业信用评价体系以及全球免费游“特殊人群”政策等多项措施，创新性地推出了文旅助企惠民“云闪兑”平台。该平台利用数据技术，实现了跨企业、跨场景、跨区域及跨部门的全面数据交叉比对，高效审核各类“涉企”与“惠民”政策，确保奖励政策实现“即申即兑”。

在打通各部门数据壁垒的同时，平台还特别针对十四类全球免费游“特殊人员”提供了免票服务。通过风险智能预警与排查管控机制，为游客营造了一个安

① 案例来源：澎湃新闻，数字化创新实践案例丨衢州文旅助企惠民“云闪兑”的创新之路，https://www.thepaper.cn/newsDetail_forward_20591688.

全、放心的旅游环境。自 2020 年平台上线以来，已累计发放惠企奖励资金达 1.424 亿元，惠及衢州市旅游企业超过 500 家，同时累计惠及游客 668.2 万人次，直接促进了旅游消费达到 20 亿元。

5. 智慧公共安全服务

（1）瘦西湖构建 4 分钟快速应急响应圈[①]

为了营造安全有序、响应迅速的游览环境，瘦西湖打造了智慧化应急指挥调度系统，构建了景区“4 分钟应急救援圈”。该系统以瘦西湖应急指挥中心为核心，集成了实时监控、调度指挥、应急广播、智能定位对讲等多重功能，与景区派出所、瘦西湖特勤队、医务室等紧密联动，形成了一张覆盖全园、职责明晰的安全网络。针对游客中暑、失足落水、跌倒等突发事件，系统能够迅速发现、及时处置和有效救援，确保把握住 4 分钟的黄金救援时机。同时，根据 LBS 人流量监测系统，对人流密集、可能存在安全隐患的区域和点位，加大了执勤力量，并增加了监控、应急医疗等资源和设施的投入，共配备了 300 个监控摄像头、32 个应急广播点和 105 个 5G 定位对讲机。

（2）泉州清源山安装智能报警灯杆保障游客安全[②]

在泉州清源山景区，为了应对游客在游玩过程中可能遇到的突发状况，如寻人、火灾、突发受伤等，景区在灯杆、垃圾桶、厕所等位置安装了一键 SOS 报警装置。游客只需触动一键求助紧急按钮，警情可迅速上报至监控中心，管理人员能够立即收到通知并进行应急处置。智慧旅游运行指挥中心在收到告警信息后，根据智能设施的定位信息，迅速组织救助力量。通过快速捕捉景区内的危险状况，实现监测警告，并联动周边的显示系统和广播系统，形成从监测、预警、分析、决策到指挥的全流程化管理。这一举措建立了统一指挥、功能齐全、便捷高效的管理和指挥平台，有效保障了游客的出行游玩安全。

6. 适老化智慧旅游公共服务实践

（1）优化界面，简化功能

常规版的小程序或 App 界面内容与服务较多，资讯推送、动态广告，图文并

---

① 案例来源：中国旅游新闻网，扬州瘦西湖打造智慧适老新模式，http://www.ctnews.com.cn/content/2022-12/19/content_134578.html.

② 案例来源：中国旅游新闻网，智慧旅游适老化助力“银发族”跨越“数字鸿沟”，http://travel.china.com.cn/txt/2022-12/19/content_85018194.html.

茂，一般用户尚能接受，但服务内容堆叠会对老年人造成一定的选择困扰，小图标、小字号也成为老年人获取文旅信息的障碍。因此，很多目的地的旅游公共服务平台对小程序或 App 的交互界面进行优化、改造，对重点服务功能进行筛选和简化，以大字号、大按钮显示相关功能，关闭广告推送功能，以符合老年人的实际浏览和使用需求（如图 7–1）。

“乐游上海”常规版界面

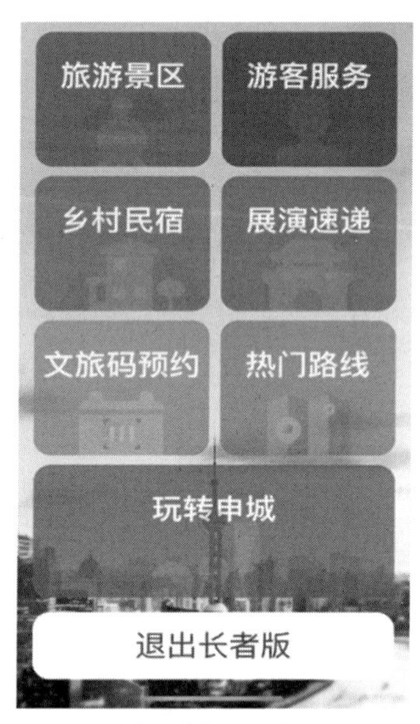

“乐游上海”适老化界面

图 7–1 “乐游上海”小程序适老化改造界面

（2）优化服务预约功能

一是提供亲友预订功能，支持家人或朋友在收费文旅场所为老年人实名预订，入场时可以使用身份证、社保卡等任意凭证直接入场并核销订单；二是提供免预约入场功能，针对 65 岁以上的老年人实行免预约进入方式。

（3）智能语音服务

为保障各类人群平等、便捷地通过微信小程序获取资讯，解决老年人和部分视障人士阅读不方便的问题，将一些功能板块中的推送文章和景点线路优化为语音讲解模式，使用智能语音识别录入、播报模式，解决老年人用眼、阅读困难等困扰。老年人可以直接在首页选择“朗读”模式，也可以在进入详情页后点击“听文章”

模式。线上语音讲解与线下景区导览的融合，进一步提升了老年人的旅游感受，让老年人也享受到数字化带来的便利。

（二）国外智慧旅游公共服务的创新实践

1. 智慧旅游公共服务技术平台

（1）芬兰赫尔辛基的 MyHelsinki Open API

MyHelsinki Open API 是一个应用程序编程接口，用于访问赫尔辛基市场部维护的三个数据库（分别关于地点、事件和活动）。该界面提供与赫尔辛基和周边地区相关的位置、事件和活动信息作为开放数据。为了出版，内容需要满足一系列标准。赫尔辛基市场营销部的内容专家不断更新和编辑界面。此外，还提供了四种不同语言（芬兰语、瑞典语、英语和汉语）的数据，以便利和鼓励国内外用户重复使用。

例如，2017 年赫尔辛基市场营销，腾讯、Idean、MaaS Global、Finnair 和 Avaintec 联合开发了赫尔辛基微体验（We Chat MyHelsinki）应用程序，允许中国游客根据当地居民的建议探索个性化体验、活动和餐厅。此外，该应用程序允许访客通过微信支付进行电子支付。

MyHelsinki Open API 增加了该市的潜在市场开发，同时保持了较低的开发成本。事实上，城市通常不会直接创建网络或移动应用程序来与游客共享数据驱动，因为这往往成本太高。相反，向第三方提供数据似乎效益更高，因为城市提供了数据访问，然后开发人员和程序员通过整合数据和创建新应用程序来承担成本和风险，并有可能创建游客将使用的应用程序，从而从中获利。

因此，通过公开发布数据，赫尔辛基利用这些数据创建商业活动，并通过提供更好、更便宜的应用程序最终使游客受益，从而促进了当地经济增长。

（2）都柏林数字跟踪应用工具包（Digital Trail Toolkit）

都柏林市议会、爱尔兰法尔特和 Imaginear 支持的都柏林智慧旅游计划开发了一个数字跟踪应用开发工具包，旨在帮助确定希望开发数字跟踪应用的目的地和企业提供最佳实践案例。Digital Trail Toolkit 是一个循序渐进的指南，虽然旅游业中有许多不同类型的应用程序和数字跟踪应用开发，但专门为有兴趣构建自己的数字跟踪的组织开发的工具包的例子很少。该工具包利用从专家工作组收集的信息和最佳实践案例研究，为那些有兴趣为游客开发数字路径的组织和机构

图 7–2 Digital Trail Toolkit

Smart Dublin.Digital Trails, https://smartdublin.ie/smart-tourism/.

提供了一个步骤框架，清晰地描述了相关的需求、内容、技术选型以及开发路径选择等（如图 7–2）。

2. 智慧旅游公共服务数据平台

（1）西班牙 DATAESTUR 旅游数据门户

2019 年，西班牙是世界第二大最受欢迎的全球旅游目的地，国际游客达 8300 万人次。同年，该国记录了国际游客在旅游住宿场所过夜的欧盟最高数量（近 3 亿，占欧盟总数的 22%），这些场所主要集中在三个地区：加那利群岛、巴利阿里群岛和加泰罗尼亚。旅游业对国民经济的贡献很大。2019 年，它占 GDP 的 12.4%，创造了全国总就业的 12.7%，这些场所相当于近 270 万个就业岗位。新冠疫情严重影响了西班牙旅游业。2020 年，该国接待了国际游客近 1900 万人次，2021 增至 3100 万人次。为了应对旅游业的复苏并支持其长期发展，西班牙最近启动了旅游业数字转型进程，以保持其在全球市场的竞争力。主要目标是重新设计旅游知识和信息系统，以加强统计信息的制作和收集模式，确保在国家一级建立一个用于传播数据和分析的公共数字平台。《数字西班牙 2025》战略促进了对智慧旅游的关注，加速了旅游目的地和公司的数字化，其中包括与数字平台开发和数字技能提升相关的行动。“西班牙 2030 年可持续旅游战略总体指南”中还确定了基于数据的旅游智能模型的开发，该指南强调需要提供旅游市场情报服务，以支持公共和私人决策过程。支持可持续旅游发展的创新和技术也是“智慧旅游目的地”模式的核心，该模式支持西班牙目的地向智慧旅游目的地的转变。

工业、贸易和旅游部下属的西班牙机构，国家旅游创新和技术管理公司 SEGITTUR 于 2020 年发布了 DATAESTUR 网站。该举措是“旅游部门促进计划”中设想的创建新的国家旅游情报观察站的行动的一部分，该计划于 2020 年 6 月发布，旨在对新冠疫情的影响做出即时反应，包括国家统计研究所、西班牙银行、Turespaña、UNWTO、Telefónica 和 Mabrian Technologies SL。数据可免费咨询，分为五类：一般数据（如国际游客抵达和参观博物馆）、经济数据（旅游支出、对

GDP 的贡献和就业）、交通统计、住宿入住率和价格以及旅游研究报告和分析。根据通过社交媒体和在线媒体收集的信息，也可以了解游客的行为。DATAESTUR 包括几个应用程序编程接口（API），以促进数据传播和重用。

（2）法国国家旅游信息开放数据平台（DATAtourisme）

企业总局（经济和财政部）与法国国家旅游机构联合会（ADN Tourisme）合作，制定了 DATAtourisme 国家倡议。它是首个国家旅游开放数据集中平台。这项倡议涉及法国旅游局网络和地区旅游委员会，旨在通过国家开放数据平台促进获取旅游数据和信息。该平台基于特定的协调程序，允许国家旅游生态系统内的完整数据可比性和互操作性。目前，DATAtourisme 从近 40 个地方数据库收集数据，这些数据库由 1200 多个旅游局和其他地方组织管理和提供。除了统计使用旅游数据来支持公共政策和商业战略的定义外，该工具还支持目的地一级的促销和营销行动，同时还提供服务和景点的可视化。

DATAtourisme 允许不同地区和旅游细分行业之间的互操作性和数据共享。基于 DATAtourisme，已经发布了超过 40 万个兴趣点和活动，提供了涵盖 14 个行政区的近 100 个部门的综合旅游服务。

此外，这一解决方案有助于建立旅游部门的数据空间，该空间与其他部门空间（如交通和文化遗产）相连接，为全面的开放数据战略奠定了基础。这种更广泛的数据可用性还支持基于数据驱动方法创建新的旅游产品和服务，该方法基于对游客行为的分析，作为满足游客需求和期望的前提条件。该平台还可以监控旅游流量，管理拥挤的地方和景点。

3. 智慧旅游公共服务设施

（1）阿姆斯特丹的 iBeaconMile

iBeaconMile 旨在为开发商提供一个开放的测试环境，该线路有近 100 个信标，从阿姆斯特丹中央车站延伸至市中心以东的 Marineteren 区，全长约 3 千米。发射器能够检测并连接到其他设备，例如附近的 iPhone，前提是它们已启用蓝牙并安装了该服务的特定应用程序。

因此，可以检测游客和居民的移动，从而可以测量和研究沿线路移动的客流量。信标还可以向用户发送消息，用户可以直接在智能手机上接收有关折扣、活动或新线路的信息和实时建议。

政府的初衷是利用此基础设施刺激整个城市的创新，为新的增强位置的旅游领域应用和服务提供试验场。例如，游客流量数据可以支持开发预测模型。

（2）伦敦智慧路标 Legible London

Legible London 是一个寻路项目，旨在提供信息，方便快速地在城市中移动，其产品范围不断扩大，包括图腾、路标护柱、路标和地图。一些标志还包括智能交通设备，如交互式显示器、触摸屏和售票机。伦敦市已经在战略区域安装了 1700 多个标志，覆盖了该市 32 个行政区的大部分。该系统与公共交通信息（公共汽车站、地铁站和出租车站）相集成，促进了多模式解决方案，使用户能够快速识别到特定地点和景点的最佳线路。综合智能交通项目还特别强调无障碍和包容性问题，为行动不便的旅行者提供关键信息，如台阶、人行道宽度和人行横道。

Legible London 直观有效的标识系统旨在通过更好地提供公共信息和标识，鼓励人们多走路，并采用可持续的交通解决方案。该策略依赖于对伦敦交通行为的详细研究，表明与其他交通工具相比，超过一半的伦敦市中心行程的步行速度更快。此外，对 Legible London 标志使用情况的分析可以了解用户的行为，并收集数据和信息，为城市交通发展的政策和项目提供信息。在这方面，该倡议有助于使城市旅行更加绿色，并使不同类型的步行者（无论是居民还是游客）更容易理解伦敦。

（3）纽约的 LinkNYC

纽约市地方政府意识到了这一需求，最近决定对其城市付费电话系统进行现代化改造，用新的标志性街道家具取代电话亭，这将为纽约市、纽约市人民和游客提供一个链接、交流和从数字服务中受益的平台。

LinkNYC 启动了一个项目计划，用名为 Links 的亭式结构取代数千部付费电话。每个 Link 都配备了免费服务，如 Wi-Fi、电话、设备充电、提供地图和城市服务信息的触摸屏平板电脑。该解决方案的开发对用户或纳税人来说没有任何成本，因为它是通过赞助和 Links 显示屏上显示的广告获得资金的，并产生自己的收入。广告商还可以使用每个链接收集的匿名和聚合信息（包括会话长度、设备类型或语言）来针对特定受众。收集的数据也是地方行政部门监测城市用户流量和行为的重要信息来源。

Links 的信息亭最初计划在全市范围内同等分布。自推出以来，LinkNYC 已经扩展，在纽约、费城和纽瓦克拥有超过 1700 个链接。在这些自治区，数百万人无法使用高速互联网。LinkNYC 通过在城市街道上免费提供最快的 Wi-Fi 来填补这一空白。此外，由于与信息亭相关的定向广告，纽约政府创造了新的收入来源。更广泛地说，链接的部署、可操作性和维护对就业产生了积极影响。解决漫游障碍是该系统的另一个优势，主要支持国际游客在访问城市时保持联系的需求。

4. 智慧旅游公共服务应用

（1）日本京都观光舒适地图

京都观光舒适地图应用了摄像机、传感器、雷达和人工智能等数字解决方案来监控和预测整个城市的游客流量。人工智能技术用于通过个人移动设备的地理位置收集和分析有关访客密度的数据。数据用于开发城市级旅游密度（旅游舒适度）的全球指标，该指标指示旅游舒适度，并根据该地区的拥挤程度建议具体线路。可以按时区查询每个城市区域的舒适度。在参观任何旅游景点之前，游客可以使用其他工具监测特定区域的拥堵程度，即基于大数据分析工具的拥堵预测、安装在整个城市的实时摄像头图像，以及基于智能手机位置提供几乎实时信息的拥堵雷达。游客选择出游日期和预测天气（晴、雨、大雨），可查询京都市内 7 个区域里 11 个热门景区的周边拥挤度预测结果。从而便于游客灵活安排出游时间，不同景区的旅游舒适度也会大不相同（如图 7–3、7–4）。

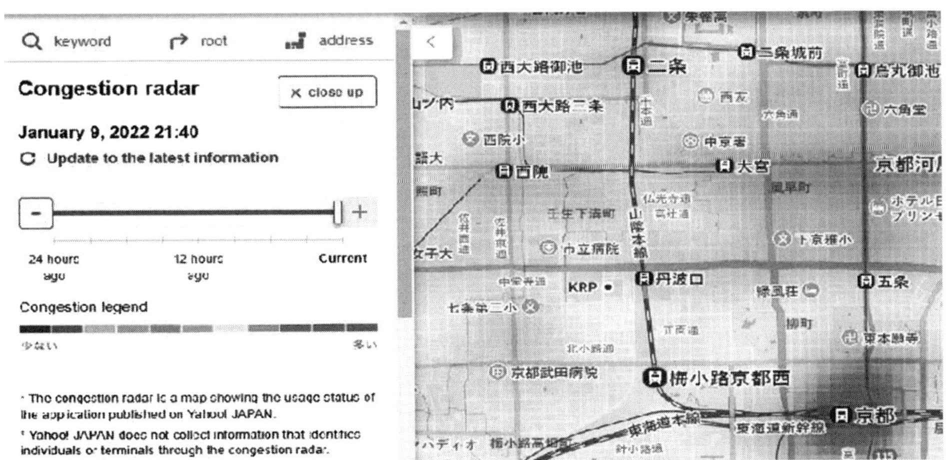

图 7–3　按时区查询每个城市区域的舒适度

The Publications Office of the European Union, Study on mastering data for tourism by EU destinations，https://op.europa.eu/en/publication-detail/-/publication/9df86541-fba5-11ec-b94a-01aa75ed71a1/language-en.

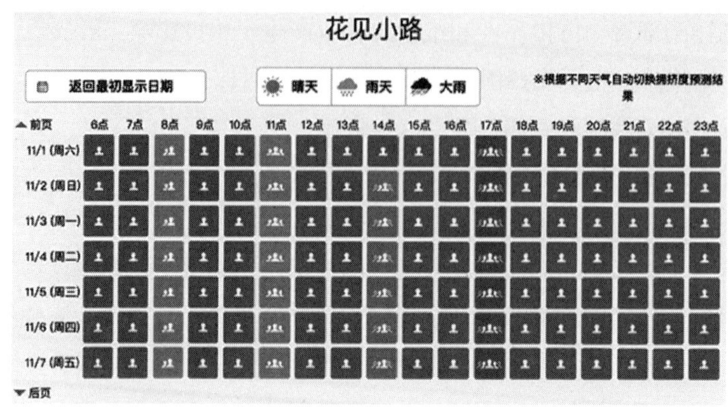

图 7-4 “花见小路”的不同时点的拥挤度预测

京都旅游．京都观光拥挤度预测，https://global.kyoto.travel/cn/comfort/.

（2）法国尚贝里（Chambéry）交互式地图促进生态旅游

尚贝里利用其开放数据门户开发了一个交互式地图，以促进生态旅游。该地图显示了通过软移动交通工具（步行或骑自行车）或公共交通可轻松到达的地点。它还包括游客景点、自行车道、休闲区。它是通过公共机构之间的合作开发的，公共机构包括社区大教堂管理局、旅游局和集体利益合作协会 Apidae Tourisme Scic SA，以及专门提供数据驱动解决方案的机构。这一合作使不同数据（如旅游相关数据和公共汽车和自行车站点相关数据）的组合成为可能，从而为旅游产品多样化提供解决方案。

（3）柏林虚拟体验（Virtual Experiences）数字解决方案

柏林构建了一套基于 QR 码技术的免费数字解决方案，旨在通过这一智能旅游解决方案提高城市的吸引力。游客可以在穿越柏林时发现柏林的历史，用他们的设备将二维码框在靠近文化资源的地方，如建筑墙、铺路石和瓷砖。扫描二维码后，用户可以轻松获取相关资源的信息和多媒体内容，包括对城市发生的历史变化的描述和虚拟展示。同时，还开发了交互式地图，用于提供位于整个城市的所有项目二维码的信息，创建了一个独特的露天博物馆的主题导览。这张整体地图还可以解决二维码的潜在可见性有限的问题，可以帮助缓解游客过多的景点的拥挤，通过二维码地图可以发现游客较少的地方。

5. 智慧旅游公共安全服务——澳大利亚的智慧海滩项目（Smart Beaches）

（1）案例背景

随着季节性游客数量的增加，沿海城市不仅迎来了旅游收入，也面临着更高的溺水风险。2018 年，澳大利亚全国有近 250 人溺水身亡。2019 年年初，新南威尔士州海滩发生了一连串悲剧事件，再次凸显了加强海滩安全和危险状况意识的必要性。另外，澳大利亚海岸沿线海滩数据收集存在不一致，不同的委员会收集了与人群数量、活动和当地条件有关的不同信息。同时，传统数据收集技术对于人群计数、活动报告和状况评估等耗时且不精确；传统的潮汐表和救生员监管方法在面对不可预测的天气和海况变化时，存在一定的局限性。因此，澳大利亚政府推出了智慧海滩项目，旨在利用智能技术提升海滩安全和管理效率。智能海滩项目将为所有救生员服务提供标准化和自动化的报告工具，整合现有和新兴的数据源。使用图像分析的摄像头将在巡逻和未受控制的海滩上自动计数人群。GPS 追踪救援将提供自动海滩状态和救援通知；Manly Hydraulics 实验室近岸波浪工具的进一步改进将改善局部海滩状况评估。

（2）案例具体做法

①技术设备：在悉尼的 Freshwater、Shelley、South Steyne 和 Dee Why 海滩，安装了 GPS 设备和智能摄像头，这些设备被安装在救生员的冲浪救援板、浮标和旗帜上，用于实时收集海滩状况的数据。整个项目采用了一系列传感器，包括摄像头、当地气象站、救生员监视器、GPS 跟踪器、舒适度传感器、垃圾箱传感器、水流传感器。使用一系列分析方法从摄像机数据中收集每小时的人群计数，并使用 GPS 跟踪器来监控旗帜位置和救援设备部署。该项目还获取了一系列现有数据，例如天气和救生员报告，并与 Manly 实验室合作，提供了他们的近岸波浪转换工具箱，该工具箱根据离岸浮标数据密切模拟近岸条件。

②数据收集与分析：通过这些智能设备，救生员可以实时获取海滩的详细数据，包括人群数量、海浪大小等。这些数据被传输到中央管理系统进行分析，帮助管理部门做出更明智的决策。

③实时监控与预警：系统可以对海滩的实时状况进行监控，一旦检测到潜在风险，如人群过度拥挤或海浪异常，系统会立即发出预警，救生员可以据此采取相应的安全措施。

（3）案例创新点

①集成多种智能设备：智慧海滩项目结合了 GPS 设备、智能摄像头等多种智能设备，全面收集海滩数据。

②实时数据分析和预警：系统能够实时分析数据，并发出预警，帮助救生员及时采取安全措施。

③数据驱动的管理决策：通过数据分析和可视化工具，管理部门能够更科学地制定管理策略，优化资源配置。

（4）案例效果

①提升安全性：通过实时数据和智能分析，智慧海滩项目显著减少了溺水事故的发生。根据相关报道，自项目实施以来，相关海滩的溺水事故数量大幅下降，游客的安全得到了更好的保障。另外，救生员反应速度大幅提升。智能设备帮助救生员更快速地获取海滩实时数据，一旦检测到潜在风险，系统能够立即发出预警，救生员可以据此迅速采取行动，大幅提升了救援效率。

②优化资源分配：系统通过数据分析，帮助管理部门更科学地分配救生员和设备资源，确保在需要时能够迅速响应。例如，在游客高峰时段，系统可以自动调整救生员的巡逻线路和设备配置，确保海滩的安全覆盖。同时，通过智能化的管理手段，项目在提升安全性能的同时，也提高了资源利用效率，降低了管理成本。

③改善游客体验：游客可以通过智能手机应用程序获取实时海滩信息，包括人群密度、天气状况和海浪大小等。这些信息帮助游客更好地规划访问时间，避免高峰时段，提升整体旅游体验。同时，系统可以根据游客的偏好和历史数据，提供个性化的海滩推荐，如适合家庭、冲浪或潜水的最佳海滩。

6. 无障碍智慧旅游公共服务

（1）西班牙 TUR4All（Accessible Tourism for All）平台

TUR4all，即“全民无障碍旅游”，是一个协作平台（移动应用程序和网页）。是由西班牙 Vodafone 基金会、PREDIF 和葡萄牙 Vodafone 基金会、“无障碍葡萄牙”合作，共同提出由无障碍设施专家打造的首个无障碍旅游平台。它推广西班牙和葡萄牙无障碍旅游项目，同时希望在不久的将来囊括其他国家。目标是提供可信的信息，并更新酒店、餐厅、博物馆及名胜、适应交通等的无障碍设施条件。

TUR4all 是一款免费的移动应用程序，为西班牙 1300 多家旅游机构的残疾人和公众提供无障碍程度的信息。由 3G Soluciones Móviles 公司开发。它不仅允许用户计划行程，还可以在目的地使用该应用内置的地理定位系统进行即时规划，该系统可以识别最近的旅游机构。

其主要功能包括：

①浏览：允许用户按省份、类别或使用高级搜索模式中可用的其他标准访问有关机构的信息。机构分类包括住宿、酒吧和餐馆、旅游办公室、纪念碑、博物馆和

文化中心、交易会和会议、自然环境和海滩、娱乐活动、体育设施、城市旅游。

②登录：通过注册，用户可以根据其特定的身体、视觉、听觉和智力残疾创建自己的个人资料，允许他们通过高级搜索模式指定哪些无障碍问题对他们的需求至关重要。

③附近：由于该应用程序的内置地理定位系统通过标题“附近”访问，它允许用户识别最近的可访问旅游机构。它提供了附近机构的信息、距离和地址。当浏览机构时，用户可以指定他们感兴趣的搜索半径，以及如何到达那里。

④收藏夹：一旦注册，该应用程序允许用户标记他们希望随时可用的场所。该应用程序创建了一个按省份细分的机构列表。

在度假期间，残疾人或一般有无障碍需求的人经常提出的要求之一是提供有关目的地无障碍的客观准确信息，包括当地交通、旅游设施和服务以及娱乐活动。Tur4all 是为在旅行时寻找可靠的无障碍信息的人设计的。有了 Tur4all，很容易找到如坐轮椅的残障人士可以进入的酒店、定制的交通工具、带有盲文字母的餐厅。还可以推荐场所，对其无障碍性进行评分和评论，并保存收藏夹。此外，还可以跟踪并与具有相同兴趣或需求的其他用户联系，每个人都可以根据全民无障碍提供有关旅游设施、资源和服务的反馈。

目前，该平台支持 11 种语言：西班牙语、英语、法语、德语、葡萄牙语、意大利语、中文、加泰罗尼亚语、巴伦西亚语、巴斯克语和加利西亚语。

（2）佛罗伦萨的 KIMAP 残疾人导航应用

佛罗伦萨是一个世界遗产地，因此，它必须让所有人都能进入，不受排斥。佛罗伦萨欢迎有身体残疾的人，因为这里有大量的步行区和无障碍的历史和艺术场所。同样不可否认的是，市中心的一些线路，类似于世界上许多其他历史城市，可能会给使用轮椅的人带来一些困难：例如狭窄的街道、不易通行的小型人行道或不均匀的路面等。为了解决这一问题，并提供有关身体残障人士最佳路径的信息，佛罗伦萨市与 Kinoa Srl 合作设计并出版了一部指南。

我能用轮椅进入博物馆吗？我该走哪条路去这座教堂或餐馆？我在哪里可以找到我需要的服务？这些是 PASSEPARTOUR 项目想要解决的问题。PASSEPARTOUR 使用 Kimap 技术创建，该技术可以追踪最容易到达的线路，并绘制景点和服务的可访问性地图。PASSEPARTOUR 向乘坐轮椅或电动滑板车的游客展示最容易到达佛罗伦萨主要旅游景点的线路，同时提供无障碍服务的位置。随着指南的创建和不断更新，Kimap 技术的开发人员 Kinoa srl 打算提供一项基本服务，以减少信息障碍，并在佛罗伦萨发展真正“面向所有人”的旅游业。

Kimap 允许移动困难的用户找到最方便、最合适的路径到达目的地。该应用程序提供了 4 条城市历史艺术线路，以开放数据进行无障碍旅游，完全自主地探索城市。借助检测路面的现代技术，地图不断更新，为轮椅、电动自行车和滑板车使用者、婴儿车家庭提供实时信息和优化导航（自动更新可访问线路、时间和距离，提供语音助手）。此外，在使用时，Kimap 会自动检测数据并从用户社区收集输入。自下而上的行动，通过使用来自用户的信息来共同创建无障碍信息，用户本身就是数据的收集者，确保以合理的投资轻松及时地进行更新。此外，人群测绘活动允许包括残疾人协会和委员会在内的不同测绘员参与，以覆盖城市的大部分地区（例如，安科内拉公园的人群测绘经验导致确定了改善该地区可达性的干预措施）。

（3）新西兰建立“无障碍冒险旅游自测系统”

新西兰非常重视无障碍旅游的建设，开展了一系列的行动与措施致力于让更多的人更好地探索新西兰。主要做法包括：

①在新西兰旅游局官网设立“无障碍旅游专区”。这一专区旨在减少行动不便人士的出游障碍，为他们提供目的地完整、翔实的信息。专区整合了新西兰境内可提供“无障碍服务”的住宿、交通公司、旅行社等信息，专为行动不便人士设计的旅游项目，适合特殊人群前去游玩的步道、海滩、轮椅租赁公司等，以及新西兰主要机场无障碍设施的具体位置和无障碍驾驶及停车指南等实用信息。

②建立“无障碍冒险旅游自测系统”。新西兰是户外冒险项目的热门旅游地，蹦极、滑翔伞等冒险项目同样吸引了众多行动不便的游客。新西兰旅游局与专门针对残障人群提供冒险旅游项目的旅行社 Making Trax 展开合作，建立了“无障碍冒险活动自测系统”，该系统囊括了新西兰大多数受欢迎的冒险活动，游客搜索具体地区和项目后，能够看到该项目对残障人士的支持功能、无障碍设施及安全设施、适合参与该项目的身体条件等信息。

③建设“无障碍出游数据库”。由新西兰残障人士支持组织 Enable New Zealand（隶属于新西兰北岛中心医管局）设立的新西兰残疾人信息、服务门户网站 Firstport，专门推出了“无障碍出游数据库”，所有已提供无障碍旅游服务的景点和旅游项目，都主动接入到该数据库，面向残障人士、行动不便人士推广合适的旅游产品，残障人士通过该页面可点击访问自己感兴趣的旅游项目并进行预订。

三、国内外智慧旅游公共服务实践的比较与借鉴

通过上节对国内外智慧旅游公共服务创新实践的案例总结不难看出，无论是国内还是国外都非常重视信息技术在旅游公共服务中的应用，目的地管理部门都投入了大量的资金、人力和物力开展了系统性的建设，这些对于提升游客游览的便利性，提升目的地的形象、游客感知以及游客服务质量上起到了非常大的推动作用。另外，我们也发现在目的地对外提供旅游公共服务时的策略、重点和方向上国内外还是有一定的区别，而这些也为我们在今后的智慧旅游公共服务建设提供了一定的启示和借鉴，主要体现在以下几个方面：

（一）注重提供基础服务设施与开发行业指南，鼓励企业与社会创新

从当前国内外的智慧旅游公共服务实践来看，国外实践更加注重基础设施的提供，尤其是技术基础设施的搭建。比如芬兰赫尔辛基开发的 MyHelsinki Open API 是一个应用程序编程接口，用于访问赫尔辛基市场部维护的三个数据库。企业可以利用这一接口开展二次开发，创新并拓展自身的业务，进而创新商业模式，进行市场开发。还有阿姆斯特丹的 iBeaconMile 项目，政府提供了用于连接用户设备的基础设施，企业和组织只需在此基础上进行定制性的开发相关的应用。项目将帮助当地商户通过移动设备更有效地联系游客，以促进购物旅游。还有纽约的 LinkNYC 项目，提供了游客使用智慧应用的网络基础以及移动设备的充电设施等，都进一步地保障并促进了游客持续地连接目的地与旅游供应商。

另外，很多国家都比较重视开发行业指南以鼓励和指导行业开发相关的数字化应用以更好地创造游客体验。比如，爱尔兰旅游局早已认识到数字化服务和工具很快将成为每个目的地发展和提升竞争力的关键因素，因此，组织开发了柏林数字跟踪应用工具包 Digital Trail Toolkit，提供了旅游数字应用开发的指南，从如何识别客户、组织大数据、开发独特内容、选择适合开发平台等方面全面给予行业指导，以便于旅游目的地与企业能够利用好这一手段和工具来开发自己的应用，提升自己的对客服务水平和能力。

欧盟一直以来都非常重视其文化遗产的保护与利用，发布了一项关于欧洲文化遗产共同数据空间的建议，加快文化遗产资产——纪念物和遗址、文物数字化，以保护并促进其在教育、可持续旅游和文化创意部门等领域的再利用。斯洛文尼亚旅

游局组织编写了文化遗产数字化创新的指南 *DIGITAL innovation of cultural heritage: Handbook for tourist destinations and cultural heritage institutions*，给了旅游目的地和文化遗产机构很好的参考。指南从如何识别遗产对象和故事、数字化以及发布与宣传推广等具体的步骤指导如何开展文化遗产的数字化创新。

（二）注重问题与需求导向

在很多智慧旅游项目的应用中，我们不难发现，很多国家在组织研发相关的项目时都有着较强的问题导向，而且在推荐优秀案例时，也会给出案例实施所要解决的问题和需求（Exsiting Need/Issue）。然后说明他们的决策过程、采用的方法和措施带来的结果。比如锡切斯（Sitges）是巴塞罗那省的地中海沿岸目的地，以其美丽的海滩和繁忙的文化和活动日程吸引着游客。这个城市及其市中心因一系列事件而闻名。市中心有几个标志性景点，在当地和外部活动发起人中非常受欢迎，他们每年都会在这些标志性景点庆祝活动和传统庆典。这种情况，再加上 Sitges 著名的夜生活，引起了居民对噪声、行动限制和乱扔垃圾的一些抱怨。

为了应对这种情况，并努力实现目的地的可持续性，市议会在采取任何行动之前开始进行测量，以便做出基于数据的决定。Sitges 希望更好地了解旅游业对目的地的影响，以便能够解决这些影响。为收集数据而进行的主要研究包括对大多数活动和夜店活动发生的特定区域的噪声研究、了解居民对城市旅游活动感知的调查，以及通过电信数据对当天游客和游客白天和晚上的流动模式的分析、测量弗拉加塔海滩周围研究区域的承载能力。研究结果和许多其他关键发现表明，居民喜欢活跃的夜生活、活动日历和文化活动，他们欢迎游客、第二家园的居民，他们为此感到自豪。但他们要求管理它以达到平衡。而利用数据得到的研究结果也为 Sitges 旅游局制定更好的目的地治理战略、营销策略以及活动策划等提供了更具参考性的依据。

（三）关注各类残障人士等弱势群体的旅游服务需求

欧盟委员会从 2019 年开始即开展了欧洲智慧旅游之都（The European Capital of Smart Tourism）的评选活动，旨在加强欧洲城市及其周边地区由旅游业带动的创新发展，增加其吸引力，促进经济增长和就业创造。它还旨在为参与竞争的城市之间交流最佳做法建立一个框架，为合作和新的伙伴关系创造机会。而此项评选的维度主要包括四个方面：可持续性（sustainability）、无障碍性（accessibility）、数字化（digitalization）以及文化遗产和创造力（cultural heritage and creativity）。其中无障碍性 / 可达性就涉及城市目的地是否适合有特殊出入需求的旅行者，无论他们的年龄、社会或经济状况以及是否有残疾，也包括信息获取和应用的无障碍可达性。因此，很多国家也都将此项目应用作为智慧旅游项目实施的重点方向。

欧洲无障碍旅游网络 ENAT（European Network for Accessible Tourism）是一个非营利性协会，由私营、公共和非政府组织部门的旅游企业、组织和个人组成，旨在评估良好实践，以及提供和认可欧洲无障碍旅游的服务和产品。ENAT 成立于 2006 年 1 月，是由六个欧盟成员国的九个赞助组织发起的一项基于项目的倡议。于 2008 年 5 月 8 日在布鲁塞尔商事法院办公室注册为欧洲无障碍旅游网络。目前其成员包括了来自西班牙、瑞典、葡萄牙、意大利、德国、比利时、希腊、英国、爱尔兰等国家的 20 个组织，这些国家也都在积极地推动着无障碍旅游设施的推广与应用。尤其是西班牙国家各地政府与残疾人组织一直致力于推动“无障碍旅游”线路改造，完善无障碍设施，推出无障碍旅游指南等。同时，西班牙世界文化遗产城市联合会与西班牙全国残疾人代表平台还合作推出“无障碍世界文化遗产城市”项目，通过专门的网页和手机应用程序，向残障人士提供西班牙 15 座世界文化遗产城市的信息，包括到达这些城市文化遗产建筑的最佳无障碍线路，景点提供的无障碍服务信息等，便于残障人士规划行程。西班牙国家盲人基金会与微软等科技公司合作，推出相关无障碍旅游项目，在景区游览线路上安装了音频增强现实技术的感应装置，在视障人士需要转向时通过智能手机对使用者进行语音提醒，同时还能对路边的历史建筑进行讲解。

四、我国智慧旅游公共服务实践存在的问题与对策

（一）我国智慧旅游公共服务实践存在的问题

2020 年 11 月，《关于深化“互联网 + 旅游”推动旅游业高质量发展的意见》提出，“厘清政府公共服务与市场旅游信息服务边界，鼓励各地区采取政府与市场相结合的旅游公共服务平台运营模式，提升平台服务效能，实现可持续运营与发展”。

近年来，一机游项目在全国各省市“扎堆儿”上线，一方面是适应全域旅游建设的配套工程，另一方面也是目的地推进信息化建设与纵深应用的重要抓手。各地投入一机游建设的主要目的可能也不尽相同，比如云南是因为要解决旅游市场乱象和产业结构不合理等问题，而上海主要是基于确立国际大都市的城市旅游形象等。一机游的背后推手多是各地拥有国资背景的文旅集团。云南一机游由云南省政府与腾讯达成战略合作，于2019年9月，云南省政府和腾讯主导发起成立云南腾云信息产业有限公司，负责“一部手机游云南”项目的建设开发、平台运营等业务。该公司注册资金1亿元，拥有林芝腾讯（深圳市腾讯产业投资基金有限公司全资持股）、云南信息产业集团和云南交投三个股东，分别持股51%、44%、5%。

“游上海”项目在上海市政府的支持下，于2019年7月成立了上海一机游信息技术有限公司。企查查信息显示，该公司注册资金为5000万元，由锦江集团及其关联公司持股82%，上海景域旅游发展有限公司全资拥有的上海奇创旅游集团有限公司持股18%。“游上海”App通过5G、VR、AR等技术展示上海全貌和“16个区”的景点、酒店、美食、精品线路、特产、交通等核心资源。

目前来看，该项目可以发挥的作用主要体现在以下几个方面：目的地形象提升；目的地整合营销；旅游公共信息服务；旅游行业监管、旅游企业资信评级与权威认证等。

但从上线以来的绩效来看，似乎并不尽如人意，面临诸多发展困境，用户量、日活量较低，用户黏性欠佳，自身的优势和发展前景并不明朗，对诸如云南旅游行业乱象的整治也暂无实质性帮助。

通过对比分析当前的一机游项目，其主要问题总结为以下几个方面：

第一，功能庞杂，定位不清，缺乏核心用户价值。

当前“一机游”项目的功能庞杂，似乎要做一个涵盖所有旅游信息化所涉及的领域，包括目的地信息整合、旅游在线预订、门票预约、导游导览、在线直播、找厕所、在线投诉与退货、社区攻略，甚至还包括一些小工具，如AI识花等。

所以导致项目定位不清，既有公益服务，又有盈利项目，既做2B又做2C，那到底是为了提供政府公共管理与服务，还是为了实现盈利，与当前的OTA竞争？

而实际上，“一机游”项目所提供的功能除了行业管理相关的内容，几乎都可以在市场上找到。比如，在行前的灵感启发阶段，马蜂窝、穷游等内容网站会是用户查找信息是第一选择，它们除了攻略数量多，知名度也高，多年养成的用户习惯，一时半会儿不会轻易改变，一机游产品面对这样的情况显然还需要对市场进行教育。在行中阶段，有驴迹科技和美景听听等专业的旅游导览类 App，一机游产品面对专业的“选手”如何破局也是其需要考虑的。

而面对旅游预订，“游云南”的月活用户超 50 万，而携程 2019 年一季度的月活用户为 2.1 亿。无论是“游云南”还是“游上海”都是区域型、新生的 App，流量上自然不能与 OTA 巨头相比，但对于消费者来说，在 OTA 上，云南和上海区域的旅游线路更为丰富，酒店选择更多，有了多而全的 OTA，无论去哪里只用一个软件即可，不必去哪里就得下载一个新的 App。

想要什么都做，往往什么都做不好。少即多，聚焦于做好一件事，给游客一定的时间去适应，逐步培养信任和品牌意识，才有可能再进一步去拓展，成为顺理成章的事。试想很多互联网巨头，如亚马逊最开始也只是从卖书开始切入，之后才慢慢拓展其生态；阿里最开始也是先做的 B2B 业务，然后再拓展到 B2C，以及其他领域如旅游行业的飞猪等。尤其是在当前在线旅游市场已经发育到一定阶段的背景下，之前头部企业所建立的用户和市场基础是很难撼动的。

所以“一机游”产品必须更多地考虑自身的定位。首先，一机游项目到底是为谁服务或者说是赋能的？是为各目的地管理部门提供决策支持，还是为企业提供流量和资源，还是为游客提供产品和服务保障？其次，是要考虑当前市场和用户的需求，到底当前用户出行的痛点是什么？我要提供什么样的功能才能吸引到用户？如何才能做出有别于当前市场的差异化的产品和服务？是需要进一步深入思考，而不是盲目投入的。

第二，信息整合难度大，服务体验无法保障。

很多一机游项目都是在省级范围内开展的，因此，在做信息整合时，不仅要涉及食、住、行、游、购、娱，还要涉及省内各市、区县，不仅涉及文旅部门，还要涉及文旅企业，甚至到个人商户。因此，这个信息整合的工作量是非常庞大的，而有些部门和企业本身的信息化基础很薄弱，信息的上报和传递可能还需要人工来完成，一方面是信息的准确性无法保障，另一方面是信息采集的复杂度难以支撑。还有一个核心问题就是要解决信息本身的更新和维护。后续每天千变万化的信息，包括视频图片和文字的内容是海量的，谁来持续更新维护这些信息？

“一部手机游云南”App 的直播功能，通过景区高清摄像头实现 24 小时实况直播，虽为创新之举，但存在诸多不足。摄像头角度单一，切换频率低，用户无法自主选择，导致直播画面缺乏动态变化，甚至常呈灰色，尤其在云雾多的景区。同时，直播互动功能缺失，用户停留时间短，缺乏转发动力。

App内的导览视频虽制作精良，能多角度展现景区特色，但视频播放功能简陋，仅支持全屏、播放和暂停，无进度条显示，无法快进回看，不符合用户碎片化阅读习惯和自主选择需求。因此，尽管视频内容有竞争力，但观看体验不佳，评论区留言稀少。

此外，首页“景区承载”功能按行政区划浏览景区，对外地游客不够友好。游客可能知晓热门景点，却不清楚其所属辖区。如果能增加热门景区导航菜单，可能将有助于提升用户体验。

第三，技术并非万灵药，真正的创新不应盲目追随潮流。

近年来，云南发生了一系列恶性旅游事件，如宰客、强迫购物、艳遇陷阱变为酒托骗局，以及游客遭受殴打、导游辱骂等，这些事件的曝光使得外地游客对云南旅游的真正担忧集中在旅游市场的混乱现象及其应对措施上。“一部手机游云南”App虽然提供了投诉功能，包括在线投诉、语音投诉和电话投诉三种方式，但实质上只是将传统的投诉渠道迁移到了线上，并未创新性地提出新的纠纷解决机制。

要有效解决游客的痛点，关键在于提供法律支持和服务。作为一款具有政府背景的App，“一部手机游云南”更应充分利用其优势，与法律机构、监管机构和仲裁机构建立紧密的交流与合作关系。在法律专业人员的指导下，App内可以制定并提供各类电子旅游合同的标准化模板，明确经营者和消费者的权利与义务。这样，经营者与游客可以直接在App内签订旅游服务合同，同时利用互联网技术实现全程留痕管理，保存相关证据，为游客提供坚实的法律保障。

技术只是一种手段和工具，不可能仅凭技术解决所有的问题。一方面，是管理和组织的问题，是线下的体制机制的问题。另一方面，技术解决的更多是信息不对称的问题，关注的是更广泛的连接、更高的效率等，我们必须认清楚技术本身的特征，才能正确地为我所用，发挥其真正的作用。

作为政府主导的项目，我们更期待它能解决更现实、更迫切的问题。比如针对节假日高峰，减少拥挤、等待、排队，提倡错峰、分流，从而降低安全事故，提高旅行体验；或者是为产业搭建一个公共的数据与服务平台，支持和鼓励企业创新。如果“一机游”能够把消费终端的预订数据收集为一个地方旅游的数据中台，来进行目的地的预测、分流、预警、预约、调控，目的地旅游可以显得更“智慧”一点。长期以来，地方文旅机构没有建立严谨科学的数据体系，数据相互割裂，各地每年的旅游数据经不起推敲，都导致旅游经营发展中缺少有力的数据抓手和有效分析。

实际上，旅游产业的信息化成熟度比较低，但随着近几年“智慧旅游”“互联网 + 旅游”政策的推进，很多部门和景区都在“赶鸭子上架”，做出很多个“大屏”，建了很多个“数据中心”。我们不能急功近利，要把自身的问题找准了，看如何用技术去解决，而不是盲目跟风，花了大价钱买来的东西只是拿来展示，而并非为我所用的。我们需要循序渐进，先把信息化、数字化、数据化的基本问题解决了，再谈高大上的问题。

第四，盈利模式不清晰，可持续运营后劲引忧。

到目前为止，还未发现当前已建成的“一机游”项目的盈利模式如何？云南和上海一机游产品虽然是针对不同区域做出的产品，但相同的是，它们皆在政府的牵头下，聚合旅游资源相对比较容易。它们都相当于一个区域型 OTA，有包括酒店、景区门票、机票、景区导览、精品线路等功能。

“一机游”产品前期或许有专项资金支持，但据了解，甚至有些并未有相关的政府资金投入。试想在这么大的业务量的前提下，未来如果没有找到清晰的盈利模式，如何保障产品和服务的质量，如何保障后续的可持续运营？有些企业可能指望这个平台能够通过积累一些数据来创造价值，但在目前的情况下，用户的引流都是一个较大的问题，没有足够的用户以及交易量，如何积累数据，如何构建所谓的“大数据平台”？

（二）我国智慧旅游公共服务的建设对策

1. 建立智慧旅游公共服务持续运营与发展体系

随着我国智慧旅游的快速推进，智慧旅游公共服务的建设已取得了显著成效，但如何确保这些服务的持续运营与发展，成为当前面临的重要课题。政府、企业和社会各界逐渐认识到，智慧旅游的建设不能仅停留在初期的投入和建设阶段，更需注重后期的运营与管理，形成可持续发展的运营模式。

（1）构建多方协同、技术与制度融合的智慧旅游运营新框架

为了推动智慧旅游的持续运营，我们需要构建一个多方协同、技术与制度融合

的新框架。首先，应成立由政府相关部门、企业、行业协会等多方参与的智慧旅游领导小组，负责统筹协调智慧旅游的运营管理工作。领导小组下设专项工作组，负责具体实施运营策略、生态建设、项目验收和数据整合等工作。

同时，要整合国资与民企的力量，组建专业化的智慧旅游运营机构。通过国有企业与民营科技企业的合作，共同承担智慧旅游项目的集成建设和运营管理任务。这样不仅可以整合各类资源，提高运营效率，还可以引入市场机制，激发企业的创新活力。

在制度建设方面，要加强政府对智慧旅游运营主体的监督管理，优化政府采购条款，建立信息化项目全生命周期管理制度。同时，要破除制度壁垒，为智慧旅游的运营提供良好的法治环境。

（2）打造数据驱动、监管规范的智慧旅游治理与运营新机制

数据是智慧旅游的核心要素，也是推动智慧旅游持续运营的关键。为了充分发挥数据的作用，我们需要建立完善的数据产权、数据安全和公平竞争法规制度体系，保障数据的合法合规使用。

同时，要探索建立数据要素市场规则，促进数据的流通和交易。政府应支持数据基础好、积极性高的地区率先制定数据要素市场化的指导意见和地方性法规，破除政务数据共享的体制机制障碍，畅通政府数据与社会数据的融合渠道。

在数据应用场景方面，要鼓励地方政府定期发布旅游大数据应用场景机会清单，支持大数据运营商利用数据资源安全合规地开发各类产品和服务。同时，要加强数据安全运营管理，完善交易、风险评估、合规应用监督和审计机制，确保数据的安全和隐私保护。

（3）探索以点带面、以评促建的智慧旅游持续运营发展新模式

为了推动智慧旅游的持续运营和发展，我们需要探索以点带面、以评促建的新模式。首先，要选择有条件、有积极性的地区开展智慧旅游持续运营试点，围绕制度建设、机制创新、运行模式、安全管理、标准建设等方面进行先行先试。通过试点示范，形成一批可复制、可推广的经验和做法。

同时，要建立智慧旅游持续运营水平的评价体系，开展定期评价工作。评价结果可以作为财政预算、部门考核、项目申报和运营主体遴选的重要参考。通过评价激励机制，引导各地提高智慧旅游的运营水平和服务质量。

此外，还可以设立智慧旅游持续运营企业及项目红黑榜制度，对运营表现优秀

的企业和项目进行表彰和奖励，对存在问题的企业和项目进行曝光和整改。通过这种方式，可以强化过程监督，规范平台运营企业行为，推动智慧旅游的持续健康发展。

2. 构建以问题与需求为导向的自下而上的建设机制

我们国家的智慧旅游建设自建设之初就采用的是“自上而下”的建设模式，这种模式是从政府部门“顶层设计”出发，整体构建智慧旅游的技术架构，把智慧旅游系统分解为若干个子系统，再分别加以智慧化建设的模式。这种自上而下的过程在目的地数字化转型中是必不可少的，智慧旅游需要整体统筹，并建立框架、制度和标准。具体包括以下几个方面：

（1）明确智慧旅游建立的目标，约定总体目标，明确信息化和业务部门之间的协同关系，明确在智慧旅游规划、建设、运营以及评价过程中的分工和边界。

（2）建立数据统一标准，统一接口，统一计算资源管理，网络资源。

（3）推进体制机制改革，政府职能整合，政务流程再造。

（4）规划智慧旅游的运营体系，是政府组织力量对智慧旅游进行运营，还是要动用社会力量进行运营，或是这两种模式的结合。

“自下而上”的建设模式主要是指以市场和社会为主导，强调以技术为核心，以问题为导向，并注重源自企业与市民层面的产业与社会创新的模式。参与方式多为开放式，强调多元主体间的协同合作与分散式决策等特征。

“自上而下”的建设模式由政府定义智慧旅游发展的长期愿景和战略框架，并在过程管理中进行领导和协调，这种方式能够提供对智慧旅游项目相对一致的法律和监管框架。“自上而下”是当前智慧旅游规划和建设的重要特点，这种模式下构建的理论体系最大的特点是游客、市民处于被动接受的地位，他们只是智慧旅游的用户、测试者或消费者，并不是决策者和核心参与者。他们往往被定位为公共服务的“用户”，他们关于智慧旅游的需求没有被重视，这是导致游客、市民参与度低的根本原因。“自下而上”的智慧旅游建设模式下，公众不再被当作“用户”，而是智慧旅游的“合作者”“共创者”“产消者”。这种模式旨在通过提升公众参与度来建设公众需要的智慧旅游，提升建设成果“黏性”，加快推广进度和普及速度。公众高频使用行为还会产生更多智慧旅游决策所需数据，进而提升智慧旅游建设绩效。与“自上而下”智慧旅游建设方式相比，“自下而上”的方式更关注公众参与、需求和智慧旅游中的社会网络等问题。

综上可知，“自上而下”的模式容易忽略底层的真实需求和创新，而“自下而上”的模式缺乏政府的政策、法律与机制的保障同样也难以得到有效的调控和可持续发展。因此，本研究认为，智慧旅游的建设应采取自上而下的政府规划模式与自下而上的多元创新模式相结合的模式。自下而上的创新应用会越来越成为政府主导的智慧旅游应用的重要补充，更深度连接政府、企业和游客等主体。

通过鼓励多元主体参与到智慧旅游建设中来，有利于减轻政府的负担，同时还能有效激励多元创新，形成相互协作机制，发挥各方的资源优势，形成协同治理新局面。公众参与智慧旅游建设还有利于发挥公众对智慧旅游项目的监督作用，对政府行为进行监督，对建设方案的实施进行及时的监督与反馈，还可以监督政府对各个利益主体的资源分配，提高资源配置的优化度。同时，公众参与有助于智慧旅游建设有针对性地解决游客和市民的难点和痛点问题，能提高政府和组织获取和把握公众诉求的效率，为智慧旅游建设提供科学、准确的方向。因此，应构建全面的动力激励机制，鼓励社会与公众积极参与到智慧旅游的建设中来，共同为智慧旅游的建设出谋划策、协同创新。主要包括以下几个方面的措施：

①搭建多元治理与公众参与的平台。一是依托科研院校、高新科技企业已有的科研、技术研发团队与资源等，通过认定一批旅游科技示范园区、重点实验室、技术创新中心等，加强对智慧旅游示范载体的培育。

二是鼓励科研院校、旅游企业、社会组织等成立协同创新中心，针对当前智慧旅游建设中的痛点、难点问题开展实施专项研究与开发，并推动科技成果的转化。

三是在搭建云计算开发平台、数据开放与共享平台的基础上，鼓励并扶持社会、社区自发组建产业孵化园、生活实验室等形式的创新创业实体，并借助于云计算开发平台和开放数据，开发有推广价值的创新产品与应用，允许产品在目的地特定地区进行测试，并通过项目商业化推广而获得经济收益，进而转化成有效的商业模式。

②建立公众参与的渠道机制。首先，政府要为智慧旅游建设设计宣传平台，引导公众积极有序地参与到智慧旅游的建设中。在宣传方式上，可通过组织公众参观智慧旅游建设试点、开展智慧产品免费体验活动等公益形式，探索、建立政府、企业、公众与其他参与主体等多位一体的推广机制。其次，通过开通政务互动平台和信访投诉平台，促进公众同智慧旅游建设部门的沟通交流。最后，是拓宽信息搜集渠道，通过开发移动 App、网站、微信公众号等形式，一方面让公众可以通过这些

渠道反馈问题，另一方面可以利用这些渠道开展各类众筹、众包项目。比如利用公众随身携带的移动智能传感器设备，对当前的空气质量、交通拥堵及人员聚集等相关参数进行感知，并将收集到的实时数据与智慧旅游信息平台共享。

③构建多元激励机制。参与智慧旅游建设的公众包括直接利益相关者，社会公益组织及其他个体。公众参与智慧旅游建设的驱动要素可以分为内在驱动力和外部动力。因此，我们可以基于内在驱动力和外部动力构建多元的激励机制，让公众更多、更主动地参与到智慧旅游的建设中来。

一方面，可以通过外部激励来引导公众参与。即公众在政府管理部门的引导和政策的激励下选择参与智慧旅游建设项目的实施，对积极参与智慧旅游建设并做出一定贡献的，政府应采取合适的方式对其进行奖励，如设立一种参与专门奖、以奖代补等，最大限度调动公众参与智慧旅游建设的主观能动性。

另一方面，可通过激发公众的内在驱动力来引导公众参与。这一内在驱动力主要包括自我学习、自我实现、自我满足和社会交往。如通过学习提高自身技能、与相似兴趣的人 / 企业和组织建立社会联系、获得展示自我价值的机会等。这一做法使智慧旅游建设让更多的公众尤其是个体参与到目的地转型、技术创新项目和行动中。

3. 建设智慧无障碍旅游的标准与应用体系

当前，我国不仅有世界上最大的残障旅游市场，也有全球最大的老年旅游市场。据中国残联统计的数据显示，截至 2020 年，中国各类残疾人总数已达 8500 万；第七次全国人口普查数据表明，60 岁以上人口超过 2.6 亿人，占总人口的 18.70%。从某种意义上来说，这是一个很大的利基市场，对于这部分市场的开发将不仅带来较大的经济效益还具有明显的社会效益。

多项研究表明，一方面，获得及时、准确、可靠的旅游信息是决定残疾人等特殊群体旅行决定的关键因素。另一方面，智能技术的应用将在一定程度上弥补残疾人在生理上的缺陷，延展身体的机能，使便利化出行成为可能。智慧旅游从概念提出到现在已经有十多年，但这一理念与实践仍未惠及至残疾人、老年人等不便出行的群体。而这类群体的出行需求受到心理、身体等多种因素的影响具有独有的特征，因此需要开展全面深入的调查、研究与分析，为该类群体的旅行提供更智慧化的解决方案。

目前国际、国内已有关于信息 / 数字无障碍标准的研究与实践。1999 年 5 月，由国际互联网联盟 W3C 下属的 WAI 首次发布了 WCAG（Web Content Accessibility Guidelines），即 Web 内容无障碍指南。其目标是为网站内容的可访问性提供一个共享标准，以满足国际上个人、组织和政府在网站无障碍建设方面的需求。该指南详细解释了如何让障碍人士更容易访问网页内容、理解网页信息，这些信息包括文本、图像、声音等基本信息以及复杂定义结构的代码或标记。2020 年，我国工业和信息化部发布了《关于印发互联网应用适老化及无障碍改造专项行动方案的通知》，加快推进互联网应用适老化及无障碍改造专项行动，助力老年人、残疾人等重点受益群体平等便捷地获取、使用互联网应用信息。同时也发布了《互联网网站适老化通用设计规范》《移动互联网应用（App）适老化通用设计规范》等。这两个规范同前述国际通用标准 WCAG 在内容上是一致的。基于此，目前一些与老年人、残疾人等群体工作、生活相关的公共服务类网站、App 首先开启了适老化及无障碍改造。一些学者也展开了对相关的旅游目的地网站及国内的 5A 级景区网站的评测研究。研究结果发现，受测试 5A 级景区网站无障碍化总体质量较差，超过 90% 的景区网站未达到无障碍最低的 A 级要求；在网站技术和内容上，存在网站错误面广的问题，网站内容主要障碍依次是文本备选、可读性和导航性。由此可见，仅在旅游网站的无障碍应用上还有较长的路要走。

综上所述，一方面当前市场缺少高质量的数字无障碍产品，另一方面虽然已经有对网站和移动 App 的无障碍标准的研究，但这些标准仅是在界面及使用与操作层面的无障碍性规定，即可感知性、可操作性、可理解性及兼容性等，而对于其是否满足无障碍旅游的需求则并未触及，如何能开发出适用于残障人士、老年人等弱势群体使用的智慧旅游产品，还需要进一步形成一系列的标准和应用体系，从而构建一套相对完善的智慧无障碍旅游体系，让旅游产品和服务惠及每一个人。

第8章　智慧目的地营销

一、智慧目的地营销概述

（一）“互联网+”下的目的地营销演变

互联网的诞生，是对传统媒介和传播方式的重大变革，尤其是对传统媒体及传播依赖较大的如新闻业、书刊及报纸杂志业等。因为新闻、书籍、知识、信息等都能更容易地被数字化，从而在互联网上直接传输。而实际上，与其说互联网是一场技术革命，更是一场商业革命和社会革命。它改变的不仅是信息传输的媒介和渠道，更多的是做生意的方式、人与人之间的交互方式，以及用户与政府和企业之间的互动方式等，这些都在发生着潜移默化的转变。尤其是在互联网基础上又普遍应用的移动互联网、物联网等，使人与人、企业与企业、政府与企业之间，甚至是物与物之间的连接都成为现实，且这种连接不再是单向的，而是双向、实时的，而营销本身就是要把产品和服务的理念精准地传达给受众，并与受众产生互动，进而提升品牌的感知与形象认知。同时，互联网、移动互联网还有一大特点，即不受地域、时间和空间的限制，其传播可以无时无刻、无所不在，可以24小时，可以直达全球任何一个角落。其传播受众之广是传统营销所无法企及的。因此，互联网无疑给营销带来了新的生机，从而也使得营销体系变得更加丰富和复杂，除了传统的网络广告营销，还有现在发展迅猛的移动营销、社交媒体营销等，发生了重大的转变。这种转变主要体现在理念、渠道和内容三个层面上：

在理念上，“互联网+”下的旅游目的地营销应该包括注意力营销、精准营销、关系营销等思维方式。旅游目的地在思考营销策略的层面时，一方面应该以注意力营销为基础，设计对游客有吸引力的旅游营销内容，另一方面借助“智慧旅游”的核心技术能力，旅游目的地可以实现精准营销，从而将那些在注意力营销下的感知者们变成潜在的或现实的游客。

在渠道上，要注重同基于互联网、移动互联网的平台和媒介的结合。传统的营销渠道是通过宣传册、传单等印刷品、音像制品、媒体广告等媒介，将产品信息向消费者传播。这种方式运营成本高、效率低、人力耗用大，难以准确及时地传递信息。传统的营销渠道主要包括旅游分销商、大众媒体、户外媒体和专业媒体等。随着互联网、移动互联网应用的兴起与普及，现代新媒体营销渠道已经开始逐渐成为营销模式中最重要的部分，更多地利用一些新媒体的渠道或平台，包括但不限于门户网站、搜索引擎，以及一些社交媒体平台，如微博、微信公众号、视频号、博客、B 站、小红书、抖音短视频、直播平台、知识类平台知乎等。

在内容上，要注重同文化资源的结合，内容为王，是不容忽视的。过去在传统营销中使用的内容和素材在当前都已经不适用了，尤其是我们传统擅长做的风光宣传片，没有触点，没有情感传播，无法与用户产生共情，自然无法达到很好的营销效果。而实际上，现在有一个非常流行的概念就叫“内容营销”，可以把它理解成硬广告的反面。也就是说，把品牌理念放在一个故事、音乐、活动之类的内容里。它希望你记住的不是具体的产品，而是某个品牌理念。

（二）智慧目的地营销与传统目的地营销的区别

1. 智慧目的地营销的内涵

传统国内旅游市场营销活动通常以推介会、促销会为主，80% 的形式是播放旅游宣传片、邀请当地旅游企业参会对接、发放旅游线路产品宣传折页，或借助重大旅游促销会及活动进行推介。同质化严重、新意不多、形式不活、千“会”一面、收效甚微、回报率低。

智慧目的地营销主要是借助于各种信息技术，不仅是利用互联网、移动互联网以及各种智能终端设备，使营销可以全天候、无所不在；也不仅仅是营销信息的展示不局限于文字、图片，还有更丰富的音频、视频 / 短视频、VR/AR 等展现和传播方式。智慧目的地营销更多的是通过将大数据与综合营销管理战略相结合，全面掌握客源和市场特征，开展有针对性的精准化营销，提高营销效率与质量，在合适的时间，以合适的方式，推送给用户合适的内容。不仅如此，利用大数据技术，还可以科学预测市场变化和发展的规律或趋势，对市场进行预先研判，提前做好规划和采取措施。

在旅游业，可能很难进行正确的营销，因为潜在客户是谁，他们来自哪里以及他们在寻找什么各不相同。大数据有助于提供事实和数据，当把用户的属性和行为特征等转化为数据时，这不仅有助于发现用户是谁，而且有助于了解他们在哪里、他们想要什么、他们希望如何联系以及何时联系。借助大数据分析手段，可以全面掌握年龄、性别、客源地、出游行为、消费构成、住宿设施选择、停留情况等信息在内的游客属性；深入分析不同客源地、不同年龄结构、不同职业游客的偏好、规律性变化和兴趣点，并基于数据开展有针对性地营销活动，策划设计不同层次的旅游线路，增加过夜游客数量，以多样化旅游供给引导游客消费。

2. 智慧目的地营销的主要应用场景

（1）游客画像与市场细分

用户画像的概念是由交互设计之父艾伦·库伯（Alan Cooper）最早提出，用户画像（persona）是指用虚拟化的代表来标识真实存在的用户，是建立在一系列真实数据之上的目标用户模型，用于产品需求挖掘与交互设计。

传统的用户画像主要是通过调研和问卷去了解用户，根据他们的目标、行为和观点的差异，将他们区分为不同的类型，然后从每种类型中抽取出典型特征，赋予名字、照片、人口统计学要素、场景等描述，就形成了一个Persona。Persona就是早期对用户画像的定义，随着时代的发展，用户画像早已不再局限于早期的这些维度，但用户画像的核心依然是真实用户的虚拟化表示。

在大数据时代，产生了新型的用户画像（user profile）。即给用户打标签，通常以通俗易懂的生活用语描述用户的基本属性、社会特征、时空属性、兴趣偏好、消费能力等类型的标签。由这些标签集合能抽象出一个用户的信息全貌，每个标签分别描述了该用户的一个维度，各个维度相互联系，共同构成对用户的一个整体描述。为广告推荐、内容分发、活动营销等诸多互联网业务提供了可能性。

游客画像在智慧目的地营销中的主要内容包括：

①基本游客属性。主要包括性别、年龄、职住地、人生阶段等，是最基本的画像维度。职住地主要是指游客的居住地和工作地，即对其惯常环境的识别。这个对于游客与当地居民的区分非常重要，一般是通过移动信令数据，基于用户停留数据处理的结果，分析用户在白天和晚上不同时段工作地和居住地分析，通过长期职住位置追踪，获取用户稳定的职住特性。人生阶段主要用来辨别游客是处在学生、单身、恋爱、已婚、已育、退休等具体哪个人生阶段。该属性对于游客画像具有重要的意义，不同阶段的游客对目的地和景区的偏好、消费偏好、细分类型偏好均有所不同。

②兴趣偏好。就是游客对某个对象（这里的对象可以是商品、品类、App、场

所等）的兴趣喜好。比如依据游客的线下位置停留数据和POI数据识别判断，通过识别游客经常出现的兴趣场所（例如：球场、影院、剧场、商场、文化馆、博物馆、休闲场所、分类景区等），来分析游客的兴趣偏好是喜欢运动、文艺、郊游、休闲，还是文化，等等。

③游憩行为。即对游客的游览和休憩行为画像，基于地理位置信息，即游客的地理空间属性进行识别，例如识别游客的出游目的地的时空轨迹和住宿情况，在目的地停留的时间，到达目的地的交通方式，在目的地的游览线路，游览了哪些景区，逛了哪些商圈，住在哪里等。具体可包括如下维度：出游距离、出游时间、目的地活动半径、交通方式、出行时间（周末、假日、平日等）、停留时长、是否隔夜、住宿特征、游览方式等。

④游客消费特征。游客的消费特征画像是游客大数据画像中重要的组成部分，主要包括：消费额度、消费频次、消费地点、消费业态、消费能力、消费意愿、消费偏好、是否高消费群体等。

通过游客画像，一方面，可以更好地理解客户，根据用户的各类属性和特征，在不同的时间、为不同的游客推送不同的营销信息，提供个性化、定制化的服务，提升游客体验质量和目的地形象，从而达到目的地营销的效果，另一方面，便于在开展市场营销中有效地进行不同维度的市场细分，进行有针对性的营销推广。基于大数据的市场细分相对于传统的市场细分方法来说，一方面体现在其数据采集的维度更为全面，尤其是对游客行为数据的采集更及时、细腻和全方位。另一方面体现在数据采集的时效性更高。由于数据更新快、计算速度快、能更及时地反映用户需求的变化，从而做出更准确与及时的细分。

（2）个性化推荐

个性化推荐是指根据用户的兴趣特点，通过大数据和人工智能算法，推荐其感兴趣的商品、内容等各类信息。个性化推荐技术最早被应用于电子商务平台的商品推荐，其鼻祖是亚马逊在1998年即推出了基于项目的协同过滤算法，使推荐系统能够基于上亿的商品目录为数百万用户提供推荐服务。当用户进入亚马逊的商品浏览页面，就如同走进了亚马逊为其在网上量身打造的商店，那些自己感兴趣的商品会被自动移动到前面，而不太感兴趣的商品则被移动到远处。目前该技术已被各大电商平台和App应用所采用，一方面让用户能够更关注于符合自己兴趣和偏好的产品，减少信息搜索的成本。另一方面也让产品和服务的转化率大幅提升，进而也促进了商品的销售额。

在旅游领域，个性化推荐实际上不仅可以应用在旅游线上的电商平台，还可以应用在旅游的行程中的目的地产品和服务的即时推荐。尤其是对首次到访某个目的地的游客，因为他们通常不熟悉当地的环境和条件，有针对性地个性化推荐往往会达到比较好的效果，游客更容易接受或采纳。而且大部分游客在旅游过程中均会携带手机，目前的手机尤其是智能手机都配备了一些传感器，如光线传感器、加速度传感器、重力传感器、陀螺仪、距离传感器和数字罗盘，以及 GPS 定位、视频摄像头等功能组件，因此也为获取更多游客的即时信息提供了基础，并且可以根据游客当前所处的上下文情境来进行个性化营销信息的推送。上下文情境信息即指可用于描述实体状况的任何信息。实体则被认为与用户和应用程序（包括用户和应用本身）之间交互相关的人、场所或对象。上下文情境信息可以是外部的或内部的。外部上下文信息或来自物理环境的信息，包括位置、天气、季节 / 时间、交通、事件和活动、气压、温度和光照等。内部上下文信息或人为因素的信息，包括目标任务、同伴、喜好、感兴趣的主题和情绪状态等。外部上下文信息一般可通过外部应用或手机的传感器来获取，而内部上下文信息则一般通过游客的手机使用行为进行综合获取，比如通过社交行为（如点赞、评论）、历史预订行为、点击和浏览行为等进行分析和判断。

（3）旅游者目的地形象感知监测与评估

目的地形象是人们对旅游目的地的感知、信念、印象、观点的综合感受。研究表明，旅游目的地形象是旅游者选择目的地时候的首要参考因素。这种形象的获取一方面来自别人或者熟人的感受或者是他们从互联网收集的评价，如果旅游者对目的地的印象不好的话往往不会选择该目的地。另一方面如果一个旅游地树立了很好的、评价很高的形象，在消费者心目中得到偏好和重视，那么消费者就很愿意去了解当地的产品甚至直接购买。因此，人们对旅游目的地的印象的好坏直接决定了他是否前往该地旅游消费，目的地形象塑造是旅游目的地市场营销的重要内容，而且旅游者的感知形象最终评价会影响到旅游者的体验感受、认知程度、重游意愿及推荐意愿等。

在线旅游经过 20 多年的应用与普及，使大多数旅游者都习惯于在互联网上进行旅游信息搜索、发表旅游点评及撰写旅游攻略等。这些由用户产生的内容将在很大程度上体现出旅游者对目的地的形象认知，同时对于好的形象传播也将会对目的地起到非常好的口碑宣传与营销的作用；反之则会产生不好的效果，也是目的地需要及时地进行监测以便于尽早地处理或采取相应的措施，以避免不良形象地进一步扩散。因此，目的地有必要对于旅游者在线发表的相关内容进行实时监测，一方面为旅游营销策划提供依据，另一方面也为舆情风险评估与控制提供指导。

旅游目的地形象监测通常包括以下几个方面：

①旅游目的地品牌知名度。主要是指旅游品牌的网络影响力，受关注度和美誉度影响。关注度一般是采用提及频次的方式进行评估，美誉度一般是采用好评度的方式评价。

②旅游目的地价值感知度。主要是指旅游者对旅游目的地的心理感受，如满足感、尊重感和价值感等。旅游者在进行评价目的地时，通常会表现出用一些语汇来表达其游玩后的感受，比如性价比高、不虚此行、满足、有收获、陶冶情操等。

③旅游目的地质量感知度。是指旅游者对旅游目的地提供的产品和服务质量的感知，一般可以从交通、景观、环境卫生、公共服务等维度来综合评价。

④旅游目的地品牌忠诚度。是旅游者对旅游目的地的心理认知，如归属感、荣誉感、认同感等。良好的品牌忠诚度是旅游目的地品牌传播和营销转化的基石。品牌忠诚主要测量游客对目的地偏好度和推荐意向，具体表现为复购与重游等认同感的行为，重游意向与归属感也是衡量品牌忠诚度的重要指标。

⑤旅游目的地舆情感知与监测。旅游目的地舆情指的是公众对于旅游目的地的相关的特定事件、话题、组织或个人的情感、态度和意见。这种情感和意见可以通过社交媒体、新闻报道、论坛讨论、微博微信等渠道进行表达和传播。舆情可以是正面的，也可以是负面的，它可以影响人们的态度、行为和决策，甚至对于个人、组织和社会产生深远的影响。在这个信息爆炸的时代，舆情管理变得尤为重要。对于旅游目的地来说，及时了解和应对舆情，可以帮助更好地维护自身的声誉和形象，降低负面影响。舆情管理涉及舆情的监测、分析、预警和应对等环节，需要借助各种工具和技术手段，来洞察民意、了解舆论动向，并采取相应措施来引导和影响舆情的走向。

二、国内外智慧目的地营销的创新实践

（一）国内智慧目的地营销的创新实践

1. 基于二维码的内容营销——通过二维码让游客链接至当地建筑

在上海这座充满历史韵味与现代气息交织的城市中，每一座建筑都承载着丰富

的故事与文化底蕴。为了深入挖掘并传播这些独特的历史文化价值，上海创新性地推出了“基于二维码的内容营销”模式，让每一座具有代表性的建筑都能“开口说话”，成为可阅读的旅游目的地。

（1）项目背景与初衷

随着旅游市场的日益成熟和消费者需求的多样化，传统的旅游营销方式已难以满足游客对于深度体验和个性化服务的需求。上海，作为中国最具国际化大都市之一，拥有丰富的历史建筑资源，从古典园林到现代摩天大楼，每一座建筑都是城市文化的缩影。为了让这些静默的建筑“活”起来，上海市文化和旅游局携手科技企业，共同打造了“上海建筑可阅读”项目，旨在通过二维码技术，为游客提供更加丰富、便捷、互动的建筑信息获取方式。

（2）项目实施细节

①二维码部署。首先，项目团队对上海市内具有代表性的历史建筑进行了全面梳理，精选出包括外滩建筑群、豫园、静安寺等在内的数十处地标性建筑。随后，在这些建筑的显著位置，如门口、墙壁或信息牌上，精心设计了美观且易于识别的二维码。这些二维码不仅与建筑风格相协调，还具备一定的防伪功能，确保游客扫描到的信息是准确可靠的。

② 内容创作与整合。为了确保游客通过扫描二维码能够获得丰富、有趣且有价值的信息，项目团队邀请了历史学者、文化名人及专业内容创作者，针对每一座建筑进行了深度挖掘和创意呈现。内容涵盖了建筑的历史沿革、设计风格、重要事件、名人故事等多个维度，并通过文字、图片、音频、视频等多种形式展现，力求让游客仿佛穿越时空，亲身感受建筑背后的故事。

③ 互动体验优化。除了静态的信息展示外，“上海建筑可阅读”项目还注重提升游客的互动体验。通过扫描二维码，游客不仅可以查看建筑介绍，还可以参与线上问答、互动游戏、虚拟导览等活动，甚至可以直接与建筑专家进行在线交流。这种即时的互动反馈机制，极大地增强了游客的参与感和满足感。

（3）项目成效与影响

①提升游客体验。“上海建筑可阅读”项目通过二维码技术，让游客能够轻松获取丰富的建筑信息，极大地丰富了游客的旅行体验。游客不再只是走马观花地游览，而是能够深入了解每一座建筑背后的故事，感受到上海独特的历史文化底蕴。

② 促进文化传播。该项目不仅为游客提供了便捷的信息获取途径，更成为上海

文化传播的新窗口。通过生动有趣的内容展示和互动体验，项目有效地传播了上海的历史文化、风土人情和社会风貌，增强了游客对上海的认知和认同。

③推动旅游产业升级。“上海建筑可阅读”项目的成功实施，为上海旅游产业的转型升级提供了新的思路和动力。通过数字化技术的应用和创新内容的呈现方式，项目不仅提升了旅游产品的附加值和吸引力，还促进了旅游与其他产业的融合发展如文化、科技、教育等，为上海旅游产业的可持续发展奠定了坚实的基础。

“基于二维码的内容营销”模式在上海建筑可阅读项目中的成功应用，充分展示了数字化技术在旅游营销领域的巨大潜力。未来，随着技术的不断进步和市场的不断变化，上海将继续探索更多创新性的旅游营销方式，以更加多元化、个性化和智能化的服务满足游客的需求推动上海旅游产业的持续繁荣和发展。

2. 利用大数据进行游客画像与市场研究

（1）用大数据分析国际游客品牌感知

中国作为客源市场对斯里兰卡旅游业发展的贡献日益突出。在此背景下，联合国世界旅游组织旅游可持续发展观测点管理与监测中心（以下简称“监测中心”，由中国中山大学旅游学院技术团队负责）开展了一项专项研究以利用大数据分析斯里兰卡中国游客的情感意象。监测中心抓取了中国各大网站的用户针对斯里兰卡 17 座城市发布的旅游短评及其对应的用户属性数据，在此基础上分析了游客对目的地形象的感知及其对游客满意度与忠诚度的影响，并识别了斯里兰卡的热门文化元素。研究结果表明：多数对斯里兰卡感兴趣的用户来自中国的一线城市，80% 的用户年龄处在 20 岁至 39 岁的区间；在中国游客中斯里兰卡有着正面的旅游目的地形象，佛教周边产品是最受关注的文化旅游产品；对总体评论的聚类分析揭示了佛教作为旅游吸引物的首要地位；佛教文化遗产地游客所提及的高频词汇包括“信徒”“虔诚”“寺庙”等，反映了游客旅游体验的精神本质；基于对斯里兰卡不同城市旅游目的地之间的比较，发现赴科伦坡、康提的中国游客满意度水平最高。监测中心基于大数据的游客情感分析能够帮助旅游目的地推进文化旅游线路设计与产品开发，提升特定客源市场营销与促销策略的有效性，并充分发掘热门文化元素的潜力以建立并强化正面的旅游目的地形象。

（2）浙江旅游大数据报告刻画“浙江游”群像

2016 年，原浙江省旅游局开始着手发布全省的旅游大数据报告，刻画了“浙江游”群像，便于目的地管理部门掌握客源市场的各类属性和特征。以 2016 年 7 月发布的半年度大数据报告为例，该报告根据数据发布了旅游接待 TOP10 景区、全省最具吸引力景区 TOP10、旅游形象排行榜、受欢迎程度排行榜。同时，还进行了客源地、游客的出行方式、人们来浙江以后的停留轨迹等内容的分析。

同时，报告还对来浙江的游客进行了画像，从流量、客源地、人口学特征、旅游消费等方面勾勒了访浙游客的特征，让不少网友惊呼“感觉自己被看穿”。数据显示，上半年浙江接待游客群体中的主力军，男性占比高达 66.74%。但在旅游消费这件事上，女性游客才是绝对主力。通过对银联卡交易数据分析发现，在游客总数中占比不到 1/3 的女性游客产生了高达 64.16% 的消费占比，成为旅游业中的“败家娘们”。这些爱玩浙江的人也爱着另外一些玩意儿，以此成为他们的标签。大数据显示，“玩浙江”人当中标榜自己喜欢音乐的占 73.04%，还有 61.84% 的人热衷于阅读。而直接说爱好就是旅行的为 40.17%，标榜为吃货爱好美食的人为 29.79%(如图 8–1)。

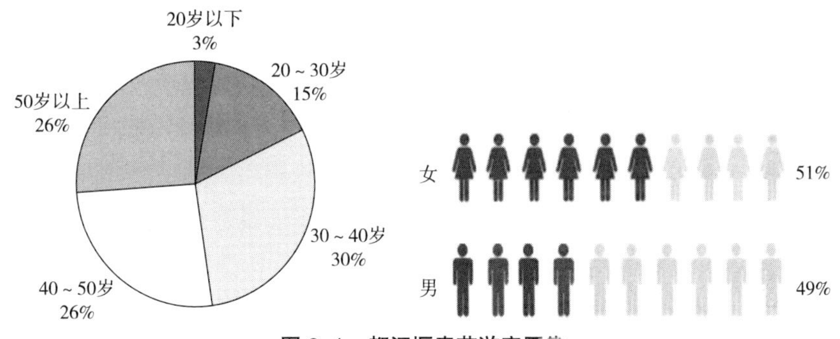

图 8–1　都江堰春节游客画像

微博账号“义见都江堰”https://weibo.com/ttarticle/p/show?id=2309404734544690676443.

（3）都江堰全域旅游大数据中心开展游客画像与舆情监测

都江堰通过多年建设发展，应用大数据、物联网、人工智能等新兴科技，探索现代信息技术和旅游业融合，不断提升景区管理、服务、营销水平，通过多次重大升级，构建了以“两个中心、一个运行数据库、两大平台”为核心，覆盖智慧管理、智慧服务、智慧营销三大领域，整合 30 多个业务子系统的智慧体系，形成数据高度共享、精细化管理与服务、业务全面覆盖的智慧旅游信息化体系。2016 年，景区指挥中心升级成为都江堰市旅游大数据中心。基于多源数据的采集与分析，中心开展了多项大数据分析，比如，2022 年春节的旅游大数据报告即涵盖了最受欢迎景区（点）、最喜爱都江堰的省内游客、最喜爱都江堰的省外游客、最喜爱都江堰的自驾省内游客、最喜爱都江堰的自驾省外游客、春节游客画像、春节最受欢迎的预订平台、自由行最喜爱的出游组合、春节游客驻留时长、春节景区游客入园时段曲线、都江堰全域客流量、旅游品牌质量感知、对标国内景区互联网搜索热度、对标都江堰全域互联网搜索热度、春节游客咨询数据分析、春节假期最热词等。既能对舆情进行实时监测又能通过 AI 和大数据算法对营销传播、游客满意度和品牌价值进行分析。

3. 嘉善利用智能线路定制开展目的地推广

在数字化转型的浪潮中，旅游业正以前所未有的速度拥抱科技，以提供更加个性化、便捷的服务体验。嘉善，这座历史悠久、文化底蕴深厚的江南水乡，紧跟时代步伐，创新推出了“云游嘉善——智能线路定制服务”，旨在通过智能化的方式，为游客打造独一无二的旅行体验，同时推动嘉善旅游目的地的全面升级与推广。

（1）项目背景与目标

面对日益增长的个性化旅游需求，嘉善县文化旅游局携手科技企业，共同研发了“云游嘉善”智能线路定制平台。该平台利用大数据、人工智能等先进技术，结合嘉善丰富的旅游资源，为游客提供从行程规划到景点推荐、住宿预订、美食探索等一站式智能服务。项目旨在通过智能化的线路定制服务，不仅满足游客多元化的旅行需求，更深入挖掘嘉善的文化内涵，提升嘉善作为旅游目的地的知名度和吸引力。

（2）智能线路定制服务特色

个性化定制：用户通过“云游嘉善”平台输入个人偏好（如兴趣点、预算、旅行时长等），系统即能迅速生成符合其需求的个性化旅行方案。无论是寻古探幽的历史文化之旅，还是亲近自然的生态休闲之旅，都能得到满足。

精准推荐：平台依托大数据分析，精准匹配用户兴趣与嘉善的旅游资源。无论是西塘古镇的静谧水乡，还是大云生态乐园的欢乐时光，都能通过智能算法精准推送给目标用户。

一站式服务：除了线路规划外，“云游嘉善”还提供包括酒店预订、门票购买、交通安排、餐饮推荐等在内的一站式服务。用户无须再为烦琐的行程安排操心，一切尽在掌握。

互动体验：平台内置虚拟现实（VR）和增强现实（AR）功能，让用户即使在家中也能提前预览嘉善的美景，感受沉浸式的旅行体验。同时，游客在旅途中也可通过平台分享自己的旅行故事和照片，与其他用户互动交流。

（3）项目实施与效果

平台建设与推广：“云游嘉善”智能线路定制平台自上线以来，通过线上线下相结合的方式进行了广泛宣传。线上利用社交媒体、旅游网站等平台进行广告投放和内容营销；线下则在嘉善各大景区、交通枢纽等人流密集区域设置宣传展板、二维码引导牌等，吸引游客关注并使用平台。截至目前，“云上嘉善”平台已涵盖景区（村庄）84 个、文化场馆 31 家、酒店（民宿）109 家、旅游厕所 40 个、文保和非遗 117 处（项）等文旅体资源。

用户反馈与优化：平台通过收集用户反馈，不断优化功能和提升用户体验。定期举办用户调研活动，了解用户需求和改进意见，确保智能线路定制服务始终贴近市场需求。

成效显著：自项目实施以来，“云游嘉善”智能线路定制服务受到了广泛好评。用户量快速增长，平台活跃度持续提升。更重要的是，通过智能化的线路定制服务，嘉善成功吸引了大量新游客前来旅游，显著提升了旅游收入和市场影响力。同时，智能化的服务体验也让游客对嘉善留下了深刻而美好的印象，为嘉善旅游目的地的长期推广奠定了坚实的基础。据了解，该平台自 2021 年 9 月正式登录微信小程序、“浙里办”以来，已累计服务 2.8 万余人次，具有行程订制、佳膳十碗、文旅体资源、今夜好眠等 16 大服务功能，真正实现了“以小切口谋划大场景”，并成功入选省数字生活新服务首批重点场景名单。

“云游嘉善——智能线路定制服务”的成功实施，不仅展示了智能科技在旅游业中的巨大潜力，更为嘉善旅游目的地的推广提供了新思路和新模式。未来，嘉善将继续深化与科技企业的合作，不断探索创新服务模式和技术应用，为游客提供更加个性化、便捷、高效的旅行体验。同时，也将积极推广“云游嘉善”品牌，进一步提升嘉善作为旅游目的地的知名度和美誉度，推动嘉善旅游业的持续繁荣与发展（如图 8-2）。

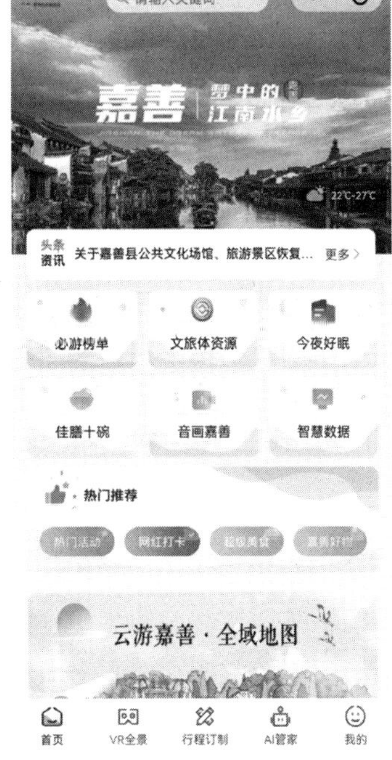

图 8-2 “云游嘉善”应用界面

天迈. 浙江省数字化改革“揭榜挂帅”项目长三角一体化智慧文旅出行服务, http://teemax.net/Cases/case_detail32.html.

4. 利用“数字信用”提升游客满意度与信任感——黄山景区“先游后付”

在当今旅游市场竞争日益激烈的背景下，黄山景区凭借其独特的自然风光和深厚的文化底蕴，不断创新营销策略，以吸引更多游客并提升游客体验。其中，“先游后付”的创新营销模式，不仅为游客带来了前所未有的便捷与信任感，也进一步巩固了黄山作为世界级旅游目的地的地位。

（1）案例背景

黄山，以其奇松、怪石、云海、温泉“四绝”闻名遐迩，是世界文化与自然双重遗产地。随着旅游市场的不断扩大和消费者需求的多样化，黄山景区面临着如何进一步提升游客满意度、增强市场竞争力以及促进可持续旅游发展的挑战。在此背景下，黄山景区推出了“先游后付”的创新服务模式，旨在通过更加灵活、人性化的支付方式，吸引更多游客前来体验黄山之美。

（2）创新策略与实施

黄山景区管理方深入调研市场需求，发现传统预付式购票方式虽然便捷，但对于部分游客而言存在信任门槛和资金压力。因此，他们决定推出“先游后付”模式，即游客无须提前支付门票费用，可先进入景区游览，根据个人体验和服务质量在游览结束后进行支付。

为了实现“先游后付”，黄山景区引入了先进的智能支付系统和信用评估机制。通过与支付平台合作，游客在景区入口通过刷脸或身份证验证身份后，即可获得入园权限。游览结束后，游客可通过手机 App 或景区服务台完成支付，支付金额根据游客选择的游览项目和服务质量动态调整。

为确保“先游后付”模式的顺利运行，黄山景区还加强了诚信体系建设。一方面，对游客进行信用评估，对信用良好的游客开放“先游后付”权限；另一方面，加强对景区内服务质量的监管，确保游客享受到高品质的旅游服务。

（3）实施效果与影响

①提升游客满意度。“先游后付”模式极大地提升了游客的满意度和信任感。游客无需提前支付门票费用，降低了经济压力和心理负担，可以更加轻松愉快地享受黄山的美景。同时，游客根据个人体验进行支付，确保了服务的公平性和透明度。

②增强市场竞争力。这一创新营销模式使得黄山景区在激烈的市场竞争中脱颖而出。它不仅吸引了更多游客前来体验，还通过口碑传播吸引了更多潜在游客。此外，“先游后付”模式也为景区带来了更多回头客和长期客户。

③促进可持续旅游发展。“先游后付”模式还促进了黄山的可持续旅游发展。通过提升游客满意度和服务质量，黄山景区赢得了更多游客的认可和信赖。同时，这一模式也鼓励了景区不断提升服务质量和管理水平，以实现长期可持续发展。

④激发旅游消费新动能。近年来，黄山风景区大力推进诚信景区建设，将“先

游后付”延伸至餐饮、交通、停车等旅游全产业链，并在景区团队游、线路游、门票、酒店等标准化产品中全面应用；实行消费纠纷景区外 8 分钟、景区内半个小时到达现场工作机制和先行赔付便民服务机制，破除消费信任壁垒，打造良好的旅游消费环境，更好保障游客利益、激发消费热情。

除了为广大游客提供优质的旅游产品和便捷的旅游服务，“先游后付·信用游”对于景区商家来说，同样是一大利好。它不仅不会增加经营成本，还能增强游客黏度，吸引更多游客消费，为景区注入强劲的发展后劲。

此外，针对“先游后付·信用游”中已到账期但账户余额不足以支付的订单，黄山旅游发展股份有限公司联合第三方平台进行兜底垫付，进一步保障商家权益，助力旅游服务市场信用体系有序建设、平稳运行。

截至目前，通过“先游后付”模式支付的旅游订单累计超 17 万笔，直接交易金额近 2000 万元。黄山旅游发展股份有限公司相关负责人介绍，“先游后付·信用游”是黄山旅游跨界合作的新成果，有助于填平景区、中介、商家等各环节之间的“利益沟壑”，加快推动黄山旅游品牌、旅游市场服务的区域一体化发展，实现旅游服务由“零碎化”向“集团化”转变，营造放心的市场环境。

黄山景区的“先游后付”营销模式不仅是一次大胆的创新尝试，更是对旅游行业未来发展的一次深刻思考与实践。这一模式不仅提升了游客的满意度和信任感，也促进了旅游市场的繁荣与发展。

5. 基于大数据的旅游目的地舆情监测

旅游业因其属于综合性服务产业，涉及人员分布广、人口基数大且过分集中，因此一旦发生负面突发事件就极易引发广大网友的热议，形成网络舆情热点，甚至成为引人注目的公共事件，旅游部门稍不注意也极易被推到舆情风口浪尖。

尤其是对于景区来说对舆论的把控显得尤其重要，景区的舆论一直以来是大家关注的重点。景区的人员众多，涉及的范围集中，往往一旦有不好的负面的事件发生，就会进行持续发酵，对景区的品牌造成不可估量的损失，甚至可以让一个有着老口碑的日积月累的正面形象化为乌有。

智慧泰山大数据平台监测到，5 月 1 日 20:46，在腾讯微信平台上一篇名为《人人人！挤爆了》的文章中三张泰山游客寸步难行、行进间摩肩接踵的图片引起了网友们的高度关注。随后，腾讯新闻、新浪网、看点快报等平台纷纷转发，一时之间，有关泰山景区五一首日不限流导致游客大量聚集的话题引发全网热议。

5 月 1 日 23:40，泰山景区管委会在官网上发布一则辟谣声明，指出当日有部分媒体发布的"'五一'假期首日泰山景区'游客大量聚集'"等信息为不实报道，"有些视频甚至是发生在几年前"。随后，各大主流新闻资讯平台、微博、微信、贴吧等转发该声明并发表，有效抑制了泰山谣言信息的传播。

大数据平台于2021年5月1日至2021年5月5日，在互联网上共监测到24043条有关泰山的信息，主要来自新闻资讯网站、微博、微信等三类平台。其中，关于泰山五一首日游客大量聚集的谣言共3025条，该类信息在5月2日达到传播高峰。此外，大数据平台还监测到有关泰山辟谣的信息量为5320条，该类信息于5月1日晚间23点首发，5月2日达到信息量传播高峰。

总体而言，泰山景区的辟谣声明效果显著。在监测期内，泰山五一谣言信息与辟谣信息统计量如图8-3、8-4所示：

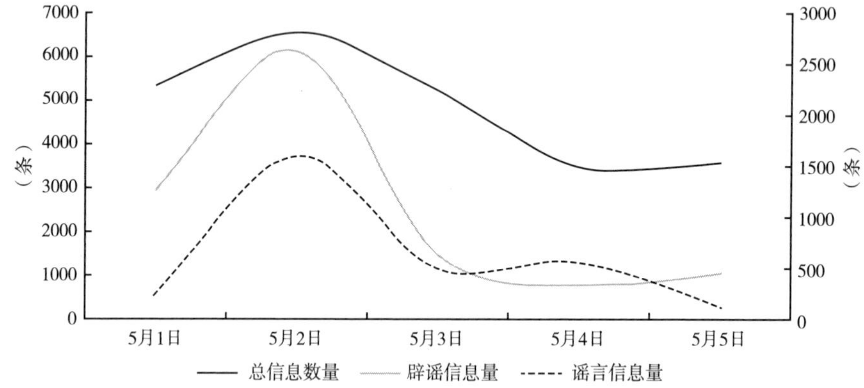

图8-3　监测期内全网平台有关泰山的信息量统计

图片来自海鳗云旅游大数据平台截图

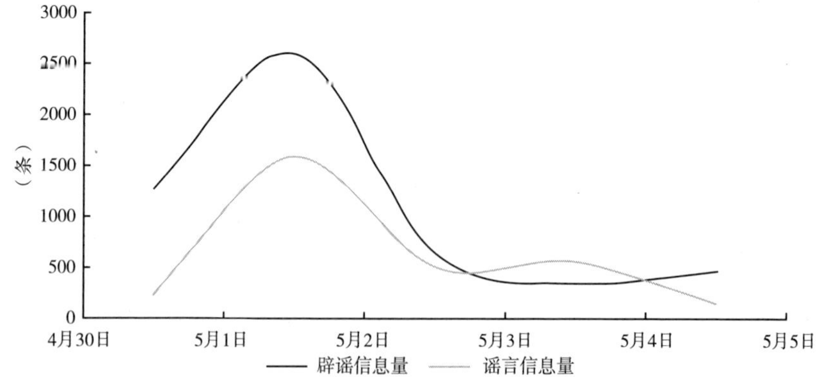

图8-4　监测期内全网平台有关泰山谣言及辟谣信息量统计

图片来自海鳗云旅游大数据平台截图

5 月 1 日和 5 月 2 日期间，全网平台上关于泰山景区辟谣的信息量远超谣言信息量。这反映出泰山景区管委会舆情监控力强，能够在"黄金 4 小时"内及时发布辟谣声明，使泰山景区在此次舆情事件中掌握了话语权。虽然在 5 月 3 日虚假信息量有小幅反弹，但在 5 月 4 日及 5 日又迅速被辟谣信息淹没。

在监测期内，各类媒体对五一泰山事件均有报道，各信息源占比如图 8–5 所示：

信息来源主要在资讯平台方面，占比为 67.9%。在此次谣言的传播及泰山管委会辟谣信息的转发方面，新闻资讯平台对舆论的导向作用举足轻重。其次是微信和微博平台，占比分别为 16.08% 和 11.62%。这是受微博、微信平台的开放性、信息传播的短时爆发性、意见领袖的突出影响力等多方面因素的影响。

在监测期内，各类媒体对此次泰山谣言事件均有报道，各信息源占比如图 8–6 所示：

泰山五一期间谣言信息主要分布在微信、微博和新闻资讯平台上，并呈现出由微信公众号平台始发，并向微博、新闻资讯平台热度发酵的趋势特征。在新闻资讯类平台方面，自媒体（如人民号、百家号等）发声量明显高于主流媒体，且自媒体上泰山的谣言信息大多属于捆绑式特点，即将泰山与其他知名景区、主要交通枢纽等客流聚集、寸步难行进行统一报道，这在一定程度上大大增加了谣言消息的传播纬度。

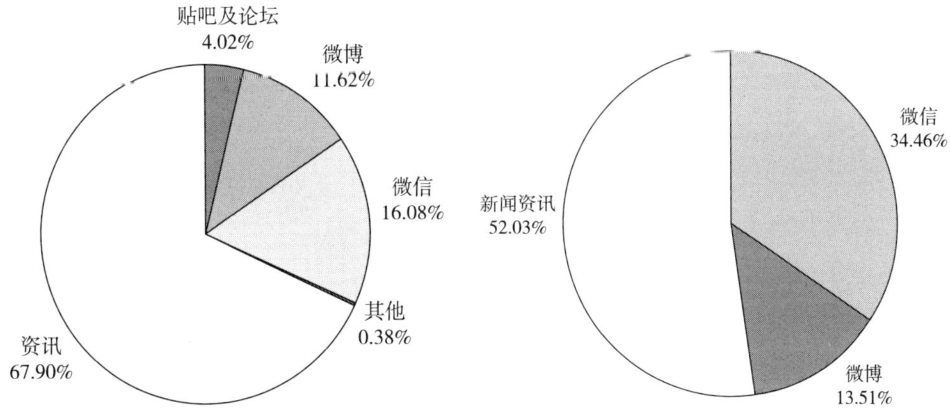

图 8–5　监测期内泰山事件信源占比统计
图片来自海鳗云旅游大数据平台截图

图 8–6　监测期内泰山事件谣言信源占比统计
图片来自海鳗云旅游大数据平台截图

此外，在本报告监测期内，各类媒体对此次五一泰山辟谣事件均有报道，各信息源占比如图 8–7 所示：

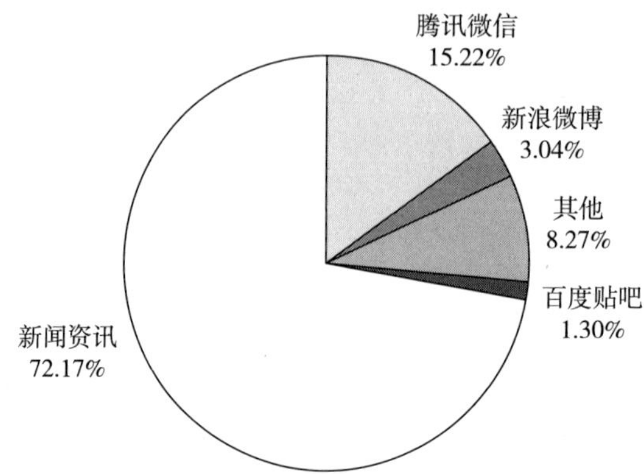

图 8–7　监测期内泰山事件辟谣信源占比统计

图片来自海鳗云旅游大数据平台截图

在监测期内，泰山景区辟谣信息源主要在新闻资讯平台和腾讯微信上。在新闻资讯平台方面，以泰山管委会官方网站为信息源，腾讯、新浪、网易、今日头条、澎湃新闻等主流新闻资讯平台转发为特征。在微信平台方面，以官方账号辟谣公告为主，大 V 转发为辅，从上到下构筑辟谣信息源网络，极大地抑制了五一期间泰山游客大量聚集不实信息的传播。

大数据平台本次共监测到正面信息 16356 条（占比 68.03%），负面信息 7150 条（占比 29.74%），中性信息 537 条（占比 2.23%），情绪占比如图 8–8 所示：

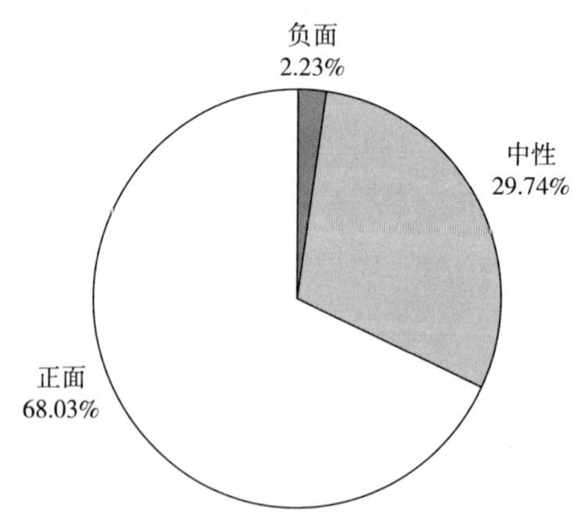

图 8–8　监测期内全网平台上有关泰山信息的情绪占比统计

图片来自海鳗云旅游大数据平台截图

正面信息占比最大，数据情绪总体呈现为正面和中性，泰山负面信息占比较小。这与泰山景区管委会辟谣信息的及时性有很大关系。在情绪观点层面，正面信息以胜地、美丽、日出、值得、满意、登顶等为主，负面信息以泰山人从众、登山累、夜爬超冷、后悔等为主。

在情绪走势方面，如图 8-9 所示，可见数据情绪走势同总量走势一致，随着数据量变动，相关情绪的值也随之变动。

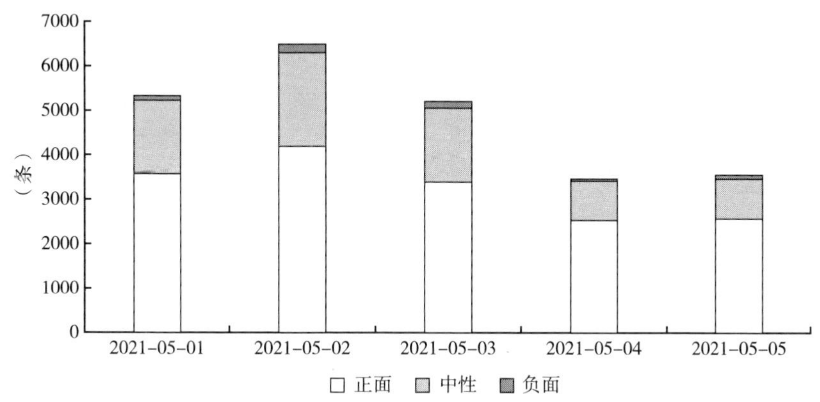

图 8-9　监测期内有关泰山信息的情绪走势

图片来自海鳗云旅游大数据平台截图

近年来，泰山景区以互联网思维为指引，依托“智慧泰山”建设，综合应用人工智能、物联网、云计算等新技术，打造了以信息网络为基础，防火智能调度、假日智能指挥、旅游智慧服务为核心的智慧泰山综合管理体系，涵盖景区保护、管理、服务各个层面，在景区智能化保护、可视化管理、智慧化运营中发挥出重要而不可替代的作用。通过建设景区互联网舆情分析平台，在海量数据中准确判别游客评价，从交通、体验、卫生等 8 个维度分析景区管理现状，防范网络舆情风险，并取得了较好的效果。通过旅游舆情大数据监测，泰山可以更好地了解游客对景区的认知和评价，从而制定针对性的营销策略，提升泰山作为旅游目的地的品牌知名度和美誉度。同时，通过分析游客的舆情反馈，泰山可以了解游客的需求和期望，进一步优化景区的服务和设施，提升游客的整体体验，从而吸引更多的游客前来参观游览。

（二）国外智慧目的地营销的创新实践

1. 绿色线路推广应用

布鲁塞尔是欧洲联盟主要行政机构所在地。在过去的几十年里，这座城市发展成为一个国际化的社区，与当地的比利时居民无缝共存。欧盟机构增加了布鲁塞尔的旅游吸引力，创造了新的城市旅游路径和景点。例如，欧洲议会地区已成为主要的城市社会经济中心，提供旅游体验，丰富传统的旅游线路和景点，如皇宫。然而，除了吸引大多数游客的老城区和欧盟区外，比利时首都的许多街区仍然没有被游客探索，尽管安德莱赫特等地区的旅游潜力很有希望。出于这个原因，市议会正在寻找一种创新的解决方案，鼓励游客和居民发现城市的替代和未探索的地方。

“Neighbourhood Walks”是一个由布鲁塞尔旅游局 Visit.brussels 推广的互动平台，包括全市 16 条旅游线路。该解决方案使政府能够鼓励游客了解布鲁塞尔的历史、建筑和社会，并分散各个邻近地区的旅游流量。游客和当地人可以使用网站上免费提供的地图自主进行游览，该地图以多种不同的语言描述兴趣点。另外，他们还可以得到当地非营利协会的官方指导，该协会得到 Flemish 社区和布鲁塞尔地区政府 Flemish 委员会的认可和资助。旅游团由历史学家和 / 或城市专家带领，以多种语言提供，包括与当地人的问候等活动。所有 16 条线路都是主题线路，由 Visit.brussels 的核心专家团队进行系统更新。

平台定制的旅游线路扩大了游客游览布鲁塞尔时可以享受的地区和体验范围，使游客能够发现通常旅游场所和景点之外的景点。这也可以为这些社区带来更多的经济机会。从长远来看，这种方法可以延长游客的逗留时间，调控旅游淡旺季，有助于提高居民的生活质量，并改善从旅游业角度来看未充分开发地区的旅游相关基础设施。

实际上，在该平台上还开发了一系列的应用，以鼓励旅游者通过步行、骑自行车等方式进行旅行。

Fix My Street：用户可以通过网站和手机 App 应用报告布鲁塞尔公共场所的事件，帮助改善城市。报告并输入损坏的路面、堵塞的排水沟、破损的城市家具、非法倾倒、过度生长的植被、照明缺陷或其他有害倾倒的地址。通过这种方式，公民不再需要与不同的组织互动来报告问题，因为 FixMyStreet 为他们提供了一个单一的界面，而且可以跟踪自己的问题是否得到有效处理。同时，可以帮助改善步行线路，改善城市的生活质量。

“在我们的位置上停车”：“Mettez vous sur notre place”（“设身处地”）便利贴，它可以贴在停放不好的汽车的挡风玻璃上。目标是强调积极的移动模式，并确保使用这些模式的人的权利和需求得到尊重。

布鲁塞尔的GR trails：GR这两个字母代表“Sentiers de Grande Randonnée”（法语：伟大的徒步小径）或“Grote Routepaden”（荷兰语：主要线路），这是一个遍布欧洲的长途徒步旅行线路网络。在森林和乡村道路上的树木、岩石和柱子上会有红白相间的标记，它们是“100%保证徒步旅行乐趣”的代码，也表明你在一条GR trail上。GR步道既适合专业徒步旅行者，也适合新手徒步旅行者。有很多机会连接小径进行超长徒步旅行，但同样，你可以选择只走一个阶段，甚至走一部分。通过GR trails的行程步行了解布鲁塞尔大都市，穿过70多个绿色空间，沿着道路、小径、木板路，有时甚至穿过草地。12条线路，长度从7千米到26千米，共243.5千米的步行路程。每一个都有详细的描述，包括线路、文化和旅游信息以及沿途的饮食场所。

布鲁塞尔的绿色步道：绿色步道是一条环绕布鲁塞尔市的环路，将城市的许多公园和绿地连接成一条线路。很长的环路可以分段进行，提供了各种不同的体验。可以在任何路段加入绿色步道，因此指示的步道起点是任意的。绿色步道由7个主要路段组成，每个路段长5～12千米，总共覆盖近60千米。从Soignes茂密的森林，到Woluwe山谷和皇家领地的宁静公园，周围有很多可探索的地方。步行或骑自行车环游布鲁塞尔首都地区的公园、山谷、半自然遗址和保护景观等，发现城市的许多绿色空间，沉浸在布鲁塞尔的自然中。该步道可以通过乘坐汽车或公共交通工具进入，布鲁塞尔及其周边行政区有许多不同的选择。要步行7个路段中的一部分，可以在开始时乘坐公共交通工具到达，然后在徒步旅行结束时乘坐另一条有轨电车或公交线路返回。步道有详细的行程描述，可以下载打印，也提供了步道每一部分的高分辨率地图，可使用地图和GPS线路导航。

2. 利用大数据进行游客画像与市场研究

（1）秘鲁：利用大数据分析乡村旅游目的地及遗产地文化旅游者画像

近年来，秘鲁乡村旅游发展势头良好，文化与旅游业的融合也逐步深化。在此背景下，联合国世界旅游组织及相关旅游机构合作开展了一项为期六个月的研究项目以分析秘鲁的文化旅游市场并增进对游客的了解。项目的数据获取渠道包括秘鲁出口及旅游业促进委员会、金融机构、网站与应用程序，以及面向数个乡村旅游目的地及遗产地旅游中介的调查研究。结果表明：西班牙、英国、德国是秘鲁旅游业最为重要的客源市场，丹麦游客人数有着最高的增长率，同时美国及加拿大游客对秘鲁的文化和遗产关注度最高；在周边国家中，智利与哥伦比亚游客热衷于分享旅游经历以及参加乡村旅游活动；欧洲游客平均停留时间最长，其中德国游客停留时间达到 15 天，但平均只会在乡村旅游目的地花费 3 天；当有垂钓、农业体验等活动开展时，游客在乡村旅游目的地的停留时间能够提升 15%。此外，通过对在线旅游网站的评论与游记进行情感分析、文本和意见挖掘，发现北美及拉丁美洲游客的评论最为关注库斯科古城、马丘比丘古城等世界遗产地，游客对这些目的地的满意水平也最高。

（2）韩国旅游发展局：用大数据识别目的地文化的附加价值

为应对国际游客人数持续下降的挑战，韩国旅游发展局同数家国内与客源地科技公司合作以获取大数据并实现对文化旅游市场趋势的准确评估。基于对各国国际游客，尤其是中国游客搜索信息与旅游行为的跟踪与监测，发现：在搜索过“韩国旅游”的中国游客之中，55% 的游客年龄处在 20 岁至 30 岁的区间；游客最常使用的搜索词汇隶属于韩国影视明星、首尔时尚业、韩国料理三个范畴内。通过与旅行社共享这些研究结果，韩国旅游发展局有效地支持了旅游部门开发迎合中国游客需求与文化兴趣的产品。此外，旅游发展局与科技公司的合作内容还包括基于移动定位数据、信用卡交易数据、社交媒体用户生成内容分析了 16 个文化节庆活动对举办地旅游发展的影响以及游客的旅游行为。研究表明，活动期间举办地的日均游客量较常规日上升了 12%；距离是游客制定出行决策的关键因素，表现在约占 1/3 的游客选择在居住城市的举办地参加文化活动；举办地的日均旅游收入较常规日上升了 7.4%，主要增长点为接待业、体育产业、餐饮及娱乐业。

总体来说，韩国旅游发展局通过大数据应用实现了对旅游流、文化旅游动机、游客行为更为全面、准确的认识，并依据大数据分析结果进行市场细分与产品差异化开发。此外，大数据揭示了文化对旅游目的地的附加价值，例如文化节庆活动在提升旅游目的地竞争力上所发挥的作用。

（3）新加坡旅游局：建立旅游分析网络平台分析旅游市场及帮助旅游业复苏

2018 年，新加坡旅游局创建了新加坡旅游分析网络（Stan，Singapore Tourism Analytics Network）平台。Stan 是一个数据分析平台，旨在通过可视化并对 STB 和行业汇总的旅游相关数据进行分析，以获得有关新加坡游客的可操作洞察。为获取旅游相关大数据，新加坡旅游局同包括腾讯、Expedia 在内的 15 家数据供应商签订了数据共享协议。此外，平台融合了前沿的可视化工具和超过两万个内置数据域，所呈现的分析内容包括新加坡关键客源市场及其发展趋势、游客旅游行为（包括目的地与旅游方式选择、酒店选择、消费行为等）、游客地理位置信息、酒店业与邮轮业行业绩效和供需现状等。

Stan 允许用户在可视化中访问最新的旅游数据。该平台有一个自动内置的视觉分析工具，可以将旅游数据聚合成图表。用户可以通过各种参数（如访客特征、地理位置和时间框架）动态过滤或向下挖掘数据。

平台对新加坡旅游业发展的贡献体现在有效地帮助零售商、酒店、游轮公司等旅游业参与主体增进对目标受众的理解，针对性地开展营销活动与产品结构调整，并且与同业竞争者进行对标。

另外，新加坡旅游局启动了“新加坡再发现（SingapoRediscovers）”运动，旨在推动旅游业的疫后复苏并重点关注数字平台与大数据在这一进程中的潜力。2020年9月，新加坡旅游局同 Visa 启动了为期三年的合作项目，具体合作内容包括：结合二者的数据资源（包括旅游统计数据、本土品牌的收入和网络销售额、不同国家游客的旅游消费支出和偏好及其他信用卡交易数据）与研究专长开展合作研究项目，评估新冠疫情对新加坡旅游人数和收入、商务和度假游发展、国内和国际游客消费行为、本土旅游和购物品牌营收情况、网络零售发展的影响，并且为中小型企业提供一系列疫后复苏策略性建议；建立营销伙伴关系，通过针对 Visa 持卡人的促销活动鼓励国内和国际游客支持本土中小型旅游企业，并且引导和帮助中小型企业采纳电子商务与非接触支付技术以推动企业的数字化转型。此外，新加坡旅游局为公众提供了大量的旅游消费优惠券，基于优惠券兑换相关数据，跟踪游客的消费行为和偏好，并通过分析结果的展示指导旅游企业更为精准地进行市场细分、产品开发与营销推广。

STB 和 Visa 的合作重点放在振兴当地旅游业的两个战略领域——联合研究和分析以及营销合作伙伴关系。随着国际旅行逐渐恢复，这两家组织将扩大合作伙伴关系，以包括联合国际营销，这是由其联合研究得出的数据和见解推动的。其目的是制定营销策略和举措，帮助新加坡企业在全球旅行恢复后抓住需求。

首先，在“联合研究和分析”领域，STB 和 Visa 将结合专有数据以及研究和分析能力，深入了解新冠疫情如何改变国内和国际消费者行为。这些见解将有助于确定新趋势和未开发的机会，并将与当地中小企业分享，以制定符合新环境的数据驱动的活动和举措。

为了启动数据和研究合作，STB 和 Visa 制作了一份报告，为当地中小企业提供见解。该报告被称为《新冠感染对新加坡旅游业和复苏与转型之路的影响》（*Impact of COVID-19 on Tourism in Singapore and the Road to Recovery and Transformation*），报告发现，当地品牌受疫情影响最严重，出现了两位数的负增长。缺乏在线服务也使当地品牌更容易受到疫情的不利经济影响，尤其是那些位于旅游区的品牌。

在数据和研究合作的下一阶段，STB 和 Visa 将重点关注新冠感染对商务旅行的影响。新加坡是世界领先的商务旅行目的地之一，商务游客是该国收益最高的部分。深入研究以确定不断变化的行为、新趋势和增长机会，将增强新加坡作为全球商业目的地的竞争优势。该研究的见解也将指导未来的活动，以捕捉入境商务旅游支出，帮助当地中小企业复苏。

在营销合作的第一阶段，STB 和 Visa 将开展国内营销活动，以增强当地中小企业的意识，同时通过 Visa 卡持卡人促销促进国内消费。在国际旅行恢复的第二阶段，这两个组织将开展国际营销活动，以提高对新加坡本地品牌和体验的认识，将通过内容创作、促销和旅游特权来推广新加坡的购物、餐饮、观光、活动和娱乐等体验。这些活动将根据各自市场的旅行准备情况在关键国家分阶段展开。STB 和 Visa 还将尝试通过跨境电子商务推动增量支出的举措，并为当地旅游业和中小企业提供新机会。

（4）新西兰商业、创新和就业部：使用信用卡交易数据分析旅游市场

官方旅游统计数据的获取需要依赖游客问卷调查，调查结果通常仅能够被应用于估测全国而非不同区域旅游业的发展情况。针对这一问题，自 2012 年起，新西兰商业、创新和就业部同数据供应商 Marketview 合作，旨在通过信用卡交易数据增进对全国不同区域旅游发展情况的了解。合作内容为购买持卡者（游客）的个人信息，以及交易时间、交易对象和地点、交易商品所属行业的相关信息，进而了解不同地区旅游目的地、旅游企业的营收情况及其细则，以及游客的消费行为。通过对这些数据的定期公开并且呈现对不同地区旅游消费发展趋势的分析，新西兰商业、创新和就业部希望帮助旅游主管部门、目的地管理机构、旅游企业反思当前目的地运营或市场战略的效果，并提供决策制定上的指导。

TECT 数据（Tourism Electronic Card Transactions）提供月度旅游支出的洞察，主要由 Marketview 提供，Marketview 使用 Paymark 网络中的 ECT 支出基数（约占 ECT 总支出的 70%）来估算 ECT 总支出。

尽管有一些限制，但发现 TECT 是在新冠感染边境限制下跟踪新西兰旅游支出的最佳可用措施。衡量旅游业的复苏将是 TECT 系列的一个重要角色。

3. 通过游戏、交互式地图等应用鼓励游客探索目的地

（1）雅典城市探索游戏：雅典开发了一款基于位置的应用程序，提供另类、自助式的城市探索和购物之旅。该应用程序利用游戏化技术和位置智能相结合，创造了城市文化探索的混合体验。该应用程序可以引导游客以自己的速度在城市中自由穿梭，同时探索隐藏的故事，并从当地企业获得独特的奖励，为用户提供了一种令人兴奋的方式，让他们能够体验雅典的与众不同。

（2）像游戏一样探索：罗马尼亚阿尔巴尤利亚（Alba Iulia）的 QUESTO 应用程序是一款自助式互动旅游应用程序，通过创造性地解决任务，帮助游客发现阿尔巴尤利亚。借助 Questo 应用程序，游客可以在阿尔巴尤利亚城堡和城市周围进行有趣的城市狩猎。

（3）家庭寻宝游戏：波尔多（Bordeaux）的 Terra Aventura 应用是一个家庭寻宝游戏，通过移动应用程序在新阿基坦大区（Nouvelle-Aquitaine）进行。该游戏计划在整个地区提供 400 条有趣且不同寻常的线路，为用户提供了一个发现许多不同地方自然和文化遗产的机会。凭借其重要的玩家社区，Terra Aventura 是鼓励用户探索人迹罕至的地方的绝佳方式。2018 年，尽管需求巨大，旅游局还是决定不修建穿过波尔多市中心的小道。意识到 Terra Aventura 步道未来的成功，波尔多旅游局于 2018 年在洛尔蒙（Lormont）和 2019 年在格拉迪尼昂（Gradignan）创建了一条步道：与联合国教科文组织（UNESCO）列出的波尔多市中心相比，这里拥有丰富的遗产，但很少有人参观。

（4）音频城市指南：斯洛文尼亚卢布尔雅那（Ljubljana）的 Nexto 应用程序是一款创新的智能音频城市指南，可增强游客体验。该应用程序通过谜题、谜语和通过移动扫描收集物品等功能积极吸引用户。在 AR 的帮助下，它创建了引人入胜的游戏式学习体验，并包含交互式地图。它为观光带来附加值，并使用位置感知技术激活音频引导。

（5）多样化的游戏应用：奥地利林茨 Linz App 允许游客通过玩游戏、收集积分以及交互式城市地图探索城市。林茨城市地图变成了一个具有不同图钉的大型游戏计划，其背后隐藏着各种任务。这里需要知识、创造力和奉献精神：不同难度的谜题用于检查你对林茨的知识，创意任务等着你进行各种各样的拾荒狩猎。在所有任务中，

都可以收集有价值的积分，并且排名提升。使用者可以用积分来换取林茨的文化体验和福利。Linz App 的游戏化鼓励游客通过创造性的视角探索和互动整个城市及其历史。

（6）巴伦西亚“寻宝式”体验来解锁不同的景点：“寻宝式”体验是一种颇受欢迎的方式，让游客通过解谜、探索和挑战来解锁不同的景点，增加旅游的趣味性和互动性。应用程序通常会提供多个景点供游客选择，每个景点都有不同的难度等级。游客可以根据自己的兴趣和能力选择适合的景点和难度等级。一旦选择了景点和难度等级，游客就可以开始他们的寻宝之旅了。应用程序会提供一系列的线索和谜题，游客需要解开这些谜题，找到隐藏的宝藏或景点。通过解开谜题，游客可以逐步解锁新的景点。这些景点可能是巴伦西亚的著名地标，也可能是隐藏在城市角落的小众景点。每个解锁的景点都会为游客带来新的视野和体验。同时，游客可以在社交媒体上分享他们的寻宝经历和解锁的景点，与朋友和家人互动。此外，应用程序还可能设有社区功能，让游客之间可以交流心得、分享经验和建议。通过“寻宝式”体验，巴伦西亚的游客可以在探索城市的过程中增加更多的乐趣和挑战。这种创新的旅游方式不仅提高了游客的参与度和满意度，也为巴伦西亚的旅游业注入了新的活力和创意。

4. 利用 VR/AR 技术开展目的地营销

（1）虚拟赫尔辛基（Virtual Helsinki）

Virtual Helsinki 项目是一个在国际上独特的虚拟城市体验项目，由 ZOAN 公司与赫尔辛基市政府共同创建。这个项目被称为“世界虚拟之都”，从 2015 年开始，吸引了全球众多顶尖的 3D 开发者参与，一个由 35 多人组成的国际团队在三年多的时间里致力于创造最逼真、高质量的声音和视觉景观。

Virtual Helsinki 项目最初是对赫尔辛基市中心几个地点的虚拟复制，现已发展成为一个多段式的沉浸式虚拟环境。这个项目不仅包括参议院广场、赫尔辛基大教堂、著名建筑师阿尔瓦·阿尔托的故居和隆纳岛等标志性地点的 3D 模型，还扩展到了 30 多个不同的制作项目，如 Amos Rex 的虚拟展览、赫尔辛基双年展的 Facebook 开放艺术 VR 体验以及在芬兰地亚大厦举行的多个虚拟会议。

在新冠疫情的混乱中，旅行者越来越依赖一种新型的世界观——虚拟旅行。在边境关闭、航班不存在的时代，有兴趣了解新文化的人可以在网上尽情地享受和满足。新冠感染的大流行危机扩大了各目的地的虚拟和数字体验，而虚拟赫尔辛基甚至在危机之前就已经可用。在疫情期间，赫尔辛基迅速进一步发展了虚拟体验，包括在参议院广场为五一庆祝活动举办了一场芬兰说唱二人组 JVG 大型音乐会，活动在封锁期间吸引了 150 万人，帮助政府将公民留在家中，避免不必要的社交接触。

虚拟赫尔辛基是一种数字体验，使用户能够访问以高质量 3D 创建的城市数字孪生兄弟。虽然虚拟现实和 360°视频被许多目的地用作营销工具，但虚拟赫尔辛基更进一步，允许游客在赫尔辛基的数字模拟中自由移动，以自己的节奏探索，并在过去、现在和未来创造自己的体验。ZOAN 公司的首席执行官解释道，“游客可以像以前一样游览赫尔辛基，也可以进入虚拟商店购买 Finish 设计产品，这些产品将通过邮寄送到他们的家中”。这种可能性还包括其他虚拟体验，如音乐会和体育赛事。其目的是创建一个数字平台，各种企业和供应商可以通过该平台提供商品和服务。除了刚才提到的音乐会，还通过 Virtual Helsinki 举办一些文化活动和艺术展览，例如，Vallisaari VR 体验就是赫尔辛基双年展的一部分，这是该市的一个标志性事件。

但这还不是全部。根据该系统的创建者的说法，虚拟现实很快将变得更加社交，我们将能够看到来自世界各地的朋友计划模拟赫尔辛基之旅，并在目的地虚拟聚会。虚拟赫尔辛基的雄心是多方面的——未来的购物、城市旅游、音乐会和虚拟公民的潜力。

虚拟赫尔辛基不断发展。这座城市最近更新了两个新景点，雄伟的芬兰迪亚大厅和赫尔辛基大学大会堂。两个重要的场馆已经被用来举办正式活动，如 2020 年数字建筑环境世界峰会，这是一次为期两天的大会，吸引了大约 500 名虚拟游客。虚拟赫尔辛基的 3D 模型使数字建筑环境世界峰会的组织者能够将原本计划在赫尔辛基举行的会议变成一个完全虚拟的活动，因为新冠疫情导致国际旅行瘫痪。为期两天的大会于 2020 年秋季在虚拟赫尔辛基成功举行，来自 27 个国家的 500 多名与会者参加了会议，来自 6 个不同国家的 8 场主题演讲。

这个项目因其创新性和先驱性，得到了媒体和虚拟现实领域创作者的广泛认可。它不仅是旅游业的未来，也为多人在线 3D 环境，即现在所熟知的“元宇宙”世界，树立了标杆。

虚拟赫尔辛基倡议通过虚拟现实重现了该市最著名地标的体验，为赫尔辛基提供了一个不依赖碳密集型旅行的体验机会，强调了虚拟旅游的生态友好性。

- 虚拟赫尔辛基提供了某些群体可能无法进入的公共空间。
- 虚拟旅游为传统旅游提供了一种可持续的选择。

● 虚拟旅游是一种可持续的旅游，为当地企业增加收入。

Virtual Helsinki 项目通过提供虚拟旅游体验，对旅游业产生了一系列积极影响：

①提高知名度：通过创新的虚拟旅游体验，Virtual Helsinki 提升了赫尔辛基市的国际知名度，吸引了全球游客的兴趣。

②新的旅游产品：该项目创造了全新的虚拟旅游产品，为无法亲自到访的游客提供了体验赫尔辛基的机会，同时也为城市增加了新的吸引点。

③增强游客体验：Virtual Helsinki 提供了独特的沉浸式体验，使游客能够在虚拟环境中探索城市，这种新颖的体验方式增强了游客的参与感和满意度。

④促进可持续发展：虚拟旅游减少了实体旅游对环境的影响，有助于实现旅游业的可持续发展。

⑤推动技术创新：该项目推动了虚拟现实、3D 建模等技术在旅游业的应用，激发了更多创新旅游产品和服务的开发。

⑥新的收入来源：通过虚拟活动、音乐会和艺术展览，Virtual Helsinki 为赫尔辛基市带来了新的收入来源，同时也为当地艺术家和创作者提供了展示平台。

⑦增强城市品牌：通过这种前沿的技术应用，Virtual Helsinki 增强了赫尔辛基作为一个现代化、创新城市的品牌形象。

⑧促进文化交流：虚拟旅游体验允许来自世界各地的游客以新的方式体验芬兰的文化和艺术，促进了不同文化之间的交流和理解。

总之，Virtual Helsinki 项目不仅为旅游业带来了新的机遇，也为游客提供了独特的体验，同时推动了技术和文化的创新与发展。

（2）虚拟拉斯维加斯（Vegas VR）

拉斯维加斯是一个国际知名的度假旅游城市，为游客提供赌博、娱乐、购物和美食体验。它也被称为“罪恶之城”，因为无处不在的赌场和各种形式的成人娱乐场所。为了接触那些尚未将拉斯维加斯列入旅行清单的旅行者，拉斯维加斯会议和游客管理局致力于向他们传达拉斯维加斯产品的多样性，并将这座美丽的城市定位为创新的目的地。2016 年 3 月拉斯维加斯会展和观光局即首次发布了 Vegas VR，成为首批使用虚拟现实技术的目的地之一，旨在将游客带往这座世界娱乐之都最受欢迎的景点。当时在亚洲消费电子展（CES Asia）展示了该虚拟现实技术，邀请参会者通过虚拟现实技术 VR 设备，体验在日落时分乘坐直升机将美得摄人心魄的拉斯维加斯尽收眼底，驱车驶过风景如画的红岩峡谷国家保护区，在拉斯维加斯威尼斯人酒店乘坐奇妙无比的贡多拉游船，或是突然置身于拉斯维加斯老城区费蒙街体验空中滑索等。拉斯维加斯虚拟现实让贸易展代表、消费者和潜在游客都能体验到一些最具标志性的拉斯维加斯体验，而且这些体验很容易激发人们亲自去体验的冲动，相比图片或者文字，通过VR技术展现的内容更让人深刻。

Vegas VR适用于iOS和Android平台，可通过App Store和Google Play免费下载。拉斯维加斯的YouTube频道也提供了一系列360°视频。在使用Vegas VR时，消费者可以直接连接到一系列原始的360°互动视频，当与谷歌Cardboard和三星Gear VR等智能手机兼容的VR查看器一起使用时，这些视频将成为身临其境的虚拟现实体验。

2018年12月，拉斯维加斯会议和游客管理局发起了“拉斯维加斯：改变你的现实”活动（Vegas: Alter Your Reality campaign）为潜在参观者提供360°虚拟艺术体验。2016年，五位全球有影响力的艺术家受邀沉浸在拉斯维加斯，为他们的艺术作品寻找灵感。随后，艺术家们与17位3D动画师和声音工程师合作了整整一年，通过五个主题开发了拉斯维加斯360°沉浸式艺术体验：探索标志性的霓虹灯拉斯维加斯的历史（Exploring the history of iconic，neon-lit Vegas）、拉斯维加斯的未来（The future of Vegas）、成为展会的奇观（Being the spectacle of the show）、拉斯维加斯如何在生物学上成为一个人的一部分（How Vegas biologically becomes part of a person）、你回家后会有什么样的感觉（How a bit follows you back home）。这些独特的艺术体验都是为了吸引人们去拉斯维加斯。在2017年12月的迈阿密艺术周期间，这些作品在扎多克画廊首次亮相。游客可以身临其境地体验这些艺术家对拉斯维加斯的再现，并在画廊中看到作品的实物再现。拉斯维加斯的360°视频也可以在YouTube、Facebook和VegasVR应用程序上找到，还有其他360°显示拉斯维加斯度假活动的视频，如在五星级餐厅用餐、与太阳马戏团在幕后活动以及乘坐直升机飞越大峡谷。在迈阿密艺术周期间，共有11837次使用VR头戴式显示器观看拉斯维加斯艺术家的作品。在YouTube和Facebook上，VR体验的浏览量也超过270万。

对于像拉斯维加斯这样有着很多景点的旅游场所来说，虚拟现实为游客自定义旅程提供了可能。VR旅行能让游客事先计划好适合自己的旅游行程，甚至还能量身定做旅行线路：例如吃货线路、首次前来的体验线路等。通过创建这样的一个平台，拉斯维加斯正在吸引着更多的游客，并且促使他们再次游览赌城。此外，Vegas VR还吸引到了原本行程中没有该旅行计划的游客，老游客们也能在其中找到新的有趣体验。因此,“VR+ 旅游”重在“预体验”,虚拟预览模式为用户带来更加真实的沉浸式体验,这将极大地减少用户决策时间、降低决策成本,将大大促进旅游业的发展。

Vegas VR 项目的推出,不仅为游客提供了一种全新的探索拉斯维加斯的方式,也展示了虚拟现实技术在旅游业中的应用潜力。这种技术让消费者能够在不出门的情况下,就直接置身于目的地,更加直接和切身地体验拉斯维加斯。

虚拟拉斯维加斯 Vegas VR 项目具有以下几个显著的优势:

①沉浸式体验:通过虚拟现实技术,Vegas VR 为用户提供了一种身临其境的体验,让用户感觉自己真的在拉斯维加斯旅游,这种沉浸感是传统 2D 媒介难以比拟的。

②方便快捷:用户可以通过智能手机和 VR 设备随时随地体验拉斯维加斯,无需亲自前往,节省了时间和旅行成本。

③安全舒适:对于一些可能因为身体条件、经济原因或对旅行有顾虑的人来说,Vegas VR 提供了一种安全舒适的旅游方式。

④环保节能:虚拟旅游减少了实体旅游对环境的影响,有助于实现旅游业的可持续发展。

⑤创新营销手段:Vegas VR 为拉斯维加斯会展和观光局提供了一种创新的营销手段,通过提供独特的虚拟体验吸引潜在游客。

⑥扩展旅游体验:对于那些已经亲自访问过拉斯维加斯的游客,Vegas VR 提供了重新体验或在现实世界之外探索新事物的机会。

⑦教育和规划:用户可以通过 Vegas VR 在出行前预览目的地,帮助规划实际的旅行线路和活动,同时也能从中获得教育性的信息。

⑧社交和分享:Vegas VR 的体验可以很容易地通过社交媒体分享,让用户与朋友和家人分享他们的“虚拟旅行”经历。

Vegas VR 不仅为用户提供了独特的体验,也为拉斯维加斯作为旅游目的地的营销和推广开辟了新的途径。

(3)在家体验埃及(Experience Egypt from Home)

“Experience Egypt from Home”是一个由埃及旅游和文物部与科学考古研究所联合推出的虚拟旅游项目,旨在让全球用户在家中也能体验埃及的丰富文化和历史。该项目是为了应对新冠疫情的影响,满足人们的精神文化需求而推出的。项目创新性地将埃及数十家博物馆与考古遗址融入数字虚拟旅游平台，构建起一个宏大的云游世界，提供多种虚拟旅游体验，包括对埃及各大博物馆和考古遗址的 3D 虚拟游览。该平台界面宏伟壮丽，通过高精尖技术模拟游客实地踏入阶梯金字塔的奇妙旅程，实现无缝漫步、自由进退，每一帧画面均保持高清质感，细节毕现，辅以详尽的图文、视频及音频解说，为用户带来前所未有的沉浸式体验。

此次线上之旅不仅赋予观众身临其境的沉浸感，还巧妙融合了游戏化的互动乐趣，让探索过程充满新奇与挑战。相较于实地游览，虚拟空间的三维高清视觉震撼更为强烈，赋予访客前所未有的自主控制权，让他们能随心所欲地暂停、快进，深入每一个吸引他们的角落。

“在家体验埃及”项目不仅网罗了吉萨高地三大金字塔、埃及国家博物馆、科普特博物馆等标志性景点，还突破性地将一些平日里较为隐秘或正处于维护期的场所纳入其中，极大地拓宽了公众的文化探索边界，激发了大众对古埃及文明的浓厚兴趣。通过这些虚拟通道，即便是那些通常难以触及的遗迹也变得近在咫尺，每一处细节都被细腻呈现，用户可通过 360° 全景旋转，仿佛瞬间穿越千年，直击古埃及文明的精髓。壁画上的每一笔一画，乃至材质的纹理、岁月的痕迹，都清晰可见，这种体验远非实地游览所能比拟，真正实现了历史与现代的跨时空对话。

其中一个虚拟展示的项目是尼罗河西部卢克索城的底比斯贵族墓群中的门纳（Menna）陵，该陵墓描绘了新王国时期第十八朝高阶书记官 Menna 及其家人的日常生活。

墓室主人是新王国时期第十八朝的高阶书记官 Menna，点击进入虚拟游画面就能看到一幅精美的壁画，上面描绘了他和家人日常起居、乘坐纸莎草筏在尼罗河狩猎等生活画面，点击圆形标示，还能看到具体的文字介绍。

另一个导览是参观吉萨大金字塔附近的梅里桑克三世皇后的陵墓。为了增添游览的趣味性，在 3D 导览环节中巧妙融入了一位虚拟的梅里桑克三世皇后形象。她以自身口吻，亲切地“致以问候”，热情邀请每位访客踏上探索她传奇一生的旅程。作为胡夫国王的尊贵孙女及赫特菲勒斯二世皇后，她的安息之所——一座坐落于吉萨大金字塔邻近区域的岩石墓，被公认为古埃及墓葬艺术的巅峰之作，其精致程度令人叹为观止。

为了更加直观地感受这位皇后的非凡故事，还精心制作了一段动画视频解说，让“她”亲自引领观众穿越历史长河，细数生平点滴。这段由哈佛大学吉萨研究项目组匠心独运的视频，时长约六分钟，不仅深度还原了墓穴的布局与壁画的每一个细腻之处，更依托丰富翔实的史料支撑，配以精美绝伦的画面表现，为观众呈现了一场视觉与知识的双重盛宴。

虚拟旅游项目提供了360°旋转视角和详细的图文、视频介绍，使得游客能够在家中获得与实地旅游相似的体验，甚至可以看到一些平时无法亲身体验的景点细节。为无法亲临埃及的游客提供了一个深入了解埃及历史和文化的机会，激发了他们对埃及旅游的兴趣，从而吸引了更多的潜在游客。通过虚拟旅游项目，埃及旅游和文物部成功地将埃及的丰富历史和文化推广到全球各地，提升了埃及作为旅游目的地的品牌知名度。该项目不仅满足了疫情期间人们的精神文化需求，还展示了埃及丰富的历史文化遗产。项目推动了埃及旅游业的数字化转型，展示了数字技术在旅游领域的应用潜力，为未来的旅游营销和服务提供了新的方向。

三、国内外智慧目的地营销实践的比较与借鉴

（一）从技术应用与创新上

国内智慧目的地营销在技术应用方面相对较为活跃，如利用大数据、人工智能、物联网等技术手段提升旅游目的地的智慧化水平。例如，通过智能导览系统等技术，为游客提供更加便捷、个性化的旅游体验。

国外在智慧目的地营销方面同样重视技术应用，但可能更加注重技术的创新性和前瞻性。例如，利用区块链技术确保旅游信息的真实性和不可篡改性，或者通过智能穿戴设备提供更加精准的旅游推荐服务、利用元宇宙技术开发数字孪生城市等。同时，国外可能还更加重视内容与创意，重视一些理念的注入和叠加，从而引发游客的情感共鸣，给游客留下更加深刻和美好的印象与回忆。

（二）从营销策略与手段上

国内智慧目的地营销在营销策略上可能更加注重线上渠道的推广，如社交媒体、短视频平台等，同时结合线下活动，提升目的地的知名度和吸引力。

国外在智慧目的地营销方面可能更加注重整合营销传播，将线上线下的各种营销手段相结合，形成统一的品牌形象和营销策略。同时，也较注重个性化营销，利

用大数据和人工智能技术来分析游客的行为和偏好，提供定制化的旅游产品和服务，从而提高游客的满意度和忠诚度。

（三）从数据驱动与决策支持上

国内智慧目的地营销在数据驱动方面取得了一定的成果，通过收集和分析游客数据，为目的地管理和营销提供决策支持。但在实际应用上，还存在数据应用理念不强、数据应用层次不高等问题，很多目的地和旅游企业对数据决策的意识不强，不注重采集数据、开展数据处理与分析，不注重数据治理，数据可信度不高，难以为营销决策提供支持。而且已有的数据应用大部分也都是停留在简单的数据统计层面，较少利用数据挖掘、数据分析等专业软件和工具对数据进行深层次的挖掘和利用。

国外在智慧目的地营销方面可能更加注重数据的挖掘和应用，如利用大数据预测旅游趋势、优化旅游资源配置等，以提供更加精准和高效的旅游服务。无论是在游客和市场的洞察上，还是在产业的运营上，都在尝试通过各种渠道采集、整合行业的相关的数据，形成行业的公共数据平台，鼓励社会利用和创新，更大地发挥了数据的价值。

四、我国智慧目的地营销实践存在的问题与对策

（一）我国智慧目的地营销实践存在的问题

一是营销策略与手段同质化、精准化。目的地营销缺乏精准的定位和目标市场分析，导致营销策略不够精准，难以实现预期效果。线上线下营销渠道协同性不足，缺乏整合营销传播的策略。许多目的地采用类似的策略，缺乏独特性和创新性，这使得它们难以在竞争中脱颖而出。

二是个性化与定制化服务水平不高。一些目的地未能充分利用游客数据提供个性化的旅游推荐和服务，导致游客体验不佳。缺乏专属的旅游顾问和定制化体验，无法满足游客的高端需求。

三是数据驱动与决策支持不足。当前大多目的地营销在技术利用上，还主要停留在渠道层面，即更多地利用线上的渠道进行全方位的宣传。目的地缺乏对游客数

据的收集和分析，无法为营销和管理提供有效的决策支持。数据平台的搭建华而不实，缺乏有效的数据治理机制，数据应用水平不高，难以预测旅游趋势和优化资源配置。

四是用户体验的忽视。在智慧目的地营销中，有时会忽视游客的整体体验。技术要么使用不足，要么使用过度，而游客的实际需求和体验则被忽视。

（二）我国智慧目的地营销的建设对策

第一，关于市场细分和目标市场定位。利用大数据和人工智能技术来分析游客的行为和偏好，对市场进行细分，并针对不同的目标市场制定相应的营销策略。

第二，创新营销内容和形式。创造有趣、富有创意的营销内容，如故事化的当地历史人文、互动性的社交媒体活动等，以吸引游客的注意力和兴趣。

第三，提供丰富优质的旅游产品和游客体验。营销的根本还是要有好的产品，当前许多目的地缺乏创新意识和能力，难以开发出具有竞争力的智慧旅游产品和服务。需要更好地通过新兴的技术更好地赋能于产品创新，同时确保游客在目的地整体体验良好，包括旅游前、中后的各个环节，以增强游客的满意度和忠诚度。

第四，持续监测和评估营销效果。很多目的地开展营销还主要停留在活动的策划和组织层面，缺乏对营销效果的评估与分析。应利用大数据和人工智能等技术手段定期监测和评估营销活动的效果，以便及时调整和优化营销策略，以适应市场的变化。

第五，关注技术创新与应用。应持续关注新兴技术的发展趋势，如人工智能大模型、大数据、物联网、虚拟现实等，了解它们在旅游领域的应用潜力。根据目的地独特资源和文化，选择合适的技术进行创新应用。例如，利用虚拟现实技术展示目的地的风光和文化，提高游客的体验。与科技企业建立合作关系，共同研发适用于旅游领域的新技术，推动目的地营销的创新发展。利用大数据技术收集和分析游客行为数据，为目的地营销提供有针对性的策略。创新营销手段，运用互联网和社交媒体平台，开展线上营销活动，提高目的地的知名度和吸引力。例如，通过短视频、直播等方式，展示目的地的美景和人文风情。加强对旅游从业者的培训，提高他们对新技术的了解和应用能力，为目的地营销提供人才支持。

第三部分

智慧旅游 · 新业态篇

第 9 章　沉浸式文旅

一、沉浸式文旅概述

（一）沉浸式文旅及其特点

随着产业更新迭代和创新技术持续扩散，体验经济在近年来呈快速发展的趋势。依靠用户体验需求而建构起来的各种体验消费如雨后春笋般不断涌现。沉浸式体验则成了文化和旅游企业追求和引领文旅消费升级的主要手段之一。作为文化、旅游和科技融合发展的热点领域，文游企业的生产和运营中越来越多引入人工智能、游戏及仿真交互、虚拟 / 增强现实、数字人、互动数字叙事、全息投影等技术，应用到文旅创新产品中以升级消费体验质量和过程。通过消费场景的创新，沉浸式的消费体验强化了文化和旅游创新产品的独特性和品牌效应。

众多的沉浸式文旅项目推动了文化和旅游商业的消费升级。沉浸式的艺术展览、演出、影视剧、游戏、密室逃脱、剧本杀等新兴的文化消费形式层出不穷，丰富了大众的文化生活；旅游目的地在沉浸式技术的驱动下纷纷推出沉浸式旅游项目，如互动演艺、4D/5D/6D/7D/9D 体验、夜游光影秀体验等。“沉浸式文旅体验”的蓬勃发展有效带动了区域餐饮、住宿、交通、购物、娱乐等旅游要素的品质提升和发展，也推动了当地文化和旅游产业链整体水平的提升。

沉浸式文旅是以沉浸式的文化和旅游体验消费为核心特征的一种经济活动。企业通过构建独特的文化和旅游沉浸消费新场景和消费新内容，设计消费者的深度参与和互动，使消费者获得深层次的具身性体验，在消费者体验同时也为供需双方带来更深层次的互动和价值的交换。沉浸式文旅消费的核心要素是消费者体验时的“沉浸感”。企业通过各类技术手段营造出有利于消费者产生“沉浸感”的体验，例如营造细节逼真的体验场景、构建引人入胜的故事、恰当的互动性等不断开拓和提升其产品体验的真实性和整体性，让消费者获得全身心投入的体验。

基于竞争和成本等角度，沉浸式文旅项目往往结合最新的数字技术和信息技术作为其典型特征，这些技术的应用不仅高效提升了体验的真实感和互动性，而且拓展了产品文化表达和产品体验的新维度。沉浸式文旅项目的创意和制作出品也往往涉及艺术、科技、教育、心理学等多个领域的融合，这种跨学科的合作为文化创新和旅游体验提供了新的视角和方法。通过提供更加丰富、优质的用户体验，提升消费体验质量，增强文化和旅游消费的满意度、品牌忠诚度等，构建创新型业态和形成创新性良性繁荣市场。

（二）沉浸式文旅发展现状

从全球来看，沉浸式文旅市场近年来呈现出快速增长的态势。根据《2020 全球沉浸式设计产业发展白皮书》的数据，2020 年全球沉浸式文旅市场规模至少达到 618 亿美元，年复合增长率预计将超过 20%。这一增长趋势在 2023 年后更加明显，反映出消费者对新型文旅体验的强烈需求。例如，2019 年主题公园的沉浸式体验项目保持增长，主要的主题景点的参观人数超过 5 亿人次，几乎占世界人口数量的 7%。沉浸式博物馆方面，teamLab 在东京建设的沉浸式博物馆“东京无边界”在开业的第一年就吸引了 230 万游客。

在创意经济发达的英国，2016 年开始在英国国家科研与创新署支持下由创新知识转化联盟牵头建立“英国沉浸式”集群，聚集了 1700 多位行业领袖、研究者、艺术工作者、投资商和技术开发商等，开展紧密协作，推动沉浸式技术和产品的发展。美国的沉浸式产业生态系统十分完善，从硬件设备、内容创作到应用开发，形成了一个全面且互相促进的产业链。这个庞大的生态系统不仅吸引了大量风险投资，也为创新创业提供了肥沃的土壤。同时作为技术创新的重要策源地，拥有如 Meta、Apple、Microsoft 等科技巨头，它们在虚拟现实（VR）、增强现实（AR）和混合现实（MR）领域持续投入大量资源，推动着技术边界的不断拓展。

近几年中国沉浸式产业市场从萌芽阶段进入成长阶段，市场呈现出不同业态融合发展和多元化发展的趋势。据《2024 年中国沉浸产业发展白皮书》中介绍国内沉浸式产业消费市场规模 2023 年已达 927 亿元，投资规模上升至 1006.3 亿元。文旅、消费、演出娱乐驱动沉浸式产业的市场规模加速增长。

沉浸式文旅的形式日益多样化，从最初的 VR 景点体验，发展到如今的 AR 导览、MR 历史重现、全息投影表演等多种形式。例如，法国卢浮宫推出的“蒙娜丽莎：走进画中”的 VR 体验，让观众能够“进入”名画，近距离观察细节；而中国敦煌莫高窟的数字化项目则通过高清投影和 3D 建模，让游客在洞窟外就能身临其境地欣赏壁画。

在沉浸式文旅发展过程中，跨界合作日益频繁。文旅行业与科技公司、文创企业的合作越来越紧密。如迪士尼与科技公司合作，在其主题公园中引入 AR 互动体验；故宫博物院与腾讯合作开发的“故宫：口袋宫匠”小程序，让用户通过手机就能体验皇宫建筑的修缮过程。线上线下的融合加速。许多博物馆和景点开发了虚拟旅游，即使在实体景点重新开放后，这些线上体验仍然受到欢迎，成为实体参观的补充和延伸。

沉浸式体验的主要消费人群为“00 后”“90 后”群体。伴随着互联网、智能手机和社交媒体成长起来的一代对数字技术和在线世界有着天生的熟悉和依赖。Z 世代消费者在消费特点上更加注重追求精神层面的需求，个性化体验和自我价值认同，更加追求能够彰显自我价值的体验。社交网络强化了这些特征，年青一代在抖音、微博等社交网络上分享自己的体验，彰显社交标签，同时追随社群中的“打卡”。这些消费特点为沉浸式产业的发展提供了巨大的市场需求空间。

从沉浸式消费设备来看，其市场正处于快速发展阶段，全球各大公司积极布局，推出各类产品，例如美国 Meta（原 Facebook）公司致力于推出 Quest 系列 VR 头显和积极研发 AR 眼镜；苹果（Apple）公司于 2024 年初推出其 MR 产品 Apple Vision Pro，并提出空间计算的商业技术概念；Microsoft 面向企业和开发者的 HoloLens 混合现实头显提供了广泛的应用场景；日本索尼（Sony）公司研发 PlayStationVR2 设备，增强 PS5 沉浸能力，并计划进一步拓展 VR 游戏生态系统。国内宏达国际电子股份有限公司（HTC）持续更新 VIVE 系列 VR 产品线，开发面向企业和消费者的多样化 VR 解决方案。韩国三星公司开展与微软公司的合作研发混合现实设备重新进入 VR 市场。国内小米公司面向户外运动等场景发布了轻量化设计的 Xiaomi Mijia AR 眼镜相机，字节跳动旗下的 VR 品牌 Pico 推出了一系列面向消费级和企业级市场的 VR 头显等等。

大空间 VR 技术是沉浸式体验的另一发展热点技术。该综合技术可以为多达数十人提供交互的沉浸式体验。用户可以在数百甚至数千平方米的物理空间内自由行走、奔跑和跳跃，与虚拟环境进行真实互动。多人同时参与时可实现虚拟世界中的社交、协作和竞技，增强互动性和趣味性。采用了光学、惯性或多传感器的定位追踪技术实现了对用户位置和动作的精确捕捉，保证沉浸感和交互性。全球各大厂商也在积极探索大空间 VR 技术的边界，通过技术创新和内容创作，为用户带来更加丰富、沉浸和互动的 VR 体验。例如，The Void 强调电影级特效和沉浸式体验，将物理道具和特效与虚拟场景相结合；Zero Latency VR 专注于多人自由漫游式 VR 体验，采用自主研发的光学追踪系统和无线 VR 头显；Sandbox VR 致力于打造好莱坞式 VR 体验，采用全身动作捕捉和触觉反馈技术；Hologate 推出紧凑型多人 VR 体验解决方案；STEPVR 采用激光定位技术和惯性动捕技术相结合的方式，实现高精度、大范围的定位追踪；KAT VR 专注于 VR 跑步机和全身动作捕捉技术；诺亦腾在动作捕捉领域拥有深厚的技术积累；其他厂商也在各自擅长的领域不断进行技术创新。

（三）我国沉浸式文旅发展的驱动因素

随着生活水平的提高，精神文化消费需求逐渐增长，人们对新奇、身临其境的体验式文化和旅游体验产品的渴望，成为文旅产业发展升级的内生动力。伴随文化和旅游深度融合以及文化和旅游市场消费需求的不断升级，拥有更多体验感、参与感和互动性的沉浸式文旅项目近几年受到越来越多消费者的喜爱。其发展主要有以下几个因素的推动：

第一，消费升级驱动。年青一代消费群体的逐渐崛起，他们追求个性化、互动式、有故事性、情绪化的消费体验，对标准化、同质化的传统文化旅游产品提出了新需求，引领消费潮流愈发追求品质性、互动性和体验性等消费内容，推动了沉浸式文旅产品的创新。沉浸式文旅作为创新型旅游业态，在体验感、互动性、场景感等方面不断突出优势，迎合了消费者不断增强的新需求。

第二，技术创新驱动。虚拟现实（VR）、增强现实（AR）、混合现实（MR）、全景视频等新兴数字技术的快速发展，为沉浸式体验提供了廉价、可靠的商用基础支撑技术，推动了新一代沉浸式文旅项目和产品的诞生。虚拟现实（VR）、增强现实（AR）、人工智能等技术的不断实用化迭代发展，在沉浸式文化旅游产品的交互感、场景感和代入感方面不断提升质量，有效克服了传统文旅项目中实物消费场景升级困难的限制。在智能制造等国家发展战略推动下，使底层科技和应用科技得到迅猛发展，未来或将有更多新兴技术融入沉浸式项目中带来更新的沉浸式体验。

第三，随着市场竞争加剧，文旅企业需要不断创新以吸引消费者。沉浸式文旅项目作为新兴商业模式，可以为消费者提供独特体验，因此受到众多企业青睐。从全球文化旅游市场来看，2020 年至 2024 年以每年 8% 的复合增长率增长。国内沉浸式文旅项目通过整合地区特色、科技创新、历史文化及时尚旅游元素，已出现 40 多种沉浸式新业态和产品，并呈现高速发展态势，几乎覆盖文化和旅游新兴消费的所有领域，产业发展空间巨大。

第四，近几年，国家利好政策不断出台，国家和地方出台了多项政策举措支持文化旅游与科技融合发展，为沉浸式文旅项目的建设提供政策环境。科技部、国务院办公厅、国家发展改革委等部门，特别是文化和旅游部在《“十四五”文化和旅游发展规划》等文件，对沉浸式旅游体验都有相应的部署。2019—2023 年度沉浸式体验产业支持政策如表 9-1 所示。

表 9-1　2019—2023 年沉浸式体验产业支持政策

时间	部门	文件名称	相关内容
2019.08	科技部等六部门	《关于促进文化和科技深度融合的指导意见》	突破文化艺术、文化旅游等领域系统集成应用技术，开发内容可视化呈现、互动化传播、沉浸式体验技术应用系统平台与产品；利用 VR/AR 技术实现内容传播细化与沉浸化
2019.08	国务院办公厅	《关于进一步激发文化和旅游消费潜力的意见》	支持“线下经营实体加快新理念、新技术、新设计改造提升，向场景化、体验式、互动性、综合型消费场所转型”。促进文化、旅游与现代技术相互融合，发展新一代沉浸式体验和旅游消费内容
2019.08	国务院办公厅	《关于加快发展流通促进商业消费的意见》	鼓励“发展基于 5G、超高清、增强现实、虚拟现实、人工智能等技术的新一代沉浸式体验性文化和旅游消费内容”
2020.11	文化和旅游部	《关于推动数字文化产业高质量发展的意见》	支持文化文物单位，景区景点，主题公园，园区街区等运用文化资源开发沉浸式体验项目；推动沉浸式业态与城市公共空间、特色小镇等相结合；开发沉浸式旅游演艺、沉浸式娱乐体验产品，提升旅游演艺、线下娱乐的数字化水平

续表

时间	部门	文件名称	相关内容
2021.03	国家发展改革委等 28 部门	《加快培育新型消费实施方案》	加快文旅产业数字化转型，积极发展沉浸式体验等新业态
2021.04	文化和旅游部	《“十四五”文化和旅游发展规划》	未来要完善现代旅游业体系，鼓励定制体验、智能、互动等消费新模式发展，打造沉浸式旅游体验新场景
2021.05	文化和旅游部	《“十四五”文化产业发展规划》	以沉浸式体验加快发展新型文化业态。深度应用 5G、大数据、云计算、人工智能、超高清、物联网、虚拟现实、增强现实等技术，推动数字文化产业高质量发展，培育壮大线上演播、数字创意、数字艺术、数字娱乐、沉浸式体验等新型文化业态
2021.09	文化和旅游部	《关于进一步加强政策宣传落实支持文化和旅游企业发展的通知》	进一步释放文化和旅游消费潜力，策划推出一批文化和旅游和消费促进活动，发展夜间文化和旅游经济，打造沉浸式文化和旅游体验新场景，助力企业激活消费市场
2022.04	国务院	《关于进一步释放消费潜力促进消费持续恢复的意见》	加强商业、文化、旅游、体育、健康、交通等消费跨界融合，积极拓展沉浸式、体验式、互动式消费新场景
2022.03	文化和旅游部等 6 部门	《关于推动文化产业赋能乡村振兴的意见》	文化产业赋能乡村经济社会发展的重点领域之一是数字文化赋能。既鼓励数字文化企业发挥平台和技术优势，创作传播展现乡村特色文化、民间技艺、乡土风貌、田园风光、生产生活等方面的数字文化产品，规划开发线下沉浸式体验项目，带动乡村文化传播、展示和消费
2023.11	文化和旅游部	《国内旅游提升计划（2023—2025 年）》	加快智慧旅游发展，培育智慧旅游沉浸式体验新空间新场景。推动科技赋能旅游，进一步推进新技术在旅游场景广泛应用，更好发挥国家旅游科技示范园区作用，提升旅游产品和服务的科技含量

二、国内外沉浸式文旅创新实践

（一）国外沉浸式文旅创新实践

1. 沉浸式戏剧

（1）《不眠之夜》（美国纽约）

《不眠之夜》（*Sleep No More*）是由英国戏剧团体Punchdrunk制作的一部沉浸式戏剧，于2011年在纽约首演，至今仍在持续上演。这部作品改编自莎士比亚的《麦克白》，但将故事背景设置在了20世纪30年代的纽约。演出场地是一座改造过的五层楼高的仓库，被装饰成了“麦金侯爵酒店”。观众进入剧场后，每人都会收到一个白色面具，并被告知在整个演出过程中必须保持沉默。观众可以自由探索这座“酒店”的100多个房间，每个房间都精心布置，充满了20世纪30年代的氛围。演员们在整个空间中表演，观众可以跟随自己感兴趣的角色，近距离观看他们的表演，甚至可能成为表演的一部分。整个演出没有固定的剧情线，每个观众的体验都是独一无二的。有些人可能会追随麦克白夫人的故事，有些人可能会探索酒店的神秘角落，发现隐藏的线索。演出中融合了舞蹈、哑剧、杂技等多种艺术形式，配合着精心设计的音效和灯光，营造出一种梦幻而又略带恐怖的氛围。

一些实验剧场和先锋派艺术家在20世纪初就开始探索打破传统舞台与观众界限的表演形式。《不眠之夜》以其规模、制作水平和对莎士比亚经典的独特改编，成功吸引了大量观众，使其成为沉浸式戏剧的代表作，并激发了更多创作者对这种形式的探索。它打破了传统戏剧的界限，给观众提供了一种全新的、高度个性化的戏剧体验。它不仅是一场演出，更像是一场探险，每个观众都是故事的参与者和创造者。这种形式使得每次观看都可能有不同的发现，因此许多观众会反复观看多次。《不眠之夜》并不是第一部沉浸式戏剧作品，但它无疑是将沉浸式戏剧推向主流的重要作品之一。

（2）《当她坠落时》（美国纽约）

《当她坠落时》（*Then She Fell*）是由Third Rail Projects制作的一部沉浸式戏剧，于2012年在布鲁克林首演。这部作品以路易斯·卡罗尔的《爱丽丝梦游仙境》为灵感，但在内容和形式上都进行了大胆的创新。演出场地是一座改造过的三层医院大楼，被装饰成了一个神秘的精神病院。

每场演出只接待 15 名观众，每个观众都会获得一把钥匙，可以用来打开遇到的各种锁。观众被引导穿过迷宫般的走廊和房间，每个空间都精心布置，充满了维多利亚时代的氛围和《爱丽丝梦游仙境》的奇幻元素。

在探索过程中，观众会遇到各种角色，如爱丽丝、疯帽匠、红心皇后等。每个角色都会与观众进行一对一的互动，可能是一段舞蹈、一次对话，甚至是共同完成一个任务。例如，观众可能会被邀请与疯帽匠一起品尝特制的茶，或者帮助爱丽丝解开一个谜题。

整个演出融合了舞蹈、戏剧、音乐和视觉艺术。每个房间都有独特的设计和氛围，有的充满童话般的奇幻，有的则透露出成人世界的复杂。演出中还融入了许多互动元素，如阅读信件、解开谜题、品尝特制的饮品等，这些都加深了观众的沉浸感。

《当她坠落时》的独特之处在于它的亲密性和个性化体验。由于观众人数有限，每个人都能获得充分的个人体验。演出探讨了记忆、身份、成长等主题，通过梦幻般的场景和互动，让观众重新审视自己的内心世界。

2. 沉浸式主题公园

（1）哈利·波特的魔法世界（美国奥兰多）

哈利·波特的魔法世界（The Wizarding World of Harry Potter）是位于美国奥兰多环球影城的一个主题园区，于 2010 年首次开放，后来又在 2014 年进行了扩建。这个园区完美地将 J.K. 罗琳笔下的魔法世界搬到了现实中，为游客提供了一个真实的“霍格沃茨”体验。

园区分为两个主要部分：霍格莫德村（Hogsmeade）和对角巷（Diagon Alley）。两个区域通过霍格沃茨特快列车相连，游客可以乘坐这列标志性的列车在两个区域间穿梭，就像电影中的场景一样。

在霍格莫德村，游客可以看到被白雪覆盖的尖顶屋檐，参观各种魔法商店，如蜂蜜公爵糖果店、佐科笑话店等。最引人注目的是霍格沃茨城堡，它不仅是园区的地标，还包含了一个 4D 骑乘体验“哈利·波特禁忌之旅”。

对角巷则重现了电影中的繁华魔法商业街。游客可以在古灵阁银行体验惊险刺激的过山车，在奥利凡德魔杖店购买自己的魔杖，甚至可以在韦斯莱魔法把戏坊体验各种恶作剧产品。

整个园区的细节处理非常精致。从建筑风格、店铺招牌到街道布局，都完美还原了电影和书中的描述。园区内的工作人员都穿着魔法世界的服装，并能用魔法世界的用语与游客互动。

特别值得一提的是园区内的互动元素。游客可以购买互动魔杖，在园区内的特定位置施展“魔法”，比如让物品飘浮或者点亮灯笼。此外，游客还可以品尝书中提到的各种美食和饮品，如黄油啤酒、南瓜汁等。

哈利·波特的魔法世界不仅是一个主题公园，更是一个让哈利·波特粉丝梦想成真的地方。它成功地将虚构的魔法世界实体化，让游客真正感受到身在魔法世界的沉浸感。

（2）雾谷（法国普伊杜福）

雾谷（Puy du Fou）是位于法国西部的一个独特的历史主题公园，成立于 1978 年。与传统的主题公园不同，雾谷（Puy du Fou）没有过山车或其他机械游乐设施，而是完全专注于通过大型实景表演和沉浸式体验来重现法国历史。

公园的核心是一系列精彩的大型实景表演，每场表演都聚焦于法国历史上的特定时期或事件。例如，“维京人的入侵”展示了 9 世纪维京人袭击法国村庄的场景，包括真实的船只、燃烧的建筑和激烈的战斗场面。“凯撒的胜利”则重现了古罗马时期的竞技场，包括战车比赛和角斗士决斗。

除了大型表演，公园还有多个沉浸式的主题村落，如中世纪村落、18 世纪村庄等，游客可以漫步其中，与穿着时代服装的演员互动，体验不同时期的日常生活。例如，在中世纪村落里，游客可以观看工匠制作手工艺品，或者参与中世纪的游戏和舞蹈。

公园的一大特色是“夜间群鸟”（Cinéscénie）表演，这是世界上最大的夜间表演之一。表演使用了巨大的舞台（23 公顷的表演区域），包括 2400 名演员、130 名骑手和 28000 件服装，通过灯光、音效和特技效果，生动地讲述了该地区千年的历史。

Puy du Fou 还非常注重细节和真实性。例如，所有的建筑都是按照历史原型精心复制的，服装和道具也都经过严格的历史考证。公园甚至培育了多种古老的动物品种，以确保展示的历史场景尽可能准确。

公园的另一个创新点是其环保理念。雾谷（Puy du Fou）致力于可持续发展，采用了多项环保措施，如太阳能发电、雨水回收系统等，成为生态友好型主题公园的典范。

雾谷（Puy du Fou）的成功在于它创造了一种全新的主题公园模式，通过高质量的表演和沉浸式体验，不仅提供了娱乐，还传播了历史知识和文化价值。它吸引了来自全球的游客，成为法国仅次于迪士尼乐园的第二大主题公园，每年接待超过200 万游客。

3. 沉浸式展览

（1）雨屋（Rain Room）– Random International

“雨屋”（Rain Room）是由艺术团体 Random International 创作的大型沉浸式装置艺术作品，首次亮相于 2012 年伦敦巴比肯艺术中心。这件作品之后在纽约现代艺术博物馆、上海余德耀美术馆等全球多地展出，每到一处都引起轰动。

“雨屋”是一个 100 平方米的空间，里面下着连续不断的人造大雨。然而，当观众走入这个空间时，他们会发现自己始终处于一个干燥的区域中，仿佛被一把隐形的伞保护着。这是因为装置使用了 3D 跟踪摄像头和精确控制的水滴系统，可以实时监测人的位置并关闭该区域的降雨。

观众在雨中行走，却不会被淋湿，这种违反直觉的体验创造出一种奇妙的感觉。雨声、湿气和昏暗的灯光营造出一种独特的氛围，让人仿佛置身于一个神奇的、与现实隔绝的世界。观众可以在雨中自由移动，探索空间的每一个角落，甚至可以尝试快速移动来“捉住”雨滴。

“雨屋”不仅是一件视觉上引人注目的艺术品，更是一次深刻的哲学和感官体验。它挑战了人们对自然现象的认知，探讨了人类、技术和自然环境之间的关系。同时，它也引发了关于控制、预测和适应的思考。

这件作品的成功在于它创造了一种前所未有的体验，让观众成为艺术品的一部分。它模糊了观者和被观者、控制者和被控制者的界限，每个人在其中的体验都是独特的。“雨屋”也展示了科技如何可以被用来创造诗意和神奇的体验，而不仅仅是功能性的工具。

（2）teamLab 无界（日本东京）

teamLab 无界（teamLab Borderless）是由日本艺术集体 teamLab 创作的世界上第一个“数字艺术美术馆”，于 2018 年在东京台场开幕。这个占地 1 万平方米的空间完全打破了传统美术馆的概念，创造了一个没有地图、没有固定线路的沉浸式数字艺术世界。

美术馆分为五个主要区域：无界世界、运动之森、未来乐园、森林灯光节和 EN 茶屋。每个区域都充满了互动的数字艺术作品。这些作品不是静态的，而是不断变化、相互影响的。例如，在“无界世界”中，数字化的瀑布可能会“流”到其他房间，花朵会随着观众的触摸绽放并“飘”到其他作品中。

teamLab 无界的一大特色是其高度的互动性。几乎所有的作品都会对观众的行为做出反应。比如，在“运动之森”中，观众可以通过身体动作来影响数字投影，创造出独特的视觉效果。在“未来乐园”，孩子们可以用彩色笔画出自己的生物，然后看着它在大屏幕上“活”起来并与其他生物互动。

美术馆还善于利用镜面效果和光影技术创造出无限延伸的空间感。例如，“水晶世界”利用 LED 灯和镜面创造出一个仿佛无限延伸的光之空间，给人一种置身星际的感觉。

teamLab 无界不仅是视觉上的盛宴，还融合了音乐、香气等元素，创造出全方位的感官体验。例如，在“EN 茶屋”，观众可以品尝到会改变杯中数字影像的特制茶饮。

这个项目的成功在于它彻底改变了人们对美术馆的传统认知，创造了一个可以自由探索、互动和沉浸的艺术空间。它模糊了现实和虚拟的界限，让每个观众都成为艺术创作的一部分。自开幕以来，teamLab 无界吸引了来自全球的大量游客，成为东京的文化地标之一。

（3）“凡・高故事”多媒体展（荷兰阿姆斯特丹）

2016 年首次亮相的“凡・高故事”（*Meet Vincent van Gogh Experience*）是由荷兰阿姆斯特丹的凡・高博物馆开发的一个创新性多媒体展览。这个展览旨在通过沉浸式的多媒体体验，让观众深入了解凡・高的生平、艺术创作过程和艺术理念。展览不仅在阿姆斯特丹常驻展出，还作为巡回展在全球多个城市展出，包括北京、巴塞罗那、首尔等地。

展览占地约 1500 平方米，分为几个主题区域，每个区域都聚焦于凡・高生平的不同阶段或艺术创作的特定方面。展览的核心是利用先进的投影技术，将凡・高的画作投射到巨大的墙面、地板和天花板上，创造出一个 360°沉浸式艺术空间。

通过高清投影和音频导览，观众可以“看到”凡・高在创作《吃土豆的人》时的场景。投影不仅展示了画作的最终成品，还模拟了凡・高的创作过程，让观众仿佛亲眼目睹画作的诞生。通过模拟凡・高在法国阿尔勒时期的场景重现了著名的“黄屋”。凡・高在此创作了许多代表作。动态投影到墙上的《向日葵》仿佛在阳光下绽放，《星夜》的旋转星空令人目眩神迷。观众可以站在投影中，感受自己仿佛置身于凡・高的画作之中。

展览还设有互动区域，让观众能够“亲手”创作凡·高风格的作品。例如，有一个数字画板，观众可以用凡·高标志性的笔触风格创作自己的作品，完成后可以通过邮件发送给自己留作纪念。另一个受欢迎的互动项目是“割耳朵”体验，观众可以戴上特制耳机，体验凡·高割掉左耳后的听觉变化，深入理解艺术家的心理状态。

声音设计是展览的另一大特色。整个展览配有精心制作的音响效果和音乐，这些声音随着视觉效果的变化而变化。例如，当展示凡·高在精神病院期间的作品时，背景音乐会变得略显压抑和紧张，增强了观众的情感体验。

展览还原创性地使用了凡·高的书信内容。凡·高生前与弟弟提奥有大量书信往来，这些信件被认为是了解凡·高内心世界的重要窗口。展览将这些信件的内容融入视听体验中，通过朗读和文字投影，让观众更深入地了解凡·高的思想和情感。

为了增强教育效果，展览还设有多个知识点站。这些站点提供了关于 19 世纪艺术史、色彩理论、绘画技法等方面的信息，帮助观众更好地理解凡·高艺术的背景和创新之处。

展览的最后部分聚焦于凡·高的遗产和影响。通过一系列互动装置，观众可以了解凡·高对后世艺术的影响，以及他如何在去世后才逐渐获得认可。这部分还包括了一个虚拟现实（VR）体验，观众可以“走进”凡·高最著名的几幅画作，如《星夜》和《阿尔的卧室》，从全新的角度欣赏这些杰作。

整个展览的设计注重无障碍性，为视障和听障观众提供了特别的体验设施。例如，某些画作的复制品允许触摸，让视障观众能通过触觉感受凡·高标志性的厚重笔触。

“凡·高故事”多媒体展的成功在于它不仅展示了凡·高的艺术作品，更创造性地呈现了艺术家的内心世界和创作过程。通过多媒体技术和互动体验，展览让凡·高的艺术变得更加亲近和易懂，吸引了大量可能对传统美术馆不感兴趣的观众。它不仅是一次视觉盛宴，更是一次深度的艺术教育和情感体验。

4. 沉浸式夜游

（1）时光之翼（Wings of Time）——新加坡

位于新加坡圣淘沙岛的“时光之翼”（Wings of Time）是一个创新的户外夜间表演项目，自 2014 年开放以来吸引了无数游客。这个项目巧妙地将自然环境、高科技和艺术表演融为一体，为观众创造了一种独特的多感官体验。

表演的核心是一个巨大的水幕投影系统。设计师利用高功率激光投影机和特殊的水幕生成技术，在海面上创造出一个 40 米宽、12 米高的动态投影屏幕。当投影内容呈现在这个水幕上时，产生了一种仿佛画面飘浮在空中的奇妙效果。高精度的计算机控制系统确保水幕的形状和密度始终保持最佳状态，即使在有风的情况下也能保持稳定的投影效果。

为了增强视觉冲击力，表演还融入了先进的激光技术。多台高精度激光投影仪被布置在表演区周围，能在夜空中精确绘制出各种图案和文字。这些激光不仅可以与水幕投影协同工作，还能独立创造出令人惊叹的空中效果，如星空、烟花等。

声音设计是另一个重要元素。整个表演区域安装了一个复杂的环绕立体声系统。通过精确控制每个扬声器的音量和时间延迟，系统可以创造出声音在空间中移动的效果，让观众感觉自己被故事情节完全包围。例如，当表演中出现飞鸟时，观众会听到鸟鸣声从头顶掠过。

为了增添戏剧性效果，表演还整合了多个喷火装置。这些装置能产生高达 20 米的受控火焰，与水和光的元素形成鲜明对比。喷火系统与中央控制系统紧密连接，确保每次火焰效果都能精确地配合音乐和其他视觉元素。

照明设计也融入了智能元素。数千个可编程 LED 灯被安装在表演区周围，这些灯可以单独控制颜色和亮度。通过复杂的编程，灯光可以创造出各种氛围，从宁静的海底世界到热闹的庆典场景。灯光系统还能根据当天的天气条件自动调整亮度，确保最佳的视觉效果。

为了管理大量观众，场地采用了智能座位分配系统。通过分析历史数据和当日预订情况，系统可以优化座位分配，确保每位观众都能获得良好的观赏体验。观众还可以通过专门的 App 查看实时座位情况，选择最佳的观赏位置。

表演结束后，观众可以通过场地内的互动屏幕回顾他们的体验。高速摄像机会捕捉表演中的精彩瞬间，结合面部识别技术，为每位观众生成一段个性化的回顾视频，其中包含了他们的反应和表情。这些视频可以直接分享到社交媒体，延长体验的余韵。

整个表演的数据通过物联网技术实时收集和分析。这不仅用于优化日常运营，如调整表演时间以适应潮汐变化，也为未来的升级提供依据。例如，通过分析观众的反应数据，创作团队可以不断调整和改进表演内容。

“时光之翼”（Wings of Time）成功地将自然环境、尖端技术和艺术表演融合在一起，创造了一个既震撼又富有诗意的夜间体验。它不仅成为新加坡夜间旅游的标志性项目，也为大型户外表演的技术应用树立了新的标准。

（2）豪斯登堡光之王国（Huis Ten Bosch Kingdom of Light）（日本）

位于日本长崎的豪斯登堡主题公园的“光之王国”项目是世界上最大规模的灯光秀之一，自 2016 年推出以来持续吸引着大量游客。这个创新项目将整个主题公园变成了一个巨大的光影艺术画布，通过融合多种先进技术，为游客创造了一种前所未有的夜间沉浸式体验。

项目的核心是一个由超过 1300 万个 LED 灯组成的庞大照明系统。这些 LED 灯被装在整个公园的建筑物、树木和地面上。每个 LED 灯都可以单独控制，能够显示 1670 万种颜色中的任何一种。通过一个复杂的中央控制系统，这些灯光可以创造出无数种动态效果，从平静的波纹到激烈的闪电，都能完美呈现。

为了增强沉浸感，公园大量应用了互动技术。许多灯光装置都配备了动作感应器和热成像摄像头。当游客靠近或做出特定动作时，灯光随之变化。例如，在“光之隧道”中，游客的移动会触发一连串的光波效果，仿佛在光的海洋中穿行。

公园还充分利用了 3D MApping 投影技术。多台高亮度投影机被安装在园区内，可以将动态图像精确投射到建筑物表面。这项技术将静态的建筑瞬间变成了生动的画布，呈现出各种奇幻场景。例如，一栋普通的荷兰风格建筑可能突然变成一个巨大的水族馆，鱼群在墙面上游动。

为了丰富游客体验，公园开发了专门的 AR（增强现实）应用。游客可以通过智能手机或平板电脑，在特定区域体验额外的虚拟灯光效果和互动游戏。例如，他们可以“捕捉”飞舞的光之精灵，或者在虚拟的星空中创造自己的星座。

声音设计也是体验的重要组成部分。整个园区配备了一个复杂的环境音响系统。根据不同的主题区域和时段，系统会播放相应的背景音乐和音效。通过精确的音频定位技术，声音可以精确地跟随灯光效果移动，创造出逼真的空间感。

为了控制游客流量，公园采用了智能人流管理系统。通过分析来自摄像头和 Wi-Fi 信号的数据，系统可以实时监测园区内各处的人流密度。这些信息通过园区内的电子显示屏和手机 App 实时更新，引导游客避开拥挤区域，优化他们的游览线路。

能源管理是项目面临的一个重要挑战。尽管使用了大量灯光，通过采用高效的 LED 技术和智能控制系统，项目的能耗相对较低。系统会根据游客数量和天气条件自动调整灯光亮度，在保证视觉效果的同时最大限度地节约能源。

为了不断更新体验内容，公园引入了一个创新的众包设计平台。游客可以通过终端或手机 App 提交自己的灯光设计创意。这些创意经过筛选和专业优化后，会被整合到实际的灯光秀中。这不仅增加了游客的参与感，也为灯光秀提供了源源不断的新创意。

整个项目的运营数据通过物联网技术实时收集和分析。通过分析游客在不同区域的停留时间、互动频率等数据，运营团队可以不断优化园区布局和内容设计。例如，数据显示，"光之瀑布"区域特别受欢迎，因此团队决定扩大该区域的规模并增加新的互动元素。

"光之王国"项目成功地将一个传统的主题公园转变成一个充满科技感和互动性的夜间奇观。它不仅为豪斯登堡带来了可观的经济效益，也为主题公园的夜间运营模式提供了创新范例，展示了科技如何创造全新的游客体验。

5. 沉浸式街区

（1）迪士尼星球大战：银河边缘地带（美国）

迪士尼星球大战：银河边缘地带（Star Wars: Galaxy's Edge）是位于美国加利福尼亚迪士尼乐园和佛罗里达迪士尼世界的主题园区，分别于2019年5月和8月开放。这个占地约 5.6 万平方米的园区完全沉浸在星球大战的世界中，为游客提供了一种前所未有的沉浸式体验。

园区被设计成一个名为"巴图"的星球边远星系贸易港口，拥有独特的建筑、外星生物和先进的科技设备。游客一进入园区，就仿佛穿越到了星球大战的宇宙中。园区的每一个细节都经过精心设计，从建筑风格到路面纹理，甚至垃圾桶的样式，都与星球大战的世界观保持一致。

园区内有两个主要的游乐设施——"千年隼号：走私者奔袭"和"星球大战：崛起的抵抗"。前者让游客驾驶著名的千年隼号飞船，后者则让游客参与到反抗军与第一秩序的战斗中。这些游乐设施不仅有惊险刺激的体验，还融入了复杂的故事情节，让游客成为故事的一部分。

互动性是园区的一大特色。游客可以使用迪士尼的手机应用程序在园区内执行各种任务，如解码信息、翻译外星语言等。园区内的演员们都扮演着星球大战宇宙中的角色，会与游客进行互动，创造出身临其境的感觉。

此外，园区还提供了独特的餐饮和购物体验。游客可以在"Oga's 酒馆"品尝星球大战世界中的特色饮品，或在"萨维市场"购买独特的纪念品。游客甚至可以自己制作光剑或组装机器人，这些体验都进一步增强了沉浸感。

银河边缘地带的成功在于它创造了一个完整的、可信的星球大战世界。它不仅满足了粉丝的幻想，还为普通游客提供了一种全新的主题公园体验。通过将故事、科技和互动完美结合，银河边缘地带成为沉浸式主题园区的新标杆。

（2）复仇者联盟基地（Avengers Campus）（美国）

复仇者联盟基地（Avengers Campus）是迪士尼加州冒险乐园的一个全新主题园区，于 2021 年 6 月正式开放。这个园区以漫威超级英雄为主题，为游客创造了一个身临其境的漫威宇宙体验。

园区的设计理念是将游客变成未来的超级英雄。整个园区被设计成一个超级英雄训练基地，包括多个互动区域和游乐设施。主要景点包括“蜘蛛侠网络滑行：全球冒险”，这是一个高科技的互动式游乐设施，让游客体验蜘蛛侠的 web-slinging 能力；以及“奇异博士的圣所”，这是一个充满魔法和幻觉的互动区域。

园区的一大特色是随处可见的超级英雄。游客可能会遇到钢铁侠、美国队长、黑寡妇等角色，这些角色不仅会与游客互动，还会进行即兴表演，如钢铁侠的飞行展示。这些互动 greatly 增强了园区的沉浸感和真实感。

另一个创新点是“Web Slingers”科技，这是一种无需额外设备就能让游客体验蜘蛛侠 web-slinging 能力的技术。游客只需用手做出特定动作，就能在游戏中发射蛛丝。

园区还提供了主题餐饮和购物体验。例如，“Pym Test Kitchen”餐厅基于蚁人的“皮姆粒子”概念，提供大小不一的有趣食物。游客还可以在“Web Suppliers”商店购买与蜘蛛侠相关的商品。

复仇者联盟基地的成功在于它不仅满足了漫威粉丝的期待，还为所有游客提供了一种成为超级英雄的幻想体验。通过将先进技术与沉浸式故事讲述相结合，园区创造了一个真实可信的漫威宇宙。

6. 创新型博物馆体验

（1）未来博物馆（Museum of the Future）（迪拜）

未来博物馆（Museum of the Future）是位于阿联酋迪拜的一座创新型博物馆，于 2022 年 2 月 22 日正式对公众开放。这座博物馆不仅在建筑设计上极具未来感，其内部展览也完全颠覆了传统博物馆的概念，为访客提供了一种沉浸式的“未来”体验。

博物馆的外形酷似一个巨大的银色椭圆环，表面镶嵌着阿拉伯书法，寓意着传统与未来的结合。建筑本身就是一件艺术品，被誉为“世界上最美丽的建筑”之一。

内部展览分为几个主题区域，每个区域都展示了对未来生活、科技和环境的独特想象。例如，“未来太空站”让访客体验 2071 年的太空生活；“明日世界”展示了未来的生态系统和环境保护技术；“Al Waha”（绿洲）区域则让访客体验未来的冥想和健康技术。

博物馆大量运用了虚拟现实（VR）、增强现实（AR）和人工智能（AI）技术。访客可以与 AI 机器人互动，体验未来的交通工具，甚至“穿越时空”看到自己在未来世界中的样子。每个展区都是高度互动的，访客不是被动的观众，而是未来场景的积极参与者。

特别值得一提的是，博物馆的“未来英雄”项目，这是一个针对儿童的互动体验。孩子们可以参与各种未来主题的任务和游戏，培养创新思维和解决问题的能力。

未来博物馆不仅展示科技，还探讨了科技发展带来的社会和伦理问题。例如，有关人工智能和基因工程的展览就引发了访客对这些技术潜在影响的思考。

这座博物馆的成功在于它不仅展示了令人兴奋的未来科技，还鼓励访客积极思考和参与塑造未来。它打破了传统博物馆的界限，创造了一个融合教育、娱乐和创新的独特空间。

（2）伦敦塔桥（Tower Bridge）体验（英国）

伦敦塔桥体验是一个结合历史、科技和互动元素的创新旅游项目，于 2014 年全面升级重新对外开放。这个项目巧妙地将这座建于 1894 年的标志性建筑转变为一个高科技的沉浸式体验场所，让游客不仅能欣赏到这座历史悠久的桥梁，还能通过现代技术深入了解其工作原理和历史演变。

体验的核心是基于增强现实（AR）技术的导览系统。游客可以通过租借的 AR 眼镜或使用自己的智能手机，在桥上不同位置触发虚拟内容。例如，当游客站在桥的某个特定位置时，AR 设备会显示出桥梁在不同历史时期的外观，或者展示桥梁升起时的动画模拟。这个系统还能根据游客的位置和视角，实时调整显示的内容，确保最佳的观看体验。

在塔桥的展览厅内，安装了多个交互式触摸屏和全息投影装置。这些装置通过 3D 模型和动画，详细展示了塔桥的内部结构和运作机制。游客可以通过触摸屏控制虚拟的塔桥模型，模拟桥梁的升降过程，了解其精密的工程设计。

值得一提的是塔桥的高层玻璃走道。这个走道不仅提供了俯瞰泰晤士河的绝佳视角，还融入了创新的交互技术。走道的玻璃地面安装了高清 LED 屏幕，当游客走过时，屏幕会显示出桥下河流和船只的实时影像，创造出“漫步空中”的错觉。同时，这些屏幕还能显示历史影像，让游客仿佛穿越回维多利亚时代的伦敦。

为了增强教育效果，塔桥体验还引入了基于人工智能的虚拟导游系统。这个系统可以回答游客关于塔桥历史和技术的问题，并根据游客的兴趣提供个性化的信息。系统使用自然语言处理技术，能够理解和回答复杂的问题，甚至能用多种语言与游客交流。

在桥梁的机器室内，原有的蒸汽动力系统被保留并结合了现代化的展示技术。通过动作感应和投影 mApping 技术，当游客接近某个机器部件时，相关的工作原理和历史信息会直接投射到机器表面，生动地展示其功能和演变过程。

整个体验还融入了游戏化元素。游客可以通过完成各种与塔桥相关的虚拟任务来赢取积分，例如在 AR 环境中正确操作桥梁升降或识别不同时期的船只。这些积分可以用来解锁更多的历史内容或兑换纪念品，增加了体验的趣味性和参与度。

7. 历史重现与自然探索体验

（1）殖民地威廉斯堡（Colonial Williamsburg）（美国）

殖民地威廉斯堡位于美国弗吉尼亚州，是世界上最大的露天生活历史博物馆之一。这个项目始于 1926 年，旨在重现 18 世纪美国殖民地时期的生活。整个区域占地约 121.4 公顷，包含了 88 个原始的殖民时期建筑和数百个重建的建筑。

游客一踏入威廉斯堡，就仿佛穿越回了 18 世纪。街道上行走着身着殖民时期服装的演员，他们扮演着从总督到工匠的各色人物。这些角色与游客互动，讲述当时的生活故事，展示传统手工艺，甚至讨论当时的政治议题。

威廉斯堡的一大特色是其高度的互动性和真实性。游客可以参与各种殖民时期的活动，如制作蜡烛、参加法庭审判再现、观看军事演习等。博物馆还原了当时的商店、酒馆和工坊，游客可以购买由传统方法制作的商品，品尝 18 世纪的美食。

教育是威廉斯堡的核心使命之一。博物馆提供多种教育项目，包括学校实地考察、夏令营和成人学习课程。这些项目不仅涵盖历史知识，还包括传统工艺和生活技能的学习。

威廉斯堡也不回避美国历史中的争议性话题，如奴隶制。博物馆通过特别展览和互动项目，探讨了非裔美国人在殖民时期的生活和斗争，促进了对这段历史的深入理解和讨论。

随着时代发展，威廉斯堡也在不断创新。博物馆引入了增强现实技术，让游客通过手机应用看到建筑的历史变迁。夜间还提供“鬼魂游览”等特色体验，增添了神秘感和娱乐性。

殖民地威廉斯堡的成功在于它创造了一个全面、真实、互动的历史环境，让游客不仅了解历史，更能亲身体验历史。它既是一个旅游胜地，也是一个重要的教育和研究中心，为历史沉浸式体验树立了标杆。

（2）约克维京中心（JORVIK Viking Centre）（英国）

约克维京中心位于英国约克市，是一个独特的考古和历史体验中心，于 1984 年首次对公众开放。该中心建立在 1976—1981 年间考古发掘的原址上，这次发掘发现了保存完好的维京时代遗址。

中心的核心体验是一个创新的“时间旅行”游乐设施。游客乘坐特制的缆车，仿佛穿越回公元 975 年的维京约克（当时称为 Jorvik）。这段 6 分钟的旅程中，游客会看到精心重建的维京时代街道、房屋和居民。整个场景基于考古发现，力求真实还原当时的生活场景。

这个“时间旅行”的独特之处在于其多感官体验。不仅有逼真的视觉效果，还原了维京时代的声音，甚至重现了当时的气味。游客可以闻到熏鱼的味道，听到维京语言的交谈，感受到当时街道的喧嚣。

中心还设有多个互动展区。游客可以与“维京人”交谈，这些是由专业演员扮演的角色，能用中古英语或现代英语与游客互动。游客还可以尝试使用维京时代的工具，学习古代工艺技巧。

教育是约克维京中心的重要功能。中心提供丰富的教育资源和项目，包括学校团体参观、工作坊和讲座等。这些活动不仅涵盖历史知识，还包括考古学方法的介绍。

中心还定期举办特别活动，如维京节（Viking Festival），吸引大量游客参与维京主题的庆祝活动。此外，中心不断更新展览内容，引入新的科技手段如 VR 技术，让游客有更深入的体验。

约克维京中心的成功在于它将严谨的考古研究与创新的展示方式相结合，创造了一个既教育性强又富有娱乐性的历史体验。它不仅是一个旅游景点，更是一个重要的历史教育和研究中心，为公众了解维京时代提供了独特的窗口。

（3）新加坡夜间动物园（Night Safari）

新加坡夜间动物园于 1994 年开放，是世界上第一个专为夜间观赏而设计的野生动物园。园区占地 35 公顷，栖息着超过 900 只动物，代表了 130 多个物种。这个创新的概念为游客提供了一个独特的机会，可以观察夜行动物的自然行为。

游园体验主要分为两种方式：乘坐电动游览车或步行。40 分钟的电动游览车之旅带领游客穿越七个地理区域，包括喜马拉雅山麓、东南亚热带雨林、非洲草原等。每个区域都精心设计，模拟了动物的自然栖息地。

步行探索则更为自由和深入。游客可以沿着四条步行道徒步，近距离观察动物。这些步行道包括豹子步道、飞行生物步道等，每条都有其特色动物和体验。

园区的照明设计是其最大特色之一。采用了模仿月光的技术，使用柔和的灯光，不仅不会干扰动物的自然行为，还能让游客清晰观察。这种“月光效果”的照明既保护了动物，又为游客创造了神秘的氛围。

互动性是另一个重要特点。园区提供多种互动体验，如夜间导览团、动物喂食活动等。特别受欢迎的是“与动物共进晚餐”项目，游客可以在观看动物表演的同时享用自助晚餐。

教育是夜间动物园的核心使命之一。园区设有多个教育站，提供关于动物保护和生态系统的信息。导游和动物管理员会分享有趣的动物知识，增强游客的环保意识。

此外，园区还定期举办特别活动，如万圣节主题夜、传统节日庆祝等，增添了文化元素和娱乐性。园区也致力于保育工作，参与了多个濒危物种的繁育计划。

新加坡夜间动物园的成功在于它创造了一种全新的动物园体验，让游客以最自然的方式观察夜行动物。它不仅是一个旅游胜地，更是一个重要的教育和保育中心，为野生动物保护和公众教育做出了重要贡献。

（二）国内沉浸式文旅创新实践

1. 沉浸式演艺

（1）《遇见大庸》（湖南张家界）

《遇见大庸》是一场沉浸式实景演出。该剧以张家界的历史文化为主线，讲述了大庸男儿为国捐躯的感人故事和对家园的深厚热爱。演出于 2022 年 9 月在位于张家界“大庸古城”的全新沉浸式剧场完成首场正式公演。《遇见大庸》以明末清初的大庸为背景，讲述了大庸男儿保家卫国，大庸女性为爱坚守的感人故事。演出充分利用张家界独特的自然景观作为背景，将当地的山水之美与人文历史巧妙融合。1 小时的演出，巧妙地展现了张家界的八千奇峰和三百秀水，同时，将非遗与民俗纳入剧情，过赶年、摔碗酒、澧水号子、桑植民歌……观众一路沉浸在当地富有魅力的文化之中。观众在观看过程中不仅能欣赏到震撼的视觉效果，还能深刻感受到大庸文化的精髓。

演出采用了多种创新技术，步入演出空间，349 个 360°旋转座椅统一固定在大型台车之上。五个演出空间中，共计铺设总面积达 3000 平方米的 LED 屏幕，这些屏幕配合高达 32000 流明的投影机、水雾机、干冰机、雷电雨雪装置、巨型开合式机械门等设备，将观众的注意力牢牢地抓在剧情当中。为了最大限度地创造质感，创意团队制作了城墙、街道、桥梁、山体、亭台、牌坊、战船，屏幕画面与大量实景结合，完成了对以往沉浸式演艺“全部实景化”或“全部屏幕化”在表达效果上的突破。

（2）《重庆·1949》（重庆）

《重庆·1949》是一部以重庆解放为主题的创新沉浸式实景演出。以 1949 年重庆解放前夕为背景，通过磁器口、渣滓洞、白公馆等地标性场景，浓缩展现解放重庆的历史进程。

演出的最大亮点是其革命性的舞台设计。舞台由五个可 360°旋转的巨型圆环构成，能创造超过 6000 万个不同视觉场景，为观众带来前所未有的视觉冲击。这种多维立体的舞台设计使场景转换流畅自然，让观众仿佛真实穿梭于不同历史场景中。

《重庆·1949》巧妙融合高科技舞台效果与革命历史题材。先进的声光电技术，包括精准的多媒体投影、动态灯光和环绕音响，营造出身临其境的历史氛围。演员们在这个多维舞台上自如穿梭，生动再现了革命先烈的奋斗事迹。

这种创新的技术应用不仅增强了视觉冲击力，也为革命历史题材注入新活力，让观众在沉浸式体验中深刻理解重庆的革命历史，体会那个时代的紧张、兴奋和激情。

（3）《天酿》（贵州茅台）

《天酿》是一场以茅台酒酿造文化为主题的沉浸式演出，位于贵州省茅台镇。这场演出巧妙地将茅台酒的酿造工艺与现代科技相结合，为观众呈现了一场视听盛宴。整个剧场采用了先进的增强现实（AR）和混合现实（MR）技术，通过超大尺寸的环幕、天幕、地屏和纱幕等多种装置，全方位地展现了茅台酒从原料选择到最终成品的整个酿造过程。

观众在观看过程中，仿佛置身于一个神奇的酿酒世界。他们可以“看到”高粱的生长过程，“感受”发酵的奇妙变化，甚至“参与”蒸馏和贮存的关键环节。多重机械装置的运用不仅营造出震撼的视听效果，还让观众能够近距离感受到茅台酒的独特魅力。整个演出过程中，传统的酿酒工艺与现代科技完美融合，既展示了茅台酒的文化底蕴，又体现了其与时俱进的创新精神。通过这种沉浸式体验，《天酿》不仅让观众了解了茅台酒的制作过程，更深刻感受到了蕴含其中的匠人精神和文化传承。

2. 沉浸式夜游

（1）西安“大唐不夜城”

西安“大唐不夜城”是一个以盛唐文化为主题的大型文化旅游街区，位于西安市曲江新区。这个项目将唐代文化元素与现代商业、休闲、娱乐功能相结合，成为西安夜间旅游的标志性景点。街区内的建筑风格、景观设计、装饰细节都充满浓郁的唐代风情，让游客仿佛穿越回了繁华的长安城。

“大唐不夜城”不仅有丰富的文化体验项目，如唐装体验、古乐表演、非物质文化遗产展示等，还融入了现代化的商业元素，包括特色餐饮、主题商店、创意集市等。夜幕降临后，整个街区被绚丽的灯光装点，呈现出一派盛唐盛世的繁华景象。其中，大型实景演出《梦回大唐》更是将唐代文化艺术与现代科技完美结合，为游客带来震撼的视听体验。

此外，街区还定期举办各种文化活动和节庆表演，如唐文化节、长安国际时装周等，不断为游客带来新鲜体验。“大唐不夜城”的成功不仅在于其对唐文化的深度挖掘和创新呈现，更在于其将文化体验与现代生活方式巧妙融合，创造出一个既有历史底蕴又充满现代活力的文化旅游目的地。

（2）成都“夜游锦江”

成都“夜游锦江”是一个以锦江为载体的沉浸式夜游项目，于 2019 年 4 月正式运营。这个项目充分利用了锦江的自然景观和成都的历史文化资源，打造了一条具有“老成都、蜀都味、国际范”的水陆立体互动夜游线路。项目深度挖掘了成都的历史底蕴，通过重构天府文化的“锦江故事卷轴”，全面展示了“酒、茶、禅、食、船”五大在地文化。

游客可以乘坐观光船沿锦江徜徉，欣赏沿岸的灯光秀和建筑景观。船上还设有各种互动体验，如品茗、品酒、川剧变脸表演等，让游客深入体验成都文化。岸上则设有多个主题区域，包括文创市集、美食街区、艺术展览等，满足不同游客的需求。

特别值得一提的是，项目运用了先进的声光电技术，在夜间营造出梦幻般的视觉效果。例如，通过全息投影技术在水面上呈现出蜀锦图案，或者利用灯光艺术重现古蜀文明的场景。此外，项目还融入了现代科技元素，如 AR 导览、互动装置等，让传统文化以更加新颖的方式呈现。

自运营以来，“夜游锦江”已累计接待游客超过 1000 万人次，不仅成功激活了成都的“水上夜间经济”，也为城市夜间文旅项目的开发提供了新思路。

（3）北京国际光影艺术季“万物共生”沉浸式体验展

北京国际光影艺术季“万物共生”沉浸式体验展是一个创新性的夜间艺术项目，位于北京玉渊潭公园樱落花谷内。这个展览以“人与自然和谐共生”为创作主旨，巧妙地将自然景观、现代科技和艺术创作融为一体，打造了一个令人惊叹的夜间艺术世界。

展览包含 15 个大型艺术景观，如幻彩虫洞、云境、谜光、唤灵谷、生命之树等，每个景观都融合了独特的艺术理念和先进的科技手段。例如，“幻彩虫洞”利用光纤和 LED 灯创造出一个充满未来感的隧道，游客穿行其中仿佛进入了另一个时空。“云境”则运用雾化技术和光影效果，营造出一个梦幻般的云雾世界。

展览还充分利用了元宇宙、人工智能等当下热门科技概念，如在“谜光”区域，游客可以通过 AR 技术与虚拟生物互动。“生命之树”装置则通过传感器捕捉游客的动作，实时改变灯光效果，体现了人与自然的互动。

整个展览不仅是一场视觉盛宴，更是一次深度的艺术体验和环保教育。通过这些充满想象力的艺术装置，游客能够重新思考人与自然的关系，感受生态平衡的重要性。

（4）广西德天跨国瀑布“奇妙·夜德天”

广西德天跨国瀑布“奇妙·夜德天”是亚洲首个沉浸式跨国夜游项目，于 2020 年推出。该项目位于崇左市大新县的中越边境归春河上，充分利用了德天跨国瀑布的壮观自然景观，通过现代科技手段，将这一世界级自然遗产转变为令人惊叹的夜间旅游胜地。

项目投资 1.2 亿元，旨在增强景区的吸引力及二次消费空间。“奇妙·夜德天”巧妙地将光影秀、轻演艺、交互体验和大型情景演艺结合起来，创造出独特的夜游体验。游客可以欣赏到瀑布上演的大型水幕投影秀，观看以当地少数民族文化为主题的表演，参与互动体验项目等。

其中最引人注目的是利用瀑布作为天然投影幕的光影秀。通过高科技投影技术，瀑布瞬间变成了一个巨大的天然“显示屏”，呈现出壮族、京族等少数民族的传统图腾和文化元素，让游客在欣赏自然奇观的同时，也能感受到浓郁的民族文化氛围。

此外，项目还融入了跨国元素，通过灯光和音乐展现中越两国的友好关系，成为促进跨境旅游合作的新亮点。“奇妙 · 夜德天”将由 11 幕互动体验环节构成：蚂拐节→寻蛙神→唤蛙神→创神迹→入人间→爱不得→花相助→定终身→花赐福→救苍生→祈雨来。

“奇妙 · 夜德天”项目改变了以往德天跨国瀑布只在白天游览观光的模式，实现了沉浸式互动体验新模式，延长了游客逗留时间，将拉动边关旅游“夜经济”发展。“奇妙 · 夜德天”的推出不仅丰富了德天跨国瀑布景区的旅游产品，也为自然景区的夜游开发提供了新的思路。

3. 沉浸式展览

（1）扬州中国大运河博物馆

扬州中国大运河博物馆位于江苏省扬州市三湾风景区，是大运河国家文化公园的标志性项目。这座博物馆总建筑面积约 7.9 万平方米，是一座融合传统与现代的文化地标。博物馆通过创新的展示手法和先进的科技应用，为观众呈现了一个全方位、多角度展示大运河文化的沉浸式体验空间。

博物馆内设有多个特色展区，其中最引人注目的是“5G 大运河沉浸式体验区”。在这里，观众可以通过 5G + VR 技术，以 720° 全景视角和超高清视觉效果，穿越 17 座运河城市，纵览千年古运河沿途的历史和人文风貌。“河之恋”720° 环幕空间则利用全息投影技术，将观众带入一个虚拟的运河世界，感受水乡风情。

此外，博物馆还专门为青少年设计了“运河迷踪”互动解谜空间。这是国内首个博物馆内的密室逃脱游戏，参与者可以穿越到明朝时期，扮演“都水使者”完成护送任务，在游戏中学习运河历史知识。博物馆还运用了大量的互动技术，如红外感应、触摸屏等，让观众可以通过亲身参与来了解运河文化。

整个博物馆不仅是一个展示空间，更是一个互动学习平台。通过多元化的展示手段和丰富的互动体验，扬州中国大运河博物馆成功地将深奥的历史文化知识转化为生动有趣的体验，被誉为中国大运河活着的“百科全书”。

（2）北京世园公园植物历险记探索体验展

北京世园公园植物历险记探索体验展是一个创新性的科普展览项目，位于北京世园公园植物馆内。这个展览以植物进化史为主线，通过沉浸式体验让观众仿佛穿越时空，亲身经历植物从远古到现代的演化历程。展览面积达 1000 平方米，集中展示了中国亿万年前的大型化石真品和重大的植物考古发现。

展览巧妙地运用了混合现实、光影和互动技术等科技手段，将枯燥的植物学知识转化为生动有趣的探索之旅。进入展厅，观众仿佛置身于远古地球，可以近距离观察巨大的蕨类植物化石，感受远古森林的神秘氛围。通过 AR 技术，这些化石仿佛“活”了起来，观众可以看到它们生长、繁衍的过程。

展览还设计了一系列互动体验项目。在“考古挖掘”区域，孩子们可以亲手挖掘模拟的化石，体验考古工作的乐趣。“植物复活”区则运用 hologram 全息技术，让观众通过操作虚拟装置，见证植物从化石状态“复活”的过程。

整个展览由两名智能卡通导师引导，观众需要完成 8 个互动场景中的任务，包括 5 种远古植物化石的挖掘、鉴定和复活。这种游戏化的设计大幅增强了展览的趣味性和教育效果。通过这种沉浸式体验，观众不仅能学习到植物进化的知识，还能培养对自然科学的兴趣和探索精神。

（3）上海天文馆（上海科技馆分馆）

上海天文馆，作为上海科技馆的分馆，是全球规模最大的天文馆，总建筑面积约 3.8 万平方米。这座现代化的天文馆以“塑造完整宇宙观”为愿景，通过 5G + 8K、数字孪生、元宇宙、数字人、VR 及 AR 等技术，结合专业天文仪器、天文科普知识、全新交互理念，打造全国首个天文元宇宙沉浸式体验产品，构建智慧文旅沉浸式体验新空间，丰富高质量科普服务供给，为游客开启元宇宙与星辰大海的探索征程。

天文馆的主展区分为“家园”“宇宙”和“征程”三个部分，每个部分都运用了丰富的互动技术和沉浸式体验设施。在“家园”区，观众可以通过大型球幕影院感受地球的壮美景象，体验从地表到太空的奇妙旅程。“宇宙”区则利用全息投影技术，将浩瀚宇宙呈现在观众眼前，让人仿佛置身于星际空间。“征程”区展示了人类探索宇宙的历程，观众可以通过 VR 设备体验太空行走的感觉。

天文馆还设有多个特色展项，如可以 360° 旋转的巨型地球仪、模拟火星表面环境的火星基地、能够实时显示太阳活动的“阳光剧场”等。这些展项不仅具有极高的科技含量，还具备强烈的互动性和沉浸感。例如，在火星基地中，观众可以穿上特制的宇航服，体验在火星表面行走的感觉。

此外，天文馆还拥有世界最先进的光学天文望远镜和数字天象仪，为观众提供最真实的观星体验。通过这些高科技设备，观众可以近距离观察月球表面的环形山，或者欣赏遥远星系的绚丽色彩。

自开馆以来，上海天文馆已经接待了 140 万人次的观众，成为上海乃至全国重要的科普教育基地。通过这种沉浸式的体验，天文馆成功地将深奥的天文知识转化为生动有趣的探索之旅，激发了公众特别是青少年对宇宙的好奇心和探索欲。

（4）溧阳市新四军江南指挥部纪念馆

溧阳市新四军江南指挥部纪念馆位于江苏省溧阳市竹箦镇水西村，是一座国家三级博物馆，也是全国红色旅游经典景区。这座纪念馆以新四军挺进江南的重大历史事件为背景，通过创新的展示手法和先进的数字技术，为观众呈现了一个沉浸式的革命历史体验空间。

纪念馆充分利用了现代科技手段，特别是数字化光影技术，来还原历史场景和事件。展览分为多个主题区域，每个区域都通过不同的技术手段来增强观众的沉浸感。例如，在还原竹箦桥会议的展区，通过投影技术，观众仿佛置身于当年的会议现场，感受革命先辈们激烈讨论的氛围。

在展示军民鱼水情的区域，纪念馆运用了声光电等多媒体技术，再现了新四军与当地百姓之间的深厚情谊。观众可以通过互动装置参与到故事中，比如帮助村民为新四军缝制军装，或者参与送粮食给部队的模拟体验。

水西保卫战的展示则利用了大型沙盘模型结合声光电效果，生动再现了这场关键战役的过程。通过灯光变化和音效，观众可以清晰地了解战斗的进程和战略部署。

此外，纪念馆还设计了一系列互动体验项目。例如，观众可以通过 VR 设备"参与"东进北上的长征，感受革命先辈们的艰辛历程。还有一个模拟射击训练的互动装置，让观众体验当时新四军的训练生活。

通过这些创新的展示手法，溧阳市新四军江南指挥部纪念馆成功地将枯燥的历史事件转化为生动有趣的体验，让红色教育变得更可感、更生动、更沉浸。这种方式不仅增强了参观者的历史代入感，也提高了革命传统教育的效果，特别是对年青一代的吸引力。

（5）上海"teamLab 无界美术馆"

上海"teamLab 无界美术馆"是由日本 teamLab 艺术团队在中国创立的首个常设数字艺术博物馆，于 2019 年 11 月 5 日在上海 · 黄浦滨江开馆。这座美术馆占地面积 6600 平方米，是目前亚洲最大的沉浸式数字艺术空间之一。

“teamLab 无界美术馆”以“无界”为核心理念，打破了传统美术馆的展示方式。馆内没有固定的展品和既定的参观线路，而是通过数字技术创造出一个流动的、不断变化的艺术空间。所有的艺术作品都是由计算机程序实时渲染生成的，能够根据观众的行为和互动而改变。

美术馆分为多个主题空间，每个空间都呈现出独特的艺术体验。例如，在“无界森林”中，观众可以看到数字化的花朵在墙面和地面上绽放、凋零，整个过程随着季节变化而变化。在“水粒子迷宫”中，观众可以通过触摸和移动来改变水流的方向，创造出独特的水景。

互动性是这个美术馆的一大特色。很多作品都鼓励观众通过触摸、移动或者其他方式与之互动。例如，在“共融世界”展区，观众的行为会影响数字生物的行为模式，形成一个不断变化的生态系统。

技术应用方面，美术馆运用了先进的投影技术、感应技术和计算机图形技术。例如，通过多台高清投影机的精密配合，实现了 360° 无缝隙的全息投影效果。同时，先进的感应系统能够实时捕捉观众的位置和动作，使艺术作品能够即时回应。

自开馆以来，“teamLab 无界美术馆”已经成为上海最受欢迎的文化场所之一，不仅吸引了大量本地观众，也成为许多外地游客来沪的必访之地。它的成功不仅在于视觉上的震撼，更在于为观众提供了一种全新的、沉浸式的艺术体验方式。

4. 沉浸式街区

（1）西安“长安十二时辰”主题街区

西安“长安十二时辰”主题街区是全国首个沉浸式唐风市井生活街区，位于西安市浐灞生态区。这个项目以热播剧《长安十二时辰》为创意主题，由该剧美术团队亲自设计，真实还原了唐代长安城的市井生活场景。街区总面积约 10 万平方米，开发了九大系列共 108 个复古场景和体验项目。

街区以时间的循环变化为轴心，将一天 24 小时划分为十二个时辰，每个时辰都有相应的场景和活动。游客可以体验从晨钟暮鼓到夜市狂欢的完整唐朝生活。街区内设有多个主题区域，如“百工坊”“市井巷”“夜市”“茶肆”“酒馆”等，每个区域都精心还原了唐代的建筑风格、生活用品和市井氛围。

在互动体验方面，街区提供了丰富多样的活动。游客可以穿上唐装，体验制茶、酿酒、制香等传统工艺，参与古代科举考试模拟，或者在夜市品尝唐朝特色美食。街区还定期举办各种主题活动，如唐诗会、汉服秀、古乐表演等，让游客全方位感受唐文化的魅力。

技术应用方面，街区融合了现代科技元素。例如，通过 AR 技术，游客可以用手机扫描特定区域，看到虚拟的唐代人物与现实场景互动。此外，街区还设有“穿越隧道”，运用全息投影技术，让游客仿佛穿越时空，直接步入繁华的唐代长安街头。

“长安十二时辰”主题街区自开放以来，多次创造“流量神话”，累计接待游客超过 200 万人次。它不仅成为西安文化旅游的新地标，也为沉浸式主题街区的开发提供了成功范例。

（2）沈阳中街步行街

沈阳中街步行街是中国最早的商业街之一，拥有近四百年的历史。近年来，沈河区政府立足“延续文脉、四态交融、文旅赋能”的新定位，对中街进行了全面的改造提升，将其打造成一个融合传统与现代的沉浸式文化旅游街区。

改造后的中街步行街充分盘活了老建筑、老胡同、老字号、老故事等特色资源。街区保留了明清时期的建筑风格，同时融入了现代元素。例如，一些百年老店的店面被重新设计，既保留了传统特色，又增添了现代感。街区还设立了多个文化展示点，通过多媒体技术展示中街的历史变迁。

在业态布局上，中街引入了多种新兴业态。其中最引人注目的是辽宁晟京坊剧本秀沉浸式文化娱乐产业园，汇集了 130 多家剧本秀骨干企业。这个产业园不仅提供剧本杀、密室逃脱等娱乐项目，还融合了文化创意、旅游体验等多元素，形成了“沉浸式剧本娱乐产业基地 + 文旅”的独特模式。

此外，中街还引入了一系列创新项目。如中街元宇宙潮流综合体，利用 AR、VR 技术，让游客体验虚拟与现实结合的购物体验。中街小津桥焕新慢生活世界项目则致力于打造一个融合传统文化与现代生活方式的特色街区。

在传统与现代的融合中，中街也保留了许多经典元素。如百年老字号“马家烧卖”“老边饺子”等依然在街上经营，为游客提供地道的沈阳美食体验。街区还定期举办各种文化活动，如非物质文化遗产展示、传统节日庆典等，让游客在游览购物之余，也能深入体验东北文化的魅力。

通过这一系列的改造和创新，沈阳中街步行街成功实现了从传统商业街到沉浸式文化旅游目的地的转型，为老街区的更新改造提供了新的思路。

（3）黄山“花山谜窟主题园区”

黄山“花山谜窟主题园区”是黄山市花山世界4A级景区的主题项目，也是一个兼具全天候文旅项目和消费业态的沉浸式体验空间。该项目充分利用了当地独特的自然资源，通过先进的科技手段将文化艺术与自然山水巧妙融合，创造出一个神秘而富有吸引力的“谜窟”世界。

园区的核心概念是“千年谜窟”，通过一系列巧妙的设计，将自然山体改造成一个充满神秘感和探索欲的空间。游客进入园区后，仿佛步入了一个神秘的地下世界，可以体验到不同主题的沉浸式场景。

在空间设计上，园区形成了展演、水秀、活动、二次消费、景观等多个功能区域。每个区域都有其独特的主题和体验内容。例如，在展演区，通过全息投影技术，墙壁上的壁画仿佛“活”了起来，向游客讲述古老的传说。水秀区则利用声光电技术，将山体和水面变成了一个巨大的天然舞台，上演震撼的水幕表演。

互动体验是园区的另一大特色。游客可以参与各种互动项目，如解谜游戏、虚拟考古等。这些活动不仅富有趣味性，还融入了当地的文化元素，让游客在游玩中了解黄山的历史和文化。

技术应用方面，园区运用了大量的先进科技。例如，通过3D mApping技术，将山体表面变成了巨大的投影屏幕，呈现出变幻莫测的视觉效果。AR技术的应用则让游客可以通过手机看到虚拟的“谜窟生物”，增添了探索的乐趣。

此外，园区还结合了当地的自然景观和文化特色。例如，利用山体的自然形态设计了仿古建筑，将人工设施与自然环境完美融合。园区内的餐饮和商店也都融入了徽州文化元素，为游客提供全方位的文化体验。

“花山谜窟主题园区”的开发不仅为黄山旅游增添了新的亮点，也开创了国内将真山真水与文化主题娱乐相结合的新模式，为景区的创新发展提供了新思路。它成功地将黄山的自然美景与现代科技、文化创意相结合，创造出一种全新的旅游体验。

三、国内外沉浸式文旅创新实践的评述

（一）国外沉浸式文旅分析

国外沉浸式文旅项目近年来呈现蓬勃发展之势，涵盖了戏剧、主题公园、展

览、夜游、历史重现等多个领域。沉浸式体验项目通过创新的技术应用和深度的内容设计，为游客提供了前所未有的沉浸体验。可以看出国外沉浸式文旅项目的主要特点和发展脉络：

1. 多样化的体验形式

沉浸式文旅项目呈现出多元化的发展趋势。从《Sleep No More》和《Then She Fell》等沉浸式戏剧，到 The Wizarding World of Harry Potter 和 Puy du Fou 等主题公园，再到 teamLab Borderless 等数字艺术展览，项目类型丰富多样。这种多样性不仅满足了不同游客的需求，也推动了沉浸式体验在各个领域的创新和发展。

2. 高度互动性和个性化体验

互动性是沉浸式文旅项目的核心特征。无论是《Sleep No More》中观众可以自由探索的表演空间，还是 The Wizarding World of Harry Potter 中可以施展“魔法”的互动魔杖，都体现了项目对游客参与的重视。这种设计不仅增强了游客的参与感，也使每个人的体验都变得独特而难忘。

3. 先进技术的广泛应用

技术创新是推动沉浸式文旅项目发展的关键因素。虚拟现实 (VR)、增强现实 (AR)、全息投影等技术在项目中得到广泛应用。例如，teamLab Borderless 利用先进的投影技术创造了一个不断变化的数字艺术世界，而新加坡的“Wings of Time”则运用水幕投影和激光技术打造了震撼的户外表演。这些技术的应用大幅提升了项目的沉浸感和视觉冲击力。

4. 深度的内容设计和故事性

优质的内容和引人入胜的故事是沉浸式项目成功的关键。例如，Puy du Fou 通过精心设计的历史场景和表演，让游客深入体验法国历史；而迪拜的未来博物馆则通过展示未来生活场景，激发人们对未来的思考。这种深度的内容设计不仅提供了娱乐，还传播了知识和文化价值。

5. 跨界融合趋势明显

许多流行的沉浸式项目都体现了跨界融合的特点。例如，迪士尼的星球大战：银河边缘地带将电影 IP、主题公园体验和高科技互动完美结合。这种跨界融合不仅丰富了项目内容，也创造了新的商业模式和体验方式。

6. 注重教育功能

由于市场需求和政策推动等因素，教育功能是许多国外沉浸式文旅项目的重要组成部分。例如，殖民地威廉斯堡和约克维京中心不仅提供了沉浸式的历史体验，还设计了丰富的教育项目。这种寓教于乐的方式大大提高了知识传播和文化教育的效果。

7. 可持续发展和环保理念的融入

越来越多的项目开始关注可持续发展和环保议题。例如，新加坡夜间动物园不仅为游客提供了独特的夜间动物观察体验，还致力于动物保护和环境教育。这种理念的融入反映了文旅项目在社会责任方面的新趋势。

8. 本土文化特色的彰显

尽管技术应用呈现全球化趋势，但成功的沉浸式项目往往能够突出本土文化特色。例如，Puy du Fou 深入展现法国历史，约克维京中心聚焦英国维京时代文化。这种本土特色的强调使项目更具有吸引力和文化深度。

9. 商业模式的创新

沉浸式文旅项目正在改变传统旅游业的商业模式。例如,《Sleep No More》的长期驻演模式、The Wizarding World of Harry Potter 的 IP 变现方式等，都为文旅产业带来了新的盈利点和发展方向。

10. 后疫情时代的适应性

新冠疫情对全球旅游业造成了巨大冲击，但也加速了一些新趋势的发展。例如，更多项目开始探索虚拟体验和线上互动，如提供虚拟导览或在线互动活动。这些创新不仅帮助项目渡过难关，也为未来的发展开辟了新路径。

总的来看，国外沉浸式文旅项目正在重塑全球旅游体验的格局。通过技术创新、内容深化和体验个性化，这些项目不仅提供了全新的旅游方式，也为文化传播和教育开辟了新途径。未来，随着技术的进步和创意的深化，沉浸式文旅项目必将继续引领全球文化旅游产业的创新发展。

（二）国内沉浸式文旅分析

近年来中国蓬勃发展沉浸式体验项目已成为文化旅游产业创新的重要方向。从演艺、夜游、展览到主题街区，沉浸式元素被广泛应用，为游客带来全新的文化体验。这种发展体现了以下几个方面：

1. 技术创新驱动体验升级

先进科技的应用是沉浸式文旅项目的核心驱动力。从《遇见大庸》的 360° 旋转座椅到《重庆·1949》的多维立体舞台，高科技舞台设计极大提升了演出的沉浸感。

西安“大唐不夜城”和广西德天跨国瀑布的光影秀则利用投影技术将自然景观转化为绚丽的视觉盛宴。上海天文馆和 teamLab 无界美术馆更是将 VR、AR、全息投影等技术发挥到极致，创造出超越现实的沉浸空间。这些技术不仅增强了视觉冲击力，更重要的是打破了观众与展品、表演者之间的界限，让游客真正融入场景中。

2. 传统文化传承与创新表达并重

沉浸式项目为传统文化注入了新的活力。如《天酿》将茅台酒的酿造工艺通过 AR 和 MR 技术生动呈现，扬州中国大运河博物馆则用 5G + VR 技术带领观众穿越千年运河历史。西安“长安十二时辰”主题街区和沈阳中街步行街的改造，既保留了传统风貌，又融入现代元素，实现了古今交融。这种创新表达方式不仅增强了传统文化的吸引力，也让年青一代更容易接受和理解文化内涵。

3. 多感官体验成为标配

相比传统的观光模式，沉浸式项目更注重全方位、多感官的体验。如《遇见大庸》结合了视觉、听觉、触觉等多重感官刺激；北京世园公园植物历险记探索体验展让观众通过“考古挖掘”亲身参与；黄山“花山谜窟主题园区”则创造了一个可以探索、互动的神秘空间。这种全方位的感官刺激大幅增强了游客的参与感和沉浸感。

4. 互动性成为关键要素

互动已成为沉浸式项目的核心特征。无论是上海天文馆的模拟太空行走，还是 teamLab 无界美术馆的互动艺术装置，都鼓励观众主动参与，成为体验的创造者。这种互动不仅增加了趣味性，也让每个人的体验都变得独特而难忘。

5. 跨界融合趋势明显

沉浸式文旅项目越来越多地呈现跨界融合的特点。如沈阳中街步行街引入了剧本秀产业园，将文化、旅游、娱乐、商业等多元素有机结合。黄山“花山谜窟主题园区”则将自然景观、文化体验、科技应用融为一体。这种跨界融合不仅丰富了游客体验，也为文旅产业的创新发展开辟了新路径。

6. 本土文化特色彰显

尽管技术应用方面有相似之处，但每个项目都注重彰显本地特色。如《遇见大庸》突出张家界的自然风光和历史文化，广西德天跨国瀑布的光影秀融入了少数民族元素，西安“长安十二时辰”主题街区则完全还原了唐代长安的市井生活。这种本土特色的强调使得沉浸式项目不仅具有科技感，更富有深厚的文化底蕴。

7. 商业模式不断创新

沉浸式项目正在改变传统景区的商业模式。如“大唐不夜城”和沈阳中街步行街的改造，不仅提升了游客体验，也带动了夜间经济发展。黄山“花山谜窟主题园区”则将自然景观与商业消费相结合，创造了新的盈利点。这种模式创新有助于提高文旅项目的可持续发展能力。

8. 教育功能日益凸显

许多沉浸式项目在娱乐之外，更注重其教育功能。如上海天文馆通过沉浸式体验激发青少年对宇宙的探索欲，北京世园公园的植物历险记则让科普教育变得生动有趣。这种寓教于乐的方式大大提高了科普和文化教育的效果。

当前，沉浸式文旅项目正在重塑中国的文化旅游的面貌。通过技术创新、文化创意和商业模式的突破，这些项目不仅提供了全新的旅游体验，也为传统文化的传承与创新开辟了新途径。未来，随着技术的进步和创意的深化，沉浸式文旅项目必将继续引领文化旅游产业的创新发展。

（三）国内外沉浸式文旅实践的比较与借鉴

1. 国内外沉浸式文旅实践的共同点

通过对比国内外沉浸式文旅实践案例，我们可以看到一些共同点：

（1）信息技术的广泛应用

沉浸式体验在信息化时代获得前所未有的广阔空间，无论国内外，先进技术如AR/VR、全息投影、互动装置等都被广泛应用于沉浸式体验的创造中。当前的沉浸式文旅实践高度依赖于数字化载体、技术和装备的快速发展，是数字化和智能化技术赋能文化领域的典型体现。3D全息投影、虚拟现实、增强现实、人工智能、大数据、区块链、5G等各具特点的信息化技术应用于沉浸式体验，带来了丰富多彩的表现形态和文化内涵，使沉浸式体验具有了虚实交互、智能推荐、呈现多姿等特征，给人们带来了前所未有的想象力、娱乐性和启发性。例如，美国的“The Wizarding World of Harry Potter”和中国的《天酿》都综合运用多种信息技术来增强游客体验。

（2）构建独特体验和树立品牌

具体体现在以下三个方面：①为观众提供更多的互动性，强调游客参与和互动。如美国的“Sleep No More”让观众自由探索表演空间，中国的“长安十二时辰”主题街区则让游客参与古代生活体验。②项目创意呈现跨界融合趋势。国内外项目都呈现出跨界融合的特点，将文化、科技、艺术等多个领域结合。例如，法国的“Puy du Fou”将历史与表演艺术结合，中国的“夜游锦江”则融合了传统文化与现代科技。③重视文化传承。国内外文旅体验项目都注重将本土文化元素融入沉浸式体验中。如美国的“殖民地威廉斯堡”重现殖民时期生活，中国的“大唐不夜城”则展现唐代文化。

2. 国内外沉浸式文旅实践的差异点

同样的，国内外沉浸式文旅项目的差异点也十分明显：

（1）文化背景差异

同样为游客提供深度的沉浸式体验，国内外在具体实施上却呈现出显著的差异。各国沉浸式文旅项目往往立足于本国文化传统和历史渊源，整体呈现出多元化的特征。例如欧洲文旅项目中常出现中世纪城堡、文艺复兴时期艺术，工业革命等；美国沉浸式体验项目中常出现反映西部开拓或现代流行文化的元素以体现对个人主义和冒险精神的推崇。相比之下，国内的沉浸式文旅项目植根于中华传统文化的沃土。从江南水乡的小桥流水到西北大漠的丝路遗迹，项目主题彰显着中华文明的深厚底蕴。这种文化背景的差异，直接影响了项目的内容设计和呈现方式。

（2）叙事方式

欧洲和美国的沉浸式体验项目往往更注重个体体验和个人互动，采用个人化的叙事策略，鼓励游客成为故事的主角。国内沉浸式文旅项目有些则更强调集体参与和文化认同，更倾向于使用集体性的叙事方式，虽也鼓励游客参与，但更强调群体的互动和共同的体验。这种叙事创造出一种集体记忆和共享经历，符合了中国传统文化中“和而不同”的理念。沉浸式体验的文旅项目叙事方式的差异，折射了东西方文化在个人和集体上的不同的注意力取向。同时，它也为各地沉浸式体验项目的设计者提供了互相借鉴的机会。

（3）市场定位

国外的沉浸式文旅项目通常将娱乐性和商业化放在首位。以迪士尼乐园为例，其沉浸式体验主要目的是为游客创造欢乐和刺激，同时实现商业价值最大化。这些项目往往投资巨大，以长期运营为主，目标群体跨越各个年龄段。国内的沉浸式文旅项目则在娱乐性之外，更加注重教育功能和文化传播的社会责任。这种寓教于乐的表达方式不仅迎合了国内市场的需求，也体现了文旅项目的社会价值。

第 10 章 文旅数字藏品

伴随着区块链技术的不断渗透，最近两三年来，一种称为“非同质化通证”或者“非同质化代币”（Non-Fungible Token，缩写为 NFT），国内称为“数字藏品”的应用突然变得火热起来。2020 年以来，从埃隆·马斯克到姚明，从可口可乐到迪士尼、漫威，再到 LV、GUCCI、eBay、Facebook，诸多名人和大牌纷纷玩起 NFT。2021 年年初，英国佳士得拍卖行以 6934 万美元的价格成功拍卖了艺术家格麦克·温克尔曼（Beeple）的 NFT 作品《每一天：前 5000 天》（*Everydays: The First 5000 Days*）。同年 4 月，被称为无聊猿的 NFT 被铸造出来，为众多体育明星、说唱歌手、互联网大 V 等名人所追捧，到了 2022 年 5 月，无聊猿系列 NFT 的地板价已经从 0.08ETH 涨到 147ETH（约 42 万美元），短短一年多时间内价格翻了 1800 多倍。第三方研究机构 DAppRadar 数据显示，2021 年全年 NFT 交易额超过 230 亿美元，其中排名前 100 的 NFT 藏品的底价市值就达到 167 亿美元。随着 NFT 在全球范围内的流行，国内腾讯、阿里、百度、京东、B 站、小红书、字节跳动等互联网龙头也纷纷进军 NFT 领域。

数字藏品是一种通过赋予文创作品无法篡改的独特编码，确保其唯一性和真实性，进而保障在互联网快速传播的过程中同时能够实现版权有效保护的新型应用，这破解了长期以来文创作品在互联网世界传播过程中版权保护的难题。当前国内外已经纷纷将数字藏品应用到文旅领域，并且开展有诸多创新应用和实践，可以说数字藏品已经成为赋能文旅的前沿应用。同时还需要看到，“十四五”时期是强调“以文塑旅、以旅彰文”，推动文化和旅游深度融合发展的时期。有关产业融合发展的理论认为，技术革新和放松管制是促进产业相互融合发展的基本动因。[①②③] 数字藏

① 马健. 产业融合理论研究述评［J］. 经济学动态，2002（5）：79.

② ［日］植草益. 信息通讯业的产业融合［J］. 中国工业经济，2001（2）:24.

③ Lei D.T., “Industry Evolution and Competence Development: the imperatives of technological convergence”, *International Journal of Technology Management*, 2000, 19(7–8), pp.699–738.

品有望成为推动文化和旅游深度融合发展的重要技术革新，在助推文化和旅游深度融合发展，创新文旅消费新产品、新场景、新业态等方面将有望出现令人期待甚至兴奋的重要作用。

一、数字藏品概述

（一）什么是数字藏品

在国外，NFT（Non-Fungible Token），也就是数字藏品，是指使用区块链技术，对应特定的作品、艺术品生成的唯一数字凭证，在保护其数字版权的基础上，实现真实可信的数字化发行、购买、收藏和使用。2022 年 7 月，国家新闻出版署科技与标准综合重点实验室区块链版权应用中心对数字藏品进行了结合国情的界定①，认为数字藏品是数字出版物的一种新形态，是利用区块链技术，锚定作品生成链上唯一的所有权或使用权的数字凭证，不可篡改、不可拆分、限量发行，目的是实现作品真实可信的数字化发行、收藏、使用和流转。数字藏品的概念还包括三个层次的内涵：第一，数字藏品以作品为核心。《中华人民共和国著作权法》规定：作品是指文学、艺术和科学领域内具有独创性并能以一定形式表现的智力成果。第二，数字藏品以版权为基础。《中华人民共和国著作权法》规定：版权是指著作权人对文学、艺术和科学作品享有的财产权和人身权的总称。第三，数字藏品以网络出版物为依据。《网络出版服务管理规定》规定：网络出版物是指通过信息网络向公众提供的，具有编辑、制作、加工、复制、发行等出版特征的数字化作品。

数字藏品的特征符合数字出版物的核心形态，同时也体现出数字版权的核心要素。数字藏品是通过区块链技术认证发行的数字化虚拟作品，包括但不限于数字图片、音乐、视频、3D 模型等各种形式的虚拟数字作品。每个数字藏品都有唯一标识，具有不可篡改、不可复制、不可分割的特点，数字藏品代表的数字资产是稀缺的，可承载独特的价值。数字藏品可以分为区块链作品版权和区块链数字出版产品两种产品类型，前者主要指将通过上链确权、认证的作品的全部或部分财产权转让、交易，表现形式为整体、单份的作品版权销售；而后者主要指将通过上链确

① 经济参考报：2022 年 7 月 6 日国家新闻出版署科技与标准综合重点实验室区块链版权应用中心出版的《数字藏品应用参考》，http://www.jjckb.cn/2022-07/07/c_1310638970.htm.

权、认证的作品，经网络出版后，以限量、多份的区块链数字出版产品形式销售。这两种产品均能以与实物或权益附加、融合的方式进行销售。

（二）数字藏品的起源及发展

NFT 的概念最早可追溯到 1993 年的“加密置换卡”，但当前意义的 NFT 或者数字藏品，是伴随着区块链技术的产生而发展。2008 年，中本聪第一次提出了区块链的概念，随后开始快速发展并在诸多领域不断渗透。到了 2017 年，区块链技术公司 DApper Labs 首席技术官迪特·雪利（Dieter Shirley）首次提出 NFT 的概念。同年 6 月，NFT 项目 Crypto Punks 诞生，将图像作为“加密资产”；2017 年 10 月，加密猫（CryptoKitties）游戏上线。2017 年一般被称为“NFT 元年”。2018 年 NonFungible 平台推出 NFT 市场追踪平台。同期，Opensea、SuperRare、Known Origin、MakersPlace 等都建立了用于发布和发现数字艺术的平台。随着 NFT 概念和作品在国外的热炒，这股热潮也迅速传导到国内，互联网大厂率先跟进，2021 年 6 月初，蚂蚁集团上线数字藏品平台“鲸探”；2021 年 8 月初，腾讯上线数字藏品平台“幻核”；2021 年 12 月 17 日，京东上线“灵稀”数字藏品交易平台；2022 年 3 月，百度上线“超级链”数字藏品交易平台……根据相关统计，2022 年 2 月国内数字藏品平台不过 100 多家，到了同年 7 月初，国内数字藏品平台已超过 1000 家，5 月每工作日平均藏品发行量超过 10 万件①。截至 2023 年 1 月初，国内数字藏品平台已经发展到近 2500 家②。

二、数字藏品国内市场发展情况

根据艾瑞咨询的相关研究报告③，当前，数字藏品的市场参与者主要涉及内容创作版权方、服务提供方、用户方三类交易主体（如图 10-1、图 10-2）。其中，内容创作版权方主要采用 IP 版权提供、版权方独立创作、平台方共同创作三种方式进

① 数据来源：元宇宙智讯:《五分钟读懂 NFT、数字藏品与元宇宙》，https://mp.weixin.qq.com/s?__biz=MzI1MTc0OTY2MQ==&mid=2247484048&idx=1&sn=3133341869a4ab948afc60a89d2cbf73&chksm=e9ef76e2de98fff496129a12d4807ecc49a11df4d5c843cd9c789a035c226cde75680e9fc9f4&scene=27.

② 数据来源：澎湃网:《中国数字藏品行业新观察：预计 2026 年市场规模将达 280 亿元》，https://www.thepaper.cn/newsDetail_forward_21843617?commTag=true.

③ 资料来源：百度百家号：艾瑞咨询 2022 年 9 月发布的《2022 年中国数字藏品行业研究报告》，https://baijiahao.baidu.com/s?id=1756739740249618697&wfr=spider&for=pc.

行数字藏品的内容创作。服务提供方作为数字藏品核心组成部分，包括主流的交易平台方、区块链技术支持者及内容生产者，三者形成紧密的绑定与合作关系，共同在技术、发行、运营方面为数字藏品项目赋能。在监管审核基础上，用户持有数字藏品并且可进行数字藏品的流通转赠。

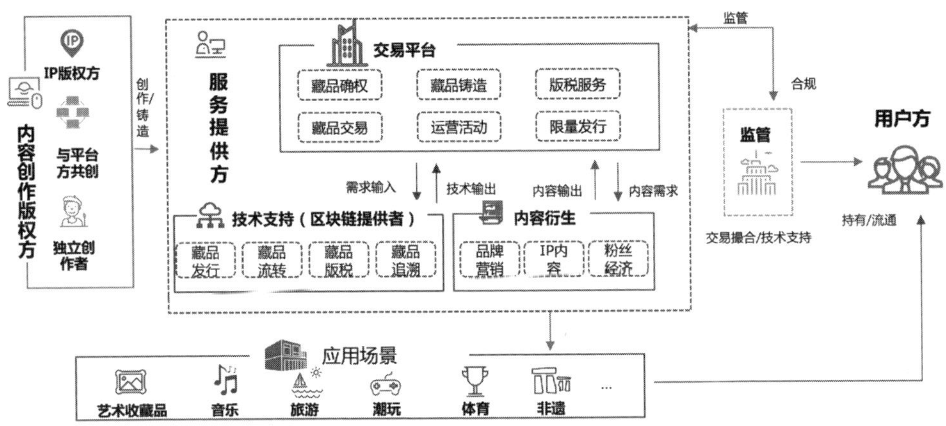

图 10–1　当前数字藏品的市场参与者类型及相互关系

图片来源：百度百家号．艾瑞咨询 2022 年 9 月发布的《2022 年中国数字藏品行业研究报告》，https://baijiahao.baidu.com/s?id=1756739740249618697&wfr=spider&for=pc.

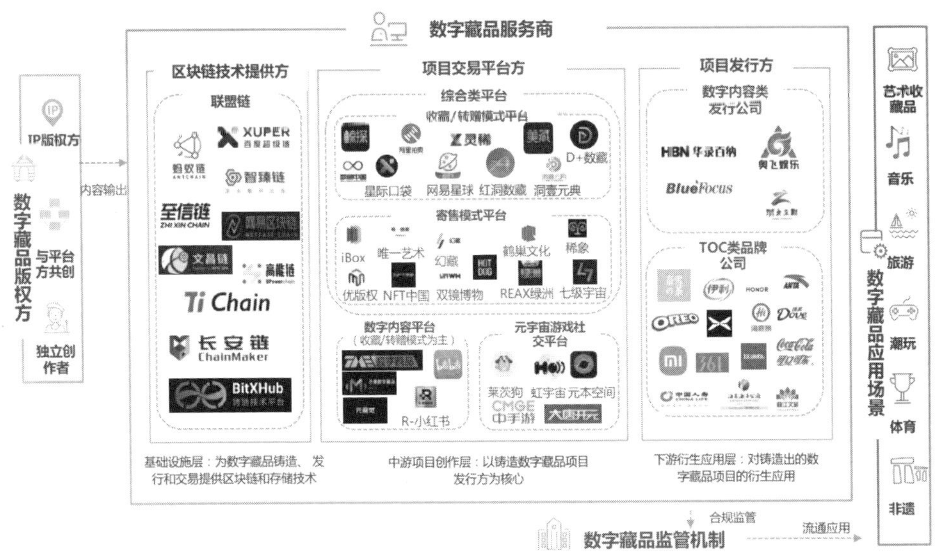

图 10–2　当前数字藏品市场重点参与者及相互关系

图片来源：百度百家号．艾瑞咨询 2022 年 9 月发布的《2022 年中国数字藏品行业研究报告》，https://baijiahao.baidu.com/s?id=1756739740249618697&wfr=spider&for=pc.

在当前国内数字藏品的发行不允许进行代币交易（比如不允许使用比特币等数字货币交易）以及主要基于联盟链发行的情况下，现在有数字藏品的交易平台主要创造了收藏模式、转增模式、二级市场模式三大类交易模式（如表 10–1）。

表 10–1　国内数字藏品的交易模式情况

交易模式	特点	代表性交易平台	具体玩法
收藏模式	发行量少，价格高	幻核、元视觉	通过发行具有强大 IP 流量的数字藏品，让喜欢的消费者进行购买收藏。由于缺少二级交易，就缺少市场化的价格发现机制，无法有效地激励生产端或创作端，市场规模严重受限
	合成玩法，普惠性赋能	丸卡	数字藏品以电影 IP 为主，将电影中的道具数字化进行发行，同时多个道具数字藏品可以合成电影的宣传海报数字藏品，并且对合成的电影海报数字藏品进行赋能，只要持有电影海报数字藏品的所有人平分电影固定日期票房的 1% 分成
转增模式	发行量大，单价低	鲸探、灵稀	借助强大流量，选择走平民化线路，每期数字藏品发行数量 6000 ~ 10000 个不等，藏品价格低廉，持有一定时间之后可以转增，获得转增满一定期限后可以再次转增
	特殊编号，抽奖赋能	归藏、洞壹元典	消费者在购买数字藏品时，藏品除显示希哈值（区块链标识）外，还有数字藏品的发行编号，通过数字藏品发行编号进行实物赠送赋能及其他数字藏品空投赋能，数字藏品持有一定期限后可以转增
	藏品合成、入住元宇宙	洞壹元典、红洞数藏	购买平台部分数字藏品的消费者，数字藏品通过合成，获得入住相对元宇宙世界的优先权
二级市场模式	发行量少，单价高	IBOX	采用物以稀为贵的发行模式，每期数字藏品发行数量在 100 ~ 2000 个不等，开放二级市场，允许实时交易流通。由于发行作品数量少，价格高，经常出现发售即破发的情况

续表

交易模式	特点	代表性交易平台	具体玩法
二级市场模式	盲盒发售，分级赋能	蓝猫数字、OneMeta	将数字藏品 (NFT) 分多个级别且发行数量依次递减放入盲盒内进行发售，通过购买盲盒随机获得不同等级的数字藏品 (NFT)，并对不同级别的数字藏品 (NFT) 进行不同级别的赋能，数字藏品 (NFT) 发行级别越高数量越少赋能越好。同时开放二级市场，允许实时交易流通
	碎片盲盒，合成赋能	唯一艺术	通过将一件完整的数字藏品碎片化，分成 6 ~ 8 个碎片放入盲盒进行售卖，并设定碎片数量依次递减，同时开放二级市场，促进碎片交易，且在规定时间段进行数字藏品合成上链，同时给予实物赋能、其他数字藏品优先购买权、入住元宇宙资格、二级市场交易手续费分成、线下艺术品交流会门票赋能等权益

各类交易平台的纷纷涌现以及多种多样创新性玩法的出现，推动了数字藏品交易规模的快速增长。艾瑞咨询估算，2021 年中国数字藏品市场规模大概有 2.8 亿元；当前中国还没有完全放开二级市场交易，如果将来能够放开二级市场，数字藏品市场将会出现爆发式的增长，预测到 2026 年，数字藏品销售额可达到 280 亿元[①]。有研究报告预测，到 2026 年年末，国内数字藏品市场规模将达到 24.7 亿元，关联市场规模将达到 926.3 亿元[②]。

三、数字藏品在国内的创新实践

根据中国传媒大学新媒体研究院、新浪 AI 媒体研究院共同发起的一项面向中国数字藏品消费者的调查显示（如图 10–3），非遗创意类、潮玩国潮类等成为当前认为最为偏爱的数字藏品类型，而旅游景区类也获得较高的关注[③]。根据艾瑞咨询的

① 数据来源：百度百家号：艾瑞咨询 2022 年 9 月发布的《2022 年中国数字藏品行业研究报告》，https://baijiahao.baidu.com/s?id=1756739740249618697&wfr=spider&for=pc。

② 数据来源：腾讯网：2022 年 10 月速途元宇宙研究院发布的《激活数字经济的钥匙——2022 数字藏品产业研究报告》，https://new.qq.com/rain/a/20221025A08EFM00。

③ 资料来源：中华网：2023 年 1 月 12 日中国传媒大学新媒体研究院、新浪 AI 媒体研究院等发布的《价值回归 合规致远：2022 中国数字藏品主流平台创新研究报告》，https://tech.china.com/article/20230112/012023_1211440.html。

研究报告，当前 AR/VR 实景展示、游戏 / 虚拟道具、3D 模型、图片 / 图像、音乐 / 视频等数字藏品展现形式最为用户所感兴趣。

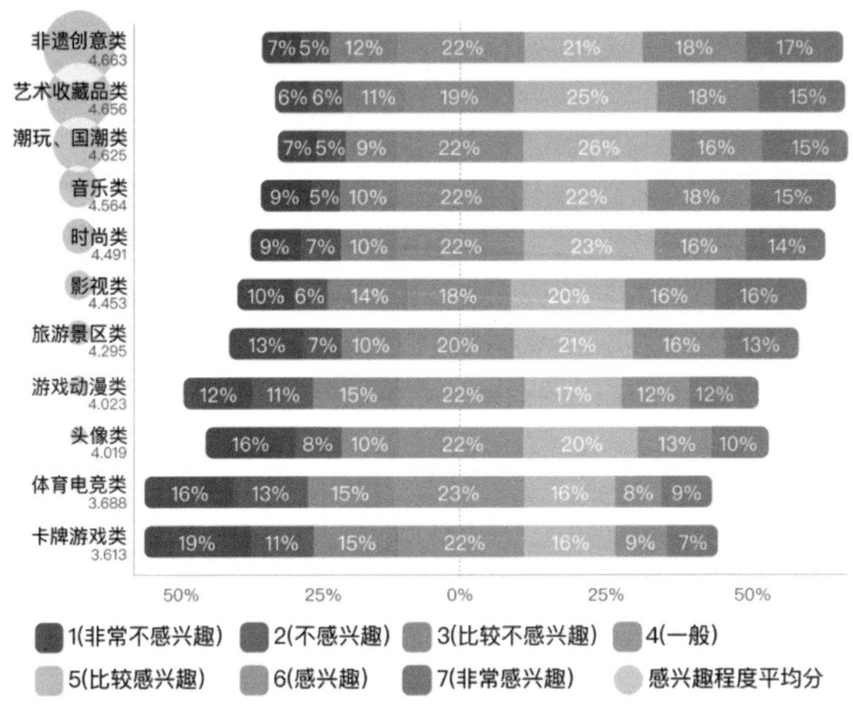

图 10–3　中国数字藏品消费者关注类型情况

图片来源：中华网 .2023 年 1 月 12 日中国传媒大学新媒体研究院、新浪 AI 媒体研究院等发布的《价值回归 合规致远：2022 中国数字藏品主流平台创新研究报告》，https://tech.china.com/article/20230112/012023_1211440.html.

现阶段的数字藏品包括：文字作品，口述作品，音乐、戏剧、曲艺、舞蹈、杂技艺术作品，美术、建筑作品，摄影作品，视听作品，工程设计图、产品设计图、地图、示意图等图形作品和模型作品等，已逐渐渗透到了旅游以及与旅游紧密相关的娱乐、休闲、餐饮、购物、体育、票务等多领域。当前从文旅领域的数字藏品发行实践来看，重点包括文博院馆文物类、非遗创意类、景区景观类、演出衍生类等类型。

（一）文博院馆文物类数字藏品

数字藏品特别有利于助推文物资源的数字化以及数字化之后的资产化。中国文物资源丰厚，截至 2023 年，全国有各类文物机构 9645 个，其中博物馆、纪念馆有 6833 个；全国文物机构藏品 5017.2 万件，其中，博物馆文物藏品 3363.3 万件 / 套[①]各类文物资源蕴藏有巨大的价值，由于长期以来缺乏大幅度实现文物资源活化的技术手段和资产化模式，文物资源主要以展陈、展览、解说等方式向人们诉说其中的历史、典故和价值，文物的发掘、保护和利用环节，长期以来需要公共资金的投入以及存在巨大资金缺口。数字藏品在文物领域的应用，有利于促进文物资源的保护以及文物价值更加广泛传播。

根据“博物馆头条”发布的《全国博物馆数字藏品（文创）发行月报》显示，2022 年上半年全国发行的博物馆数字藏品不下 500 款，其中仅 6 月就多达百余款。同年 8 月，全国博物馆界自行研发、拥有自主知识产权的首个数字藏品平台上海博物馆“海上博物”数字藏品平台正式上线。敦煌研究院、敦煌画院、秦始皇帝陵博物院、三星堆博物馆等文博单位推出敦煌拾遗、敦煌飞天、数字秦俑、古蜀藏品等数字藏品，成为推动馆藏文物资源活化和资产化的重要手段。

秦始皇帝陵博物院发布“博古通今数字秦俑”数字藏品[②]

2022 年 5 月，秦始皇帝陵博物院宣布与人民网灵境 · 人民艺术馆联合推出“博古通今数字秦俑”国际博物馆日高清视频数字藏品，5 月 18 日 0 时开启部分藏品的预购，5 月 20 日 10 时正式发放。

该数字藏品以秦始皇帝陵博物院出土的馆藏文物兵马俑为原型，总计 13 款，其中 12 款为普通款，各发行 5000 份，每份定价 68 元。还有一款为特别款，是以秦始皇帝陵博物院铜车马博物馆彩绘铜车马二号车（安车）为原型创作的彩绘铜车马高清视频数字藏品，共发行 2000 份，5 月 18 日 10 时发行 600 张、5 月 19 日 10 时发行 600 张、5 月 20 日 10 时发行 800 张，每份定价 128 元。

除了 13 款高清视频数字藏品之外，本次发行还制作了一张 12+1 汇集款高清图片数字藏品，其由本次发行的 12 个兵马俑文创形象和 1 个彩绘铜车马文创形象组成，累计购买任意 6 款兵马俑高清视频数字藏品即可免费获赠一张，将于活动结束后发放。

---

① 数据来源：《中华人民共和国文化和旅游部 2023 年文化和旅游发展统计公报》。

② 资料来源：搜狐网：《走进数字藏品，博物馆能让文物“活”起来吗？》，https://www.sohu.com/a/576253317_121375325。

（二）非遗创意类数字藏品

蓆棚斋皮影艺术博物馆推出“西游漫话”系列数字藏品①

2022 年 7 月 28 日，蓆棚斋皮影艺术博物馆联合 ZAKER 数字藏品平台“宙世代”联合推出“西游漫话”系列数字藏品，助力非遗皮影文化传承。华县皮影戏是第一批国家级非物质文化遗产项目，是民间工艺美术与戏曲的巧妙结合，“一张牛皮居然喜怒哀乐，半边人脸收尽忠奸贤恶”，享有“中华一绝”的美称。此次“宙世代”联合蓆棚斋推出的“西游漫话”系列数字藏品，就是华县皮影的一大代表，其以四大名著之一的《西游记》为艺术创作蓝本，由华州皮影雕刻大师张华州采用传统手工雕刻工艺打造，皮影作品栩栩如生，细腻还原了小说里的经典形象。

此次推出的《西游漫话》系列数字藏品共有五款，有雄霸四方牛魔王、出谋划策龟丞相、神通广大东海龙王、腾云驾雾孙悟空、独占鳌头孙悟空等耳熟能详经典神话人物。

图 10-4　蓆棚斋皮影艺术博物馆等推出的“西游漫话”数字藏品

非物质文化遗产是指被各社区群体，有时为个人视为其文化遗产组成部分的各种社会实践、观念表达、表现形式、知识、技能及相关的工具、实物、手工艺品和文化场所。截至 2023 年，全国国家级非遗代表性项目有 1557 项，共有在世国家级

① 资料来源：百度百家号:《非遗皮影文化传承 ZAKER 宙世代携蓆棚斋推出“西游漫话”数字藏品》，https://baijiahao.baidu.com/s?id=1739567297061862989&wfr=spider&for=pc。

非遗代表性传承人 2241 名。列入联合国教科文组织人类非物质文化遗产代表作名录（名册）项目 43 个[①]。非遗资源作为长期以来形成的技能技艺，先天具有与数字藏品更加紧密的亲和度，如果说作为实物形态的文物资源一般需要通过二次创意开发成为数字藏品，而非遗资源天然的具有通过交易平台发布就可以直接成为数字藏品的优势。数字藏品非常有利于非遗资源的传承和保护。

根据国内领先的数字藏品生态平台 iBox 发布的《新时代的新国潮：2023 非物质文化遗产数字藏品研究报告》，自 2021 年数字藏品成为非遗数字化领域的热点以来，相互结合越发密切，国画、皮影、剪纸、刺绣、狮舞等非遗形式为年青一代所喜爱，还特别为女性消费者所青睐。2022 年 4 月 26 日，《辉县剪纸》首批数字藏品在摩点平台发布。2022 年 6 月 3 日，国家级非遗端午五福粽子香包数字藏品在中国领先的数字藏品平台数藏中国官网正式发售。2022 年 7 月 28 日，ZAKER 数字藏品平台“宙世代”联合蓆棚斋皮影艺术博物馆推出“西游漫话”系列数字藏品，助力非遗皮影文化传承。2022 年 11 月 15 日，为助力中华老字号品牌、国家级非遗项目焕发新活力，谢馥春 & 丰子恺联名数字藏品《馥春的宇宙》面向全球发售。当前，非遗类的数字藏品在全国范围内已经呈现遍地开花的态势。

（三）景区景观类数字藏品

在中国，旅游景区包括风景名胜区、自然保护区、主题公园、森林公园、地质公园、游乐园、动物园、植物园及工业、农业、经贸、科教、军事、体育、文化艺术等各类形式。截至 2023 年，全国共有 A 级旅游景区 15721 个[②]。这类景区蕴含有丰富的 IP 资源，数字藏品有利于推动 IP 资源的资产化和变现。很多景区长期以来形成的标志性景观，比如泰山石刻、黄山迎客松等，通过数字藏品的应用，能够获得借助网络传播并且资产化，以及开创新的盈利点的机会。

当前，国内的有些头部景区已经开始发行数字藏品。比如，泰山、黄山、西安大唐不夜城景区都已经发售数字藏品。截至 2022 年年底，黄山已累计发行 8 款共计 7 万份数字藏品，均是一经推出即售罄。其中迎客松 3D、金箔迎客松两款数字藏品，共计售出 1.6 万份实现销售额 40 万元、利润 30 万元[③]。数字藏品打破了旅游

① 数据来源：《中华人民共和国文化和旅游部 2023 年文化和旅游发展统计公报》。

② 数据来源：《中华人民共和国文化和旅游部 2023 年文化和旅游发展统计公报》。

③ 资料来源：百度百家号：《数字藏品，是景区的增收利器还是泡沫？》，https://baijiahao.baidu.com/s?id=1749706348700430989&wfr=spider&for=pc。

目的地、景区（点）的地域限制，可以让新一代的年轻人通过数字技术认识景区和文化，同时赋能景区，为景区创造新的价值。

泰山景区发布“五岳独尊”等数字藏品[①]

2022年3月23日，泰山景区通过支付宝鲸探平台推出首期“五岳独尊”“风月无边”“如意”“虎字石刻”四款数字藏品，每个售价25元，分别限量发售8000份，共计发行32000份，上线后随即被秒杀。

截至2022年9月20日，泰山景区已经发行了6期共22款数字藏品，总营收达300余万元；已签约待发行还有6期共30款，预计营收达700万元。

图10-5　泰山景区发布的“五岳独尊”数字藏品

（四）演出衍生类数字藏品

全国文艺演出资源丰富，是文旅产品的重要组成部分。截至2023年，全国共有艺术表演团体1.8万个，从业人员38.5万人，全年全国艺术表演团体共演出有254.2万场[②]。文艺演出领域也是数字藏品可以大施拳脚的重要领域。数字藏品有利

① 资料来源：闪电新闻：《首期藏品上线即“秒光”！泰山在全省旅游景区行业率先推出数字藏品》，https://sdxw.iqilu.com/share/YS0yMS0xMjIwOTIxNw.html。

② 数据来源：《中华人民共和国文化和旅游部2023年文化和旅游发展统计公报》。

国家大剧院与央视网合作发布“线上系列演出纪念版”数字藏品①

2022 年岁末，国家大剧院将迎来建院十五周年。为回馈广大观众，国家大剧院与央视网合作发布的“线上系列演出纪念版”系列数字藏品并“登陆”央数藏，为建院十五周年献礼。

自 2020 年 4 月国家大剧院线上演出开播以来，“春天在线”“声如夏花”“华彩秋韵”“冬日之约”四个系列演出季轮番上演，如今已有 150 余场精彩演出，带给观众沉浸式视听文化盛宴，全网总点击量累计超过 42 亿次，并以九种语言面向全球六大洲的观众。此次发售的“生如夏花”“华彩秋韵”“冬日之约”三个主题的系列藏品，是以国家大剧院线上系列演出为原型进行二次文创的全新藏品。“生如夏花”“华彩秋韵”“冬日之约”各 5000 份；发行价格：88 元 / 份。

图 10–6　国家大剧院等发布的“线上系列演出纪念版”数字藏品

于推动文艺演出运营模式的创新，在艺术演出的基础上，衍生新的艺术产品形式，提高演出的知名度以及增添附加值。比如在 2022 年 11 月，大麦联合灵境文化先后发行了“太热象限”演唱会数字收藏门票和第十八届中国国际动漫节数字收藏门票，在国内率先实现了数字藏品和演出门票的“璧合”，被称为演出行业首个真正意义上的可规模化核销数藏门票②。

① 资料来源：搜狐网:《秋韵冬盈，别样繁华！国家大剧院 & 央视网合作数字藏品即将返场！》，https://www.sohu.com/a/619082166_121119387。

② 资料来源：网易:《一张票串联现场娱乐和数字收藏两个场景，演出行业首个可规模化核销数藏门票来了》https://www.baidu.com/link?url=iVVvugm0nFvD2pU5_sA1M6UWgqmm9hhwYV-cIFtYs204YJ33FmyLAffqOBdT8JS1B8qaU865fiDHlNuxqKAR9K&wd=&eqid=f2eccf24000599a100000003671068f9。

近年来，演出领域借助数字藏品进行赋能的案例也屡见不鲜。比如 2022 年 3 月，上海交响乐团发行了第一款 NFT 藏品——一段 2 分 21 秒的音频，来自中国最早的交响乐唱片定价 19.9 元，限量发行一万份。2022 年 6 月 8 日起，觅塔数藏平台联合“鹊权民族文化数字藏品生态共同体”，共同发行由中国知名马头琴呼麦乐团“东方神骏”授权的首套民族艺术系列数字藏品“东方神骏马头琴”。2022 年 7 月 28 日 18:00，根据人民文学小说奖《最后的电波》改编，中国国家话剧院出品、演出的话剧铁流东进主题数字藏品通过联通链限量发售。

四、数字藏品在国外的创新实践

NFT 应用最早诞生于国外并最初集中于艺术品领域，由于文旅领域与 NFT 应用有着天然的亲近性，因此也迅速开始为文旅领域的一些企业所青睐，酒店、航空公司、俱乐部等一些旅游企业重点开始在产品和服务的营销领域借助 NFT 应用，从而开创了诸多新颖的营销方式或运营模式①②。

（一）国外酒店借助 NFT 营销

万豪酒店“旅行的力量”活动。万豪国际集团可以说是第一家开始使用 NFT 技术的酒店品牌。通过与三位数字艺术家 TXREX、JVY 和 Erick Nicolay 合作，创作基于 NFT 技术的艺术品。TXREX 创作了 MΞMORIED NFT，通过将目的地体验联系起来，创造出一种冒险的感觉，观众可以使用它探索万豪旅享家产品组合中列出的近 8000 家酒店的不同途径。JVY 创作了情感之旅 NFT，该数字艺术涵盖了不同时间点的三种环境，观众可以迷失在天然森林中，也可以体验完美的目的地。Erick Nicolay 创作了 EXPERIENTIAL IN BETWEEN NFT，通过将户外和室内旅行的体验融合在一起，创造出独特的 3D 超现实主义体验。2021 年，万豪在 2021 年迈阿密巴塞尔艺术展活动期间将艺术家创造的 NFT 纳入“旅行的力量”活动中，给宾客带来了惊喜。数十家领先的新闻门户网站都报道了这个故事，提高了万豪品牌以及相关艺术家的曝光度。

---

① 资料来源：REFINE: NFT Travel: Learn About NFT Technology in the Travel Industry,https://www.revfine. com/nft-travel/

② 资料来源：MIZE: 8 USE EXAMPLES OF NFT IN TRAVEL AND WHAT IS COMING NEXT,https://www.hotelmize.com/blog/8-use-examples-of-nft-in-travel-and-what-is-coming-next/。

梦想好莱坞酒店（Dream Hollywood Hotel）举办 NFT 艺术展。梦想好莱坞酒店是洛杉矶最受欢迎的旅游场所之一。为了进一步提高市场竞争力，该酒店通过与 The Crypt Gallery 合作，成为全球首家举办 NFT 艺术展的酒店。同时该酒店还推出了首个完全基于 NFT 的 VIP 会员计划“Social Club”。购买限量版 NFT 系列的宾客将成为 VIP 会员，进而能够享受元宇宙激活、健身房使用权、Crypt Gallery 私人活动、池畔躺椅、专家礼宾服务、林肯豪华房车等服务。

卡迪迪奥（Ca Di Dio）酒店组织 NFT 拍卖。卡迪迪奥是一家位于意大利威尼斯的酒店，专门为那些喜欢豪华场所的客人提供服务。该酒店组织了 NFT 拍卖活动，相关 NFT 的持有者将享有入住最尊贵的客房、在屋顶露台享用晚餐以及私人游船接送至酒店等方面的服务。卡迪迪奥是一家豪华酒店，而喜欢该酒店的旅客非常看重独特性。事实证明，NFT 拍卖成为该酒店一种出色的营销策略，可以提高品牌知名度并吸引许多潜在客人。

（二）旅游俱乐部发售 NFT 代币

伽利略旅游未来俱乐部（Galileo Travel Futures Club）发行的 NFT。伽利略旅游未来俱乐部帮助旅游企业在疫情期间恢复元气。该俱乐部基于区块链技术，客户可以购买 $TRVL 代币，通过代币可以购买推出的 NFT。该 NFT 代表了客户可以在未来 3 ~ 5 年内兑换的完整旅行体验。客户不必立即赎回它们——他们可以自由地转售它们以获取利润。该俱乐部目前已经将巴厘岛作为 NFT 持有者的日的地，同时还在努力增加其他目的地，包括泰国、马来西亚、沙特、土耳其和意大利等。

飞鱼俱乐部（Flyfish Club）发行的 NFT 会员卡。飞鱼俱乐部是一家总部位于纽约的餐厅，也是首批开始使用 NFT 技术的餐厅之一。该餐厅发行 NFT 会员卡，客户需要使用加密货币购买。NFT 会员卡包括两种类型——Flyfish 代币和 Flyfish Omakase 代币。凭借 Flyfish 代币，客人可以进入餐厅和鸡尾酒廊，而 Flyfish Omakase 代币持有者还可以进入专属 Omakase 房间。

幸运猿旅行（Travel Lucky Ape）发行的会员卡。幸运猿旅行在专门为虚拟宇宙爱好者和旅行者推出的 NFT 系列中处于领先地位，这是第一个让旅行者能够入住全球精品酒店的 NFT 系列。幸运猿旅行在以太坊区块链上创建有 10000 多个 NFT，这些 NFT 的持有者还可以参加异国他乡的社区聚会，也可以使用 NFT 来获得元宇宙内的其他好处。幸运猿旅行的 NFT 实际上充当专属俱乐部的会员卡，持有者可以自由交易或出售，其独特之处在于，它迎合了有兴趣参观和体验异国风情的旅行者，例如与世隔绝、美丽的庄园和游艇派对。

（三）在线旅游平台的 NFT 会员计划

成立于 2017 年的特拉瓦拉（Travala.com）是一家在线旅游预订平台，也是知名的基于区块链的在线旅行社之一，可以提供酒店、航班和当地体验活动的各种预订，其客户可以浏览该公司列表中的 90000 多个目的地并以加密货币付款。2021 年，该预定平台推出了“Travel Toucans”，开始铸造限量版 Toucan NFT。这其实是一个 NFT 会员卡，用户可以在 OpenSea 购买这个会员卡，当然也可以出售，会员卡的价格可能会越来越高，进入一个“由爱好者和旅游专家组成的全球社区，重新构想探索的新时代”。会员将享有免费入住全球精品酒店、参加国际社区聚会、享受当地导游和旅游达人的专属服务、参加高尔夫锦标赛和其他体育赛事、参加全球一些独特的艺术和音乐节等方面的权益。

（四）航空公司的 NFT 艺术代币

波罗的海航空（AirBaltic）可能是拉脱维亚第一家使用 NFT 来推广其服务并吸引更多客户的航空公司。与此同时，该公司利用 NFT 来宣传拉脱维亚的旅游目的地，包括该国一些最具有吸引力的城市。波罗的海航空创建了 NFT 艺术代币，并举办了拍卖会出售这些具有收藏价值的 NFT。随后波罗的海航空又推出 Planies NFT 收藏品。Plaines NFT 系列包括 10000 种独特的卡通飞机设计，该 NFT 系列将帮助旅客节省额外现金。为了激励客户购买代币，波罗的海航空还决定将 NFT 收藏与 AirBaltic 俱乐部联系起来，并向同时也是 NFT 持有者的俱乐部会员奖励积分。

（五）NFT 护照或数字通行凭证

在疫情期间，位于欧洲的圣马力诺共和国在 2021 年 6 月还发行了基于 NFT 的疫苗护照，用于 COVID 疫苗接种的数字绿色通行证。同样，国际航空运输协会（IATA）目前正在试用其 Travel Pass，这是一种利用区块链的移动解决方案，可提供旅游者健康凭证及入境要求和旅游限制等相关信息。Travel Pass 移动应用程序可以给参与的航空公司客户使用，其中包括法国航空公司、英国航空公司和阿联酋航空公司等世界主流的航空公司。

五、国内外数字藏品实践的比较与借鉴

数字藏品可以说是适应中国的监管环境而非常具有中国特色的概念，在全球范围内，一般称为 NFT。总体来看，国外的 NFT 市场发展相对成熟，而当前中国的数字藏品国家鉴于可能存在炒作、洗钱等方面风险的考虑，发展还处于非常严格的管制状态。国外 NFT 与国内的数字藏品在市场探索、技术层面、运营方面存在明显的差别，相关差别情况如表 10–2。

表 10–2　国外的 NFT 与国内的数字藏品差别一览

差异方面	国外 NFT	国内数字藏品
市场探索	市场集中度高，买方市场为核心的模式，完全开放的二级交易市场。总体来看，目前国外市场资源比较集中，呈现供大于求的市场现状。主要表现在海外市场完全开放的二级交易市场，铸造数量远大于市场需求；并且，目前海外市场基础设施、交易平台流程都比较完善，良好的交易环境促进更多的创作者进行内容创作	以交易平台为主流交易渠道，禁止加密货币炒作。目前国内市场并未开放二级交易市场。国内为了规避交易模式出现国外模式的加密货币炒作。国内核心交易平台主要采用 PGC 的模式发布数字藏品
基础层面（底层基础设施）	基本生成都在公有链上，并使用虚拟货币进行交易链的方式。国外市场以公有链为主，如 ETH、Flow 等。控制权限：国外 NFT 为用户掌握私钥	联盟链为主，少数平台架构在公链上。链的方式：绝大部分生成在联盟链上，禁止虚拟货币的使用。国内市场主要的流通集中在一级市场。控制权限：以数字藏品中心化为主
运营方面（发行方式及背书机制）	作品创作以个人创作为主，个人发行无背书。用户在创作过程中可生成独有的专辑，并且可灵活地针对专辑内容形式进行修改。从背书机制角度来看，海外创作者在完成创作后无背书是一个共识状态，并且可以自由交易	创作及定价方式都由平台方决定，由平台方发行，用户不具有独自二次创作的权利。国内定价方式以市场统一售价为主，由平台方进行作品的定价发行，发行内容需审核，一定程度上规避了炒作的交易风险

资料来源：艾瑞咨询 2022 年 9 月发布的《2022 年中国数字藏品行业研究报告》。

由于国内外在底层基础设施以及运行管制等方面存在的诸多差异，特别是在是否可以使用比特币等代币交易、是否允许公链发行以及是否允许二级市场交易等方面存在巨大的差异，国内数字藏品的应用主要集中在文旅企业或者单位通过市场范

围有限的联盟链发行数字藏品，数字藏品的价值相对比较有限，市场空间狭窄，同时应用场景或者方式受到很大的制约。而国外旅游企业已经可以在会员卡、营销获客以及诸多创新性的应用等方面获得更加广阔、更加灵活的发展。

鉴于国内外市场环境的不同，有些头部旅游企业开始尝试在国外发行数字藏品。2023 年 6 月，携程集团孵化其首个 NFT 系列“Trekki”，该系列包括 1 万枚以海豚卡通为主题的 NFT 组成，现已在 Trekki 官方网站上开放注册，并在 2023 年第三季度通过盲盒销售。Trekki 根据其稀缺性进行分类，每个 NFT 拥有一个独特的角色和各种旅行背景。Trekki 带有游戏化增长机制，持有者旅行次数越多，通过 Trekki 解锁的好处也就越多。该 NFT 项目还积极寻求与成功的 Web3 玩家和旅游合作伙伴合作，为持有者提供更多福利，并促进数字领域和现实旅游体验之间的联系。

六、我国数字藏品实践存在的问题与对策

数字藏品作为中国特色的 NFT，与国外的 NFT 实际上还存在很大差别。国外的 NFT 通过公链发行，可以通过虚拟货币，比如比特币 BTC、以太币 ETH、泰达币 USDT 等交易。中国人民银行等机构发布的《关于进一步防范和处置虚拟货币交易炒作风险的通知》规定，比特币、以太币、泰达币等虚拟货币不具有法偿性，不应且不能作为货币在市场上流通使用。同时基于外汇管制、资本管制、反洗钱、反电信诈骗等方面可能存在较大风险的考虑，对数字藏品的公链发行进行严格的限制，数字藏品难以实现跨境流通，使当前国内的数字藏品主要通过联盟链，比如蚂蚁链、至信链、长安链、数藏联盟链等发行和流通，也不能实现跨平台的交易流通，流通市场空间非常狭小，只能通过人民币或者数字货币结算，这就使得数字藏品的价值主要由平台所界定，数字藏品的价格形成机制不完善，NFT 的应用被限制在比较狭窄的范围之内。

开放寄售等二级交易市场的平台，用户可以自由设定寄售市场的价格，原本发售价几十元的数字藏品，在二级市场交易甚至可以飙升至几千元到数万元不等。比如 2022 年 6 月 8 日，iBox 官方 App 首页推荐的《大闹天宫系列》数字藏品，发行并流通了 700 份，而在寄售平台上，截至 6 月 11 日上午 10 时左右，该数字藏品的最低售价为 4.85 万元，最贵的则挂牌 9.9 万元。造富神话不断刺激新的玩家进场，但一阵狂欢过后，“解套”往往成为奢望。从 2022 年 6 月份开始，曾经作为国内领

先的数字藏品平台 iBox 的数字藏品就出现普遍价格大跌并无人问津的情况。由于局限在收藏模式而一直没有开展二级市场交易，2022 年 8 月，作为国内较早上线的旗舰型数字藏品平台——腾讯旗下的“幻核”宣布停止数字藏品的发行。进入 2023 年 3 月，十八数藏、Bigverse、王者 NP 等多家数字藏品平台相继宣布关闭寄售。

数字藏品市场经过最近一两年的“狂飙”，从 2022 年 6 月以来市场情绪总体开始步入冷静、反省和回调，但就此并不能断言数字藏品市场将一蹶不振。数字藏品在文旅领域已经有着一定的试水和探索性的应用，推动了行业从业者开始认识、关注并研究数字藏品问题，数字藏品应用对于从根本上解决互联网世界的版权保护问题，进而对于推动 IP 资源数字化以及数字化资源的资产化方面的作用还远没有充分发挥。文旅领域沉淀有极其丰厚的 IP 资源，数字藏品对于推动文化资源向旅游领域的转化以及促进文化和旅游深度融合发展方面的作用，也远没有充分释放。结合文旅行业的自身特点以及数字藏品的一些玩法，我们可以尝试探索针对文旅领域数字藏品的发展建议以及可能采用的玩法或模式。

（一）引导建设垂直化的数字藏品平台

文旅领域的 IP 资源主要体现在文博院馆、景区景点、非遗资源以及演出演艺等领域，当前已经试水发行的文博院馆文物类、非遗创意类、景区景观类、演出衍生类等数字藏品类型，一般联合综合性的数字藏品平台进行铸造和发行，由于文旅领域的四大类型 IP 资源都非常丰厚，完全可以支撑相关领域数字藏品的不断发行。同时，看到在当前互联网生态竞争格局非常激烈的情况下，垂直化和专业化的发展思路将更容易获得成功。建议引导和支持博物馆联盟、非遗协会、景区协会以及演出协会等协会组织以及大型文旅传媒或者经营机构发挥龙头作用，建设专门针对文博院馆、景区景点、非遗资源以及演出演艺领域的数字藏品铸造和发行平台，创新文旅领域数字藏品的玩法和模式，进而全面促进文旅领域 IP 资源的数字化和资产化。

（二）通过“空投”方式招徕目标游客

如何招徕游客，是文旅领域经营的关键环节，长期以来，旅游目的地和旅游经营单位一般通过媒体投放广告、举办节会活动、参加旅游交易会、新媒体营销（比如微博、微信以及短视频平台等）等方式千方百计招徕客源。随着数字藏品的出现，将会为文旅领域增添新的引流模式。数字藏品的发行方或平台为了让更多的人参与进来，会限量一部分数字藏品免费或者以很低的价格发放给参与者，这在行业内称为“空投”。借助数字藏品空投引流的方式，文旅经营单位在节庆活动举办期间、旅游淡季以及需要鼓励更多游客进入的时间节点，通过设计与旅游目的地或者是举办活动主题紧密相关的数字藏品，通过空投给目标游客的方式，提前造势，进而刺激引导游客前来旅游。

（三）推动数字藏品型门票的普及化

当前国家已经引导和鼓励高等级的A级旅游景区通过预约的形式进入，景区景点等文旅领域的各类门票已经出现加速电子化的趋势。与此同时，疫情之后，各地区为了尽快推动文旅市场消费的复苏，纷纷祭出大规模减免游客门票的做法。比如从2023年1月21日起至3月31日，山东宣布全省实施景区门票减免。减免门票往往成为旅游促销和促进游客出行的重点举措。将来游客门票设计可以考虑与数字藏品的紧密结合，大规模发行数字藏品型的景区门票，提高景区门票的收藏价值，同时附加门票减免的权益，这将有助于拟合景区门票的电子化趋势与门票减免的做法，刺激游客购票热情以及拥有数字藏品型门票的获得感。

（四）创新景区游览的“合成”玩法

有些平台在发行图片数字藏品的时候，创造了“合成”的玩法，为了招徕更多玩家，只要集合一定数量的较低价格的碎片，就获得合成一件全新价值更高数字藏品的机会。西安曲江大明宫国家遗址公园推出曾经发行的“千宫系列”数字藏品，规定集齐该系列三款数字藏品（千宫之境、千宫之佩与千宫之灵）即可享受终生免费游玩大明宫国家遗址公园的权益，提高了游客购买游览的趣味性和神秘性。文旅单位比如景区，比如可以创新多种拼图形式的数字藏品形式，比如小到某件文物的拼图，大到整个景区的拼图，通过发布针对文旅单位数字藏品的合成玩法，同时附加一定的权益，可以起到提前预热市场，吸引关注，营销造势的目的。

（五）推动与各类游客权益的锚定

虽然数字藏品通过区块链的加持成为具有唯一性的数字版权，进而拥有价值，不过其本质还是存储在计算机上的代码，与人们可以持有的实物还是有着巨大的差别，这也是使得人们热衷于通过击鼓传花的炒作获利，而不是看重其自身的真实内在价值。在金融领域，比如货币的发行如果与黄金等贵金属锚定将有利于维持币值的稳定。该道理同样可以适用于数字藏品的发行，在文旅领域发行数字藏品，具有更多权益锚定的形式，比如锚定门票减免、走绿色通道、免费讲解服务、演出的前排座次、获赠实物礼品等多种多样的可能为游客在旅游的过程中所看重的权益，这对于降低数字藏品的炒作属性具有重要意义。

（六）推动与元宇宙虚拟旅游的结合

近些年，在国家积极推动实施旅游信息化和智慧旅游发展的背景中，国内有些景区已经实施有虚拟景区类的项目，比如虚拟故宫等，但是一般没有形成可经营的商业模式。随着元宇宙的兴起，虚拟旅游的概念又开始获得，比如德国国家旅游局推出了诸多沉浸式 VR 旅游项目。2021 年，张家界成立了“元宇宙研究中心”，积极探索在虚拟旅游方向的发展。元宇宙（Metaverse）是运用数字技术构建的，由现实世界映射或超越现实世界，可与现实世界交互的虚拟世界。借鉴斯皮尔伯格执导的《头号玩家》（以虚拟现实为主要场景的科幻电影）中男主角找到隐藏在关卡里的三把钥匙，成功通关游戏的电影情节设计，推动数字藏品与虚拟旅游元宇宙的相互结合，使数字藏品成为虚拟旅游世界中的通关钥匙或者是可交易的商品，实现虚拟旅游项目的游戏化，将有助于推动虚拟旅游获得成功的商业模式。

数字藏品作为近些年出现的新生事物，当前中国对于数字藏品的铸造、发行以及交易实行有非常严格的管制，比如建设平台发行数字藏品，还需要进行区块链信息服务备案，前置办理网络出版服务许可、增值电信业务经营许可、网络文化经营许可等。为了国家为了预防炒作、洗钱、非法金融活动等风险隐患，2022 年 7 月，中国互联网金融协会、中国银行业协会、中国证券业协会还联合发布《关于防范 NFT 相关金融风险的倡议》，要求坚决遏制 NFT 金融化证券化的倾向，不为 NFT 交易提供集中交易（集中竞价、电子撮合、匿名交易、做市商等）、持续挂牌交易、标准化合约交易等服务，不以比特币、以太币、泰达币等虚拟货币作为 NFT 发行交易的计价和结算工具，不直接或间接投资 NFT，不为投资 NFT 提供融资支持等的要求。随着政府监管和相关规制的逐步完善，随着允许公链发行以及真正意义放开二级市场交易，数字藏品市场自然还有着广阔的发展空间，数字藏品在文旅领域也有望出现新型的具有商业价值的玩法和新的发展空间。

第 11 章 文旅元宇宙

一、元宇宙概述

（一）元宇宙的起源与演化

1. 元宇宙概念溯源

元宇宙（Metaverse）概念的起源可以追溯到 20 世纪 90 年代。这个词最早出现在美国作家尼尔·斯蒂芬森（Neal Stephenson）于1992年出版的科幻小说《雪崩》（Snow Crash）中。《雪崩》剧情设定在 21 世纪某个时期的美国，政府已经垮台，社会彻底公司化，“雪崩”病毒不仅可以在未来世界的网络上传播，还能在现实生活中扩散，造成如同自然界雪崩一样的系统性崩溃。在这样的背景下，主人公 Hiro 成为制服“雪崩”病毒的英雄。在这篇小说中，斯蒂芬森描绘了一个虚拟现实的世界“Metaverse”（元宇宙），人们可以通过数字化身（avatars）在这个虚拟世界中互动、交流和生活。

《雪崩》中所谓的“虚拟实境”，不再是以往想象中扁平的互联网，而是和社会高度联系的三维数字空间，与现实世界平行，在现实世界中地理位置彼此隔绝的人们可以通过各自的“化身”进行链接。《雪崩》实现了赛博朋克世界、复杂语言学理论和后现代主义的结合，展现脱胎于现实世界的一代互联网人对两个平行世界的感知和认识。现实世界中的人们可以打破时空界限，以数字化身（avatar）的形式在其中生活，且永不下线。《雪崩》筑起的元宇宙世界引起了那个时代互联网人的共鸣，其面世之后刺激了“赛博朋克”（cyberpunk）的产生，引发了赛博朋克阅读风潮。《雪崩》入选了亚马逊网上书店“20 世纪最好的 20 本科幻和奇幻小说”和《商业 2.0》杂志推出的“每位 CEO 必读的伟大书籍”。

从词源学角度，“Metaverse”中的“Meta”源自希腊语前缀，表示“超越”或“更高层次”，而“verse”则源自“Universe”（宇宙）。尽管中文译名多样，包括“元界”“超元域”“虚空间”等，但“元宇宙”已成为最广为接受的翻译。

随着互联网和计算机技术的发展，元宇宙的概念逐渐从科幻小说走向现实。近年来，虚拟现实（VR）、增强现实（AR）、区块链和其他技术的进步，使得构建一个类似于斯蒂芬森所描绘的元宇宙成为可能。科技公司和研究机构也开始投入大量资源，探索和开发元宇宙相关的应用和平台。

游戏公司 Roblox 于 2021 年 3 月 10 日成功上市，并迅速成为“元宇宙第一股”。Roblox 被视为当前最接近元宇宙概念的平台之一，甚至有人称其为“元宇宙雏形”。Roblox 的上市不仅引发了游戏投资市场的热潮，还将“元宇宙”概念推向了公众视野。Roblox 在其招股书中提到元宇宙，强调其平台上的用户可以通过创建和分享虚拟体验，参与到一个持久、共享的 3D 虚拟空间中。这种开放生态系统允许用户创建和体验各种虚拟内容，体现了元宇宙的核心理念，在多个方面体现了元宇宙的特性，并为元宇宙的发展做出了重要贡献。随着技术的进步和概念的演化，Roblox 有望在未来继续扮演元宇宙探索者的角色。

随着一系列标志性事件的发生，如 2021 年 10 月 Facebook 改名为 Meta，元宇宙概念股的崛起，微软、英伟达、高通、字节跳动、百度、腾讯等科技巨头也纷纷布局元宇宙相关产业。元宇宙相关技术的快速发展，共同将元宇宙从科幻概念推向了现实，引发了全球对其的广泛关注和热议。因此，2021 年被普遍认为是元宇宙元年，标志着元宇宙概念正式进入了大众视野，并开启了其蓬勃发展的新纪元。

2. 元宇宙概念的演化

虽然《雪崩》是元宇宙概念的首次提出，但其思想基础可以追溯到更早的科幻作品和技术发展。1981 年，美国数学家和计算机专家弗诺·文奇（Vernor Vinge）在其小说《真名实姓》（*True Names*）中预见性地描绘了一个与现实世界紧密相连的虚拟世界，用户可以通过接口进入并获得感官体验的计算机网络世界，并以虚拟身份互动。这部作品不仅描绘了一个令人着迷的数字世界，还预见了许多现代网络技术的特征，如网络身份、虚拟现实和黑客文化等。文奇的构想为后来的赛博朋克文学和元宇宙概念奠定了重要基础。

1984 年出版了威廉·吉布森（William Gibson）的科幻小说《神经漫游者》（*Neuromancer*），被公认为赛博朋克（cyberpunk）类型的开山之作。小说描绘了一个未来的世界，充斥着高科技、人工智能、虚拟现实和黑客文化。故事围绕着一名叫作凯斯（Case）的落魄黑客展开，他接受了一项危险的任务，入侵一个强大的人工智能。《神经漫游者》以其独特的风格和对未来的预见性而备受赞誉。它深刻地影响了后来的科幻文学、电影、游戏等领域，甚至对现实世界中的技术发展也产生了一定的启示。

1992 年，尼尔·斯蒂芬森的科幻小说《雪崩》进一步发展了这一思想，首次提出了“Metaverse（元宇宙）”和“Avatar（化身）”的概念。斯蒂芬森描绘了一个平行于现实世界的虚拟空间，人们可以在其中以数字化身的形式互动。这部小说不仅 popularized 了“元宇宙”一词，还对后来的虚拟现实和在线社交平台的发展产生了深远影响。值得注意的是,《雪崩》中描述的许多技术概念，如虚拟货币、可穿戴设备等，在今天已经成为现实。

进入 20 世纪 90 年代末和 21 世纪初，随着互联网的普及和计算机图形技术的进步，元宇宙的概念开始从科幻走向现实。1995 年，ActiveWorlds 发布，这是一个早期的 3D 虚拟世界平台，允许用户以 avatar 形式探索虚拟环境。2003 年，Linden Lab 推出的“第二人生（Second Life）”成为元宇宙早期实践的里程碑。这款在线虚拟世界不仅允许用户创建和定制化身，还引入了虚拟经济系统，用户可以使用虚拟货币 Linden Dollar 进行交易。“第二人生”的成功吸引了众多企业和教育机构的关注，它们开始在平台上建立虚拟分支机构，探索虚拟世界的商业和教育潜力。

2006 年，Roblox 平台的推出标志着用户生成内容（UGC）在虚拟世界中的重要性日益凸显。Roblox 允许用户创建自己的游戏和虚拟体验，这种模式极大地丰富了虚拟世界的内容，也为未来元宇宙的发展提供了重要启示。

2010 年，技术的快速进步为元宇宙的实现提供了更坚实的保障。虚拟现实（VR）和增强现实（AR）技术的发展尤为关键。2012 年，Oculus VR 公司通过 Kickstarter 众筹 campaign 推出了 Oculus Rift 开发者套件，掀起了新一轮 VR 热潮。2014 年，Facebook 以 20 亿美元收购 Oculus，显示了科技巨头对 VR 技术和虚拟世界未来的信心。同年，Sony 宣布开发 PlayStation VR，微软则推出了 HoloLens AR 头显，进一步推动了沉浸式技术的发展。

2016 年，Pokemon Go 的全球热潮展示了 AR 技术在移动设备上的巨大潜力，也预示了现实世界与虚拟元素融合的趋势。这款游戏不仅改变了人们对 AR 的认知，还为未来元宇宙中现实和虚拟世界的无缝融合提供了一个成功范例。

2020 年，新冠疫情的全球大流行加速了数字化转型，也凸显了虚拟社交和远程协作的重要性。在此背景下，诸如 Zoom、Microsoft Teams 等视频会议平台迅速普及，为人们提供了虚拟互动的新方式。同时，像 Fortnite 这样的在线游戏平台开始举办虚拟音乐会等大型活动，展示了虚拟世界作为社交和娱乐平台的潜力。

2021 年被普遍认为是“元宇宙元年”，标志着元宇宙概念进入公众视野并获得广泛关注。这一年，Facebook 更名为 Meta，全面转向元宇宙战略，引发了全球科技界和投资界的热议。微软、谷歌、英伟达等科技巨头纷纷宣布自己的元宇宙计划。在中国，BAT（百度、阿里巴巴、腾讯）等互联网公司也开始布局元宇宙，如百度推出的“希壤”平台。

2022 年起元宇宙进入快速发展期。技术创新持续推进，如更先进的 VR/AR 设备、更强大的图形渲染技术、更快的 5G/6G 网络等。元宇宙的应用范围不断扩大，从游戏娱乐延伸到教育、医疗、城市治理等领域。例如，韩国首尔开放“元宇宙首尔市政厅”，探索数字治理新模式；远程医疗和虚拟手术培训在元宇宙中找到新的应用场景；虚拟展览和数字艺术品（NFTs）的兴起为文化产业带来新的可能性。

同时，元宇宙也面临着诸多挑战，如数据隐私、身份安全、内容审核、数字鸿沟等问题日益凸显。各国政府开始关注元宇宙的监管问题，如欧盟正在制定针对元宇宙的法规框架。

在产业发展方面，元宇宙生态系统正在形成。硬件制造商、内容创作者、平台运营商、基础设施提供商等各类参与者共同推动元宇宙的发展。区块链技术和加密货币的应用为元宇宙中的经济系统和去中心化治理提供了新的可能性。

展望未来，元宇宙有望成为继互联网之后又一个革命性的技术平台，它可能重塑人们的社交、工作、娱乐和学习方式。然而，元宇宙的发展仍处于早期阶段，其最终形态和影响还有待时间的检验。随着技术的不断进步和社会的深入讨论，元宇宙将继续演进，为人类社会的发展带来新的机遇和挑战。

（二）元宇宙的概念与技术

1. 元宇宙的概念

随着国家文化数字化战略的深入实施，元宇宙正逐渐成为多地文旅产业数字化转型的重要领域，以新业态、新空间和新体验为特点的供给模式开始崭露头角，悄然开启了文旅元宇宙时代沉浸式体验消费的新浪潮。2023 年 8 月，中国工业和信息化部、教育部、文化和旅游部等五部委联合发布了《元宇宙产业创新发展三年行动计划（2023—2025 年）》。该文件从国家战略高度定义了元宇宙，将其描述为“数字与物理世界融通作用的沉浸式互联空间”，强调其作为新一代信息技术集成创新和应用的未来产业地位。这一定义凸显了元宇宙作为数字经济与实体经济深度融合的高级形态，预期其将通过虚实互促机制引领下一代互联网发展，推动制造业向高端化、智能化和绿色化方向升级，从而支撑现代化产业体系的构建。

在旅游产业的语境中，元宇宙被视为文化旅游体验的进阶形态。它拓展了 Pine 和 Gilmore 提出的体验经济概念，通过提供沉浸式、高度交互的虚拟现实环境，使旅游者能以前所未有的方式体验数字内容和服务。在元宇宙中，旅游者不仅可以在更广阔、更深入的数字世界中进行旅游体验，还可以通过化身（Avatar）形式参与各种活动，如社交、游戏和购物等。这种体验模式突破了物理世界和传统旅游的限制，为旅游者创造了新的价值维度和满足感。

2. 元宇宙特征分析

元宇宙的广泛应用和融合式发展是多因素共同作用的结果。根据技术接受模型（TAM）和创新扩散理论（IDT），市场动态、消费者需求、技术进步、资本投资、用户接受度以及政策法规环境等因素都会显著影响元宇宙应用的落地和发展速度。其中，市场需求和用户接受度是推动元宇宙发展的关键因素。资本的流入为元宇宙的研发和市场推广提供了必要的资金支持，而政策和法规的友好环境则为其健康成长提供了制度保障。

Ball 提出，实现元宇宙体验的基本要素包括扩展现实（Extended Reality）硬件、超高速网络、强大算力、大型虚拟平台、信息共享工具和标准、支付手段、内容和服务、用户等八大方面。Park 和 Kim 则从结构和路径两个维度对元宇宙进行了分类，将其分为硬件、软件和内容三种结构，以及用户交互、实现和应用三种路径。

在元宇宙生态系统中，用户扮演着双重角色：既是数字内容的创造者和供给方，也是数字商品和服务的消费者。通过数字孪生（Digital Twin）等技术，现实世界的用户可以在元宇宙中创建虚拟身份化身（Avatar）。用户借助各种软硬件技术实现人机交互，参与元宇宙中的内容生产和消费活动，从而形成了元宇宙特有的数字经济系统、政治系统以及新型社会关系网络。

元宇宙的基本特征包括虚拟性、沉浸性、持续性、互动性和创造性等。作为一个虚拟构建的宇宙，元宇宙本质上是现实数字世界的扩展与延伸。其中的所有场景、角色、物品以及用户化身都是数字化的，可通过信息技术进行创造和呈现。这种特性使元宇宙具有极大的覆盖面和创造性，为用户提供了丰富多样的体验与活动可能。

元宇宙为用户提供了深度的沉浸式体验，并实现了与现实世界的交融。在元宇宙中，用户可以通过各种设备完全沉浸在数字内容中，感受高度拟真的全方位身心体验，包括视觉、听觉、触觉甚至嗅觉等感官刺激。这种身临其境的感受远超传统硬件设备和数字内容所能提供的体验。

元宇宙打破了时空限制，使全球用户能够实时交流与互动，建立社交关系，并参与各种协作、竞争和娱乐活动。无论身处何地，用户都可以在虚拟世界中与他人共享体验，创造共同的记忆和互动。这种交互方式不仅增强了用户与元宇宙的联系，也使用户能够更真实地感受元宇宙的存在感和吸引力。

此外，元宇宙是一个持续存在的世界，其内部的活动和创造过程不受用户在线状态的影响，始终保持运转。这种持续性特征进一步强化了元宇宙的真实感和生命力。

3. 元宇宙技术架构

元宇宙作为一种新的技术概念，以用户为中心，是一种综合了当前几乎所有软硬件技术的互联网应用，它是信息化发展的一个新的阶段。从技术构成来看，元宇宙可被理解为一个开放性技术集合，其实现依赖于多项先进技术的协同发展，包括但不限于虚拟现实（VR）、增强现实（AR）、区块链、人工智能（AI）和 5G 通信技术等。这些技术的进步不仅推动了元宇宙概念的成熟，也不断拓展其内涵和应用可能性。

元宇宙在综合运用先进技术的同时，也会推动相关技术的迭代升级，甚至是催生出新的技术。当前在构建元宇宙中以网络及运算技术、物联网技术、交互技术、电子游戏技术、5G/6G、人工智能技术、区块链技术和数字孪生等技术最为关键，当然还有一些如创建身份系统与经济系统的技术、内容创作技术和治理技术。下面分别介绍元宇宙的一些关键技术。表 11–1 展示了元宇宙的关键技术及其在元宇宙中的作用。

表 11–1　元宇宙关键技术和作用

元宇宙关键技术	在元宇宙中的作用
网络及运算技术	元宇宙底层基础，为元宇宙提供高速通信和共享资源等功能
物联网技术	连接元宇宙的一切，实现虚拟世界与现实世界的泛在连接，是构建虚实交互和万物互联的信息桥梁
人机交互技术	元宇宙的出入口，提供进入虚拟世界的设备接口，为用户提供沉浸式的体验
电子游戏技术	为元宇宙的内容制作提供了强大的技术支撑

续表

元宇宙关键技术	在元宇宙中的作用
人工智能技术	端到端的智能，为元宇宙应用场景提供技术支持，提升虚拟世界的运行效率和智能化水平
区块链技术	元宇宙的定海神针，为构建安全可靠的元宇宙世界的经济体系提供技术保障
数字孪生技术	虚实融合的桥梁，对物理实体进行数字复制，实现元宇宙和物理世界的映射和相互影响
其他技术	创建身份系统、经济系统技术、内容创作技术、治理技术和数字人技术等，元宇宙社会所需相关技术

4. 元宇宙支撑技术

（1）区块链

区块链是一种分布式数据库或账本技术，通过加密方法以连续数据块形式记录并保证数据完整性、安全性和不可篡改性。每个区块包含一定数量的交易记录，并通过加密散列函数与前一区块链接，形成连续链条。这种结构使网络参与者无需依赖中央权威机构即可共同维护可靠、透明的数据记录。

区块链技术最初为比特币设计，但其应用已扩展至智能合约、供应链管理、身份验证和版权保护等领域。其去中心化特性、数据不可篡改性和透明度为解决传统数据库面临的信任、安全和效率问题提供了新方案。

在元宇宙经济体系中，区块链作为去中心化技术的代表，起到重要的基础支撑作用。利用其特性可将数字创作、数字资产、数字市场和数字货币四个模块连接，保证元宇宙的开放、高效和可靠。

（2）人工智能

人工智能是计算机科学的一个分支，旨在创建能执行通常需要人类智能才能完成任务的机器或软件。这些任务包括学习、推理、自我修正、语言理解和语音识别。人工智能系统通过分析数据和环境，识别模式或特征，并据此做出决策，以完成特定任务或解决问题。

人工智能研究和应用已渗透到机器学习、自然语言处理、计算机视觉、机器人学和自动化等领域，推动科技和社会发展。作为元宇宙的支撑技术之一，人工智能广泛应用于内容生产、场景构建和人机交互等环节，是连接虚拟与现实的桥梁。

（3）云计算和边缘计算

云计算作为元宇宙的基础设施之一，为用户提供资源存储和计算服务。元宇宙的基础技术涉及大量数据存储和计算，用户通过云计算服务可摆脱感受层物理设备的计算能力限制。

边缘计算解决了云计算带来的网络压力和交互延迟问题。它在靠近数据源的地方处理计算，整合本地网络计算资源，利用边缘设备的额外计算和存储能力解决原本需要上传至云端的计算任务，从而降低延迟，减轻网络负担。

（4）虚拟数字人与化身

虚拟数字人是利用计算机图形学技术创造的接近人类形象的数字化形象。融合动作捕捉、深度学习和语音合成等技术后，具有多项人类特征，如外貌、表演能力和交互能力。虚拟数字人在元宇宙中担任信息制造及传递的载体和纽带。

化身源于梵文，最初指神灵降临人间的形态。在数字时代，它指代用户在虚拟世界的代表。用户可创建代表自己的角色，与他人互动并探索虚拟世界。化身已成为数字身份和在线存在的代名词。

（5）非同质化代币 (NFT)

非同质化代币是基于区块链技术的数字资产，代表独一无二物品或内容的所有权。每个 NFT 都是独特的，不可等量替换。NFT 成为数字艺术品、收藏品、游戏内物品等数字内容的理想载体，确保数字作品的稀缺性和所有权可验证性。

在元宇宙中，NFT 应用广泛：可进行虚拟土地和房产交易；为数字艺术家和收藏家提供展示和交易平台；用于购买虚拟化身的个性化物品；代表用户身份和社交地位；为内容创造者提供版权保护和收益模式。

NFT 为元宇宙的所有权、经济活动和社交互动提供了新可能，有望在塑造元宇宙未来中发挥越来越重要的作用。

二、元宇宙在文旅中的创新实践

（一）文旅元宇宙的创新模式

元宇宙应用场景有狭义和广义之分。我们日常接触的主要从沉浸式体验出发的界定，而广义的元宇宙，则更多的是包含在数字经济范畴中。

工业和信息化部等五部委印发的《虚拟现实与行业应用融合发展行动计划（2022—2026年）》明确提出，将文化旅游与虚拟现实相结合，加速行业多场景应用落地，推动景区、度假区、街区等开发交互式、沉浸式数字化体验产品，发展沉浸式互动体验、虚拟展示、智慧导览等新型旅游服务。培育云旅游、云直播、云展览等新业态，推出一批沉浸式旅游体验新场景。面向规模化与特色化的融合应用发展目标，深化虚拟现实在行业领域的有机融合，元宇宙相关技术与应用正在成为文旅产业高质量发展的赋能动力。

1. 基于数字孪生和数字原生的旅游仿真场景

元宇宙为非接触旅游提供景区数字孪生建模、3D渲染和全息成像等技术，实现“随叫随到”的沉浸式旅游体验。景区仿真场景利用卫星遥感、成像、地图、现场测绘和GIS等技术生成基础3D地理信息模型。对于大面积自然景观，可对单一物体详细建模，再用AI技术自动补充，形成连接的3D数字空间网络。

数字孪生技术体现现实映射，而数字原生则运用深度学习、多模态学习和AIGC等技术构建新的数字世界。这两种路径都能为景区的数字化、数据化和资产化提供技术支持，为创新应用奠定基础。

以博物馆为例，元宇宙提供数字孪生空间构建和数字藏品发行的技术基础。通过3D激光扫描和动态成像技术可构建室内数字孪生，游客利用3D眼镜等设备以第一人称视角参观。如阿克苏地区博物馆采用全息技术、AR和3D交互等展示文物和历史，还设计智能换装系统，增强互动性和文化传播。

2. 基于虚实融合的混合场景的文旅交互式体验

在景区中，可利用元宇宙3D渲染和VR等技术，将表演投放到观众跟前，营造沉浸式体验。观众还可作为虚拟角色参与表演，实现角色互换。

如《又见敦煌》采用“走入式”情境剧场技术，通过舞美设计和立体表演，带观众进入敦煌历史。杭州宋城的《古树魅影》则运用声光电等科技手段打造360°全景剧场，提供强烈的感官体验。这些项目为文旅元宇宙的发展进行了有益尝试。

3. 文旅虚拟数字人

虚拟数字人从2D发展到3D超写实形态，动作、语言和思想愈发逼真。它们可根据不同场景定制身份、装扮和语言，体现区域特色。技术进步极大提升了虚拟数字人的商业价值和应用范围。

景区虚拟人物根据当地特点设计，通过特效技术实现在真实场景中的动态表演。越来越多景区开始打造虚拟 IP，如杭州的“白素素”、青岛的“海萌娘”和晋城皇城相府的虚拟人物等，以提升营销效果和游客体验。

4. 数字文创藏品

数字藏品作为元宇宙虚拟资产，通过加密技术将数据或实体资产写入智能合约，具有独特性和可识别性。景区数字藏品基于 NFT 技术，融合景区资源、时空属性和游客身份，可发布到元宇宙艺术品网络。这既保证了景区 IP 的确权和溯源，也能帮助游客管理数字资产。

（二）文旅元宇宙的创新案例

1. 罗布乐思

《罗布乐思》（Roblox）是一款由 Roblox 公司开发的大型多人在线游戏创建平台，每天有超过 5000 万用户使用，该平台允许用户去设计自己的游戏、物品及衣服，以及游玩自己和其他开发者创建的各种不同类型的游戏世界，甚至实现盈利，这些世界都存在于一个相互联系的元宇宙中，并共享化身和货币等方面。《罗布乐思》是一个看似像 Steam 一样的游戏网站和应用程序，主要是由乐高般的虚拟砖块所构建的社交网络虚拟世界游戏。该平台的受众更年轻，包括耐克、Forever 21、GUCCI、纳斯卡、Ralph Lauren 和 Vans 在内的公司都已经利用该平台建立了虚拟世界，用户可以与他们的品牌互动。虽然任何人都可以在 Roblox 中创建自己的游戏，但它是经过设计的，所以它们都会有类似的外观和感觉，这意味着一旦玩家登录并体验了其中一个游戏，他们在任何一个游戏中都会感到舒适。

2004 年游戏开始以《DynaBlocks》的名义进行初步的样本测试。2005 年，它更名为《Roblox》，运行平台为个人电脑。该平台于 2006 年由 Roblox 公司正式发布。截至 2020 年 8 月，《罗布乐思》每月有着约 1.69420 亿名的活跃用户，美国 16 岁以下的儿童中有一半在玩《罗布乐思》。

《罗布乐思》允许玩家使用其专有引擎 Roblox Studio 来创建游戏，或者提供其他玩家游玩。在面向对象程序设计系统下，使用 Lua 语言来建造游戏内环境，从而对游戏进行编码。玩家可通过一次性购买（称为“游戏通行证”）以及可多次购买的微交易（称为“开发人员产品”或“产品”）来创建可购买的内容。游戏开发者从游戏获得的收入里，Roblox 公司会提取 30%~70% 至 Roblox Corp。使用 Roblox Studio 制作的大多数游戏都是由未成年人开发的，并且每年使用该工具制作的游戏总数达到 2000 万。

《罗布乐思》允许玩家购买、出售和创建虚拟物品，这些物品可用于装饰其虚拟角色，并充当平台上的虚拟形象。玩家可以购买衣服，但只有具有高级会员资格的玩家才能出售衣服。只有 Roblox 管理员才能在 Roblox 官方用户账户下出售动作包，身体部件，装备和限量品；一些测试用帽子和配件也可以由少数 Roblox Corporation 员工或管理员发布。有一些以物品设计为职的人，收入最高的创作者每年从物品销售中获得超过 100000 美元的收入。具有限量版状态的商品只能在具有高级会员身份的玩家之间进行交易或出售。

罗宝可让玩家购买各种物品，并通过使用真实货币进行购买，从给予高级会员的经常性津贴以及通过在《罗布乐思》中生产和销售虚拟内容而从其他玩家那里获得。在旧版本中，罗布乐思使用另一种货币 Tix（“Tickets”的缩写），该货币于 2016 年 4 月停止使用。创作者从玩家购买获得的罗宝可以通过 DevEx 中转换为真实货币。有较多的骗局与罗宝有关的内容，主要围绕机器人宣传诈骗网站，旨在提供免费罗宝的诈骗游戏以及无效的罗宝代码。

《罗布乐思》有时会举办现实生活活动和虚拟活动。它们过去曾举办过诸如 BloxCon 之类的活动，BloxCon 是平台上普通玩家的惯例。2021 年 4 月前，《罗布乐思》每年都会举办复活节彩蛋活动。2021 年 4 月后被《元宇宙冠军》（*Metaverse Champions*）取代。还举办了名为“Bloxy Awards”年度活动，颁奖仪式也用作募捐。2020 年版的 Bloxy Awards 活动几乎在平台上举行，吸引了 60 万名观众。该活动 2022 年被更名为“Roblox Innovation Awards”（罗布乐思创新奖）。Roblox Corporation 每年会举办一次 Roblox 开发者大会，为期三天的邀请活动，在旧金山举行，主要内容是关于创作者在网站上了解平台即将发生的变化。该公司还在伦敦和阿姆斯特丹举办过类似的活动。

《罗布乐思》偶尔会举办宣传电影的活动，例如为宣传《神奇女侠 1984》和《海王》等电影，而举办的活动。2020 年，《罗布乐思》举办了第一场虚拟音乐会，美国说唱歌手 Lil Nas X 向罗布乐思内的玩家演唱了他的歌曲 *holiday*。2021 年，瑞典歌手莎拉·拉尔森在虚拟派对上表演歌曲以庆祝她的新专辑 *Poster Girl*。2021 年 9 月 17 日，美国乐队二十一名飞行员在罗布乐思举办了一场虚拟音乐会。

2. 初代元宇宙——《堡垒之夜》

2017 年，由 Epic Games 研发的射击游戏《堡垒之夜》（*fortnite*）被誉为“初代元宇宙”，这款游戏将社交媒体、流媒体平台和游戏结合在一起，打造了一个超越游戏的虚拟世界，玩家在其中可以进行社交和冒险。与只有网络页面的传统社交媒体不同，《堡垒之夜》与玩家在现实生活中所能获得的社交体验更为相似。图 11–1 为游戏界面。

图 11–1　堡垒之夜

图片来源：新浪游戏.《堡垒之夜》将登陆安卓但不会上架谷歌商店，https://games.sina.com.cn/o/n/2018-08-05/hhhczfa7031454.shtml.

因玩家们热衷于在《堡垒之夜》上进行社交，也引得美国歌手 Travis Scott 于 2020 年 4 月在其中举办了名为“Astronomical”的虚拟音乐演唱会，创下全球超过 1230 万的观众观看的纪录。在与 Travis Scott 进行跨界同时，Epic Games 顺势推出的几款周边实体产品，包括活动联名 T 恤，联名玩具模型以及斯科特与堡垒之夜联名版专辑都获得大卖。而除了现实产品以外，活动相关的角色皮肤、装备皮肤等游戏内购产品也陆续推出。《堡垒之夜》也吸引了美国职业橄榄球大联盟的广告——玩家可以选择穿他们的球衣。此外，《复仇者联盟》在宣传期间，也让《堡垒之夜》的玩家扮演电影里的角色，连《星球大战》最新电影片段都在游戏中首映。

《堡垒之夜》当中奠定了很多元宇宙的基础。这款大热的多人游戏本质上是元宇宙概念的一个平台空间。这是一个大规模的社交空间，目前已经远远超出了其原始作为战斗游戏的定位。玩家可以创建自己的头像，从无数 IP 的皮肤系列中选择。他们使用游戏独有的货币 V–Bucks，购买只存在于数字空间的物品。玩家们聚集在一起，在游戏中观看音乐会、电影等。

除此之外，Epic 还投资了 Core，一个让玩家制作游戏和数字世界的创作平台，该投资显示了它仍然希望通过玩家建造的方式持续扩张虚拟世界的范围。除了让用户参与建设虚拟世界，Epic 也将蝙蝠侠、星球大战和光环等流行 IP 引入《堡垒之夜》，使整个世界的皮肤或是虚拟形象更加多元化。这也会吸引相关 IP 粉丝的进入，也会让整个虚拟世界更加生动。根据 activeplayer.io 的数据，2024 年 4 月，《堡垒之夜》的月活跃玩家接近 2.25 亿，峰值观众 26.9 万人，月 Twitch 观看小时数 480 万。

3. Horizon Worlds（地平线世界）

Horizon Worlds 是 Meta 公司于 2021 年 12 月推出的元宇宙平台。平台集成了由 Meta Platforms 开发和发行的游戏创建系统。Meta 希望通过 Horizon Worlds 为用户提供一个友好的 VR 空间，让他们能够自由发挥创意，设计出不可思议的虚拟世界。这个平台不仅仅是一个游戏，更是一个社交空间，在这个多玩家虚拟平台上，用户可以在举办活动、游戏和社交活动的各个世界中移动并相互互动。例如，用户利用虚拟形象代表自己与朋友或陌生人一起在其中进行冥想、乘船、参加喜剧活动和电影之夜等，或者是玩 3v3 激光标签游戏 Arena Clash、复古街机风格的大逃杀游戏 Pixel Plummet，以及魔法扫帚飞行游戏 Wand&Broom 等。此外，用户还可以创建自己的虚拟作品，探索其他玩家构建的世界。Horizon Worlds 适用于 Oculus Rift S、Meta Quest2、Meta Quest Pro 和 Meta Quest3 头戴设备。

在进入 Horizon Worlds 的时候，用户需要创建一个虚拟形象（avatar）代表自己，也用它来与其他用户交互。另外，Horizon Worlds 中的用户虚拟形象只有头部和上身，没有腿。除了以游客模式四处观看游荡，每个用户都可以拿起工具，从头创建自己的世界和项目。

2021 年 10 月，Meta 宣布了一项 1000 万美元的创作者基金。据报道，该基金将在今年分成三个类别发放：为“自定义世界”前三名提供奖金；为创作者提供高级速成课程；以及为有兴趣“创造特定主题 Horizon 体验”的开发人员提供资金。

但就目前而言，在 Horizon Worlds 中，无论创作者、人类向导、还是玩家，普通用户都没有办法从中赚钱。

2022 年 2 月，Meta 报告称 Horizon Worlds 估计有 300000 名用户；然而到 2022 年 10 月,《华尔街日报》报道的月用户不到 200000 人。Horizon Worlds 的评价褒贬不一，批评者指出错误和令人不快的环境降低了用户体验。

4. 数字艺术藏品

数字藏品，尤其是基于区块链技术的非同质化代币（NFTs），近年来在艺术界和收藏品市场引起了巨大的关注。2021 年 3 月 11 日，纽约佳士得网络拍卖艺术家 Beeple 的一幅 NFT 数字艺术品《每一天：前 5000 天》(*Everydays-The First 5000 Days*）经过 14 天的网上竞价，最终以 6934 万美元成交（约 4.51 亿元人民币）。该作品是麦克·温克尔曼（Mike Winkelmann）（艺名 Beeple）创作的数字艺术作品，汇集了他 2007 年 5 月 1 日起每天在网络发布的绘画照片，在连续创作 5000 件作品后用 NFT 技术组合到一起生成。这件作品是一个巨大的数字拼贴画，包含了 5000 张独特的图像。每一张图像都记录了他当天的思考、感受、对全球事件的反应或是纯粹的创意探索。这些图像涵盖了广泛的风格和主题，从抽象构图到超现实主义场景，从政治讽刺到社会评论，展示了他技术和创意上的演变。Beeple 使用各种数字工具和软件来创作这些图像，包括 Cinema 4D、Adobe Photoshop 等。其作品最终以 NFT 的形式发行，确保了作品的唯一性和所有权（如图 11–2）。

图 11–2　Everydays–The First 5000 Days

图片来源：MutualArt.EVERYDAYS：THE FIRST 5000 DAYS，https://www.mutualart.com/Artwork/EVERYDAYS—THE–FIRST–5000–DAYS/B46AE8DF5A4EC7EB.

Beeple 在一份声明中表示:“在过去的 20 多年中，艺术家一直在使用软件进行创作，并将其作品发布到互联网上，但在此期间却并没有一种真正拥有和收集艺术品的方法。随着 NFT 的改变，我相信我们正在目睹艺术史下一章的开始：数字艺术。这件作品的技艺，信息，细微差别和意图与在实际画布上所做的事情是一样的。在这个历史性时刻，我很荣幸能够代表数字艺术。”

据英国《卫报》消息，此次佳士得网站上的最后一刻吸引了大约 2200 万人，来自 11 个国家 / 地区的竞标者都参与了竞标。The Art Newspaper 则在消息中表示，33 位竞标者总共进行了 353 次竞标，其中 58% 为千禧一代（出生于 1981—1996 年），而出生于 1965—1980 年的竞拍者占 33%。而“婴儿潮世代”（出生于 1946—1964 年）的竞标者为 3%，数量是 Z 世代（出生于 1995—2009 年）竞标者的一半。此外，这一次佳士得拍卖行的交易量高达 91%，这充分说明了数字和基于加密货币的艺术作品对拍卖行的运营可能有着许多益处。

图 11-3 Everydays-The First 5000 Days 局部

图片来源：MutualArt.EVERYDAYS：THE FIRST 5000 DAYS，https://www.mutualart.com/Artwork/EVERYDAYS—THE-FIRST-5000-DAYS/B46AE8DF5A4EC7EB.

作品成为迄今为止最昂贵的 NFT 作品之一，标志着数字艺术在主流艺术市场中的重要地位。其成功拍卖不仅为 Beeple 本人带来了名声，更重要的是，它为数字艺术和 NFT 市场带来了前所未有的关注。这件作品的成功证明了数字艺术作品可以被视为有价值的收藏品，并且为 NFT 和数字艺术的未来开辟了新的可能性（如图 11-3）。

5. 数字孪生——故宫文物数字化保护

600 多岁的故宫是世界遗产和中华文化瑰宝，这座昔日的皇家禁地正通过数字化之路进一步走近大众，走向世界。故宫博物院与腾讯数字孪生团队共同研发“数字孪生智慧管理平台”，使实验室成为一座现代数字世界与古代文物世界互联互通的智慧建筑。

数字孪生（Digital Twin）是一种虚拟模型，用于精确复制现实世界中的物理对象、过程、人或系统。这种技术通过收集大量的实时数据，结合仿真、机器学习和软件分析工具，创建一个动态的、实时更新的虚拟副本。数字孪生可以用于监测、诊断、预测和优化物理对象的性能和操作，从而在不直接干预实际物理实体的情况下，实现对其的深入理解和管理。

2023 年 5 月 18 日，故宫博物院举办了“‘新’中有数，共‘创’未来——5・18 故宫博物院‘数字故宫’建设成果发布会”。发布会上，故宫“数字文物库”向社会最新公布 2 万件数字文物影像，同时举办了“故宫・腾讯联合创新实验室”落成仪式，向社会展现“数字故宫”建设最新成果。

实验室位于故宫博物院内，总占地面积约 450 平方米，包括“办公区”和“影像采集工作区”两大功能区域，初步具备了超高清二维数字影像、三维文物数据、虚实融合视音频采集等文物多维数据一体化采集能力。

在实体功能区外，故宫博物院与腾讯数字孪生团队共同研发了“数字孪生智慧管理平台”，在数字孪生、云计算、大数据、人工智能技术的帮助下，通过恒温管理、线管管理、智能仓储、照明管理、门禁管理和能耗管理等实时管理系统支持下，文物数据采集环境实现了更加精细化的管控。通过智慧管理平台实时调整，使文物在数据采集过程中，时刻受到最适宜环境参数的保护，确保文物数据的精确采集、高效加工、永续保存、灵活应用。

随着信息产业浪潮和数字技术的高速发展，故宫博物院的“数字故宫”建设，不断加强故宫古建筑和院藏文物的数字化采集能力，建设故宫文物数字资源库，为数字化探索提供源源不断的助推力。

6. “千岛湖・梦之岛”乐园元宇宙概念项目

“千岛湖・梦之岛”乐园是一个位于浙江省淳安县千岛湖中心湖区旅游码头秀水街的元宇宙概念虚拟岛项目。该项目被誉为“千岛湖第 1079 个岛”，通过数字化和智能化等高科技手段，以虚实融合的形式，将千岛湖的自然风光、人文历史、现实元素艺术化地融入一个梦幻般的元宇宙空间。游客可以在短时间内沉浸在光影与场景融合的元宇宙空间中，感受千岛湖的过去、现在与未来。

项目通过虚拟现实、增强现实等技术，将千岛湖的山水风光、历史文化、人文故事等元素与虚拟场景相结合，打造出一个虚实交融的梦幻世界。游客可以在这个虚拟世界中自由探索、互动，获得身临其境的沉浸式体验。“梦之岛”不仅展现了千岛湖的现实美景，还通过数字技术重现了千岛湖的历史场景，让游客仿佛穿越时空，亲身感受千岛湖的历史变迁和文化底蕴。该项目利用人工智能技术，根据游客的兴趣和需求，为其提供个性化的游览线路和体验内容，让每位游客都能获得独一无二的旅行体验。

“梦之岛”不仅是一个观光游览的场所，更是一个寓教于乐的互动平台。游客可以通过参与各种互动游戏和体验项目，了解千岛湖的生态环境、历史文化等知识，寓教于乐，寓教于游。

“千岛湖·梦之岛”乐园元宇宙概念项目是文旅产业与元宇宙技术深度融合的典范。该项目充分利用了虚拟现实、增强现实、数字孪生、人工智能等前沿技术，打造了一个虚实交融、穿越时空的梦幻世界，为游客带来了全新的沉浸式体验。该项目不仅具有很高的观赏性和娱乐性，还具有很强的教育意义和文化价值。通过寓教于乐的方式，让游客在游玩中了解千岛湖的历史文化和生态环境，提升了景区的文化内涵和吸引力。此外，该项目还具有很强的创新性和示范性。它为文旅产业的数字化转型提供了新的思路和模式，为其他景区和文旅项目的开发提供了借鉴和参考。

三、文旅元宇宙创新实践的评述

（一）文旅元宇宙发展逻辑

1. 信息技术尤其数字技术的进步

形成文旅元宇宙产品离不开多种技术的支持，信息技术，尤其是数字技术的快速突破使文旅元宇宙产品不断迭代涌现。VR/AR 技术通过提供沉浸式体验并融合了虚拟和现实，是构建文旅元宇宙虚拟世界的核心技术，人工智能技术的发展提升了文旅元宇宙中用户互动、虚拟人物（NPC）的智能化程度，推动用户个性化体验的提升。区块链技术构成了元宇宙经济系统的支柱，提供了安全、透明和不可篡改的交易处理数据。高速网络和云计算的发展为元宇宙用户之间的实时互动、数据传输和处理提供了支撑。在技术层面上，元宇宙可被看作是信息和技术的集成或融合，不同技术与硬件在“元宇宙”中组合、循环、不断迭代。

文旅元宇宙的消费是一种超越现实世界的体验活动。文旅元宇宙体验的沉浸、开放、交互和个性化的体验特征也带给文旅行业更大的发展空间。以信息技术为载体，元宇宙能够突破文旅消费者的物理限制，实现沉浸式消费体验。消费者进行文化和旅游活动，就是找寻体验不同寻常的生活氛围和场景。依靠虚拟现实技术打造的元宇宙文旅，正是文旅体验优化的方向之一。

文旅元宇宙产品的形态突破了传统文旅产品的封闭特征，构建了一个开放协作的生态系统。这一生态系统依托去中心化技术——如区块链和非同质化代币（NFT）、跨平台互操作性、开放的开发环境，以及用户对数字资产的控制权等核心要素。它还通过去中心化自治组织（DAO）、开放标准和协议的支持，结合多方参与和多元化商业模式，共同推动文旅元宇宙的协作与发展。因此，元宇宙不仅是一个技术平台，更是多个实体共同构建、多个主体共同参与的开放生态系统。

元宇宙提供的技术使得消费者平等地在元宇宙中参与、发现和探索，深入参与到文旅元宇宙产品的设计开发和形成，而不仅只是被动地接受和购买。消费者利用技术也可以实现综合虚拟数字人、个人数字化身的打造，参与数字文旅产品创新和规则设定。无数消费者的行为构成了文旅元宇宙的全方位互动和对虚拟文旅世界的合作探索。

旅游活动的核心在于实现个体价值，释放个性。信息技术实现的虚拟空间为此提供了更广阔的舞台。文旅元宇宙通过技术赋能感知，构建了一个开放、平等、去中心化的虚拟世界，使人际关系、群体关系、组织关系更趋于扁平化和自由化。文旅元宇宙中丰富的艺术性、娱乐性和休闲性资源，为旅游者的个性释放提供了多样化的内容与场景支持。

在元宇宙概念成为热点之前，文旅行业已经开始应用信息技术构建虚拟现实的体验项目。例如，迪士尼乐园一直以沉浸式体验著称，通过结合信息技术和精心设计的场景，游客能够进入迪士尼故事世界沉浸式体验。“加勒比海盗”和“鬼屋”等经典项目通过音响等特效和机械设计，创造了令人印象深刻的沉浸式场景。在元宇宙概念出现后，迪士尼乐园一直积极探索将元宇宙的元素与其传统的娱乐业务和数字技术创新结合，持续开展了数字化娱乐体验以及元宇宙内容创作等方面的拓展，以适应和推动元宇宙的发展。

2. 国家相关政策法规支持

“虚拟化”在国家级政策中的首次完整出现是在2016年，国务院发布的《国务院关于印发“十三五”国家科技创新规划的通知》中，提出要“突破虚实融合渲染、真三维呈现、实时定位注册、适人性虚拟现实技术等一批关键技术，形成高性能真三维显示器、智能眼镜、动作捕捉和分析系统、个性化虚拟现实整套装置等具有自主知识产权的核心设备。基本形成虚拟现实与增强现实技术在显示、交互、内容、接口等方面的规范标准。在工业、医疗、文化、娱乐等行业实现专业化和大众化的示范应用，培育虚拟现实与增强现实产业”“发展网络与通信技术，重点加强一体化融合网络、软件定义网络/网络功能虚拟化、超高速超大容量超长距离光通信、无线移动通信、太赫兹通信、可见光通信等技术研发及应用”“开展云计算核心基础软件、软件定义的云系统管理平台、新一代虚拟化等云计算核心技术和设备的研制以及云开源社区的建设，构建完备的云计算生态和技术体系，支撑云计算成为新一代ICT（信息通信技术）的基础设施，推动云计算与大数据、移动互联网深度耦合互动发展”“加强网络化、个性化、虚拟化条件下服务技术研发与集成应用，加强文化产业关键技术研发”,《通知》还重点对虚拟现实技术进行论述。

从2022年年初开始，我国的各级政府，都把目光投向元宇宙，并把元宇宙作为数字经济发展的战略引擎和重要内容。北京、上海、武汉、合肥、南京、无锡等多地政府密集出台了元宇宙、虚拟现实发展政策和规划文件，争取元宇宙产业赛道发展先机。2022年《求是》第2期杂志发表文章强调要面向未来，充分发挥我国海量数据和丰富应用场景优势，促进数字技术与实体经济深度融合，赋能传统产业转型升级，催生新产业、新业态、新模式，不断做强、做优、做大我国数字经济。与此同时，地方政府也纷纷布局元宇宙。上海经信委在2022年产业和信息化工作计划中，强调加快布局数字经济新赛道，紧扣城市数字化转型，布局元宇宙新赛道，开发应用场景，培育重点企业；自上海之后，杭州、宁波、无锡等城市也把元宇宙纳入未来产业规划；武汉、合肥将元宇宙写入了《政府工作报告》；北京推动组建元宇宙新型创新联合体、探索建设元宇宙产业集聚区；杭州成立元宇宙专委会；深圳成立元宇宙创新实验室。

据第一财经不完全统计，为推动元宇宙与各行业深度融合，截至2023年4月全国已有 40 多个地方政府发布 120 余项元宇宙建设规划和扶持政策。以“京沪穗”为例：2022 年 6 月,《上海市培育“元宇宙”新赛道行动方案（2022 ~ 2025 年）》发布。这是全国第一次从省级层面印发的元宇宙专项行动计划。2023 年，上海公示的第一批元宇宙重大应用场景包含文旅出游在内的 7 个类别的 20 个场景。北京城市副中心通州区将在 3 年内打造成以文旅内容为特色的元宇宙应用示范区，培育、引进 100 家以上的元宇宙生态链企业，形成 30 项以上的应用场景项目；培育元宇宙 4 大产业链，推动元宇宙产业在副中心创新发展，促进其与数字技术与实体经济的深度融合。广州发布了粤港澳大湾区首个“元宇宙 10 条”，聚焦数字孪生、人机交互、AR/VR/MR 等，重点培育工业元宇宙、数字虚拟人、数字艺术品交易等体现元宇宙发展趋势的领域。我国中西部地区也在加速包含数字文旅在内的布局元宇宙应用场景的商业化落地。

（二）文旅元宇宙发展面临的挑战

2023 年开始，多家互联网巨头调整或裁撤元宇宙相关业务，反映了市场预期过高和商业化前景不明朗的现状。元宇宙发展可能比预期更慢，依赖于底层技术、生态系统和市场接受度。科技巨头虽有退缩，但并非完全放弃，长期前景仍被看好。

尤瓦尔·赫拉利在《人类简史：从动物到上帝》中提到，人类之所以成为地球主宰，秘诀在于人类能创造并且相信某些“虚构的故事”。这就是元叙事的力量，讲好一个虚构故事，提供一个美好愿景，将原来残酷的丛林法则改写成美好的童话故事。

当前“反全球化”思潮开始涌动。人们需要一种全新的元叙事。元宇宙既能够促进人类物质上的再一次发展（各类新兴科技产品诞生），也能满足人类精神上的需求（虚拟世界的全球化），它成了全球化最好的替代品。由于元宇宙产业还处于初期发展阶段，具有新兴产业的不成熟、不稳定等特征，存在多重潜在风险。

1. 虚拟世界的伦理性风险

元宇宙的边界以及元宇宙的规则与治理问题成为监管部门和学术界对元宇宙的一种担忧。人们对虚拟世界隐匿且多元化的需求。当人们沉浸在元宇宙构建的“虚拟世界”畅游时，大数据、云计算都在时时刻刻收集用户的数据。算法在分析、决策过程中展现出的克服和超越人性弱点的特性，可能使消费者在海量数据信息面前丧失自我决定的能力。消费者在享受着技术带来便利的同时，也逐渐沦为了受技术控制的“奴隶”。另外，元宇宙用户在虚拟世界犯下的“恶行”或许会在心理和行为两个层面上跳脱或延续至现实的法治社会。“现实世界的一些关键逻辑和规则要在元宇宙中找到对应，否则人们很难将元宇宙认可为一个真正的世界。”控制元宇宙衍生出的“破坏性”体验，并为虚拟世界的行为范式树规立矩也是在发展元宇宙和数字经济同时应开展的重要课题。

2. 消费者注意力带宽

即对时间分配利用的风险。元宇宙中的各类应用如何争夺人们有限的时间和注意力是一个当下挑战，但未来元宇宙应用占据了过多的“生理带宽”则是人们的长远忧虑。元宇宙相关技术将带来沉浸式的感官体验，也会增加人们在新体验中的沉迷，沉浸式文旅体验是否会成为一个将人吞噬的“黑洞”，这不仅影响元宇宙的未来，也影响人类的未来。从数字用户化身角度来说，元宇宙应用将进一步推动人的化身实践与化身满足，但由此也会带来化身管理负担、虚拟自我与现实自我的冲突等问题。

3. 技术应用的安全性风险

关于人工智能和大数据取代人类工作、侵犯人类尊严、全面监控人类生活的担忧，并不是什么新问题，而是长久以来的老问题。问题的关键在于，人类的部分同胞——绝对数量还不在少数——一直被当作工具来看待，为了机器生产的方便，他们被迫增加劳动强度、忍受家庭生活被破坏、尊严被践踏。而今出现的新技术，从某种程度上来说，实际是这一历史的重演。我们既要对技术和人类保有清醒客观的认识。保障数字空间的数字权利，完善数字空间的社会治理，明确技术发展的人权标准，以实现元宇宙的良性发展。

总体而言，元宇宙发展需要时间和耐心。各方应理性看待当前挫折，共同推动其健康、有序发展，实现长远价值。

（三）元宇宙与数字文旅创新前景

1. 数字内容生产效率提升

可预见我国数字文旅消费产品生产效率将得到极大提升。“元宇宙”不断发展将推进数字内容生产。以元宇宙的基本单元的“数字人”生产为例，驱动引擎的快速迭代、深度学习算法突破以及 AIGC 技术的突破，数字人生成成本已大幅降低，“元宇宙”数字化身的需求也不断增长，类似“初音未来”“柳夜熙”“AYAYI”“华智冰”等虚拟数字人，及其衍生内容产品会更加多元化。使用门槛的降低，从业者数量的激增，内容的共创形式等，都将带来数字文旅消费产品数量的爆发式增长。

2. 消费结构将更加复杂多元

未来，数字文旅产品消费结构将更加复杂多元。一是文旅产品类型层面的变迁，“元宇宙”推动创新“国潮”发展，以虚拟数字人为代表的各类虚拟内容产品发生了巨大的变化，数字文旅产品形式越来越丰富，数字和现实的文旅衍生品也越来越丰富。二是数字文旅消费结构占总体文旅消费结构发生变化，随着“元宇宙”推广，消费者进入虚实相生的消费世界，越来越多的数字文旅产品更多地刺激消费者文旅需求，将极大激发各种显性的、隐性的消费需求，数字文化消费的数量和占比会进一步提升。其三是虚拟与现实消费的比例，在“开放式互动”“沉浸式体验”“数字孪生”等技术刺激下，文旅消费市场中更多基于现实世界的符号化消费将转变为以数字形式为基础的虚拟符号消费，数字文旅消费在文旅消费的占比也会呈现爆发式增长。

数字文旅消费主体的原住民化。随着 ICT 技术普及而成长的 Y 世代、Z 世代、Alpha 世代将成为主导数字文旅消费的主要力量，这些数字原住民对“虚拟空间”“虚拟自我”“虚拟化身”等虚拟体验与非互联网时代出生的人群有很大的不同，他们的数字文旅消费观念、结构等也有很大的区别，“元宇宙”相关技术的进步使得数字文旅消费与自然环境的消费体验更加相融，结合人口结构变迁，数字文旅消费主体的“原住民化”趋势更加明显。

数字文旅消费空间和消费场景的深度融合和消费空间的延拓。“元宇宙”将持续融合“计算机虚拟空间”与“物理空间”的边界，带动虚拟与现实世界的融合和消费空间的融合，“元宇宙”会进一步推动 VR、AR、MR 和 XR 等数字化消费空间的形成，数字文旅消费空间和场景将进一步融合化发展，虚拟场景的现实文旅消费，现实场景的虚拟文旅消费等多种融合的消费模式会不断地丰富和发展。同时，数字文旅消费将虚拟到现实的迭代式发展。数字消费和现实消费的空间边界将逐渐消失，元宇宙相关技术将引发现实的增强式发展，构建更多的虚拟化场景，场景的构建本身就是一种新的“空间生产”方式，“增强现实”体验场景会出现蓬勃式的增长。

3. 虚拟现实深度融合发展

元宇宙赋能数字文旅体验，不是单纯停留在一些文字、图片和声光电等物理层面，也不是浏览网站视频或 VR 式的单机操作，它凭借新型数字基础设施搭建、重构甚至创造出来的“数字文旅空间”将更突出用户体验过程中的共情，高速率、低延时的网络连接和特有的经济和文化符号，将让用户拥有高度的参与感和更加真实的社交体验。

此外，元宇宙赋能的数字文旅发展将重塑文旅产业的模式和形态。数字空间与物理空间的深度融合让人们得以换一种方式模拟、感知、体验现实世界，刺激文旅行业加快数字化转型，升级数字文旅生态链，形成“元宇宙 +”的新型文旅产业形态。

元宇宙正在开启文旅产业的新纪元。它不仅改变了我们体验文化和旅游的方式，也正在重新定义旅游的本质。未来的文旅产业将是虚拟与现实的完美融合，为游客提供更加丰富、互动和个性化的体验。然而，在拥抱这一技术变革的同时，我们也需要审慎思考如何在创新与传统之间找到平衡，确保文化的真实性和旅游体验的本质不会被技术所湮没。元宇宙不应该取代真实世界的旅行，而应该成为一种补充和增强，让我们以更多样化的方式探索这个丰富多彩的世界。

参考文献

[1] 张凌云，黎巎，刘敏．智慧旅游的基本概念与理论体系［J］．旅游学刊，2012，27（5）：66-73.

[2] 姚国章．“智慧旅游”的建设框架探析［J］．南京邮电大学学报（社会科学版），2012，14（2）：13-16.73.

[3] 沈金辉．国内外智慧旅游建设现状及经验启示［J］．旅游纵览（下半月），2014（6）：41-42.

[4] 李云鹏，黄超．北京智慧旅游公共管理与服务建设现状与对策分析［J］．城市管理与科技，2015，17（1）：65-67.

[5] 张也．基于增强现实技术的博物馆导览器优化设计研究［D］．上海：华东理工大学，2019.

[6] 张丽．AR-VR 融合技术在博物馆陈列展览中的应用探析［J］．文物鉴定与鉴赏，2020（4）：138-139.

[7] 李云鹏，胡中州，黄超等．旅游信息服务视阈下的智慧旅游概念探讨［J］．旅游学刊，2014，29（5）：106-115.

[8] 张佳雯．乌镇景区智慧旅游导览系统的交互界面情感化研究与设计［D］．东北石油大学，2020.

[9] 吴彬，姚菲．从博物馆语音导览系统发展谈成都金沙遗址博物馆智慧导览系统建设［J］．文博学刊，2021（2）：74-81.

[10] 乔筱莜，邱瑛．大连发现王国主题公园智慧服务创新研究［J］．合作经济与科技，2020，21（36）：96-98.

[11] 李浚锋，雍朝元，葛路帅，孙昊染．大数据背景下的智慧导游模式研究［J］．现代商贸工业，2019（4）：64-6.

[12] 陈佩琳．博物馆服务系统设计策略研究［D］．合肥：合肥工业大学，2019.

[13] 陈东阳，黄灿．基于新媒体的智慧博物馆导视系统设计研究［J］．新媒体研究，2020，6（2）：34-35.

[14] 徐延章．基于移动互联网的公共文化服务设计策略——以人工智能时代博物馆App 设计为例［J］．中国博物馆，2020，37（1）：120-125.

[15] 朱昱宁，谢冰瑶，徐博群．基于用户需求的博物馆智慧导览设计研究［J］．建筑与文化，2020（12）：76-77．
[16] 杨敬．新时代博物馆高质量发展的新思维——以山西博物院为例［J］．博物院，2020（5）：81-88．
[17] 周虹霞．国家博物馆移动端导览系统设计与实现［J］．科学与信息化，2021（13）：60-61．
[18] 王赛兰．智慧旅游背景下文化旅游资源的传播困境［J］．旅游学刊，2019，34（8）：5-6．
[19] 蒋燕翔．基于Android平台的智能景区导览系统［J］．电子技术与软件工程，2019（3）：45-46．
[20] 王洋．基于SysML 的植物园智能导览系统设计及实现［D］．成都：电子科技大学，2021．
[21] 杨晗，唐珊，肖怡然．基于三维全景的虚拟旅游系统开发［J］．电子技术与软件工程，2019（22）：42-43．
[22] 常志英，崔维淼，刘群．基于全景技术的虚拟旅游系统的设计与实现［J］．河北工程大学学报（社会科学版），2019，36（1）：19-20．
[23] 李姣．智慧博物馆与AI博物馆——人工智能时代博物馆发展新机遇［J］．博物院，2019（4）：67-74．
[24] 彭逍，夏悦，汤澍，张维亚．智慧导览产品设计及应用推广研究［J］．江苏信息科技，2019（7）：31-33．
[25] 郭甜．智慧导览系统在博物馆的应用研究［J］．博物馆学，2022（3）：75-77．
[26] 何嘉琦．面向智慧景区的智能导览系统平台设计与实现［D］．杭州：浙江大学，2017．
[27] 赵光旭．智慧旅游线上导游服务系统的设计与实现［J］．软件，2023，44（1）：66-70．
[28] 李梦霞．“游云南”App 智慧旅游产品完善对策分析［J］．营销界，2021（8）：43-44．
[29] Brandt T, Bendler J, Neumann D. Social media analytics and value creation in urbansmart tourism ecosystems［J］. Information & Management, 2017, 54（6）: 703-713.
[30] Kim T B, Ho C T B, Gebsombut N. Role of Social Media in Smart Tourism［J］. Journal of Tourism & Hospitality, 2021, 10（3）.
[31] S.Sedighi, D. Nguyen and K.Kuhnert. Guided Hybrid A-star Path Planning Algorithm for Valet Parking Applications［C］. 2019 5th International Conference on Control, Automation and Robotics（ICCAR）. Beijing, China, 2019, pp. 570-575.
[32] 阿尔文·托夫勒．未来的冲击［M］．黄明坚，译．中信出版社，2006．
[33] 约瑟夫·派恩，詹姆斯·H. 吉尔摩．体验经济［M］．夏业良、鲁炜译．机械工业出版社，2002．

[34]Boorstin D J .The image: a guide to pseudo-events in America Study Guide [M]. Vintage Books, 1962.

[35]Graburn N, Ryan C.Recreational Tourism: A Social Science Perspective [J]. Anthropological Quarterly, 1993.

[36] 谢彦君. 旅游体验研究 [M]. 南开大学出版社, 2005.

[37] 王辉, 张佳琛, 刘小宇, 等. 美国国家公园的解说与教育服务研究——以西奥多·罗斯福国家公园为例 [J]. 旅游学刊, 2016, 31 (5): 119-126.

[38] 吴必虎, 金华苓, 张丽. 旅游解说系统的规划和管理 [J]. 旅游学刊, 1999 (1): 44-46.

[39] 吴忠宏. 环境解说 [R]. 在北京大学的演讲, 1997.

[40] 王维正. 国家公园 [M]. 中国林业出版社, 2000.

[41] 李云鹏, 黄超. 北京智慧旅游公共管理与服务建设现状与对策分析 [J]. 城市管理与科技, 2015, 17 (1): 65-67.

[42] 周琳, 刘懿锋. 旅游产业与互联网融合发展研究 [J]. 理论探讨, 2019 (6): 114-117.

[43] 陈程. "互联网 +" 背景下旅游管理专业创新创业教育研究 [J]. 旅游纵览 (下半月), 2018 (2): 205-206.

[44] 张莎. 中国 "互联网 + 旅游" 发展模式研究与分析 [D]. 黑龙江大学, 2017.

[45] 韩景红, 任贺春, 杨涛, 等. 大数据赋能科技馆客流分析——以中国科技馆观众大数据分析平台为例 [J]. 自然科学博物馆研究, 2023 (4): 15-22.

[46] 李霞. 美国、加拿大等国家公园游客管理体系及启示 [J]. 福建林业科技, 2020, 47 (1): 92-97, 114.

[47] 孟欣. 物联网助力文博保护 [N]. 中国文化报, 2015-06-25 (8).

[48] 黄敬惟. 数字化保存——让莫高窟 "青春永驻" [N]. 人民日报海外版, 2022-07-20 (7).

[49] 诺斯顿测量技术. 秦兵马俑三维数字化, 揭开地下军团的神秘面纱 [EB/OL], 2022-06-13. https://baijiahao.baidu.com/s?id=1735513722261739456&wfr=spider&for=pc.

[50] 宋豪新. 三星堆持续发力文化数字化 [N]. 人民日报, 2023-04-22 (5).

[51] 常书香. 打造 "数字龙门", 让千年洞窟生动起来 [N]. 洛阳日报, 2019-12-14 (2).

[52] 李文哲. 文化 | 龙门石窟成立数字化保护工作站 [N]. 新华社新媒体, 2021-03-25.

[53] 蒋秀娟. 感知圆明园: 被科技放大的历史回响 [N]. 科技日报, 2014-09-05 (1).

[54] 施芳. 借助三维扫描、虚拟现实等技术实现圆明园数字化复原 - 帧帧光影, 重现 "万园之园" [N]. 人民日报, 2022-07-08 (12).

[55] 王旭东. 数·智 | 数字故宫的过去、现在与未来 [J]. 科学教育与博物馆, 2021 (6): 524-531.

[56] 王旭东. 使命与担当——故宫博物院 95 年的回顾与展望 [J]. 故宫博物院院刊, 2020

（10）：5-16.

［57］姚绍将．文化产业振兴视角下的苗绣传承保护路径［J］．2021年贵州省哲学社会科学规划重点课题“苗族传统刺绣工艺的传承保护、产业发展研究”（项目编号：21GZZD36）阶段性成果．

［58］李惊亚．周宣妮．巧手创造“锦绣”新生活——贵州特色苗绣产业发展观察［N］．华声在线，2023-06-25.

［59］大连小螺丝科技有限公司．数字科技“活态传承”非遗文化，光影讲述华夏民族故事［EB/OL］.2023-05-22. https://baijiahao.baidu.com/s?id=1766576649301482401&wfr=spider&for=pc.

［60］杨升炎．同江市：搭乘数字经济快车 让赫哲族非物质文化遗产“活”起来［N］．中国新闻网，2022-07-01.

［61］新海南客户端．跟着非遗看海南！黎族原始制陶技艺：陶土为釜，文明可掬［EB/OL］．阳光海南网，2022-07-15. https://mp.weixin.qq.com/s? __biz=MzIwNjgwNDEzOA==&mid=2247687068&idx=2&sn=e302facdbd47f816e7a568f8c155f9d9&chksm=97105e59a067d74fb7bad550f5f7bf365148e87b72c2039b1b0275f78336bd3d91d1e21c2ea2&scene=27.

［62］IBOX宇宙．iBox链盒发布国家级非遗数字藏品，弘扬江永女书精神［EB/OL］．今日永州，2023-07-26. https://baijiahao.baidu.com/s?id=1772443920907169379&wfr=spider&for=pc.

［63］柳王敏．江永女书：深山“玫瑰”，多彩绽放［N］．新华每日电讯，2024-05-11.

［64］元驰数字人直播． 一场打铁花绚烂夺目，非遗正在“火”起来，“活”下去［EB/OL］．2023-06-28. https://zhuanlan.zhihu.com/p/640082614.

［65］刘爱河．修复中的巴黎圣母院［N］．人民日报海外版，2020-05-18（11）.

［66］王筱丽．他用10亿个数据点为巴黎圣母院留下最美的样子［N］．文汇报，2019-04-18（9）.

［67］文化和旅游部．“十四五”非物质文化遗产保护规划：文旅非遗发〔2021〕61号［M］．2021-05-25.

［68］国家文物局、国家发展和改革委员会、科学技术部、工业和信息化部、财政部．“互联网+中华文明”三年行动计划：文物博函〔2016〕1944号［M］．2016-11-29.

［69］中共中央办公厅、国务院办公厅．关于推进实施国家文化数字化战略的意见［M］．2022-05-22.

［70］Iglesias Fraga, Alberto. Conservación del patrimonio a través de la tecnología［EB/OL］. THINKBIG, 2014. https://blogthinkbig.com/conservacion-del-patrimonio-tecnologia.

［71］Hertz, Larry. Restoration of Notre Dame May Be Part of Professor Andrew Tallon’s Legacy”［EB/OL］. VASSAR. https://www.vassar.edu/stories/2019/190417-notre-dame-andrew-tallon.html.

［72］Keskeys, Paul. How One Man’s Legacy Could Help Rebuild Notre-Dame Cathedral —

Andrew Tallon's pioneering analysis of the past could hold the key to the future of Notre-Dame [EB/OL]. Architizer, 2022. https://architizer.com/blog/practice/tools/andrew-tallon-notre-dame-cathedral/.

[73] Suárez, Juan Luís. Sancho Caparrini, Fernando. I Congreso Iberoamericano de Patrimonio Cultural: Nuevas tecnologías y patrimonio cultural: más allá de la digitalización. el caso del "hispanic baroque project" [M]. Costa Rica: Publicaciones de la Universidad de Costa Rica en CD, 2016.

[74] Flores Ruiz, D., Perogil Burgos, J.& Barroso González, M. Journal of Tourism and Heritage Research: The intelligence in the tourist field. a new formulation in the management of tourist destinations and their possible adaptation to cultural destinations [M]. 2019: 353-381.

[75] Gómez, A., Server, M. y Jara, A.J. International Journal of Scientific Management and Tourism: Turismo inteligente y patrimonio cultural: un sector a explorar en el desarrollo de las smart cities [M]. 2017: 389-411.

[76] Femenia-Serra, F., & Ivars-Baidal, J. A. Gestión inteligente y sostenible de las ciudades: Gobernanza, smart cities y turismo: Smart tourism: Implicaciones para la gestión de ciudades y destinos turísticos [M]. Valencia: Tirant Lo Blanch, 2018: 129 - 151.

[77] Cruces Roldán, Cristina. PASOS (Revista de Turismo y Patrimonio Cultural): El flamenco como constructo patrimonial. Representaciones sociales y aproximaciones metodológicas [M]. 2014: 819-835.

[78] 葛澍，周学立，兰丽莎，等．文化与科技融合：沉浸式体验中的信息技术 [J]．技术与市场，2022，29 (12)：53-55.

[79] 毕剑，贾苏萍，周成．沉浸式旅游演艺：内涵、特征及发展动力 [J]．许昌学院学报，2022，41 (4)：109-115.

[80] 林叶强，沈晔．沉浸式体验：创意、科技和旅游的融合 [J]．旅游学刊，2022，37 (10)：6-8.

[81] 张铮，刘钰潭．"沉浸"的核心要义与文化逻辑 [J]．南京社会科学，2022 (2)：165-172.

[82] 刘芮，卜昊昊．文旅融合视域下红色档案资源开发的场域分析和行动逻辑 [J]．档案学研究，2022 (4)：17-23.

[83] 于祥，夏青，包骐豪，等．元宇宙视域下的沉浸式辅助决策技术架构设想 [J]．指挥与控制学报，2022，8 (3)：359-364.

[84] 赵艳明，张雨．智能媒介景观：美国主题公园的传播研究 [J]．未来传播，2021，28 (6)：68-74.

[85] 莎拉·肯德戴，尹倩．数字文化遗产中的具身化、缠绕性与沉浸式 [J]．文化艺术研

究，2021，14（3）：95-110，116.

[86] 杨青，钟书华．国外“虚拟现实技术发展及演化趋势”研究综述［J］．自然辩证法通讯，2021，43（3）：97-106.

[87] 曾诗晴，谢彦君，史艳荣．时光轴里的旅游体验——历史文化街区日常生活的集体记忆表征及景观化凝视［J/OL］．旅游学刊，2021，36（2）：70-79.

[88] 周锦，王廷信．数字经济下城市文化旅游融合发展模式和路径研究［J］．江苏社会科学，2021（5）：70-77.

[89] 叶成志，李璐龙．旅游直播互动性对消费者参与意愿的影响——一个有调节的中介模型［J］．中国旅游评论，2021（2）：131-143.

[90] 邹驾云．“沉浸式”体验助力文旅消费提质升级［J］．人民论坛，2020（15）：84-85.

[91] 徐翠蓉，赵玉宗，高洁．国内外文旅融合研究进展与启示：一个文献综述［J］．旅游学刊，2020，35（8）：94-104.

[92] GERD GIGERENZER. How to Explain Behavior?［J］. Topics in Cognitive Science, 2020，12（4）：1363-1381.

[93] 花建，陈清荷．沉浸式体验：文化与科技融合的新业态［J］．上海财经大学学报，2019，21（5）：18-32.

[94] 李凤亮，单羽．数字创意时代文化消费的未来［J］．福建论坛（人文社会科学版），2018（6）：44-49.

[95] 王勇，刘奕群，张敏，等．基于用户兴趣分析的网页生命周期建模［J］．中文信息学报，2008（2）：76-80.

[96] 马健．产业融合理论研究评述［J］．经济学动态，2002（5）：78-81.

[97] 植草益．信息通讯业的产业融合［J］．中国工业经济，2001（2）：24-27.

[98] Lei D. T.，“Industry Evolution and Competence Development：the imperatives of technological convergence”，International Journal of Technology Management，2000，19（7-8），P699-738.

[99] 经济参考报：2022年7月6日国家新闻出版署科技与标准综合重点实验室区块链版权应用中心出版的《数字藏品应用参考》，http://www.jjckb.cn/2022-07/07/c_1310638970.htm.

[100] 元宇宙智讯:《五分钟读懂NFT、数字藏品与元宇宙》，https://mp.weixin.qq.com/s?__biz=MzI1MTc0OTY2MQ==&mid=2247484048&idx=1&sn=3133341869a4ab948afc60a89d2cbf73&chksm=e9ef76e2de98fff49612 9a12d4807ecc49a11df4d5c843cd9c789a035c226cde75680e9fc9f4&scene=27.

[101] 澎湃网:《中国数字藏品行业新观察：预计2026年市场规模将达280亿元》，https://www.thepaper.cn/newsDetail_forward_21843617? commTag=true.

[102] 百度百家号：艾瑞咨询2022年9月发布的《2022年中国数字藏品行业研究报告》，https://baijiahao.baidu.com/s?id=1756739740249618697&wfr=spider&for=pc.

[103] 腾讯网：2022年10月速途元宇宙研究院发布的《激活数字经济的钥匙——2022数字藏品产业研究报告》，https://new.qq.com/rain/a/20221025A08EFM00.

[104] 中华网：2023年1月12日中国传媒大学新媒体研究院、新浪AI媒体研究院等发布的《价值回归 合规致远：2022中国数字藏品主流平台创新研究报告》，https://tech.china.com/article/20230112/012023_1211440.html.

[105] 搜狐网:《走进数字藏品，博物馆能让文物“活”起来吗？》，https://www.sohu.com/a/576253317_121375325.

[106] 百度百家号:《非遗皮影文化传承 ZAKER宙世代携席棚斋推出“西游漫话”数字藏品》，https://baijiahao.baidu.com/s?id=1739567297061862989&wfr=spider&for=pc.

[107] 百度百家号:《数字藏品，是景区的增收利器还是泡沫？》，https://baijiahao.baidu.com/s?id=1749706348700430989&wfr=spider&for=pc.

[108] 闪电新闻:《首期藏品上线即“秒光”！泰山在全省旅游景区行业率先推出数字藏品》，https://sdxw.iqilu.com/share/YS0yMS0xMjIwOTIxNw.html.

[109] 网易:《一张票串联现场娱乐和数字收藏两个场景，演出行业首个可规模化核销数藏门票来了，》https://www.baidu.com/link? url=iVVvugmOnFvD2pU5_sA1M6UWgqmm9hhwYV-cIFtYs204YJ33FmyLAffqOBdT8JS1B8qaU865fiDHlNuxqKAR9K&wd=&eqid=f2eccf24000599a100000003671068f9.

[110] 搜狐网:《秋韵冬盈，别样繁华！国家大剧院&央视网合作数字藏品即将返场！》，https://www.sohu.com/a/619082166_121119387.

[111] REFINE：NFT Travel：Learn About NFT Technology in the Travel Industry，https://www.revfine.com/nft-travel/.

[112] MIZE：8 USE EXAMPLES OF NFT IN TRAVEL AND WHAT IS COMING NEXT，https://www.hotelmize.com/blog/8-use-examples-of-nft-in-travel-and-what-is-coming-next/.

[113] 韩建中，宋歌．元宇宙与文化旅游的生态协同演进探析［J］．传媒，2024（7）：88-90.

[114] 陈林生，赵星，明文彪，等．元宇宙技术本质、演进机制与其产业发展逻辑［J/OL］．科学学研究，2024，42（2）：233-239. DOI：10.16192/j.cnki.1003-2053.20230412.001.

[115] 芮必峰，孙爽．虚拟即现实——“元宇宙”批判［J/OL］．新闻大学，2024（1）：48-60，120-121. DOI：10.20050/j.cnki.xwdx.2024.01.001.

[116] 李晓．元宇宙实时多感官社会交互（RMSIs）机制下的公共舆论：呈现场景、传播方式与风险应对［J］．学术探索，2024,（09）：79-91.

[117] 孔令顺，彭婷婷．游戏、科幻与元宇宙：命运共同体的影像建构［J］．上海大学学报（社会科学版），2024，41（1）：105-117.

[118] 黎杨全．从“讲故事”到“操控故事”：元宇宙与叙事学的转向［J］．中国图书评论，2023（6）：21-30.

[119] 黄薇，夏翠娟，铁钟．元宇宙中的数字记忆：“虚拟数字人”的数字记忆价值［J］.

图书馆论坛，2023，43（7）：154-161.

［120］高腾飞，董浩宇．元宇宙是什么？——一个分析性的概念框架［J］．科技管理研究，2023，43（7）：236-246.

［121］陈意山，欧阳日辉．元宇宙与文旅产业融合发展的理论逻辑与实施路径［J］．广西社会科学，2023（2）：132-140.

［122］葛东雷，高卿云．“元宇宙”的来源、成因与语法特征［J］．语文建设，2023（8）：73-75.

［123］李祯鹏，王卫锋，向广利，等．元宇宙的技术架构［J］．武汉大学学报（理学版），2023，69（6）：677-689. DOI：10.14188/j.1671-8836.2022.0269.

［124］徐烨．广西文旅产业如何拥抱元宇宙［J］．合作经济与科技，2023（7）：34-36.

［125］张明，陈胤默，路先锋，等．元宇宙：现状、特征及经济影响［J］．学术研究，2023（8）：84-91.

［126］吴松强，张佳惠，蔡婷婷．元宇宙价值创造：理论逻辑与运行机制［J］．外国经济与管理，2023，45（3）：86-100.

［127］卓今．元宇宙的“新现实”与价值重塑［J］．社会科学辑刊，2023（3）：220-226.

［128］侯文军，卜瑶华，刘聪林．虚拟数字人：元宇宙人际交互的技术性介质［J］．传媒，2023（4）：25-27，29.

［129］你必须知道的 10 个元宇宙最佳案例 _ 陀螺科技［EB/OL］．［2024-10-18］．https://www.tuoluo.cn/article/detail-10097992.html.

［130］师晓娟，孔少华．“元宇宙”发展逻辑及其对数字文化消费的影响研究［J］．首都师范大学学报（社会科学版），2022（5）：66-73.

策划统筹：胥　波
责任编辑：张　璐　黄嘉玲
责任印制：冯冬青
封面设计：中文天地

图书在版编目（CIP）数据

智慧旅游的国内外创新实践 / 乔向杰等编著 .
北京 : 中国旅游出版社 , 2025. 3. -- ISBN 978-7
-5032-7482-4

Ⅰ . F590.3-39

中国国家版本馆 CIP 数据核字第 2024SP1584 号

书　　名：智慧旅游的国内外创新实践

作　　者：乔向杰　马桂真　刘铮 等 / 编著
出版发行：中国旅游出版社
（北京静安东里 6 号　邮编：100028）
https://www.cttp.net.cn　E-mail: cttp@mct.gov.cn
营销中心电话：010-57377103，010-57377106
读者服务部电话：010-57377107
排　　版：北京中文天地文化艺术有限公司
印　　刷：三河市灵山芝兰印刷有限公司
版　　次：2025 年 3 月第 1 版　2025 年 3 月第 1 次印刷
开　　本：720 毫米 ×970 毫米 1/16
印　　张：22.5
字　　数：386 千
定　　价：58.00 元
I S B N　978-7-5032-7482-4